Markus M. Müller (Hrsg.)

Casebook internationale Politik

Markus M. Müller (Hrsg.)

Casebook internationale Politik

VS VERLAG

Bibliografische Information der Deutschen Nationalbibliothek
Die Deutsche Nationalbibliothek verzeichnet diese Publikation in der
Deutschen Nationalbibliografie; detaillierte bibliografische Daten sind im Internet über
<http://dnb.d-nb.de> abrufbar.

1. Auflage 2011

Alle Rechte vorbehalten
© VS Verlag für Sozialwissenschaften | Springer Fachmedien Wiesbaden GmbH 2011

Lektorat: Frank Schindler

VS Verlag für Sozialwissenschaften ist eine Marke von Springer Fachmedien.
Springer Fachmedien ist Teil der Fachverlagsgruppe Springer Science+Business Media.
www.vs-verlag.de

Umschlaggestaltung: KünkelLopka Medienentwicklung, Heidelberg
Druck und buchbinderische Verarbeitung: Ten Brink, Meppel
Gedruckt auf säurefreiem und chlorfrei gebleichtem Papier
Printed in the Netherlands

ISBN 978-3-531-16215-7

Inhalt

Schlussbetrachtungen

Einleitung

Markus M. Müller

Es gibt nur wenige Teilbereiche der Politikwissenschaft, die in ähnlicher Weise wie die Wissenschaft von den Internationalen Beziehungen von sich behaupten können, einen dogmatisch geordneten Theorienbestand seit Jahrzehnten zu pflegen, der auch als Rahmen für die gegenwärtige theoretische wie empirische Forschung vollumfänglich funktioniert. Gerade im Teilgebiet der Erforschung der internationalen Beziehungen lassen sich Denkschulen identifizieren, deren jeweilige historische Quellen und Wurzeln breit bekannt und auch bewusst sind, und die trotz aller Berührungspunkte, Schnittmengen und binnentheoretischen Differenzierungen (welche ihrerseits bis zur Widersprüchlichkeit und bis zum gegenseitigen Ausschluss von Einzelpositionen und Debattentraditionen gehen) nach wie vor ein didaktisch wie wissenschaftlich nutzbares konzeptionelles Instrumentarium bieten. Die theoretische Gliederung weist gleichzeitig gewisse Ähnlichkeiten zu einer normativ ausgerichteten „Formalwissenschaft" auf, der Rechtswissenschaft. Hier wie dort konkurrieren unterschiedliche Weltsichten, hinter denen mehr steckt als die bloße Suche nach möglichst einfach konstruierten Bewältigungsinstrumenten bzw. Erklärungswegen. Sie repräsentieren grundsätzliche Bilder des Menschen, der Gesellschaft, des Staates. Auch wenn sie unterschiedlichen Zwecken in den beiden Wissenschaften dienen, hier der empirischen Erkenntnis, dort vornehmlich der praktischen Bewältigung von (konkreten) Lebenssituationen zwischen realen Akteuren, drängt es sich zumindest unter didaktischen Gesichtspunkten auf, erfolgreiche Vermittlungswege der einen Disziplin in die andere zu übertragen. So ist es auch mit dem vorliegenden Band.

In der Rechtswissenschaft, zumal im angelsächsischen bzw. amerikanischen Rechtsraum, ist der Typus des *casebook* wohl vertraut und eingeführt. Es dient hier der Illustration von zu vermittelnden Rechtsnormen, genauer: ihres Verständnisses und ihrer Anwendung, anhand von tatsächlich erfolgter Rechtsprechung. Mit anderen Worten dient die Anwendung auf konkrete Fragestellungen der Vermittlung des abstrakten Lehrsatzes, insbesondere in Bezug auf allfällige Fallkonstellationen. Genau diese Kompetenz wird letztlich von dem ausgebildeten Juristen, in der Tradition des römischen wie des angelsächsischen Rechts, in der Praxis erwartet.

Wir verfolgen mit diesem Band eine ähnliche Intention. Die beispielhafte Anwendung verschiedener Denkschulen aus dem Feld der Theorien der Internationalen Beziehungen (TIB) auf tatsächliche und typische Fallkonstellationen (empirische Fragestellungen) dient dem Erlernen des Handwerkszeugs der TIB und vermittelt dabei, gewissermaßen *in uno actu*, Kenntnisse und ein erweitertes, materiell-theoretisch fundierteres Verständnis der jeweiligen empirischen Fragen.

Theorien zwischen Faktenbeschreibung und Interpretation

Dass in der TIB in jüngerer Zeit Ansätze des Konstruktivismus (im weiteren Sinne) besonders große Aufmerksamkeit erfahren haben, mehr vielleicht als in anderen Bereichen der Politikwissenschaft, liegt wohl auch an der dogmatischen Ordnung ihres Theoriebestandes. Er hat schon lange in besonderer Weise dokumentiert, dass man ein und denselben Vorgang völlig unterschiedlich interpretieren kann, je nachdem, welche Motivation man welchen Akteuren mit welcher Wichtigkeit zuschreibt. Zwar würden die meisten Vertreter der einzelnen Denkschulen (freilich mit Ausnahme der Konstruktivisten) bestreiten, dass es sich um „Zuschreibungen" handelt. Aber für den neutralen Dritten, der sich unbefangen mit den verschiedenen Blickwinkeln der Denkschulen beschäftigt, ergibt sich dank der hervorragenden Systematisierung von Theorieschulen fast zwangsläufig ein besonderes Gefühl für die Unvermeidbarkeit von Interpretation in der TIB bzw. ihrer Anwendung auf empirische Fragestellungen – schon bei der Formulierung von Erklärungsaufgaben. Je nach Frageformulierung kann man mitunter eine Zuordnung des jeweiligen Forschers zu einer Denktradition vornehmen. Und mehr noch: die zur Verwendung kommenden Sprachen, die Konzepte, Begriffe und deren jeweilige Verknüpfungen, sind deutlich (und wohl auch zunehmend) von der jeweiligen Tradition geprägt. Das ist, wie gesagt, kein Alleinstellungsmerkmal des Teilbereichs der Internationalen Beziehungen. Aber es ist hier besonders deutlich ausgeprägt. Es bewusst werden zu lassen, gehört nach meiner Auffassung zu jeder gediegenen Ausbildung in der Politikwissenschaft.

Grundidee für den Band

Es gibt keine „Äquidistanz" zwischen den Denkschulen in der TIB. Schnittmengen und Verträglichkeiten zwischen Denktraditionen, ihren Voraussetzungen, ihren Konzepten und akzeptierten Methoden sowie ihren Schlussfolgerungen sind unterschiedlich groß. Aus didaktischen Gründen ist es besonders reizvoll,

Denkschulen mit deutlicher Distanz zueinander zu verwenden, um am Fall die Verschiedenheit der Blickwinkel zu demonstrieren.

Das Streben nach Differenz muss allerdings korrigiert werden um den Faktor „Wesentlichkeit". Nicht alle Denkschulen haben die gleiche Bedeutung (erlangt). Aus anderen, nichtsdestoweniger ebenso didaktischen Gründen sollte bei gegebenem Raum für die Breite des dargestellten Spektrums aus den TIB die Verwendung ausgesprochen exotischer Ansätze, sofern sie nicht für ein breiteres Feld typisch sind, eher vermieden werden. Will man die Variabilität der Theorieproduktion in den TIB illustrieren, empfiehlt es sich auf binnentheoretische Variationen zurückzugreifen.

Ähnliches gilt für die empirischen Fragestellungen. Ihre Vielfalt wird dadurch etwas begrenzt, dass die Formulierung zumindest dem Grundsatz nach für die zur Verwendung kommenden Theorieansätze bearbeitbar sein muss. Gleichzeitig sollten die Konstellationen aber möglichst typisch für die Möglichkeiten von Fragestellungen in den Internationalen Beziehungen sein. Ob beides, Auswahl der Denkschulen und ihre binnentheoretische Differenzierung einerseits sowie Fallauswahl andererseits, gelungen und im Sinne der beispielhaften Illustration der Fallanalyse aus verschiedener Theorienperspektive zielführend sind, bleibt der Leserin und dem Leser überlassen.

Eine Einleitung wäre unvollständig, würde sie nicht auch markieren, welche Zwecke nicht verfolgt werden. Dies ist kein Band, der über eigene Forschungsergebnisse berichtet. Alle Autorinnen und Autoren haben sich nach bestem Wissen und Gewissen um eine kunstgerechte Anwendung der Konzepte aus den verschiedenen Denkschulen bemüht. Wenn im Einzelfall dabei auch neue Erkenntnisse zu Tage gefördert wurden, dann sind wir als Autorenkollektiv darüber ganz besonders glücklich. In der Tat, nicht jede inhaltliche Aussage der Beiträge dieses Bandes findet sich bereits im Fundus des publizierten Forschungsstandes. Einen Beitrag zur Forschung zu leisten, gehört dennoch nicht zu unseren Zielen. Daher wird auch nicht die gesamte Forschungsliteratur in den Fallanalysen aufgerollt. Ebenso wenig haben uns alle Facetten der Theoriestränge oder der empirischen Vorgänge innerhalb der Fälle *per se* interessiert. Der Zweck des Bandes ist ein didaktischer: die beispielhafte Anwendung eines Ausschnittes aus dem Spektrum der Denkschulen auf eine kleine Auswahl an Fallkonstellationen.

Der Band ist das Ergebnis einer Veranstaltung mit dem Titel „student studies" an der Zeppelin University in Friedrichshafen. Im Rahmen eines solchen, von den Studierenden inhaltlich selbst bestimmten „autonomen Seminars" kam der Wunsch auf, sich mit Fragen und Theorien der internationalen Politik zu beschäftigen. Schnell war als Bearbeitungsschema für alle Teilnehmerinnen und Teilnehmer das vorliegende Konzept entwickelt. Dass am Ende der Bearbeitung Skripte vorlagen, die eine Publikation als *casebook* nahelegten, ist dem Fleiß und

Eifer der Studierenden geschuldet. Alle haben mittlerweile mit zum Teil außerordentlichem Erfolg ihr Studium abgeschlossen, Preise für ihre Examina und Abschlussarbeiten erhalten und verantwortliche Positionen angetreten. Wer, wenn nicht (ehemalige) Fachstudierende, die selbst im Prozess der Erarbeitung dieses Wissens standen, kann dem didaktischen Ziel der Vermittlung dieses Handwerks nahekommen?

Die Wahl der Denkschulen ist insgesamt konservativ ausgefallen: der „klassische" Neorealismus, der nach wie vor hohe Bedeutung innerhalb der Disziplin genießt und Maßstab bzw. Reibfläche für (fast) alle nachfolgenden Denkschulen bietet. Sodann Ansätze aus dem Bereich des Liberalismus, der zwar wesentliche Prämissen des Realismus und Neorealismus verlässt, aber dennoch – eine bestimmte Form von – Rationalität der handelnden Akteure in den Mittelpunkt der Analyse stellt. Schon seit Jahren fasst die amerikanische Fachdebatte beide Gruppen unter dem Schlagwort der *rationalist approaches* zusammen. Dem steht unsere dritte Denkschule, der Konstruktivismus, fast diametral gegenüber. Auch wenn Konstruktivisten in manchem, vielleicht auch wider die eigene Intention, dem realistischen bzw. neorealistischen „Gegner" verblüffend ähnlich sind, so stellen sie insgesamt doch den *rationalism* der beiden anderen Denkschulen fundamental in Frage. Unsere Auswahl der Denkschulen ist wesentlich inspiriert und inhaltlich informiert durch den außerordentlich gelungenen und lesenswerten Band „Theorien der internationalen Beziehungen" von Siegfried Schieder und Manuela Spindler (UTB 2006). Der Überblick über die verschiedenen Theorieansätze hatte schon unsere Arbeit im Rahmen der *student studies* bereichert. Und die einschlägigen Kapitel waren für die Autorinnen und Autoren dieses Bandes Ausgangspunkt und Anregung, für die wir den Kolleginnen und Kollegen dankbar sind.

Für die empirischen Fallstellungen gab und gibt es noch weit mehr Kandidaten als Denkschulen für den theoretischen Zugriff. Wir haben uns für einigermaßen aktuelle Themen entschieden, wenn auch nicht so aktuell, dass wir fürchten müssten, sie seien morgen schon wieder irrelevant. Ein gewisses Maß an publizierter Forschungsliteratur war uns wichtig. So etwa die Entstehung eines internationalen Regimes, das keinen unmittelbaren Bezug zu Fragen der (nationalen oder internationalen) Sicherheit hat: das Kyoto-Protokoll. Es handelt sich ohne Frage um eines der weltweit bekanntesten internationalen Regime. Hier haben wir uns die Grundfrage gestellt, weshalb einige Staaten (wie z.B. die Bundesrepublik Deutschland) das Regime gezeichnet und ratifiziert, anderen hingegen (wie z.B. die USA) ihre Zustimmung letztlich verweigert haben? Neben internationalen Regimen interessiert die Frage von Krieg und Frieden: der Irak-Krieg. Auch hier mag man sich wundern und zu erklären suchen, weshalb einige Staaten (wie z.B. Großbritannien) den Krieg gegen das alte Regime in Bagdad unterstützt, anderen hingegen (wie z.B. Deutschland) ihn kategorisch abgelehnt haben? Schließlich noch ein Thema regionaler Integration: die Entstehung des Mercosur, also des südamerikanischen Wirtschaftsbündnisses von Brasilien, Argentinien, Paraguay und Uruguay. Weshalb wählen Staaten den Weg der Integration in (regionale) Bündnisse? Fokuspunkt der Analyse in den drei Fallkonstellationen ist unterschiedliches Staatsverhalten. Um ein Missverständnis zu vermeiden: wir bringen damit nicht zum Ausdruck, dass Staaten *per se* die wichtigeren oder auch nur interessanteren Akteure der internationalen Politik sind. Diese Grundentscheidung für die Falldesigns fiel, nachdem wir uns über das Spektrum der von den verschiedenen Denkschulen erfassbaren Fragestellungen vergewissert haben. Das Verhalten von Staaten bzw. ihren Regierungen kann von den drei ausgewählten Denkschulen jedenfalls im Prinzip hinreichend gut als Analyseobjekt Verwendung finden. Das Spektrum dieser Fallkonstellationen ist ebenso wenig erschöpfend wie die Auswahl an Denkschulen. Wer diesen Band liest, sollte auch nicht in erster Linie Aufklärung über die empirischen Vorkommnisse (und ihre Deutung) bzw. die Beschaffenheit der Denkschulen *per se* erwarten. Vielmehr wollen wir beispielhaft die Kombination von Theorie und Fall demonstrieren: wie „Fälle" durch die Theorie überhaupt erst (mit-)geformt werden, wie Begrifflichkeiten, Akteursidentifikation, Umfeldbeschreibung oder Abfolgeneinschätzung variieren, und zu welch verblüffend widersprüchlichen und doch intuitiv einleuchtend erscheinenden Ergebnissen die parallele Bearbeitung (mehr oder weniger) identischer Fallkonstellationen führen kann.

Die Autorinnen und Autoren haben sich bemüht, als „Anwälte" ihrer jeweiligen Theoriestränge zu fungieren. Es ist ihnen nicht immer leicht gefallen. Mitunter mussten sie „ihre" Brille deutlich ausreizen, Aussagen und Vermutungen zuspitzen und mögliche Analogien überpointiert präsentieren, um zu interessanten bzw. eingängigen Demonstrationen ihrer jeweiligen Denkschulen zu kommen. Sie haben dabei außerdem ihr persönliches wissenschaftliches Profil eingebracht, ihren Stil und ihren Zugang zur Politikwissenschaft. Die Anwaltsrolle hat so je eine persönliche Note erfahren. Nicht jede Fallkonstellation eignet sich für jede Denkschule gleich gut, da es uns aber um die Darstellung der Anwendung ging und nicht um die Produktion möglichst neuer Forschung oder der überzeugendsten Erklärung für sich genommen, haben wir das in Kauf genommen.

Der Band wendet sich ausdrücklich an Anfänger und Einsteiger. Wir haben uns bemüht, das Maß an erforderlichem Vorwissen so gering wie möglich zu halten. Er soll diejenigen, die mit dem Studium der Internationalen Beziehungen beginnen, an die Dogmatik und ihre fallbezogene Anwendung heranführen. Wer danach skeptischer mit dem theoretischen Denkwerkzeug der Politikwissenschaft umgeht, der hat verstanden, worum es geht. Ebenso diejenigen, die ab sofort zielgenau nachschlagen, wenn es an die eigenständige Arbeit mit den Theorien der Internationalen Beziehungen geht.

Am Schluss der Einführung steht eine Danksagung: zunächst an die Initiatoren der *student studies*, Sarah Költzow und Jan Tilly, die mit ihrem Thema am Interesse und der Organisation des Kurses den Grundstein für diese Publikation legten. Dann an Julia Bakeberg, Nora Beedle und Jens Korsten, die ein wichtiger Teil unserer Gruppe während der *student studies* waren, aber aus unterschiedlichen Gründen nicht mehr an der Erstellung dieses Bandes mitarbeiten konnten. Als Herausgeber will ich unter den Autoren ausdrücklich Frau Sarah Költzow danken. Sie hat die wichtigen Managementaufgaben im Zusammenhang mit der Ermöglichung des Bandes virtuos übernommen. Eine bessere wissenschaftliche Mitarbeiterin kann man sich nicht vorstellen.

Theorien in den Internationalen Beziehungen

Der Neorealismus in den Internationalen Beziehungen

Philipp C. Ditzel & Philipp D. Hoegerle

Einleitung

Dem Neorealismus wurde wie kaum einem anderen Theoriegebilde in den Internationalen Beziehungen kontroverse Aufmerksamkeit zuteil. Mit seinen grundlegenden Annahmen steht der Neorealismus in der Tradition der realistischen Theorieschule, geht in Fragen der Theoriebildung allerdings über diese hinaus. Während traditionelle Realisten wie Hans Morgenthau, Edward H. Carr, Henry Kissinger oder Reinhold Niebuhr die Ursachen für Konflikte und Auseinandersetzungen zwischen Staaten im Wesen des Menschen und seinem Machttrieb begründet sahen, also versuchten anthropologisch zu argumentieren, sind für die Neorealisten die strukturell bedingten Zwänge auf der Ebene des internationalen Systems für das Verhalten der Staaten ausschlaggebend.[1] Der Neorealismus stellt, auf der Grundlage eines systemischen Erkenntnisinteresses, vor allem Fragen nach den Ursachen für Konflikte und Kriege zwischen Staaten sowie nach den Bedingungen für Kooperation und Frieden zwischen diesen (Grieco 1997: 163).

Grundannahmen der neorealistischen Denkschule (nach Kenneth N. Waltz)

Kenneth N. Waltz gilt mit seinem Werk „Theory of International Politics" (1979) als Begründer der neorealistischen Theorie und prägendster Vertreter des strukturellen Neorealismus. Der Unterschied zum klassischen Realismus à la Morgenthau und Niebuhr besteht bei Waltz insbesondere darin, dass das Machtstreben der Staaten strukturalistisch begründet wird. Um sich in einer anarchi-

---

[1] Vergleicht man die wissenschaftliche Methodik beider Schulen, so fällt auf, dass die führenden Realisten einer eher traditionell induktiven Forschungsmethode folgten, bei welcher aus einzelnen empirischen Beobachtungen auf Aussagen mit allgemeinem Charakter geschlossen wird. Die Neorealisten hingegen versuchen allgemeine Muster der internationalen Beziehungen anhand weniger zentraler Annahmen deduktiv aufzudecken und zu erklären (Schörnig 2006: 68ff.).

schen Umwelt behaupten zu können, müssen Staaten Macht entfalten (Menzel 2001: 159). Die analytische Perspektive wird bei Waltz von den Ebenen des Individuums und des politischen Systems auf die Ebene des internationalen Systems verlagert.

Nach Waltz' Auffassung wird das internationale System durch seine Einheiten *(units)* und seine Struktur *(structure)* geprägt. Bei den Einheiten handelt es sich im Wesentlichen um die Nationalstaaten, bei der Struktur dagegen um die strukturellen Rahmenbedingungen und die Umgebung, in welcher die Staaten agieren (Waltz 1979: 93).

Akteure des internationalen Systems

Die wesentlichen Akteure im internationalen System sind die Nationalstaaten, die durch ihre Aktionen und Interaktionen miteinander in Verbindung stehen. Staaten werden im Neorealismus als rationale, autonome und einheitliche Akteure konzeptualisiert, die in der Lage sind, auf veränderte Bedingungen in ihrer Umwelt zu reagieren und sich gegebenenfalls anzupassen (Masala 2005: 40f.). Geprägt von einer Zweck-Mittel-Rationalität, verfolgen die Staaten als oberstes Prinzip die Durchsetzung der eigenen Interessen *(rational units)*. Sie bringen ihre Ziele in eine Prioritätenreihenfolge und erarbeiten auf Grundlage rationaler Überlegungen Strategien, um diese zu erreichen. Zudem gehen die Neorealisten davon aus, dass das Außenverhalten der Staaten nicht von deren innerpolitischen und innergesellschaftlichen Konstellationen beeinflusst wird – sie handeln weitestgehend autonom *(autonomous units)*. So sind in einer neorealistischen Analyse die wesentlichen Unterscheidungsmerkmale von Staaten, wie deren politische Systeme und gesellschaftlichen Strukturen und Machtverteilungen, nicht von Bedeutung. Schließlich handeln Staaten stets einheitlich und verhalten sich hinsichtlich ihrer Präferenzen und Interessen nach außen hin uniform *(unitary units)* (Schörnig 2006: 71; Waltz 1996: 54; Masala 2005: 41f.). Aus neorealistischer Perspektive ermöglichen es nun diese Eigenschaften den Staaten, Zwänge auf der Ebene des internationalen Systems wahrzunehmen und, sofern nutzenstiftend, auf diese zu reagieren.

Struktur des internationalen Systems

Formendes Element der Struktur des internationalen Systems sind dessen Einheiten, also die Nationalstaaten. Waltz (1979: 81) beschreibt dies mit den Worten: „structure defines the arrangement, or the ordering, of the parts of a system". Im

Wesentlichen lassen sich seiner Auffassung nach drei konstituierende Elemente des internationalen Systems ausmachen: das Ordnungsprinzip *(ordering principle)*, die funktionale Differenzierung der Einheiten *(character of the units)* und deren Ressourcen- und Machtverteilung untereinander *(capabilities)* (Waltz 1979: 88, 195). Das Ordnungsprinzip adressiert die Ordnungsstruktur wie Hierarchie und Anarchie. Während sich eine hierarchische Struktur durch das Vorhandensein einer übergeordneten Instanz mit Sanktionsgewalt auszeichnet, stellt Anarchie die Abwesenheit einer solchen Instanz dar. Anarchie im internationalen System bildet die Grundlage aller neorealistischen Überlegungen (Waltz 1979: 88-93, 114ff.) Als zweites Strukturmerkmal beschreibt die funktionale Differenzierung der Einheiten die Arbeitsteilung zwischen den Akteuren (Staaten) im internationalen System. Analog zur Arbeitsteilung in einer Gesellschaft oder einem Unternehmen erfüllen einzelne Staaten unterschiedliche Funktionen. Gemäß der neorealistischen Überzeugung, dass eine übergeordnete Instanz mit Sanktionsgewalt (Gewaltmonopol) nicht existiert und dass das internationale System anarchisch organisiert ist, hält Waltz eine funktionale Differenzierung zwischen den Staaten für sehr unwahrscheinlich. Vielmehr geht er davon aus, dass Staaten hinsichtlich ihrer Funktionen identisch sind *(like units)* (Waltz 1979: 93-97). Die Ressourcen- und Machtverteilung zwischen den Akteuren ist das dritte zentrale Strukturmerkmal des internationalen Systems und das einzige, welches einer möglichen Veränderung unterworfen ist – die Veränderung von Machtkonstellationen. Während die Machtstärke jedes einzelnen Staates als eine Eigenschaft der jeweiligen Einheit betrachtet wird, stellt die Machtverteilung zwischen den Staaten im internationalen System ein Attribut der Systemstruktur dar (Waltz 1979: 80, 98).[2]

Merkmale staatlichen Verhaltens

Das Fehlen einer übergeordneten Sanktionsgewalt im internationalen System führt dazu, dass Nationalstaaten von einer potentiell gefährlichen Umwelt umgeben sind und sich in einer solchen bewegen. Die Beziehungen der Staaten untereinander sind nach neorealistischer Auffassung durch eine ständige Unsicherheit über das mögliche Verhalten anderer Staaten geprägt (Waltz 1979: 112). Um als eigenständige und autonome Einheit erhalten zu bleiben, sind Staaten stets bemüht, ihre territoriale Integrität zu sichern und ihre politische Autonomie so groß wie möglich zu halten. Da sie allerdings keine Gewissheit über das Verhalten

---

[2] Vgl. zum Waltz'schen Systembegriff, zum Strukturbegriff und zur Interaktion von Einheiten auch Vogt 1999: 40ff.

anderer Staaten haben, sind sie in erster Linie auf sich selbst gestellt – sie sind gezwungen, sich selbst zu helfen (*self-help-system*) (Masala 2005: 57; Waltz 1979: 107). Der Neorealismus zeichnet somit ein insbesondere durch Dominanz von Sicherheitsinteressen und Selbsterhaltungstrieb geprägtes Bild der National-staaten.

Im Waltz'schen Theoriemodell ist Sicherheit die wesentliche Messgröße für die Überlebensfähigkeit der Staaten im internationalen System (Waltz 1979: 126). Macht ist bei Waltz nur als unterstützendes Mittel zu verstehen, um Ziele wie Sicherheit zu erreichen. Macht ist aus neorealistischer Perspektive als relatives Gut zu betrachten. Die relative Machtposition eines Staates im internationalen System fungiert somit als Maßstab für seine Sicherheit. Aufgrund des Selbsterhaltungs-Imperativs der Staaten und in Folge der anarchisch geprägten Umwelt sind die Staaten gezwungen, die eigene Sicherheit zu maximieren. Um dies zu erreichen, streben sie nach Macht. Nur ein Machtgleichgewicht im internationalen System bedeutet Sicherheit für die Staaten, da eine ausgeglichene Machtsituation die Wahrscheinlichkeit angegriffen zu werden minimiert. Es besteht daher für die Nationalstaaten die Notwendigkeit, Machtungleichgewichte schon im Ansatz zu kompensieren. Ein Machtgleichgewicht entsteht für Waltz nicht durch das Handeln von Individuen, sondern es stellt vielmehr ein durch die Systemstruktur bedingtes emergentes Phänomen dar. Es ist somit nicht als Garant für internationale Stabilität zu betrachten, vielmehr handelt es sich um einen strukturbestimmten Zustand des internationalen System, der sich immer wieder reproduziert (Waltz 1979: 123-128).

Für einen Staat ist es von großer Bedeutung, die eigenen Machtmittel permanent mit denen anderer Akteure zu vergleichen, um kontinuierlich die eigene Position im internationalen System zu bestimmen. Setzt ein besonders mächtiger Akteur seine Machtmittel ein, ist es unwahrscheinlich, dass andere Staaten mit diesem unilateral in Konkurrenz treten. Vielmehr wird versucht, über die Bildung von Bündnissen und Allianzen wieder eine Machtbalance herzustellen. Da eine Aufrüstung aufgrund zu knapper Ressourcen nicht möglich ist, führt dies zwingend dazu, dass sich Staaten in einem solchen Fall immer der schwächeren Seite anschließen, um einen Ausgleich zur stärkeren Seite hin zu schaffen. Derartige *balancing*-Prozesse bezeichnet Waltz als *balance of power* (Waltz 1979: 102ff.). Nach neorealistischer Auffassung veranlassen hohe zu erwartende Kosten im Falle eines Krieges die Staaten dazu, sich generell defensiv zu verhalten (Waltz 1979: 113f.).

Eine weitreichende zwischenstaatliche Zusammenarbeit zur Verfolgung gemeinsamer Ziele werden Staaten allerdings aufgrund der Gefahr potentieller Abhängigkeiten, der Nichteinhaltung getroffener Übereinkünfte *(cheating)* sowie der Ungleichverteilung von Kooperationsgewinnen *(relative gains)* nicht eingehen, so die Überzeugung von Waltz. Internationalen Institutionen und Regimen kommt in einer neorealistischen Betrachtung demnach bestenfalls eine geringe, niemals aber entscheidende Bedeutung zu. Waltz betrachtet neben Allianzbildung einzig die hegemonial induzierte Kooperation als ein wahrscheinliches Kooperationsszenario. Hierbei zwingt ein besonders mächtiger Hegemon andere Staaten zu einer funktionalen Differenzierung, wobei der Hegemon für die entstehenden Kosten aufkommt und die Schutzfunktion für die Kooperationspartner übernimmt (Schörnig 2006: 76ff.).

Grundsätzlich haben Staaten im internationalen System dahingehend Gestaltungspotential, dass sie eine Änderung des Systems bewirken können. Sie nehmen Einfluss auf die Verteilung der Machtmittel und bewirken so einen Wechsel zwischen uni-, bi- und multipolaren Umwelten. Bei einer unipolaren Machtverteilung stellt ein einzelner Hegemon eine klar greifbare Bedrohung für seine Umwelt dar. Um der Dominanz des Hegemons entgegenzuwirken, kommt es gemäß dem *balancing*-Imperativ in der Folge zu der Bildung von Bündnissen zwischen den anderen Staaten. Ein solches Verhalten gefährdet aus Sicht des Hegemons die eigene Machtstellung und steigert somit die Wahrscheinlichkeit kriegerischer Auseinandersetzungen. Bei einer bipolaren Situation im internationalen System handelt es sich um eine im Wesentlichen stabile Konstellation, deren Folge in der Tendenz friedliche Phasen sind. Die Begründung sehen die Neorealisten insbesondere in der Übersichtlichkeit der Machtkonstellation. Die Wahrscheinlichkeit von Fehleinschätzungen der Machtmittel und Machtfülle anderer Staaten, die in anderen Konstellationen zu Aufrüstung führen würden, ist somit gering – als Folge stellt sich eine kriegshemmende Machtbalance ein (Waltz 1979: 98, 161ff.). Ein multipolares System beschreibt hingegen eine sehr komplexe Konstellation von mehreren – mindestens drei – dominierenden Staaten mit einer ähnlichen Fülle an Machtmitteln. In einem multipolaren Umfeld kann sich jeder durch eine Vielzahl anderer Staaten bedroht fühlen, wobei er deren Machtmittel nur ungenau einschätzen kann und über ihre Intentionen im Unklaren ist. Folge dieser Situation ist eine steigende Kriegswahrscheinlichkeit – je nach Konstellation kann es auch zu Präventivkriegen kommen, um Machtvorteile anderer Staaten einzuschränken (Schörnig 2006: 74ff.; Masala 2005: 47f.).

Theorieinterne Weiterentwicklungen und Diskurse

Der Ansatz nach Stephen Walt *(balance-of-threat Theorie)*

Stephen Walt widerspricht aufgrund fehlender empirischer Evidenz der Waltz'schen These des *balancing predominates*. Während sich bei Waltz Allianzbildungen an den objektiven Machtmitteln der Staaten orientieren, geht Walt davon aus, dass insbesondere die Intensität der wahrgenommenen Bedrohung für das Verhalten von Staaten ausschlaggebend ist. Bei Walt liegt somit der Untersuchungsfokus nicht ausschließlich auf der Machtstärke eines Staates, sondern vielmehr auf dem durch die Staaten wahrgenommenen Bedrohungspotential. In der Konsequenz, so Walt, muss der Neorealismus seine Aussage vielmehr als *balance-of-threat*-Theorie reformulieren. „Balance-of-*power* theory predicts that states will ally against the *strongest* state in the system, but balance-of-threat theory predicts they will tend to ally against the most *threatening*" (Walt 1997: 933, Hervorhebung im Original).

Die Bedrohungen eines Staates differenziert Walt (1985: 9) in vier Kategorien: Machtstärke (*aggregated power*), geographische Lage (*proximity*), militärische Stärke (*offensive capability*) und Expansionsdrang (*offensive intentions*). Der Faktor Macht spielt insbesondere dann eine Rolle, wenn sich ein Staat durch die Erhöhung der relativen Machtstärke eines anderen Staates bedroht fühlt. Mit dem Verweis auf die drei anderen potentiellen Bedrohungen stellt Walt klar, dass der Faktor Macht nicht ausschließlich für die Generierung von Interessen verantwortlich ist. Die geographische Lage und damit die räumliche Nähe zu potentiellen Aggressoren entscheiden ebenfalls über die wahrgenommene Bedrohung. Darüber hinaus ist auch die militärische Stärke eines potentiellen Angreifers von zentraler Bedeutung. Diese definiert sich insbesondere durch die Quantität und Qualität der zur Verfügung stehenden Waffensysteme. Zuletzt führt Walt die Haltung der Staaten im Hinblick auf ihren Expansionsdrang an. Staaten, die eine offensive oder sogar aggressive Außenpolitik verfolgen, stellen eine ungleich größere Bedrohung für den Erhalt der politischen und territorialen Integrität eines anderes Staates dar, als solche, die ihre Außenbeziehungen eher defensiv und kooperationsorientiert gestalten (Walt 1985: 9ff.). Das Zusammenspiel dieser Faktoren führt dazu, dass Staaten sich in einer potentiellen Bedrohungssituation befinden und sich zu jedem Zeitpunkt auf ein *worst case* Szenario einstellen müssen.

Basierend auf diesen Überlegungen formuliert Walt die Ausgangsbedingungen, die im Falle einer äußeren Bedrohung die staatliche Willens- und Interessensbildungsprozesse entweder in Richtung einer *balancing-* (offensiv) oder *bandwagoning*-Reaktion (defensiv) determinieren (Walt 1985: 4ff., 13ff.;Walt 1987: 33).

Der Ansatz nach Randall Schweller *(balancing vs. bandwagoning)*

Auch an anderer Stelle entstanden Modifikationen des Waltz'schen *balance of power*-Ansatzes. So schließen sich nach Randall Schweller die Staaten in der Realität nicht mit schwächeren Staaten zu einer Gegenkoalition zusammen (*balancing*), sondern folgen vielmehr den stärkeren Staaten (*bandwagoning*) (Vogt 1999: 54). Auf systemischer Ebene unterscheiden sich diese beiden Prozesse in ihren Auswirkungen: Während *balancing* für Stillstand und die Erhaltung des *Status quo* steht (Kontinuität des Systems), bedeutet *bandwagoning* eine Veränderung der Konstellation (Wandel des Systems).[3] Auf dieser Grundlage unterscheidet Schweller zwei Typen von Staaten. Zum einen *Status quo-Staaten*, die danach streben, eine bestehende Ordnung im internationalen System zu erhalten und sich sicherheitsmaximierend verhalten (Vogt 1999: 60; Schweller 1993: 76). Die Verteidigung und der Erhalt der bestehenden Konstellationen haben bei diesen Staaten oberste Priorität. Zur Aneignung neuer Güter werden diese Staaten kein militärisches Potential einsetzen (defensiver Neorealismus) (Schweller 1993: 76). Davon unterscheidet Schweller zum anderen *revisionistische Staaten*, die versuchen, bestehende Konstellationen – also den *Status quo* – zu verändern. Sie schrecken hierbei auch nicht vor der Anwendung militärischer Mittel zurück. Revisionistische Staaten sind die Impulsgeber und wesentlichen Kräfte einer Bündnis- oder Allianzbildung. Sie können Status quo-Staaten jedoch nur herausfordern, wenn sie über ausreichende militärische, ökonomische und politische Fähigkeiten verfügen. Im Sinne eines offensiven Neorealismus versuchen sie ständig, ihre relative Macht gegenüber den anderen Staaten auszubauen (Schweller 1993: 76).

Schweller entfernt sich damit von der strukturellen Perspektive von Waltz und wendet sich vielmehr der subsystemischen Ebene der Systemeinheiten zu, um auf diese Weise die komplexen Beziehungen zwischen Struktur und den interagierenden Einheiten besser erklären zu können. Staaten zeigen nur dann ein *bandwagoning*-Verhalten, wenn sich dadurch reale Gewinne erzielen lassen.

---

[3] Das internationale System scheint ein dynamisches Allianzsystem zu sein, innerhalb dessen jedem Staat zwei Handlungsstrategien offen stehen. Problematisch ist jedoch, dass beide Begriffe – sowohl *balancing* als auch *bandwagoning* – variable Interpretationen zulassen. So kann das Verhalten eines Staates sowohl als *balancing* als auch als *bandwagoning* interpretiert werden, je nachdem, in welchem Kontext es betrachtet wird: Was regional als *bandwagoning* gedeutet wird, kann vor einem globalen Hintergrund auch durchaus als *balancing* gesehen werden (Vogt 1999: 55).

Schweller modifiziert somit den Waltz'schen Ansatz durch die Entwicklung seiner *balance-of-interest* Theorie: Das Interesse eines Staates lässt sich auf Grundlage von Kosten-Nutzen-Überlegungen ermitteln – Kosten zur Verteidigung vorhandener Güter versus Kosten zur Hinzugewinnung neuer Güter (Schweller 1994: 100). Staatsinteresse und damit eine subsystemische Kategorie ersetzt in Schwellers Ansatz, was bei Waltz Machtverteilung und bei Walt Bedrohung innehatte.

Der Ansatz nach John J. Mearsheimer *(offensiver Neorealismus)*

John J. Mearsheimer, einer der bedeutendsten Vertreter des offensiven Neorealismus, formuliert ebenso wie Waltz einen strukturellen Neorealismus, dessen Grundprämisse die Prägung nationalstaatlichen Verhaltens durch die Beschaffenheit des internationalen Systems ist. Allerdings grenzt Mearsheimer sich in seinen weiterführenden Annahmen deutlich vom Waltz'schen Konzept ab. So modelliert er die Nationalstaaten als imperialistische Akteure, die ihr Verhalten nicht primär an Kosten-Nutzen-Erwägungen ausrichten, sondern in erster Linie das eigene Überleben als souveräner Staat als Handlungsmaxime verfolgen. Mearsheimer zufolge sind die Staaten durch den vorherrschenden Zustand von Anarchie im internationalen System in eine offensive und aggressive Grundhaltung gezwungen. In diesem Kontext werden die Machtressourcen der Staaten zu der wichtigsten Variable im internationalen Wettstreit und Gewalt zur zentralen Überlebensstrategie der Akteure. Als übergeordnete Ziele stehen neben der Sicherung des Überlebens die Maximierung der eigenen Machtstärke und damit die Sicherung einer überlegenen Machtposition gegenüber den Mitstreitern im Fokus des nationalstaatlichen Interesses. Ausgehend von den genannten Prämissen, haben die vorteilhaftesten Ausgangspositionen diejenigen Staaten, die einerseits geographisch isoliert sind und andererseits über eine große Anzahl an Machtmitteln verfügen (Mearsheimer 2001: 29-55).

So zeichnet Mearsheimer eine internationale Politik, die nach wie vor der materiellen Struktur des internationalen Systems eine entscheidende Rolle zuschreibt. Während Waltz mit seiner Gleichgewichtstheorie die Staaten als defensive Positionalisten beschreibt, die das Ziel verfolgen, die Kosten der außenpolitischen Entscheidungen möglichst gering zu halten, vertritt Mearsheimer die Auffassung, dass die Maximierung von Macht die beste Strategie zur Sicherung des Überlebens der Staaten darstellt und die Akteure deshalb offensiv und imperialistisch orientiert handeln. Die Staaten sind gezwungen, eine Ungleichverteilung der relativen Gewinne im internationalen System aktiv im eigenen Interesse zu beeinflussen, so Mearsheimer, und die Anwendung von Gewalt bzw. der

Aufbau von Abschreckungspotential (insbesondere militärisch) sei hierbei das überlegene Mittel. Dies führe unweigerlich in das allzu bekannte Sicherheitsdilemma: rüstet ein Staat auf, so sind die anderen gezwungen, nachzurüsten (vgl. Mearsheimer 2001).

Der Ansatz nach Joseph M. Grieco *(neorealistische Kooperationstheorie)*

In der Diskussion um die Möglichkeiten zwischenstaatlicher Kooperation haben aus neorealistischer Sicht vor allem die Schriften von Joseph Grieco (1988, 1996) einen wesentlichen Beitrag geleistet. Grundsätzlich geht Grieco davon aus, dass in erster Linie zwei systemisch induzierte Komponenten Kooperation erschweren. Zum einen ergibt sich im Fall der Kooperation das Problem der Abhängigkeit und des *cheating*, zum anderen steht die relative Gewinnorientierung der Staaten einer natürlich-kooperativen Grundhaltung entgegen. Da die Vermeidung von Abhängigkeit in einem Kooperationsbündnis grundsätzlich nur schwer zu realisieren ist, versucht Grieco eine Erklärung für (empirisch tatsächlich beobachtbare) nationalstaatliche Kooperationen über die Betrachtung der Verteilung von Kooperationsgewinnen zu finden. Eine Kooperation sei dann für alle Partner ideal, wenn sie die Machtverteilung vor dem Zustandekommen des Abkommens aufrechterhalte und somit keine relativen Kooperationsgewinne für die Kooperationspartner aus ihr resultieren.

Wenn auch internationalen Organisationen in der neorealistischen Kooperationstheorie eine verhältnismäßig geringe Bedeutung zugeschrieben wird – insbesondere, weil sie die eben genannten Ängste nicht wesentlich zu mindern vermögen – versucht Grieco durch das von ihm entwickelte Konzept der *voice opportunities* zu erklären, unter welchen Voraussetzungen es doch im staatlichen Interesse liegen kann, sich in einer Internationalen Organisation zu engagieren. Staaten betrachten diese Formen institutionalisierter Kooperation demnach als geeignet, um sich effektiv Gehör und Einfluss zu verschaffen und um so eine ungleichgewichtige Verteilung sonst wechselseitig positiver Gewinne nach Möglichkeit zu verhindern – *voice opportunities* also als Ausprägungen einer Internationalen Organisation, „whereby the views of partners (including relatively weaker partners) are not just expressed but reliably have a material impact on the operations of the collaborative arrangement" (Grieco 1996: 288).

Der Ansatz nach Robert Gilpin *(polit-ökonomischer Neorealismus)*

Der Ansatz des ökonomischen Neorealismus von Robert Gilpin ist als polit-öko-nomische Weiterentwicklung und Modifikation der Grundannahmen des struk-turellen Neorealismus zu sehen. Gilpin vertritt die Auffassung, dass Machtbe-hauptungen, sicherheitsorientiertes Verhalten und nationales Interesse der Staa-ten auch in einem wesentlichen Maße auf ökonomische Aspekte zurückzuführen sind (Gilpin 1984: 293ff.). Besondere Bedeutung schreibt Gilpin der Verknüp-fung nationaler Macht mit ökonomischen Ressourcen zu. Bei der Beschreibung der internationalen Ordnung bezieht sich Gilpin auf die von Waltz begründete ökonomische Modelllogik, geht aber anders als Waltz nicht strukturalistisch vor, sondern – in Anlehnung an den klassischen Realismus à la Morgenthau – viel-mehr akteurszentriert (Gilpin 1981: 10ff.). Gilpin geht es bei seiner Analyse der internationalen Beziehungen weniger um die Erklärung von Einheitlichkeit und Stabilität, als vielmehr um die Frage, wann und warum es trotz Anarchie zu Kooperationen und Wandel im internationalen System kommt (Gilpin 1981: 2).

Gilpins Konzept des ökonomischen Neorealismus basiert auf drei wesentli-chen Grundannahmen: (1) Die Natur der Beziehungen zwischen den Akteuren des internationalen Systems ist essenziell und unabänderlich konfliktgeladen; (2) das Substrat der sozialen und politischen Realität ist die Gruppe; und (3) die wesentlichen Leitmotive und Motivationen menschlichen Lebens und Handels sind Macht und Sicherheit (Gilpin 1984: 289ff.). In Analogie zu anderen realisti-schen Überlegungen stellt Macht für Gilpin eine wichtige Ressource dar, um im internationalen Umfeld bestehen zu können. Gemäß des Waltz'schen Ansatzes bildet für ihn allerdings die Sicherheit die wesentliche Messgröße für das Über-leben der Staaten, wobei wirtschaftliche gegenüber militärischen Sicherheitsas-pekten stärker betont werden. Staaten sind Nutzenmaximierer, die versuchen, ihre Interessen nach Möglichkeit optimal umzusetzen und so auf das internatio-nale System einzuwirken. Allem Handeln der Staaten auf supranationaler Ebene liegt somit ein rationales Kosten-Nutzen-Kalkül zugrunde. Nur wenn der erwar-tete Nutzen größer ist als die veranschlagten Kosten, wird auch der Versuch unternommen, das System im eigenen Sinne zu ändern, ansonsten bleibt es stabil (Menzel 2001: 161).

Gilpin zufolge ist das internationale System geprägt von einer regelmäßigen Interaktion der staatlichen Akteure, die in ihrem Verhalten vagen Beschränkun-gen unterliegen. Wie stark die Staaten durch die anarchischen Strukturen in ihren internationalen Beziehungen und Handlungen eingeschränkt sind, ist abhängig von der Machtverteilung zwischen ihnen, in die neben materiellen Machtmitteln auch Faktoren wie Ansehen und Prestige einfließen (Gilpin 1981: 26-39). Inner-halb dieses Systems prüfen Staaten, ob es sich für sie lohnen würde, das internationale System zu ihren Gunsten zu verändern, d.h. ob der zusätzliche Nutzen die Kosten der Veränderung übersteigt (Gilpin 1981: 10). Veränderungen von Konstellationen zwischen den Akteuren ergeben sich für Gilpin nicht *top-down* (nicht das internationale System und die aus ihm abzuleitenden Einflüsse auf Staaten stehen im Vordergrund), sondern sind im Sinne eines *bottom-up*-Prozesses vielmehr die Folge spezifischer Interessen und Präferenzen der individuellen Akteure. Staaten werden nur solange versuchen, das internationale System durch territoriale, politische und wirtschaftliche Expansion zu verändern, bis die Grenzkosten weiteren Wandels gleich oder größer dem Grenznutzen sind. Bis sich ein Gleichgewichtszustand im internationalen System eingependelt hat, führt Ungleichgewicht unweigerlich zu einer Umverteilung von Macht zwischen den Staaten und damit zum Wandel des Systems (Gilpin 1981: 10ff.).

Kritische Würdigung

Die neorealistische Denkschule stellt einen der bedeutendsten Theoriestränge in den Internationalen Beziehungen dar. Ihre unbestreitbaren Stärken für die Analyse der internationalen Politik liegen insbesondere in der Berücksichtigung des Aspektes der Konkurrenz zwischen den Staaten sowie der daraus erwachsenden Zwänge im internationalen System. Ebenso bedeutsam erscheint die in der neorealistischen Analyse ausgeprägte Sensibilität für die Kontinuität systembezogener Eigenschaften und Kausalitäten.

Eine zentrale Schwäche des neorealistischen Ansatzes liegt hingegen in der fehlenden Berücksichtigung der Bedeutung der inneren Verfasstheit der Staaten für die Herausbildung ihrer Handlungsmotive und Präferenzen im internationalen System. Zudem wirft die von der Waltz'schen Theorie geprägte Konzeptualisierung der Staaten als einheitliche Akteure sowie die vereinfachte schematische Differenzierung zwischen den Staaten und dem internationalen System die Problematik auf, dass die empirisch belegten Wirkungen von Normen und Regeln innerhalb des internationalen Systems nicht ausreichend berücksichtigt werden. Es findet eine Festlegung auf nur eine mögliche Konsequenz der Anarchie statt, die die Handlungs- und Gestaltungsspielräume der Staaten im Wesentlichen auf die Verringerung von Unsicherheiten, den Selbsthilfe-Imperativ und den Wettbewerb um Sicherheit reduziert. Bei einer neorealistischen Herangehensweise besteht somit die Gefahr einem kognitiven Dogmatismus und der selektiven Wahrnehmung von Phänomenen zum Opfer zu fallen.

Literatur

Gilpin, Robert G. (1981): War and Change in World Politics. Cambridge: Cambridge University Press.

Gilpin, Robert G. (1984): The Richness of the Tradition of Political Realism. In: International Organization. 38 (2): 287-304.

Grieco, Joseph M. (1988): Anarchy and the limits of cooperation: a realist critique of the newest liberal institutionalism. In: International Organization. 42 (3): 485-507.

Grieco, Joseph M. (1996): State Interests and Institutional Rule Trajectories: A Neorealist Interpretation of the Maastricht Treaty and European Economic and Monetary Union. In: Frankel, Benjamin (Hrsg.): Realism: Restatements and Renewal. London/ Portland: Frank Cass. 261-305.

Grieco, Joseph M. (1997): Realist International Theory and the Study of World Politics. In: Doyle, Michael / Ikenberry, G. John (Hrsg.): New Thinking in International Relations Theory. Boulder, Colorado: Westview. 163-201.

Masala, Carlo (2005): Kenneth N. Waltz. Einführung in seine Theorie und Auseinandersetzung mit seinen Kritikern. Baden-Baden: Nomos.

Mearsheimer, John J. (2001): The Tragedy of Great Power Politics. New York: W.W. Norton & Co. 29-54.

Menzel, Ulrich (2001): Zwischen Idealismus und Realismus. Die Lehre von den Internationalen Beziehungen. 1. Aufl. Suhrkamp Verlag: Frankfurt am Main.

Schörnig, Niklas (2006): Neorealismus. In: Schieder, Siegfried / Spindler, Manuela (Hrsg.): Theorien der Internationalen Beziehungen. 2. Aufl. Opladen & Farmington Hills: Verlag Barbara Budrich. 65-92.

Schweller, Randall L. (1993): Tripolarity and the Second World War. In: International Studies Quarterly. 37: 73-103.

Schweller, Randall L. (1994): Bandwagoning for Profit. Bringing the Revisionist State Back In. In: International Security. 19 (1): 72-107.

Vogt, Thomas (1999): Der Neorealismus in der internationalen Politik. Eine wissenschaftstheoretische Analyse. Wiesbaden: Deutscher Universitätsverlag DUV.

Walt, Stephen M. (1985): Alliance Formation and the Balance of World Power. In: International Security. 9 (4): 3-43.

Walt, Stephen M. (1987): The Origins of Alliances. Ithaca / London: Cornell University Press.

Walt, Stephen M. (1997): The Progressive Power of Realism. In: American Political Science Review. 91 (4): 931-935.

Waltz, Kenneth N. (1979): Theory of International Politics. Reading, Massachusetts: Addison Wesley.

Waltz, Kenneth N. (1996): International Politics Is Not Foreign Policy. In: Security Studies. 6 (1): 54-57.

Der Liberalismus in den Internationalen Beziehungen

Daniel F. Schulz & Jan Tilly

Spätestens seit der Überwindung des Ost-West-Konflikts 1989 spielt der Liberalismus als Forschungsparadigma in den Internationalen Beziehungen (IB) eine führende Rolle. Nicht zuletzt das Unvermögen des Realismus, das Ende des Kalten Krieges vorauszusagen, führte zu einem Wiedererstarken der liberalistischen Ansätze, die ursprünglich im Kontext der Entspannungspolitik in den Ost-West-Beziehungen bzw. der aufkommenden Friedensforschung der 1970er Jahre entstanden waren (vgl. Müller 2004: 53f.). Denn in Abgrenzung zum (Neo-) Realismus begreift der Liberalismus Staaten nicht als einheitliche Akteure, deren nationale Interessen sich aus äußeren, systemischen Bedingungen ergeben. Vielmehr erklärt der Liberalismus außenpolitisches Verhalten von Staaten primär als Ergebnis subsystemischer Einflussgrößen. Dadurch verschiebt sich auch das Hauptaugenmerk der Außenpolitikanalyse von der Machtverteilung zwischen den Staaten oder internationalen Institutionen zu den staatlich organisierten Gesellschaften. Insofern steht das liberalistische Forschungsparadigma in der Tradition des methodologischen Individualismus, da das Handeln von gesellschaftlichen Individuen und Akteuren im Zentrum steht (vgl. Schieder 2006: 180).

Abgesehen von der breit geteilten Grundannahme einer „pluralistischen und damit im Kern liberalistischen Konzeption von Staat und Gesellschaft" (Schieder 2006: 179) litt das liberalistische Forschungsparadigma in den IB lange Zeit unter der Existenz einer Vielzahl verschiedener Ansätze, die kein kohärentes Theoriegebäude bildeten. Dies äußerte sich auch in der Verwendung verschiedener Bezeichnungen wie „domestische" oder „pluralistische" Theorien oder „Theorien der Interaktion von Staat und Gesellschaft". Zusätzlich verhinderte eine Vermengung liberalistischer Grundannahmen mit politischer Ideologie eine von normativem Ballast befreite liberalistische Analyse außenpolitischer Prozesse (vgl. Moravcsik 1997: 514). Es wird insbesondere als Verdienst Andrew Moravcsiks beschrieben, diese beiden Kernprobleme überwunden zu haben, indem er den Liberalismus auf wenige zentrale Grundannahmen reduzierte und einen überprüfbaren Analyseansatz etablieren konnte.

Präferenzorientierter Liberalismus nach Andrew Moravcsik

In seinem grundlegenden Beitrag „Taking Preferences Seriously" entwickelt Andrew Moravcsik (1997) seinen Ansatz des Präferenzorientierten Liberalismus auf der Basis von drei zentralen Annahmen:

1.) *Der Vorrang der Gesellschaft vor dem Staat*: Der Staat ist aus Sicht des Liberalismus keine feststehende Variable, sondern das Ergebnis spezifischer gesellschaftlicher Verhältnisse. Daher sind individuelle und kollektive Akteure der substaatlichen Ebene, ergo: die Gesellschaft, das bestimmende Subjekt internationaler Politik („*bottom up*-Sicht").

2.) *Innergesellschaftliche Repräsentation und staatliche Präferenzbildung*: Die Staaten stellen nach Moravcsik keinen einheitlichen Akteur dar, sondern eine repräsentative Institution, die als „Transmissionsriemen dominanter gesellschaftlicher Präferenzen" (Schieder 2006: 183) fungiert. Moravcsik reduziert innerstaatliche Repräsentation dabei nicht auf formale Merkmale von staatlichen Organen; sein Ansatz schließt informelle Institutionen ausdrücklich mit ein.

3.) *Internationale Umwelt und interdependente Präferenzordnungen*: Aus Sicht des Präferenzorientierten Liberalismus ergeben sich die Handlungsmuster internationaler Politik nicht aus der internationalen Machtverteilung oder den internationalen Institutionen, sondern primär aus dem sozialen Kontext, in den sie eingebettet sind. Das heißt jedoch nicht, dass die nationale Konfiguration von Staatsinteressen völlig losgelöst vom internationalen Kontext zu betrachten ist. Die Kompatibilität der Präferenzordnungen zweier Staaten ist nach Moravcsik entscheidend für eine kooperative oder konfliktäre Beziehung. Nur versteht der Präferenzorientierte Liberalismus die Handlungsoptionen auf der internationalen Ebene als Funktion des innerstaatlichen Präferenzbildungsprozesses und sieht diese im Gegensatz zu systemischen Theorien der IB wie dem (Neo-)Realismus nicht als von der internationalen Umwelt bestimmt an.

Über die Frage nach dem Ursprung gesellschaftlicher Präferenzen und deren Überführung in das außenpolitische Handeln der nationalen Regierungen differenziert Andrew Moravcsik drei Spielarten seines Ansatzes, die unterschiedliche Beweggründe von Akteuren in den Vordergrund stellen: „divergent fundamental beliefs, conflict over scarce material goods, and inequalities in political power" (Moravcsik 1997: 517). Während die ideellen (*Ideationaler Liberalismus*) und materiellen (*Kommerzieller Liberalismus*) Einflussfaktoren vor allem auf die Herausbildung gesellschaftlicher Präferenzen abzielen, fokussiert der *Republikanische Liberalismus* die Wege und Mechanismen, wie diese Präferenzen sich auf staatlicher Ebene durchsetzen oder nicht.

Die Modi innerstaatlicher Repräsentation werden in der republikanischen Spielart des Liberalismus folglich als Schlüsselvariable definiert (vgl. Moravcsik

1997: 530). Hier unterstellt der Liberalismus den Individuen generell das Bestreben, entweder individuelle Kosten zu vermeiden oder sich Gewinne zu sichern (*Rent Seeking*, vgl. McNutt 2002). Dementsprechend erwarten liberalistische Theoretiker eher eine konfrontative als eine kooperative Außenpolitik, wenn der politische Einfluss auf wenige gesellschaftliche Gruppen konzentriert ist. Denn Konfrontation und expansives staatliches Verhalten sind selten mit einem Netto-Gewinn für die Gesamtgesellschaft verbunden, sondern in der Regel mit dem Erringen materieller und ideeller Vorteile einer Minderheit, deren Kosten zum großen Teil von dem nicht repräsentierten Teil der Gesellschaft getragen werden (vgl. Schieder 2006: 188f.). Da aber die meisten individuellen und gesellschaftlichen Akteure eine Tendenz zu risikoaversem Verhalten aufweisen, so ein zentraler Schluss Moravcsiks, wird bei einer politischen Repräsentation breiter gesellschaftlicher Gruppierungen die Unterstützung für eine konfliktäre Außenpolitik nicht vorhanden sein.

Eine weitere Variante des republikanischen Liberalismus hebt auf institutionelle Sperrmöglichkeiten im innerstaatlichen politischen System ab. So genannte „Veto-Spieler" (Tsebelis 1995) sind in der Lage, politische Entscheidungen auch in der Außenpolitik in unterschiedlicher Intensität und in verschiedenem Ausmaß zu beeinflussen bzw. zu verhindern. Je größer ihre Bedeutung in der Außenpolitik, desto unwahrscheinlicher werden dem Grundsatz nach riskante Strategien und Manöver.

Diese Prognose des *Republikanischen Liberalismus* wird in dem vorliegenden Band am Fallbeispiel des konträren Verhaltens Großbritanniens und Deutschlands im Irak-Konflikt 2003 mithilfe eines Vergleichs der Dichte an Vetospielern in beiden politischen Systemen operationalisiert.

Die Logik kollektiven Handelns nach Mancur Olson

Für die Analyse der Herausbildung von gesellschaftlichen Präferenzen greift Andrew Moravcsik bei seiner Untersuchung des europäischen Integrationsprozesses (vgl. Moravcsik 1993a) auf die von Mancur Olson entwickelte „Logik des kollektiven Handelns" (Olson 1965) zurück, um die dominanten innerstaatlichen Akteure zu identifizieren. Nach diesem Theorem ist der Mobilisierungsgrad eine entscheidende Determinante für den Einfluss einer sozialen Gruppierung. Großen Gruppierungen bescheinigt Olson tendenziell größere Probleme, ihre „latenten", da weniger homogenen Interessen politisch durchzusetzen, als kleinen Gruppierungen mit klar definierten Zielvorstellungen. Insbesondere breit aufgestellte Organisationen wie Verbände oder Gewerkschaften stehen dabei stets vor besonderen Herausforderungen. Die internen Bestimmungsfaktoren wie Struktur,

Organisation und politische Orientierung geben im Sinne Olsons Aufschluss über die Homogenität und den Organisationsgrad, und damit über den potentiellen Einfluss der Akteure. Das Zusammenspiel von externen Gegebenheiten und internen Bestimmungsfaktoren gesellschaftlicher Akteure wird in diesem Band am Fallbeispiel der Rolle Argentiniens im gemeinsamen Markt Südamerikas (*Mercosur*) nachgezeichnet.

Der Zwei-Ebenen-Ansatz nach Robert D. Putnam

Inwiefern eine Regierung in internationalen Verhandlungen letztlich die nationalen Interessen durchsetzen kann, ist für den Liberalismus eine gesonderte Fragestellung. Robert D. Putnam griff diesen Transmissionsprozess auf und formulierte 1988 – also noch vor Moravcsiks Aufarbeitung der bestehenden liberalistischen Theorieansätze – die Metapher des Zwei-Ebenen-Spiels oder *Two-Level-Game* (vgl. Putnam 1988). Damit reagierte er auf die Unfähigkeit liberalistischer Ansätze, die Mechanismen des Einflusses der auf gesellschaftlicher Ebene gebildeten nationalen Interessen im internationalen System zu erklären. Putnam integrierte hierzu Innen- und Außenpolitik in ein theoretisches Konstrukt, in dem die Regierungen demokratischer Staaten an zwei Tischen gleichzeitig sitzen. Einerseits verhandeln sie im internationalen System mit anderen Staaten, andererseits sind sie aber auch in den innenpolitischen Prozess eingebunden, wo die internationalen Verhandlungsergebnisse ratifiziert und in nationales Recht umgewandelt werden müssen. Zwar darf die Regierung meist relativ unabhängig die internationalen Verhandlungen führen und internationalen Verträgen (vorläufig) zustimmen. Doch die Entscheidung über die Ratifizierung dieser Verhandlungsergebnisse liegt letztlich zumeist bei der Legislative. Die *Two-Level-Game*-Metapher kann insbesondere solche Verhandlungsergebnisse erklären, die keinen Kompromiss zwischen den beiden jeweiligen nationalen Präferenzen darstellen, sondern einseitig einen Staat bzw. eine Gesellschaft bevorzugen. Denn in den Verhandlungen zwischen den Vertretern auf internationaler Ebene einerseits sowie zwischen Exekutive und Legislative auf nationaler Ebene andererseits kann sich eine Eigendynamik entwickeln, die zu Ergebnissen führt, die allein auf Basis der nationalen Präferenzen nicht vorhersehbar sind. So sind nach Putnam für die Ergebnisse internationaler Politik neben den nationalen Präferenzen und politischen wie gesellschaftlichen Koalitionen, vor allem die nationalen politischen Institutionen (z.B. die Notwendigkeit einer Zwei-Drittel-Mehrheit im US-amerikanischen Senat zur Ratifizierung eines internationalen Abkommens oder etwa die Verzahnung zwischen deutscher Legislative und Bundesregierung) sowie die Strategien der Exekutive am internationalen Verhandlungstisch relevant (vgl. Putnam 1988: 448).

Eine gängige Strategie ist etwa, dass sich die Exekutive glaubhaft national binden lässt, um so ein Druckmittel für Verhandlungen auf internationaler Ebene zu erhalten und eine Einigung zu erreichen, die näher an den Präferenzen des eigenen Landes liegt. Die Verhandlungsführer erklären dann in der internationalen Verhandlung, dass sie zwar gerne zustimmen würden, aber ein solches Ergebnis auf nationaler Ebene nicht ratifiziert werden würde. Starke Regierungen – also solche mit großem Einfluss auf die nationale Legislative – sind nach dieser Logik in den außenpolitischen Verhandlungen verhältnismäßig schwach aufgestellt, während es sich für national eher schwach positionierte Regierungen genau umgekehrt verhält (vgl. Putnam 1988: 448).

Obgleich Andrew Moravcsik diesen Ansatz Putnams zunächst stützte und auch selbst anwendete (vgl. Moravcsik 1993b), ziehen beide Theoretiker an einer zentralen Stelle unterschiedliche Schlussfolgerungen. Denn während Putnam das Bestreben einer nationalen Regierung vornehmlich darin sieht, sich innenpolitisch die Verhandlungsfreiheiten einschränken zu lassen, um damit auf der internationalen Verhandlungsebene eine stärkere Position einnehmen zu können, dreht Moravcsik diese Logik um. Er sieht vielmehr die außenpolitischen Einflussmöglichkeiten gesellschaftlicher Gruppen dadurch bestimmt, ob sie die kritischen Machtressourcen Initiative, Institutionen, Informationen und Ideen so bei sich vereinen können, dass sie die Regierung außenpolitisch kontrollieren. Generell ist die Exekutive nach Moravcsik jedoch durch ihre Präsenz an beiden Verhandlungstischen den allein subsystemisch agierenden Akteuren stets einen Schritt voraus und kann diesen Vorsprung zu ihren Gunsten nutzen. Sie kann etwa Einfluss auf gesellschaftliche Gruppen ausüben, durch bestimmte Ratifikationsverfahren das innenpolitische Machtgleichgewicht verschieben, oder durch Ausgleichszahlungen, verstärkte Parteidisziplin und selektive Mobilisierung politischer Gruppen die notwendige Unterstützung für ihre Vorhaben erhalten (vgl. Schieder 2006: 199).

Durch das *Two-Level-Game* erhält die zunächst subsystemisch ausgelegte liberalistische Theorie der nationalen Präferenzbildung folglich eine systemische Komponente und dadurch ein realistisches Element (vgl. Schieder 2006: 193). Dieser Ansatz Robert D. Putnams findet im vorliegenden Band in der Fallstudie zu dem Verhalten Deutschlands und der USA in den Verhandlungen um das Kyoto-Protokoll Verwendung.

Literatur

McNutt, Patrick A. (2002): The Economics of Public Choice. 2nd Ed. Cheltenham: Edward Elgar. 164-203.

Moravcsik, Andrew (1993a): Preferences and Power in the European Community – A Liberal Intergovernmentalist Approach. In: Journal of Common Market Studies. 31 (4): 473-524.

Moravcsik, Andrew (1993b): Integrating International and Domestic Theories of International Bargaining. In: Evans, Peter B. / Putnam, Robert D. / Jacobsen, Harold K. (Hrsg.): Double- Edged Diplomacy. Berkeley: University of California Press. 3-42.

Moravcsik, Andrew (1997): Taking Preferences Seriously – A Liberal Theory of International Politics. In: International Organization. 42 (3): 427-460.

Müller, Harald (2004): Frieden zwischen den Nationen. Der Beitrag der Theorien von den Internationalen Beziehungen zum Wissen über Frieden. In: Albert, Mathias / Moltmann, Bernhard / Schoch, Bruno (Hrsg.): Die Entgrenzung der Politik – Internationale Beziehungen und Friedensforschung. Studien der Hessischen Stiftung Friedens- und Konfliktforschung. Bd. 47. Frankfurt: Campus. 40-64.

Olson, Mancur (1965): The Logic of Collective Action: Public Goods and the Theory of Groups. Cambridge: Harvard University Press.

Putnam, Robert D. (1988): Diplomacy and Domestic Politics: The Logic of Two-Level Games. In: International Organization. 42 (3): 427-460.

Schieder, Siegfried (2006): Neuer Liberalismus. In: Schieder, Siegfried / Spindler, Manuela (Hrsg.): Theorien der Internationalen Beziehungen. 2. Aufl. Opladen & Farmington Hills: Verlag Barbara Budrich. 213-242.

Tsebelis, George (1995): Decision Making in Political Systems: Veto Players in Presidentialism, Parliamentarism, Multicameralism, and Multipartyism. In: British Journal of Political Science. 25: 289-326.

Der Konstruktivismus in den Internationalen Beziehungen

Christin Friedrich, Sarah Költzow & Jan Tilly

Einleitung – *Ideas Matter*

Der Konstruktivismus ist keine substanzielle Theorie der Internationalen Beziehungen, sondern eine Metatheorie, nach der sich Realität dem Beobachter nicht unmittelbar erschließt, sondern sozial konstruiert wird. Konstruktivistische Ansätze sind als Antwort auf die herkömmliche Orthodoxie von realistischen und liberalistischen Theorien entstanden, die ausschließlich mit vermeintlich objektiven Faktoren wie Macht und Interessen argumentieren.

In der konstruktivistischen Perspektive werden sowohl die Beschaffenheit der Welt (Ontologie) als auch das Wissen über die Beschaffenheit der Welt (Epistemologie) nicht als gegeben angenommen; man geht im Gegenteil davon aus, dass beides sozial konstruiert ist und erst durch Aktion und Interaktion der relevanten Akteure erzeugt wird.

Eine Grundannahme des Konstruktivismus der Internationalen Beziehungen ist, dass sich außenpolitisches Handeln von Staaten auf ihre nationale Identität zurückführen lässt. Diese nationale Identität ist nicht exogen gegeben, sondern flexibel und verändert sich im Laufe der Zeit durch die Interaktion mit anderen Staaten.

Maßgebliches identitätsstiftendes Moment für die Akteure ist dabei das kollektive Teilen von Bedeutungsgehalten. Diese Bedeutungsgehalte wiederum schreiben die Akteure selbst durch ihre Ideen, Normen und Wertbilder, die auf historischer und kultureller Sozialisation beruhen, materiellen wie auch immateriellen Gegenständen in einem Interaktionsprozess zu.

Der konstruktivistischen Denkschule zufolge kann ein Staat entweder als eine Zusammensetzung von Individuen verstanden werden, die durch die Gesamtheit ihrer Zuschreibungen den Staat ausmachen (Konstruktivismus). Oder aber man betrachtet einen Staat als durch seine politischen Akteure bestimmt, d.h. die jeweiligen Regierungen (Staatskonstruktivismus).[1]

In jedem Falle wird die nationale Identität eines Staates erst in der Auseinandersetzung mit anderen Akteuren konstruiert – also durch zwischenstaatliche Interaktion auf Basis von Bedeutungszuschreibungen.

Ändern sich die Interessen von Staaten, geschieht dies, nach konstruktivistischer Lesart, aufgrund eines Wandels der nationalen Identität. Unter Interessen von Staaten werden im Konstruktivismus vor allem immaterielle Faktoren wie Anerkennung und Status verstanden.

Staaten sind grundsätzlich um ihre Reputation bemüht und streben danach, in der internationalen Staatengemeinschaft anerkannt zu sein. Staaten befolgen daher international gesetzte Normen, die sie als legitim erachten. Ihr Handeln orientiert sich an intersubjektiv geteilten, wertgestützten Normen und dem, was als „angemessenes Verhalten" verstanden wird. Normen zeichnen bestimmte Ziele als legitim aus und konstituieren *motives* (Klotz 1995: 26), nach denen Staaten streben sollten.

> Entscheidungen von Staaten werden norm- und regelgeleitet getroffen, vor dem Hintergrund subjektiver Faktoren, historisch-kultureller Erfahrungen und institutioneller Einbindungen.

Die Annahme, dass Identitäten und Interessen exogen gegeben sind, war über lange Zeit hinweg die einzige Sichtweise in den Theorien der Internationalen Beziehungen. Sie vermochte jedoch nicht, Wandel zu erklären. Der Konstruktivismus ist nicht zuletzt in Folge der empfundenen Begrenztheit der herrschenden Theorien entstanden, die das Ende des Ost-West-Konfliktes weder vorhersehen, noch erklären konnten. Da der Konstruktivismus im Gegensatz zu den realistischen und liberalistischen Theorien postuliert, dass sich Identitäten in der Interaktion verändern (können), beansprucht diese Theorie es, Wandel besser zu verstehen.

In diesem Band werden drei unterschiedliche Stränge konstruktivistischer Theorien verwendet, um die Vielfältigkeit dieses Forschungsansatzes aufzuzeigen. Die Begründung des Wirtschaftsbündnisses Mercosur in Südamerika wird aus Sicht des Staatskonstruktivismus in Anlehnung an Alexander Wendt analysiert. Das Kapitel zum Kyoto-Protokoll verwendet epistemologische Ansätze in der Tradition von Peter M. Haas. Das Kapitel zum Irak-Krieg greift insbesondere

---

[1] Es ist dabei legitim, Politiker als maßgebliche Akteure zu betrachten, da sie gesellschaftlich sozialisiert sind; da sie in der Regel eine innerstaatliche politische Karriere absolviert haben und (ihrem Selbstverständnis nach) als anerkannte Vertreter ihrer Gesellschaft gegenüber der internationalen Umwelt agieren (Boekle et al. 1999: 3.3(2)).

die Bedeutung von Sprache in der Konstruktion außenpolitischer Selbst- und Fremdbilder auf. Als Referenztheoretiker wird hier der Ansatz von Nicholas Onuf erläutert.

Staatskonstruktivismus nach Alexander Wendt

Alexander Wendt entwickelte sein Konzept des Staatskonstruktivismus ausgehend von und in Abgrenzung zum rationalistischen Erklärungsmodell des Realismus. Die neorealistische Annahme, dass Anarchie das zentrale Ordnungsprinzip des internationalen Systems sei, lässt Wendt nicht gelten, sondern behauptet „Anarchy is what States make of it" (1992). Er führt somit andere Erklärungskategorien als nur Macht- und Wirtschaftsinteressen in die Debatte ein. Zu den materialistischen Faktoren, die im Realismus das Handeln von Akteuren bedingen, fügt Wendt immaterielle Faktoren hinzu, verbleibt jedoch bei der Analyse ebenfalls auf der systemischen Ebene, d.h. er untersucht vorwiegend die Struktur des internationalen Systems.

Wendt behauptet, Selbsthilfe sei nur eine von vielen möglichen Institutionen, die sich unter den Bedingungen von Anarchie herausbilden kann, aber nicht muss. Denn das Handeln von Staaten im internationalen System sei nicht nur in materielle, sondern v.a. auch ideelle Strukturen eingebettet (vgl. Wendt 1994, 1995).

Ein zentraler Punkt ist Wendts Beitrag zum Akteur-Struktur-Problem, d.h. der Frage, ob soziale Phänomene ausgehend von den jeweiligen Akteuren oder eher aus den Strukturen heraus zu erklären sind. Wendt stellt die These auf, dass sich Akteure und Strukturen gegenseitig konstituieren: während Akteure die Strukturen durch ihr Handeln produzieren und reproduzieren, schränken Strukturen einerseits die Verhaltensspielräume von Akteuren ein, zeigen aber andererseits auch die bestehenden Möglichkeiten auf, deren Wahrnehmung die Beteiligten erst als Akteure qualifizieren.

Wendt legt den Fokus auf die Analyse dieser Prozesse sozialer Interaktion, in welchen sich Identitäten und in der Folge auch Interessen von Staaten herausbilden. Im Jahre 1992 bezeichnet er diesen Ansatz erstmals und in Anlehnung an die Definition von Nicholas Onuf aus dem Jahr 1989 als konstruktivistisch (Ulbert 2006: 418).

Indem seine Theorie die stattgefundenen sozialen Lernprozesse berücksichtigt, stellt Wendts Konstruktivismus eine Brücke dar, wie rationalistische und postmoderne Theorien zueinander finden könnten (und ist entsprechend umstritten). Wendts Staatskonstruktivismus weicht insofern von den anderen konstruktivistischen Strömungen ab, als er zwar ontologisch die Rolle von Ideen in der sozialen Welt betont, aus epistemologischer Sicht jedoch davon ausgeht, dass eine Realität außerhalb des Beobachters existiert.

Epistemologischer Konstruktivismus nach Peter M. Haas

Der epistemologische Konstruktivismus offenbart eine gänzlich andere Perspektive auf die internationalen Beziehungen. So widmete das Journal „International Organizations" im Jahre 1992 eine komplette Ausgabe der epistemologischen Sichtweise. Diese ist durch die Beiträge von Peter M. Haas und Emanuel Adler geprägt, die einen wissenssoziologischen Ansatz in die Theorien der Internationalen Beziehungen einbringen. Der internationalen Politik liegt demnach ein bestimmtes Verständnis von Wirklichkeit zu Grunde, das unter politischen Akteuren wie in der Öffentlichkeit konstruiert wird. Im Kern steht dabei die Frage, wie Entscheidungsträger in einer zunehmend komplexen Welt für Probleme, die sie nicht verstehen, staatliche Interessen formulieren, Lösungen entwickeln und Maßnahmen international koordinieren können (Haas 1992: 1).

Im Gegensatz zu strukturell orientierten Theorien, basiert der Ansatz von Haas auf dem Gedanken, dass politische Akteure über Themen langsam lernen und sich ihre Interessen mit neuen Erkenntnissen wandeln und entwickeln können. Zwar gibt es eine Reihe systemischer Bedingungen, die politisches Handeln beschränken, doch existieren erhebliche Spielräume: Wie Staaten ihre Interessen definieren und Handlungsoptionen bestimmen, ist letztlich eine Funktion der Art und Weise, wie politische Entscheidungsträger die zugrunde liegenden Probleme verstehen und wie sie von den Experten, von denen sich die Entscheidungsträger beraten lassen, aufbereitet werden (Haas 1992: 2).

Diese Netzwerke aus Experten, die als *epistemic communities* bezeichnet werden und die die entscheidende Variable des Ansatzes ausmachen, zeigen den Entscheidungsträgern Ursache-Wirkungszusammenhänge komplexer Probleme auf, helfen Staaten so ihre Interessen zu definieren, lenken den öffentlichen Diskurs und erarbeiten Vorschläge für politische Maßnahmen sowie Verhandlungsstrategien. Die Kontrolle über Wissen und Informationen ist dabei die bestimmende Machtdimension. Die Diffusion neuer Ideen und Informationen durch die *epistemic communities* führt zu neuen politischen Verhaltensweisen und erweist sich nach Haas als wichtigste Determinante der Internationalen Politik (Haas 1992: 3).

Der Bedarf nach Beratung durch *epistemic communities* ist dann am größten, wenn Themen sowohl durch besondere Unsicherheit als auch durch starke Abhängigkeiten unter den verschiedenen Staaten des internationalen Systems geprägt sind (vgl. Haas 2004). Als Beispiele führt Haas u.a. Maßnahmen zur

Nichtverbreitung von Nuklearwaffen, das Ozonloch, Welthandel oder Themen des Umweltschutzes an. Das in diesem Band behandelte Politikfeld der Klimapolitik erfüllt ebenfalls die beiden genannten Kriterien.

Haas' theoretisches Konstrukt berücksichtigt explizit die Bedeutung von Unsicherheit bei der Entstehung von internationalen Institutionen, staatlichen Interessen und staatlichen Verhaltensweisen (Adler/Haas 1992: 372). Im Gegensatz zu anderen Ansätzen ist der *epistemic community*-Ansatz nicht daran interessiert, Prozesse zu erklären, bei denen Autorität von Nationalstaaten zu internationalen Institutionen übertragen wird. Es geht vielmehr darum, den Lernprozess der Entscheidungsträger zu erklären. Die zugrunde liegende Frage ist dabei stets „Wer lernt was, wann, zu wessen Nutzen und warum?" (Adler/Haas 1992: 370).

Linguistischer Konstruktivismus nach Nicholas Onuf

Während sich die Mehrzahl der Theorien Internationaler Beziehungen durch „Sprachlosigkeit" – also durch die Missachtung der Bedeutung von Sprache und Sprechakten in der Analyse der Außenpolitik – auszeichnet, wird der Sprache im Konstruktivismus eine zentrale Rolle zugeschrieben. Denn maßgebliche politische Aktivitäten, darunter die Diplomatie, erfolgen vorwiegend in Form von Sprache (Müller 2001: 161). Im Konstruktivismus gilt Sprache als Medium, das die Realität konstruiert und intersubjektiv vermittelt (Ulbert 2006: 427). Pointiert bricht Nicholas Onuf diese Sichtweise auf die einfache Formel *saying is doing* herunter (Onuf 1998: 59), auf eine Anschauung, die die Unabhängigkeit von *world and words* negiert (Onuf 1994: 94). Handelnde Akteure konstruieren ihre Realität durch Taten, wozu auch Sprechakte zählen. Diese Sprechakte können in „Konventionen" münden und somit zu Regeln werden, die wiederum den Kontext und die Basis für die Bedeutung menschlichen Verhaltens bereitstellen und anderen Akteuren Verhaltensrichtlinien suggerieren, indem sie Akteure daran erinnert, was sie zuvor schon getan haben (Onuf 1998: 66).

Mittels Sprache formulieren und vermitteln Akteure Selbst- und Fremdbilder, die in diskursiven Prozessen diskutiert, interpretiert und sukzessive verändert werden. Folglich dient die Untersuchung von Diskursen der konstruktivistischen Analyse als wichtiges Instrument, um die sprachlich vermittelte Zuweisung von Bedeutungsgehalten und ihre Konsequenzen im internationalen Beziehungsgeflecht nachzuvollziehen. Zudem kann die Einigung verschiedener Nationen auf eine einheitliche Wortwahl eine gemeinsame Wirklichkeit konstruieren und sie zugleich von anderen Staaten abgrenzen; ein Wandel der Wortwahl kann somit einen Wandel der Beziehungen andeuten. Daher sind Diskursanalysen besonders gut geeignet, um Wandel oder Kontinuität in der Außenpolitik von Staaten zu untersuchen (vgl. Baumann 2005).

Implikationen für konstruktivistische Forschung in den internationalen Beziehungen

In der konstruktivistischen Forschung werden bestimmte zentrale Materialien verwendet, die es ermöglichen, Worte und Aktivitäten der Akteure zu kontextualisieren. Die Untersuchung der Kontexte, in denen sich gewisse Strukturen herausbilden, hilft dabei, zu erklären, wann, wie und warum sich gewisse Praktiken etablieren, andere sich wiederum nicht durchsetzen können. Zentrale Materialien sind daher Presseberichte, Interviews, Verträge, Verhandlungen, Abkommen, Briefe von Schlüsselfiguren, etc. Die mittels dieser Quellen identifizierbaren Regeln und Normen, die sich in Form von Institutionen, diplomatischen Treffen o.ä. manifestieren, geben Aufschluss über das gegenseitige und das Selbst-Verständnis sowie über die geteilten Bedeutungsgehalte. So kann letztlich auf die Interessen und Identitäten der Akteure geschlossen werden; Vergleiche über Zeit und Ort hinweg ermöglichen die Identifikation und Erklärung von Wandel. Wie auch bei anderen Theorien der Internationalen Beziehungen ist die Interpretation der Ergebnisse von der philosophisch-ethischen Weltanschauung des Forschers beeinflusst. Daher legen zahlreiche konstruktivistische Strömungen Wert darauf, zu betonen, dass stets nur eine Wahrnehmung von Realität, nicht aber Realität selbst erkannt, beschrieben und interpretiert werden kann (vgl. Klotz/ Lynch 2007).

Die Abgrenzung zu den rationalistischen Theorien von Realismus und Liberalismus liegt im Kern in der Berücksichtigung von Normen und Werten, also solchen Phänomenen, die nicht unmittelbar greifbar oder beobachtbar sind. Der Forschungsansatz kann von daher nicht auf „objektive" Fakten, wie Macht- oder Interessenskonstellationen zurückgreifen (gerade weil diese Faktoren ja eben nicht objektiv sind), sondern muss durch die Analyse von Handlungen (wie primär im Falle Wendts), von Bedeutungsmustern (wie vor allem bei Haas) und von Sprache (wie zusätzlich von Onuf eingeführt), auf Norm- und Wertkonstruktionen Rückschlüsse ziehen. Die klassische Methodik der Trennung von unabhängiger (erklärender) und abhängiger (zu erklärender) Variable kann hier mitunter nicht verfolgt werden. Die erklärenden Variablen, z.B. Normen- und Wertverständnisse, lassen sich häufig nur *via* der zu erklärenden Variable, d.h. dem konkreten politischen Handeln, beobachten. So eignen sich konstruktivistische Ansätze in der Regel nicht, um Vorhersagen über zukünftiges Verhalten zu treffen. In der *ex-post* Perspektive eröffnen sie jedoch häufig Zusammenhänge, die in

rationalistischen Theorien verborgen bleiben. Letztlich mögen konstruktivistische Ansätze ultimativ keine Erklärungen liefern, können jedoch zu einer besse-
ren Annäherung an das Geschehene und dessen Bedeutung für die Akteure auf
internationaler Ebene beitragen.

Die Anwendung des Konstruktivismus und seiner verschiedenen Spielarten
in den folgenden Kapiteln zeigt, dass dieser nicht als substanzielle Theorie der
Internationalen Beziehungen verstanden werden kann, die mittels eines festen
Analyserasters eindeutige Erklärungen verschafft. Vielmehr ermöglicht er eine
prozessorientierte, flexible Sicht auf Phänomene und Entwicklungen und zeigt
kontingente Erklärungsmöglichkeiten auf, die oftmals durch die Kombination
unterschiedlicher Strömungen und unter Berücksichtigung der durch den Forscher zugeschriebenen Bedeutungen erkenntnissteigernd sind.

Literatur

Adler, Emanuel / Haas, Peter M. (1992): Conclusion: epistemic communities, world
order, and the creation of a reflective research program. In: International Organization. 46 (1): 367-390.
Baumann, Rainer (2005): Der Wandel des deutschen Multilateralismus. Verschiebungen
im außenpolitischen Diskurs in den 1990er Jahren. In: Ulbert, Cornelia / Weller,
Christoph (Hrsg.): Konstruktivistische Analysen der internationalen Politik. Wiesbaden: VS Verlag. 99-125.
Boekle, Henning / Rittberger, Volker / Wagner, Wolfgang (1999): Normen und Außenpolitik: Konstruktivistische Außenpolitiktheorie. http://www.uni-tuebingen.de/uni/spi/
taps/tap34.htm: 09.04.2007.
Haas, Peter M. (1992): Introduction: Epistemic Communities and International Policy
Coordination. In: International Organization. 46 (1): 1-35.
Haas, Peter M. (2004): When does power listen to truth? A constructivist approach to the
policy process. In: Journal of European Public Policy. 11 (4): 569-592.
Klotz, Audie (1995): Norms in International Relations: The Struggle Against Apartheid.
Ithaca / London: Cornell University Press.
Klotz, Audie / Lynch, Cecelia (2007): Strategies for Research in Constructivist Interna-
tional Relations (International Relations in a Constructed World). New York: M.E.
Sharpe.
Müller, Harald (2001): International Relations as Communicative Action. In: Zehfuß,
Maja (Hrsg.): Constructivism in International Relations: The Politics of Reality.
Cambridge: Cambridge University Press. 160-177.
Onuf, Nicholas (1998): Constructivism: A User's Manual. In: Kubálková, Vendulka /
Onuf, Nicholas / Kowert, Paul (Hrsg.): International Relations in a Constructed
World. New York: M.E. Sharpe. 58-78.

Ulbert, Cornelia (2006): Sozialkonstruktivismus. In: Schieder, Siegfried / Spindler, Manuela (Hrsg.): Theorien der Internationalen Beziehungen. 2. Aufl. Opladen & Farmington Hills: Verlag Barbara Budrich. 391-420.

Wendt, Alexander (1992): Anarchy is what states make of it: the social construction of power politics. In: International Organization. 46 (2): 391-425.

Wendt, Alexander (1994): Collective identity formation and the international state. In: American Political Science Review. 88 (2): 384-394.

Wendt, Alexander (1995): Constructing international politics. In: International Security. 20 (1): 77-81.

Exemplarische Anwendung der Theorien

Zum Hintergrund: Irak-Krieg

Philip M. Palm

Selten war in der jüngeren Geschichte ein Militäreinsatz von Beginn an derart umstritten wie die von der US-Regierung angeführten Militärintervention im Irak 2003. Die Motive für einen Einmarsch in den Irak erschienen manchen Regierungen in Europa äußerst fragwürdig, sodass sie aus der „Koalition der Willigen"[1] ausscherten und auf Distanz zu den US-Reaktionen gingen; andere hingegen verblieben als treue Partner eng an der Seite der Vereinigten Staaten. Ein uneinheitliches Auftreten der Europäischen Union und eine echte Belastungsprobe für die Europäische Integration waren die Folge.

In den Monaten nach den verheerenden Terroranschlägen vom 11. September 2001 standen die europäischen Staaten noch geschlossen hinter den amerikanischen Reaktionen im *Krieg gegen den Terror* und bekundeten ihre uneingeschränkte Solidarität. Die Terroranschläge führten zu einer sicherheitspolitischen Zäsur. Die Anschläge, in ihrer Symbolträchtigkeit der einstürzenden *Twin Towers* in Manhattan, wurden nicht nur als Anschlag auf die Vereinigten Staaten sondern insgesamt als Angriff auf die Werte der westlichen Zivilisation verstanden. Es formierte sich eine „Koalition der Willigen", die der durch die US-Regierung geführten Militäroperation *Enduring Freedom*, mit dem Ziel das Talibanregime in Afghanistan als vermeintliche Brutstätte des Terrorismus zu stürzen, folgte. Die Militäroperation führte noch 2001 zum Sturz des Regimes.

Nach den schnellen Erfolgen in Afghanistan bekräftigte die US-Regierung die zielstrebige Fortführung des Krieges gegen den Terror. In seiner Rede zur Lage der Nation am 29. Januar 2002 bezeichnete der US-Präsident Georg W. Bush die Länder Nordkorea, Irak und Iran als „Achse des Bösen" (Bush 2002). Diese Länder seien mit Terroristen verbündet und verfolgten eine Aufrüstungsstrategie, die den Weltfrieden bedrohe. Bush forderte in seiner Rede klare Maßnahmen gegenüber dem Irak. Doch die Bündnispartner der ersten beiden Golf-

---

[1] Die „Koalition der Willigen" ist eine von den USA ausgerufene Bezeichnung für die Gemeinschaft von Staaten, die den Irak-Krieg politisch und militärisch unterstützten. Zum Zeitpunkt ihrer Gründung gehörten ihr 43 Nationen an. Für mehr Details zur „Koalition der Willigen" und ihrer Wirkung siehe Anderson et al. 2003.

kriege von 1980-88 und 1990/91 und der ersten Station des Krieges gegen den Terror 2001 in Afghanistan waren nicht bereit, eine militärische Intervention wie in Afghanistan zu unterstützen. Russland und die Türkei lehnten ein militärisches Vorgehen ebenso ab wie Saudi-Arabien, das sich deutlich von den Plänen der US-Regierung distanzierte. Auch die irakische Exil-Opposition lehnte ein militärisches Vorgehen nach dem „afghanischen Modell" (Grobe-Hagel 2003: 50) ab. Die Außenpolitiker der größeren europäischen Staaten und die zuständigen EU-Politiker äußerten sich ablehnend bis scharf ablehnend gegen einen neuen amerikanischen Golfkrieg. Grundsätzlich beurteilten die sonst engen Verbündeten der USA, wie Deutschland und Frankreich, das irakische Regime sehr ähnlich, stellten sich jedoch gegen eine militärische Intervention. Die Hauptargumente dieser Debatte waren die fehlende völkerrechtliche Legitimation und Indizien einer eindeutigen militärischen Bedrohung durch den Irak. Die Gegner des Irak-Kriegs zogen eine diplomatische Lösung vor, um den Irak weiter zu entwaffnen und die Demokratisierung in der Region voranzutreiben; vorrangig wurden die Waffenkontrollen der UN-Inspekteure als probates Mittel angesehen. Russland, Frankreich und Deutschland wollten sich dabei auf keinen festen Zeitpunkt festlegen bis zu dem das Hussein-Regime den Inspektionen nachkommen sollte, sondern schlugen spezifische Maßnahmen zur Verbesserung der Inspektionen in der UN vor (vgl. Bundesregierung 2003).

Die US-Regierung erhöhte jedoch mit Unterstützung Großbritanniens die Intensität der Debatte, indem sie am 5. Februar 2003 im UN-Sicherheitsrat umfassendes Beweismaterial gegen den Irak vorlegte. Dem Irak wurde dabei unterstellt, nicht nur Terroristen zu unterstützen, sondern auch Massenvernichtungswaffen zu besitzen, die eine „schwere Bedrohung [...] für die Welt bedeuten" (Powell 2003). Der US-amerikanische Außenminister Colin Powell erinnerte an die Resolution 1441[2], wonach der Irak seine letzte Chance nutzen sollte, den Abrüstungsverpflichtungen der Resolution nachzukommen und forderte die Mitglieder des Sicherheitsrates auf, im Falle der Nichterfüllung ihren Pflichten nachzukommen und eine UN-Resolution zu verabschieden, die ein entschiedeneres Vorgehen gegen den Irak legitimiert. Die meisten anwesenden Außenminister waren durch die Rede Powells wenig beeindruckt. Besonders der deutsche Außenminister Joschka Fischer betonte, dass die Präsentation wenig überzeugend war (Grobe-Hagel 2003: 19).

Das Kernargument der USA für einen Regimewechsel im Irak nannte Bush bereits bei seiner Rede zur Lage der Nation, wonach es das erklärte Ziel des

---

[2] Die UN-Resolution 1441 fordert vom Irak die bedingungslose Akzeptanz der bisherigen Resolutionen des Sicherheitsrats und stellt für den Irak die letzte Gelegenheit dar, einer Entwaffnung von biologischen und/oder chemischen Waffen nachzukommen. Weiterhin hat der Irak den UN-Inspekteuren unbeschränkten Zugang zu Produktionsanlagen von Waffen zu gewähren.

Krieges sei, „den Terror unterstützende Regime daran zu hindern, Amerika oder seine Freunde und Bündnispartner mit Massenvernichtungswaffen zu bedrohen" (Bush 2002). Die im Wesentlichen von den Gegnern eines Irak-Kriegs verfolgte Fortführung der Diplomatie galt nun nicht mehr als zielführende Strategie. Die USA verfolgten einerseits eine Außenpolitik, die politische Forderungen gegenüber Bündnispartnern und Gegnern weitestgehend diktierte und nur bedingt zu Eingeständnissen bereit war. Andererseits baute sie mit der Stationierung amerikanischer Truppen im Nahen Osten eine militärische Drohkulisse gegenüber dem Irak-Regime auf.

In Europa wurde der außenpolitische Kurs der US-Regierung bezüglich des Iraks vor allem durch Großbritannien vertreten. Tony Blair sicherte bereits im April 2002 der Bush-Administration seine Unterstützung in einem möglichen Krieg gegen Sadam Hussein zu (vgl. Kampfner 2004: 168). Blair versuchte, Einfluss auf die Strategie der USA zu gewinnen, indem er sich zunächst bedingungslos dem amerikanischen Weg anschloss und den Aufbau einer militärischen Drohkulisse tatkräftig unterstützte. Blair nahm dabei eine Mittlerrolle zwischen den USA und Europa ein, indem er versuchte, die unilaterale politische Vorgehensweise der USA stärker in multilaterale Institutionen einzubinden (Münkler 2003: 150). Als dies jedoch nicht gelingt, bekräftigt Blair am 12. März 2003 im Unterhaus, dass die Resolution 1441 die legale Grundlage für den Krieg sei (Blair 2003). Schlussendlich zieht Blair trotz heftiger Proteste der Bevölkerung und der eigenen Partei gegen eine britische Kriegsteilnahme als engster Bündnispartner der Bush-Regierung in den Irak-Krieg. Zu Kriegsbeginn gehörten der „Koalition der Willigen"[3] neben Großbritannien die europäischen Staaten Spanien, Italien, Niederlande, Dänemark sowie die meisten osteuropäischen Staaten an, einschließlich der Türkei. Schweden, Finnland, Irland, Portugal, Luxemburg und Griechenland nahmen hingegen keine dezidierte Position ein.

Die stärkste Gegenposition zu Großbritannien in Europa nahmen Deutschland, Frankreich, Österreich und Belgien ein. Im Gegensatz zu einem gezielten Schlag gegen den Terrorismus und einer Entwaffnung der Region wurde vielmehr befürchtet, dass es infolge des Krieges zu einer höheren Instabilität und einer Verschärfung der Sicherheitslage im Nahen Osten kommen würde (Fischer 2003). Insbesondere die außenpolitische Position der deutschen Regierung unter Bundeskanzler Schröder, für gewöhnlich ein enger Verbündeter der US-Regierung, zeichnet sich in der Irakdebatte durch ihre starke Gegnerschaft aus. Der sich im Wahlkampf befindende Schröder äußerte sich bereits 2002 als Reaktion auf Bushs Rede zur Lage der Nation dahingehend, „dass sich Deutschland

---

[3] Der US-Regierung zufolge umfasste die „Koalition der Willigen" insgesamt 43 Staaten. URL: http://georgewbush-whitehouse.archives.gov/news/releases/2003/03/20030327-10.html vom 27.03. 2003.

ohne eine ausdrückliche Zustimmung des UN-Sicherheitsrats auf keinen Fall an einem Militärschlag gegen den Irak beteiligen werde" (Schröder 2003). Im Gegensatz zu Frankreich besaß Deutschland jedoch wenig politisches Drohpotential. So kündigte der französische Präsident Jacques Chirac ein Veto gegen eine Resolution an, die Kriegshandlungen legitimiert, solange die Inspekteure im Irak noch tätig sind, und erkannte angesichts der Erfolge der Inspektionen keinen Grund für eine Kriegsresolution (Grobe-Hagel 2003: 26). Die Ablehnung der Bevölkerung gegenüber einem Waffengang am Golf war in allen europäischen Staaten in etwa gleich stark, und zwar unabhängig davon, welchen politischen Kurs die jeweilige Regierung offiziell eingeschlagen hatte (Münkler 2003: 149).

Trotz aller Einwände anderer Staaten trat die US-Regierung, im Wesentlichen mit Großbritannien, die Irakinvasion an. Am 20. März 2003 setzten sich die USA und Großbritannien über internationale Institutionen hinweg und eröffneten den Irak-Krieg mit der militärischen Operation *Iraqi Freedom*. Am 9. April 2003 wurde die Diktatur Saddam Husseins durch den Fall Bagdads gestürzt. Die Bush-Administration hatte bereits zuvor betont, dass man auch ohne Ermächtigung durch eine UN-Resolution seinen Verpflichtungen nachkommen würde und Sadam Husseins Regime stürzen würde.

Literatur

Anderson, Sarah / Bennis, Phyllis / Cavanagh, John (2003): Coalition of the Willing or Coalition of the Coerced? How the Bush Administration Influences Allies in its War on Iraq. Washington, DC: Institute of Policy Studies.

Blair, Tony (2003): Tony Blairs speech opening debate on Iraq crisis in the house of Commons. http://www.guardian.co.uk/politics/2003/mar/18/foreignpolicy.iraq1: 04.07.2008.

Bundesregierung (2003): Gemeinsame Erklärung von Russland, Deutschland und Frankreich vom 05.03.2003. http://www.bundesregierung.de/artikel,-470338/Gemeinsame-Erklaerung-von-Russ.htm: 04.07.2008.

Bush, George W. (2002): State of the Union Speech: The Axis of Evil, 29.01.2002. Auszug abgedruckt in: Sifry, Micah L. / Cerf, Christopher (Hrsg.): The Iraq War Reader. History, Documents, Opinions. New York: Touchstone. 250-252.

Fischer, Joschka (2003): Rede des Bundesministers des Auswärtigen, Joschka Fischer, zur aktuellen internationalen Lage vor dem Deutschen Bundestag am 13.02.2003 in Berlin. Bulletin der Bundesregierung. 14(2).

Grobe-Hagel, Karl (2003): Irakistan: Der Krieg gegen den Irak und der „Kreuzzug" der USA. Köln: Neuer ISP Verlag.

Kampfner, John (2004): Blair's Wars. London: Simon & Schuster.

Münkler, Herfried (2003): Der neue Golfkrieg. Hamburg: Rowohlt Verlag.

Powell, Colin (2003): Transcript of Powells U.N. presentation. New York. 06.02.2003. http://www.cnn.com/2003/US/02/05/sprj.irq.powell.transcript/: 04.07.2008.

Schröder, Gerhard (2003): Unsere Verantwortung für den Frieden. Regierungserklärung von Bundeskanzler Schröder vor dem Deutschen Bundestag zur aktuellen internationalen Lage am 13.02.2003 in Berlin. Bulletin der Bundesregierung. 14(1).

UN-Resolution 1441. (2002): The situation between Iraq and Kuwait. Security Council. http://daccess-ods.un.org/TMP/5041440.html: 04.07.2008.

Die Beteiligung am Irak-Krieg – eine Frage von Macht und Sicherheit?

Sebastian Schneider & Friedrich W. von Trott

Die grundsätzliche Weigerung Deutschlands, sich der „Koalition der Willigen" anzuschließen und den USA in den Irak-Krieg zu folgen, sorgte für Spannungen im transatlantischen Verhältnis. Über Jahrzehnte während des Kalten Krieges galt dieses noch als nahezu unerschütterlich. Wie kam es dazu, dass Deutschland, trotz aller Bekundungen der „uneingeschränkten Solidarität" nach dem 11. September 2001, den USA die Gefolgschaft im Irak-Krieg verweigerte? Warum vollzog Deutschland trotz der jahrzehntelangen Loyalität zu den USA mit dem weltweit inszenierten „Nein" zum Irak-Krieg einen, zumindest symbolischen, Bruch mit einem seiner wichtigsten Verbündeten?

Der klassische Neorealismus nach Kenneth N. Waltz

Nach dem Ende des Kalten Krieges und dem Zusammenbruch der Sowjetunion wurde das internationale System in wesentlichen Beiträgen als unipolar betrachtet (vgl. u.a. Mastanduno 1997). Die Position der USA war herausragend, und es gab keine entsprechende „Supermacht", die den USA gleichberechtigt begegnen konnte. Allerdings sind unipolare Systeme nach Waltz (1979: 131) als relativ instabil zu bezeichnen. Dies ist darauf zurückzuführen, dass die Staaten, stets bemüht, im internationalen System der Anarchie zwischen Staaten ihre Autonomie und Sicherheit zu bewahren, dazu neigen, gegen einen Hegemon eine Gegenposition aufzubauen. Dieses Verhalten bezeichnet Waltz (1979: 117) als *Balancing*. Schwächere Staaten schließen sich zusammen, um gemeinsam einen Gegenpol zum Hegemon und dessen Machtpotenzial zu bilden. Somit versuchen sie, eine *Balance of power* innerhalb des Systems zu etablieren und zu erhalten. Man könnte nun aus neorealistischer Sicht das Verhalten Deutschlands anhand dieser Annahme plausibilisieren. Die Allianz zwischen Deutschland und Frankreich gegen den Irak-Krieg hat, zumal vor dem Hintergrund einer mittlerweile gewachsenen Nähe Deutschlands zu Russland (vgl. Götz 2006), Charakterzüge

48

eines *Balancing*-Verhaltens. Eine Allianz zwischen Russland und den beiden größten Mächten in Europa wäre aus klassischer neorealistischer Sicht geradezu eine logische Konsequenz aus der hegemonialen Vormachtsstellung der USA. Überspitzt formuliert, ist die Aufkündigung der Gefolgschaft gegenüber den USA im Falle des Irak-Krieges nach Lesart dieser neorealistischen Interpretation nichts anderes, als die letztlich unvermeidliche Konsequenz aus einem gewandelten Machtsystem der ehemaligen Weltmächte in Europa.

Nach Waltz ist es das vorrangige Ziel von Staaten, die eigene Position innerhalb des Staatensystems zu bewahren (Waltz 1979: 126). Würde also Deutschland nicht versuchen, einen Gegenpol zu den USA aufzubauen, wäre es der Supermacht mehr oder weniger schutzlos ausgeliefert. Die Möglichkeit des *Bandwagoning*, das hieße, sich der „Koalition der Willigen" anzuschließen und den USA in den Krieg zu folgen, würde dies nur weiter verschärfen: „Since the American government controls the alliance's military power, it feels free to pursue its own aims, whether European allies approve or not." (Calleo 2003: 1). Deutschland wäre abhängig vom guten Willen der USA und hätte wenig Möglichkeiten, sich einem Zugriff der USA zu widersetzen. In einer Koalition mit anderen, in der Deutschland den oder einen der stärksten Partner darstellen würde, wäre es machtvoller als in einem Bündnis mit dem Hegemon USA. Außerdem würde Deutschland in einer Allianz mit den USA nur eine sehr untergeordnete Rolle spielen. Als europäische Großmacht und sehr bedeutender Akteur in der Allianz gegen die USA kann Deutschland hingegen eine sehr viel entscheidendere Rolle spielen und sich dabei einen erheblichen gestalterischen Spielraum erhalten.

Weiterhin unterstellt Waltz den Staaten, ihrem Handeln ein Kosten-Nutzen-Kalkül voranzustellen. (Waltz 1979: 94). Die Abwägung der Kosten würde in unserem Fall jedoch nicht nur die mögliche Bedrohung durch Dritte bedeuten, sondern auch ökonomische Kosten, die ein Kriegsbeitritt für Deutschland, das nur schwach mit militärischen Ressourcen ausgestattet ist, mit sich bringen würde. Das Beispiel Deutschlands scheint insofern eine von Kenneth Waltz' Annahmen vollständig zu erfüllen: „Secondary States, if they are free to choose, flock to the weaker side; for it is the stronger side that threatens them." (Waltz 1979: 127). Doch widerspricht das Verhalten Großbritanniens nicht diametral der neorealistischen Logik?

Gründe für *Bandwagoning*

Anhand der geschilderten Handlungsmöglichkeiten lässt sich nun auch das Verhalten Großbritanniens im Irak-Krieg betrachten. Statt sich gegen die USA zu stellen, folgte Großbritannien in den Irak-Krieg. In der Terminologie des Neo-realismus betrieb das Königreich also *Bandwagoning*. Gründe für *Bandwagoning* können zweierlei sein. Zum einen kann ein Staat sich mit einem mächtigeren verbünden, um einen Konflikt mit genau diesem Staat zu vermeiden. Zum anderen kann ein Staat sich mit einem mächtigeren in Kriegszeiten verbünden, um auf der Siegerseite zu stehen und an dessen zu erwartenden Lorbeeren zu partizipieren. Was heißt das?

Der primäre Beweggrund eines Staates, *Bandwagoning* zu betreiben, beruht also in erster Linie auf der Abwendung einer Gefahr für den Staat selbst. Durch den Anschluss an einen anderen Staat wird versucht, Schutz bei diesem zu finden und der Gefahr zu entgehen. Geht die Gefahr gerade von dem Staat aus, dem man sich anschließt, wird somit das kleinere Übel gewählt und bspw. durch ein Bündnis ein kriegerischer Übergriff vermieden. Geht die Gefahr von einem dritten Akteur aus, sucht der Staat durch *Bandwagoning* mit dem Hegemon Schutz.

Ein weiterer Grund für *Bandwagoning* ist der einfache Versuch von Staaten, an dem Erfolg anderer Staaten teilzuhaben. Dies bedeutet, sich anderen Staaten unterzuordnen, sie zu unterstützen und dafür durch sie belohnt und am Erfolg beteiligt zu werden.

Im Allgemeinen, sowohl bei der Gefahrenabwehr als auch bei der Teilhabe am Erfolg Anderer, beabsichtigen Staaten, mit *Bandwagoning* ihre Position im internationalen System zu verbessern oder zumindest, wie es der neorealistischen Theorie entspricht, zu halten. Besonders arbeiten Staaten dabei darauf hin, sich langfristig abzusichern. Diese Absicherung betrifft neben der internationalen Sicherheit hauptsächlich auch eine weltwirtschaftliche Stabilität sowie eine zuverlässige Versorgung mit Gütern. „States are attracted to strength." (Walt 1987: 21). Typische Beispiele hierfür sind nach Walt die Allianzen im Zweiten Weltkrieg gegen Deutschland oder Russlands Eintritt in den Krieg gegen Japan 1945. Beide Fälle von *Bandwagoning* unterscheiden sich nach Walt dadurch, dass ersterer eine offensive Handlung, letzterer aber eine Handlung der Verteidigung ist.

Mögliche Negativeffekte von *Bandwagoning*

Staaten, die sich auf *Bandwagoning* einlassen, laufen meist Gefahr, einen Teil ihrer eigenen Souveränität zu verlieren und somit in eine gewisse Abhängigkeit des Hegemons zu gelangen.

Mitspracherechte eines Staates, der sich zu *Bandwagoning* entschließt, sind oft beschränkt. Durch eine klare Unterordnung verliert der Staat also an Macht und die Möglichkeit zur Eigeninitiative. Diese Einschränkung bezieht sich dabei meist auf sein mit der Bedrohung zusammenhängendes Handeln, kann sich jedoch auch auf andere Gebiete ausweiten.

Zusätzlich bringt sich der Staat, der sich dem Hegemon zur Seite stellt, in eine neue Beziehung zu anderen Staaten. Durch eine solche Handlung besteht also auch die Möglichkeit, dass auf dem Spielfeld der internationalen Beziehungen die Karten neu gemischt werden und der Staat eine Verschlechterung der Beziehungen zu dritten Staaten in Kauf nehmen muss. Es besteht also die Möglichkeit, dass sich durch einen solchen Betritt, den der Staat zunächst als Vorteil sieht, auf der Ebene der internationalen Beziehungen andere Nachteile auftun. Nach Walt ist eine solche Veränderung auf internationaler Ebene allerdings eher unwahrscheinlich, zumindest solange es sich um das *Bandwagoning* schwacher Staaten handelt:

> „The rare cases of bandwagoning that one can find are the result of an unusual set of circumstances. And because bandwagoning is most often the response of weak states, it is most unlikely to alter the global balance of power in any significant way." (Walt 1987: 25).

Trotzdem warnt Walt davor, die Bedeutung von *Bandwagoning* zu unterschätzen. Die Sicherheit des internationalen Systems ist aus der Perspektive von *Bandwagoning* betrachtet sehr gefährdet, die Mächtigen sammeln zusätzliche Partner um sich, schwächen somit Gegner und damit die Balance.

Internationale Organisationen erkennt Waltz (1979: 94) zwar als Akteure der Weltpolitik an, schreibt ihnen aber eine sehr geringe Bedeutung zu, da in letzter Konsequenz die Staaten die entscheidenden Akteure der Weltpolitik seien. Deutschland jedoch betonte immer wieder die Wichtigkeit besonders der Vereinten Nationen. Ein entsprechender Beschluss des Sicherheitsrates war für Deutschland die unabdingbare Voraussetzung für eine Intervention im Irak. Ob Deutschland sich an solch einem Krieg dann jedoch beteiligen würde, blieb ungeklärt und war wohl eher nicht anzunehmen. Eher als an internationalen Organisationen und Verfahren orientiert, kann das Verhalten Deutschlands aus neorealistischer Perspektive als eine Art Legitimationsstrategie zum einstweiligen Bruch mit den USA gesehen werden. Dadurch, dass Deutschland für die Zustimmung zum Irak-Krieg auf den Beschluss des Sicherheitsrates beharrte, war es einfacher, mit den USA zu brechen. Insofern demonstriert dieser Aspekt die neorealistische Annahme, dass internationale Organisationen nur der Durchsetzung nationalstaatlicher Interessen dienen und in diesem Sinne „instrumentalisiert" werden.

Offensiver und defensiver Neorealismus

Waltz wird insgesamt als Vertreter des defensiven Realismus betrachtet: „Defensive realists such as Waltz, Van Evera, and Jack Snyder assumed that states had little intrinsic interest in military conquest and argued that the costs of expansion generally outweighed the benefits." (Walt 1998: 37). Diese Annahme trifft auf das Verhalten Deutschlands seit 1949 sicherlich zu. Die Bundesrepublik, nach dem Zweiten Weltkrieg ohnehin keine Expansionsmacht mehr, hatte kein Interesse daran, die Invasion in den Irak zu unterstützen. Einem eher geringen, wenn nicht sogar gegen Null strebenden Nutzen, hätten extrem hohe Kosten gegenüber gestanden. Nicht nur aus moralischen Gründen ist die deutsche Außenpolitik seit Gründung der Bundesrepublik 1949 antimilitaristisch. Vielmehr hat sich nach neorealistischer Lesart für Deutschland (auch aus der Erfahrung von zwei Weltkriegen) Krieg als ausgesprochen ineffiziente Form der Durchsetzung nationaler Interessen herausgestellt. Deutschland profitierte zu Zeiten des Kalten Krieges noch deutlich stärker von den USA, denn deren Verhalten war existenzsichernd.

Der Neorealismus betrachtet Allianzen aus einem weiteren Blickwinkel. Staaten, die ein Bündnis mit anderen Staaten eingehen, tun dies nicht nur aus Misstrauen, sondern wollen auch ihren Nutzen maximieren. Staaten stellen dabei auch Überlegungen an, welchen relativen Nutzen der Bündnispartner von einer Teilnahme an einer Allianz hätte. Ist der relative Nutzen des Gegenübers höher als der eigene Nutzen, ist dies grundsätzlich als Schwächung der eigenen Position zu betrachten (Kopp-Musick 2005: 259). Genau dieses Nutzenkalkül ließe sich auf eine Allianz Deutschlands mit den USA zumindest nach dem Ende des Systemkonfliktes zwischen den USA und der Sowjetunion anwenden. Der Nutzen, den die USA durch eine Teilnahme Deutschlands am Irak-Krieg gewonnen hätte, wäre deutlich größer ausgefallen, als der Nutzen Deutschlands.

Offensive Realisten hingegen, als prominentester Vertreter kann hier John Mearsheimer genannt werden (Schieder/Spindler 2006: 81), gehen davon aus, dass Staaten durch den anarchischen Charakter des internationalen Systems dazu gezwungen sind, immer zu versuchen, ihre relative Machtposition gegenüber anderen Staaten zu stärken (Walt 1998: 37). Deutschlands Verhalten folgt diesen Annahmen in unterschiedlicher Hinsicht. Einerseits versucht die Bundesrepublik besonders in internationalen Organisationen wie der EU oder den Vereinten Nationen die eigene Position zu verstärken. Dem folgt auch das Pochen Deutschlands auf eine Beteiligung des Sicherheitsrates im Konfliktfall mit dem Irak. So versucht Deutschland, eine starke Stellung innerhalb dieser, aus neorealistischer Perspektive zwar zweitrangigen, aber dennoch nicht zu vernachlässigenden Organisationen aufzubauen. Dieses Verhalten kann nicht zuletzt auch dazu dienen, den Hegemon USA ein Stück weit zu kontrollieren bzw. dessen Verhalten teilweise zu beeinflussen. Ebenso bietet die Stärkung internationaler Organisationen für Deutschland die Möglichkeit, die eigene, herausragende, Position innerhalb Europas zu festigen.

Der erweiterte *Balancing*-Begriff nach Stephen Walt

In seinem Buch „The Origins of Alliances" entwickelt Stephen Walt den Begriff der *balance of power* weiter, hin zum Begriff der *balance of threat*. Er geht davon aus, dass sich Staaten nicht gegen den mächtigsten Staat verbünden, sondern gegen denjenigen, von dem die größte Bedrohung ausgeht (Walt 1985: 8).

Ideologie und Allianzen

Stephen Walt stellt die These auf, dass sich die Wahrscheinlichkeit für eine Allianz zwischen zwei Staaten erhöht, je ähnlicher sich diese beiden sind (Walt 1985: 19). Betrachtet man die westlichen Demokratien in den letzten 60 Jahren, zeigt sich, dass sich diese ideologisch relativ ähnlich sind bzw. nahe stehen. Besonders das relativ gleichgerichtete Verhalten innerhalb der NATO kann hierfür als Indiz gelten. Jedoch ist dabei zu beachten, dass dies besonders durch die gemeinsame Bedrohung durch den Kommunismus und die Sowjetunion bedingt war. Durch das Wegfallen dieser Komponente fiel auch die gemeinsame ideologische Grundlage, nämlich der Systemkonflikt weg. Vorhandene, andere Unterschiedlichkeiten zwischen diesen Ländern gewannen so nach und nach an Bedeutung und konnten auch deutlicher betont werden. Diese wurden nicht mehr durch den Systemkonflikt überlagert.

Walt geht davon aus, dass Staaten in einer Allianz aus ideologisch relativ ähnlichen Staaten eine Bestätigung der Richtigkeit ihrer Ideologien sehen. Während Deutschland internationalen Organisationen große Bedeutung beimisst und militärische Aktivitäten eines Staates nur als *ultima ratio* ansieht, sieht dies auf amerikanischer Seite anders aus: „When it comes to setting national priorities, determining threats, defining challenges, and fashioning and implementing foreign and defense policies, the United States and Europe have parted ways." (Kagan 2002: 1).

Einseitige Abhängigkeit und Allianzen

Eine weitere Hypothese, die Walt aufstellt, geht davon aus, dass Allianzen, die unter dem Einfluss von militärischer, finanzieller und sonstiger Hilfe entstanden sind oder stehen, stabiler sind (Walt 1987: 41). Genau dies trifft für das deutsch-amerikanische Verhältnis während des Kalten Krieges zu. Durch die umfangreiche Unterstützung Deutschlands durch die USA, konnte sich Deutschland über Jahre hinweg gegenüber der gemeinsamen Bedrohung durch die Sowjetunion behaupten. Zwar war auch diese Beziehung nicht immer gänzlich störungsfrei, durch die gegenseitige Abhängigkeitssituation aber über die Jahrzehnte hinweg sehr stabil (Deutschland war besonders nach dem Zweiten Weltkrieg abhängig von den Finanzhilfen der USA und die USA setzten auf Deutschland als „Bastion gegen den Kommunismus"). Nach dem Zusammenbruch der Sowjetunion und dem damit verbundenen Ende des Kalten Krieges bestand eine derartige Abhängigkeit nicht mehr. Da Deutschland schon länger zu einer der größten Wirtschaftsmächte der Welt geworden war und die Bedrohung durch den Kommunismus gebannt war, ergab sich eine neue Stabilitätslage. Die Weigerung Deutschlands, den Irak-Krieg zu unterstützen, kann insofern als Ausdruck des Willens gesehen werden, sich endgültig vom „großen Bruder" USA zu emanzipieren und ungeachtet der Entwicklungen der NATO eine vollständig autonome Außenpolitik zu verfolgen (Dembinski 2006: 18).

Balance of threat und Bedrohungswahrnehmungen von Staaten

Stephen Walt bezeichnet es als wahrscheinlicher und realistischer, dass sich Staaten nicht, wie noch von Waltz angenommen, grundsätzlich gegen den mächtigsten Staat im internationalen System verbünden, sondern gegen denjenigen, von dem die größte Bedrohung ausgeht. Dies muss nicht automatisch der Hegemon sein. Vielmehr muss jeder Staat individuell bestimmen, welchen Staat er als größte Bedrohung für sich selbst wahrnimmt. Walt liefert in seinen Texten nun einige Faktoren, anhand derer die Abwägungen von Staaten über die für sie größte Bedrohung vorgenommen werden.

Machtumfang
Einer dieser Faktoren ist die Macht, über die ein einzelner Staat verfügt. Je größer diese ist, desto größer ist das Bedrohungspotential, das von diesem Staat ausgeht.

Geographische Nähe
Ein weiterer Faktor ist die geographische Nähe zu anderen Staaten. Je näher ein potentiell bedrohlicher Staat ist, desto größer ist die wahrgenommene Bedrohung durch diesen Staat.

Offensives und aggressives Potential
Auch das offensive Potential, über das ein Staat verfügt, und dessen Einsetzbarkeit zur Durchführung aggressiver Militäreinsätze spielt nach Walt bei Überlegungen von Staaten, welchen Staat sie als größte Bedrohung wahrnehmen, eine Rolle.

Offensive und aggressive Intentionen
Der vierte und letzte Faktor, den Walt angibt, ist, ob Staaten überhaupt die Intentionen haben, offensiv gegen einen anderen Staat zu agieren oder nicht. Je wahrscheinlicher und offensichtlicher ein Angriff eines anderen Staates ist, desto größer ist logischerweise die von diesem Staat ausgehende Bedrohung.

Der Irak oder die USA?

Systemweit gesehen, stellen die USA als hegemoniale Supermacht in der neorealistischen Perspektive dem Grundsatz nach die größte Bedrohung dar. Es scheint aber nur schwer vorstellbar, dass Deutschland in erster Linie gegen eine amerikanische „Bedrohung" koaliert hat und sich deshalb dem Irak-Krieg verweigert hat.[1] Vielmehr erscheint es sinnvoll, die unterschiedlichen Bedrohungslagen durch den Irak zu betrachten. Deutschland sah den Irak keinesfalls als Bedrohung für die eigene Sicherheit. Zu keiner Zeit während und vor dem Irak-Krieg war ein Angriff des Iraks auf Deutschland zu erwarten. Vollkommen anders jedoch stellte sich diese Situation für die USA (und auch für ihren Verbündeten Großbritannien) dar. Die USA hatten bereits einen Krieg gegen den Irak geführt und machten aus ihrer Feindschaft gegenüber dem Regime Saddam Husseins keinen Hehl. Auch umgekehrt konnten sich die USA dieser Einstellung gewiss sein. Der Irak formulierte seine Gegnerschaft zu den USA immer wieder ganz offen. Diese Situation gewann insofern an Brisanz, als die USA den Irak verdächtigten, über ABC-Waffen zu verfügen. Diese Waffen würden das offensive Potential (s.o.) deutlich erhöhen. Nur mit konventionellen Waffen ausgerüstet,

---

[1] Jedoch entstand in der öffentlichen Debatte um eine Intervention im Irak mitunter der Eindruck, dass die interventionistische Politik der USA – beruhend auf der Bush-Doktrin – mehr als der Irak selbst eine Bedrohung für die Stabilität des internationalen Systems darstelle.

stellte der Irak in dieser Hinsicht noch keine Bedrohung für die USA dar. Sollten diese weitreichend genug sein, um die USA zu erreichen, war ein Angriff nicht mehr vollkommen abwegig: „Anders als für die USA stellt es sich für die Europäer nicht als eine auf absehbare Zeit realistische Gefahr dar, zum Opfer eines mit ABC-Waffen durchgeführten Angriffs von Staaten wie Nordkorea, dem Irak oder dem Iran zu werden." (Mayer/Rittberger/Zelli 2003: 15). So unterschiedlich, wie die beiden Staaten die Bedrohung durch den Irak einschätzten, so unterschiedlich stellte sich auch ihr Verhalten dar. In erster Linie ist dies auf Walts vierten Punkt, die offensiven Intentionen des Iraks zurückzuführen. Die aus Unsicherheit heraus resultierende Reaktion seitens der USA sollte die gefährdete Sicherheit wiederherstellen. Verbunden mit dem angeblichen Potential des Iraks, offensiven Intentionen auch Taten folgen zu lassen, stellte dies eine Gefährdung für die USA dar, die für Deutschland in dieser Form nicht existierte.

In der Analyse der Außenpolitik Großbritanniens muss man klar zwischen zwei Arten der Bedrohung unterscheiden. Zum einen musste England von einer Bedrohung des Terrorismus ausgehen. Auch wenn sich England dadurch nicht von den übrigen Staaten der EU unterschied, war die Sorge der Engländer durch ihr Verhalten im ersten Irak-Krieg und ihre Vergangenheit als Kolonialmacht besonders groß. Somit fühlte sich Großbritannien auch von der terroristischen Bedrohung nach 2001 betroffen. *Ex post facto* hat sich diese Bedrohung mit den Anschlägen in London schließlich als berechtigt erwiesen.

Zum anderen sah sich England mit einer Verschlechterung der Beziehungen zu den USA selbst konfrontiert. Eine Verschlechterung der politischen und wirtschaftlichen Beziehungen zu den USA hätte England nicht nur geschwächt, sondern auch seine Bedeutung für dritte Staaten, wie z.B. die europäischen, untergraben.

Mit dem Irak-Krieg hatte England also die Möglichkeit, beiden geschilderten Bedrohungen entgegenzuwirken und sich in seiner Position zu halten, allerdings mit dem Risiko, sowohl in die Kritik der EU-Staaten als auch in das Visier der Terrornetzwerke zu gelangen.

Exkurs: *Balancing* innerhalb Europas

Um das Bild von der Rolle Deutschlands in Europa aus neorealistischer Perspektive noch etwas zu schärfen, lohnt sich ein kurzer Blick auf seine europäischen Nachbarn, die den Krieg gegen den Irak unterstützt haben und der „Koalition der Willigen" beigetreten sind. Als Beispiel eignet sich hier besonders ein direkter Nachbar Deutschlands: Polen. Für dessen Verhalten kann der Neorealismus eine geeignete und interessante Erklärung liefern. Für die europäischen Großmächte

Deutschland und Frankreich bedeutet es ein relativ geringes Risiko, sich gegen die Supermacht zu stellen und dieser Paroli zu bieten. Aus polnischer Sicht hingegen, ist es wichtiger, sich gegen die nahe gelegenen Großmächte (und dabei besonders Russland) behaupten zu können, als gegen die Übermacht USA. Vor allem also der zweite Faktor Walts, die geographische Nähe der Bedrohung, dürfte hier eine besondere Rolle gespielt haben. Für Polen ist es entscheidend, seine Position bewahren und stärken zu können. Im Vordergrund steht dabei besonders das Verhältnis zum übermächtigen und direkten Nachbarn Russland, mit Abstrichen aber auch die Rolle Polens in Europa. Die Möglichkeit, in diesem Kontext bestehen zu können, sah Polen nur mit Hilfe von Unterstützung durch die USA gegeben.

An dieser Stelle bietet der Neorealismus eine interessante Ansicht des europäischen Allianzverhaltens, die institutionalistischen Erklärungsansätzen überlegen zu sein scheint. Besonders die kritische Haltung des Neorealismus gegenüber der Wirkung von supranationalen Gebilden wie der EU wird angesichts des gespaltenen Verhaltens europäischer Staaten in Bezug auf eine mögliche Intervention im Irak bestätigt.

Großbritanniens Kriegseintritt- ein Kind der Geschichte?

Ein Grund für den Eintritt Großbritanniens in den Irak-Krieg war die besondere geschichtliche Verbundenheit mit den Vereinigten Staaten, die eine *Bandwagoning*-Option von Beginn an als sehr viel plausibler als eine *Balancing*-Option erscheinen ließ. Als frühere Kolonialmacht hat London auf der internationalen Bühne noch immer ein besonderes Gewicht und ist auch für die USA stets ein besonderer Verbündeter gewesen. Auch die Allianzen in den beiden Weltkriegen erhielten und festigten die Zusammengehörigkeit der beiden Mächte und schufen gegenseitiges Vertrauen und Erfahrung. Hinzu kommt die verstärkte Abhängigkeit Großbritanniens von seiner früheren Kolonie, die sich in der zweiten Hälfte des letzten Jahrhunderts entwickelt hat. Walt beschreibt eine gewisse Notwendigkeit des Bündnisses, die aus solchen Vorraussetzungen entsteht:

> „According to this set of arguments, the provision of economic or military assistance can create effective allies, because it communicates favorable intentions, because it evokes a sense of gratitude, or because the recipient becomes dependent to the donor." (Walt 1987: 41).

Auch wenn Großbritannien heutzutage ein Mitglied der Europäischen Union ist, hat es, getrennt vom europäischen Festland, schon allein aufgrund seiner geographischen Lage eine besondere Rolle inne. Zusätzlich hat London auch innerhalb der EU immer wieder einen besonderen Status eingenommen und sich dadurch oft von der restlichen EU unterschieden. So hat es gegenüber der EU oft mit besonderer Zaghaftigkeit und unter Vorbehalt gehandelt, wie bspw. der späte und innenpolitisch strittige EU-Beitritt oder die Nichteinführung des Euros zeigen. Die besondere Rolle Großbritanniens in Europa als starker und bedeutender Partner der USA hat es zusätzlich angespornt, eine solche Position aufrechtzuerhalten.

Die jahrhundertelang erprobte *Balance of Power*-Politik Großbritanniens wird nun in veränderter Form zwischen dem transatlantischen Partner und den EU-Staaten fortgeführt. So hat Großbritannien durch den Schulterschluss mit den USA verschiedene Ziele erreicht. Zum einen hat es geschafft, sich auf dem internationalen Parkett eine Sonderrolle zu bewahren. Seine Außenpolitik ist durch die EU nicht verwässert worden, sondern hat sich klar selbstständig definiert. Gleichzeitig haben es die Briten trotz des Irak-Krieges geschafft, den Spagat zwischen der EU und den USA zu meistern. Auch diese für Europa spezielle Sonderrolle konnte in Zeiten der europäischen Uneinigkeiten gehalten werden, ohne die Bindung zum Kontinent ernsthaft oder langfristig zu gefährden.

Bandwagoning in Zeiten des Terrorismus

Bei der Interpretation des Kriegsbeitritts Großbritanniens kann man also nur bedingt von einem Phänomen des *Bandwagoning* reden. Das eigene Rollenverständnis ist dabei entscheidend. Es handelt sich weder um einen bedürftigen, machtlosen Staat, noch ist Großbritannien ein Nachbarland des Hegemon oder des Staates, von dem, zumindest in den Augen der Amerikaner, die Bedrohung ausgeht. Es hat als Staat nicht nur innerhalb, sondern auch außerhalb Europas einen bedeutenden Stand und ist an sich nicht weniger gezwungen als andere EU-Staaten, sich dem Hegemon USA anzuschließen.

Allerdings sichert sich London mit dem Anschluss eine besondere Rolle nicht nur im aktuellen Kampf gegen den Terrorismus, sondern auch bei sämtlichen zukünftigen Geschehnissen, die im Zusammenhang mit dem internationalen Terrorismus geschehen. Die Partnerschaft mit dem Hegemon dürfte Großbritannien dabei besonderen Schutz durch die USA im Falle einer direkten Bedrohung durch den Terrorismus zusichern.

Wie Stephen Walt anmerkt, hat Großbritannien auch Anteil an den Lorbeeren des Sieges. Nicht selten waren seit dem Irak-Krieg US-Präsident Bush und der britische Premierminister Blair Schulter an Schulter und in gemeinsamen Äußerungen wahrzunehmen. Großbritannien hat freilich auch die negativen

Folgen des Irak-Krieges in besonderem Ausmaß zu spüren bekommen. Obwohl sich die internationale Kritik im Bezug auf den Irak-Krieg weitestgehend gegen die USA richtete, ist auch London für seine Handlungen und Beteiligung am Irak-Krieg kritisiert worden. Nicht zuletzt die Bombenanschläge von 2005 zeigen, dass sich England durch seinen Schulterschluss mit den USA in eine besondere Rolle gebracht hat. Dass in dieser Situation die Macht des Hegemons entgegen aller Erwartungen versagt, zeigt erneut, dass der moderne, globale Terrorismus als eine Bedrohung neuer Art verstanden werden muss, der auch Walts Definition eines *threat* nicht mehr gerecht werden kann.

Da es im Zuge des Irak-Krieges zu keinem kollektiven *Bandwagoning* der EU kam, hatte die Entscheidung Londons, sich den Interessen der USA anzuschließen, auch eine große Wirkung auf die EU. Wie oben bereits erwähnt, wird die Macht des Hegemons durch ein unterschiedlich starkes *Bandwagoning* einzelner Staaten gestärkt, die Koalition der schwächeren Staaten dabei unterminiert. Die USA erhielten durch die Unterstützung Großbritanniens (und auch Spaniens) eine verstärkte Legitimation für ihr Handeln. Die Europäische Union hingegen wurde sowohl als Institution als auch in ihrer Einheit und damit in ihrer Macht geschwächt.

Großbritannien und die USA: *Bandwagoning* oder *Balancing* gegen den Terrorismus

Entgegen Waltz' und Walts Annahmen hat sich ein besonders mächtiger Staat darum bemüht, einen weiteren mächtigen Staat für eine Allianz zu gewinnen, um weltweit an Legitimation für sein Handeln zu gewinnen. Aus Sicht der USA ist diese Allianz als ein „Balancing against the threat of terrorism" zu verstehen.[2] Aus Sicht von Großbritannien hingegen kann diese Allianz eher als *Bandwagoning* bezeichnet werden, wenngleich wichtige Charakteristika hierfür nicht gegeben sind.

Die Hypothese des *Bandwagoning* als solche kann also nur bedingt aufrechterhalten werden und erklärt das Beispiel Großbritanniens nur teilweise.

Die oben beschriebene, zweite Form des *Bandwagoning*, nämlich die offensive Form, scheint in der Moderne in diesem Zusammenhang kaum mehr mög-

---

[2] Nach der Terminologie neuerer Beiträge zur neorealistischen Theorie handelt es sich hier um „asymmetric balancing" [which] „refers to efforts by nation-states to balance and contain indirect threats posed by subnational actors such as terrorist groups that do not have the ability to challenge key states using conventional military capabilities or strategies." (Paul 2004: 3).

lich. Wer sich den USA anschließt, erhöht lediglich die Bedrohung im eigenen Staat, vor welcher der Hegemon USA nicht schützen kann.

Bandwagoning im Allgemeinen scheint ein Überbleibsel aus der Zeit des Kalten Krieges. Die neue Bedrohung des internationalen Terrorismus erlaubt mittlerweile nicht einmal mehr einer hegemonialen Macht wie den USA, alleine oder nur mit schwachen Partnern der Bedrohung zu begegnen. Der *threat* des Terrorismus ist global und kann nur global bekämpft werden. Dass somit die USA mit Großbritannien einen Partner gewinnen, liegt also fast mehr im Interesse der USA als umgekehrt im Interesse Londons. Der bereits starken Kritik an den USA, in Alleingängen hegemoniale Interessen zu vertreten, ohne dabei auf andere Parteien Rücksicht zu nehmen, kann dadurch begegnet werden. Wie Joseph S. Nye (2002: xiv), ein Kritiker des neorealistischen Ansatzes, in seinem Buch „The Paradox of American Power" beschreibt, ist es Amerika in der Zeit der Moderne und der globalen Bedrohung nicht mehr möglich, alleine zu handeln: „(...) we are forced to work with other countries behind their borders and inside ours."

Postklassischer Realismus

Eine interessante Modifikation ist der postklassische Realismus, entwickelt v.a. von Stephen Brooks. Dieser wirft dem klassischen Neorealismus vor, ausschließlich vom Schlimmsten auszugehen und dabei außen vor zu lassen, dass Staaten möglicherweise Abwägungen darüber vornehmen, wie wahrscheinlich ein Angriff durch einen bestimmten Staat ist (Brooks 1997: 446). Außerdem erweitert Brooks den Begriff der Ausstattung mit Machtressourcen. Er lässt hier verstärkt auch technologische und wirtschaftliche Faktoren zu, und verlässt den Fokus auf militärische Potentiale. Er geht davon aus, dass Staaten in der Lage sind, Abwägungen zwischen wirtschaftlicher und militärischer Macht vorzunehmen und somit auch langfristige Ziele verfolgen (Brooks 1997: 446). Dies kann Deutschlands Politik erklären, auf militärische Investitionen fast vollständig zu verzichten und sich stattdessen auf den Ausbau seiner ökonomischen Stärke zu konzentrieren. Die Gefahr eines Angriffes der USA auf Deutschland ist praktisch nicht vorhanden, ein *Balancing* seitens Deutschlands wäre also nicht nötig. Auf der Ebene der wirtschaftlichen Faktoren wäre *Balancing* jedoch eine realistische Option, besonders da Deutschland auf diesem Sektor eine deutlich größere Bedeutung hat als auf dem militärischen Sektor und die Konkurrenz zu den USA hier bedeutend größer ist: „[...] [W]e cannot ignore the transatlantic economic rivalry that was a major feature of postwar relations and which has, if anything, intensified since the Cold War ended." (Calleo 2003: 2). Für Robert Gilpin ist *Balancing*-Verhalten auch in einer globalisierten Welt immer noch wahrscheinlich bzw. das normale Verhalten eines Staates: „Unfortunately, the growth of economic interdependence and the prospect of mutual gain have not eliminated competition and mutual distrust among nations." (Gilpin 1981: 220).

Einfluss- und Abwehrpolitik

Baumann, Rittberger und Wagner versuchen aus den neorealistischen Annahmen und Thesen eine Außenpolitik des Neorealismus zu destillieren. Dabei unterscheiden sie zwischen zwei verschiedenen Politiken, die Staaten verfolgen können: Einflusspolitik und Abwehrpolitik (Baumann/Rittberger/Wagner: 1998: 9). Einflusspolitik versucht den Einfluss auf andere Staaten zu erweitern, Abwehrpolitik die eigene Autonomie aufrechtzuerhalten und auszubauen. Eine Nichtteilnahme an multilateralen Aktionen, wie dem Militäreinsatz gegen den Irak, führen sie dabei explizit als Beispiel an. Dadurch, dass Deutschland den Einsatz nicht unterstützte, entzog es sich ein Stück weit dem Einfluss Washingtons. Dieser wäre bei einer Teilnahme Deutschlands an den militärischen Aktionen mit den USA als treibender Kraft deutlich angewachsen.

Gleichzeitig kann die Betonung der Wichtigkeit von internationalen Organisationen durch Deutschland als Einflusspolitik bewertet werden. Deutschland büßt zwar dadurch, dass es internationalen Organisationen dieses hohe Maß an Bedeutung beimisst, scheinbar einen Teil seiner Autonomie ein, es könnte aber gleichzeitig den Einfluss auf die USA im Rahmen entsprechender Kontrollgremien erweitern, indem Washington z.B. Resolutionen des Sicherheitsrates unterworfen wird bzw. solche erst einmal ermöglichen muss. Baumann, Rittberger und Wagner gehen dabei davon aus, dass die Wahrscheinlichkeit, Anstrengungen in Richtung Einflusspolitik zu unternehmen (und dabei Autonomieverluste in Kauf zu nehmen) steigt, je komfortabler die Sicherheitslage eines Staates ist (Baumann/Rittberger/Wagner 1998: 15). Eine solide Sicherheitslage spornt somit Staaten an, sich zunehmend auf dem Gebiet der Einflusspolitik zu betätigen.

Zusammenfassung und Ausblick

Insgesamt betrachtet, liefert der Neorealismus also schlüssige Erklärungen für das Verhalten beider untersuchter Staaten. Die Theorie ist dabei in der Lage, zweierlei vollkommen konträre Verhaltensmuster zu erklären. Dabei wird deutlich, wie Verhalten und Reaktionen der Staaten auch von unterschiedlichen *Einschätzungen* der Bedrohungslage (in diesem Fall besonders durch den angeblich vom Irak unterstützten Terrorismus) und ihrem *Rollenverständnis* abhängen.

Während Deutschland sich meist als Promotor internationaler Organisationen verstand, sah sich die britische Seite grundsätzlich als treuer Verbündeter der USA.

In Bezug auf das untersuchte Phänomen schält sich heraus, dass bei der Erklärung von Phänomenen durch den Neorealismus weniger rein situative Aspekte eine Rolle spielen; vielmehr stehen eher längerfristige Überlegungen im Vordergrund. Der Neorealismus neigt dazu, Phänomene in einen größeren Gesamtzusammenhang zu stellen. Insofern erlaubt diese Denkschule der Internationalen Beziehungen Einblicke in das strategische Verhalten einzelner Staaten.

Wie kann nun die zukünftige Rolle Deutschlands in Europa und der Welt aus Sicht des Neorealismus betrachtet werden? Der Europäischen Union wird eine eher geringe Bedeutung und Stabilität bescheinigt. Die Annahme des Neorealismus lautet, dass bei Entscheidungen, welche direkt die Souveränität eines Staates betreffen, diese immer noch auf sich allein gestellt sind und die entsprechenden Beschlüsse auch weiterhin autonom fassen, ohne Rücksicht auf eine supranationale Institution: „…the condition of insecurity – at the least, the uncertainty of each other about the other's future intentions and action – works against their cooperation." (Waltz 1979: 105). „*High politics*" bleiben also im zentralen Entscheidungsbereich einzelner Staaten. Hier zeigt sich, dass der Neorealismus mit internationalen Organisationen große Schwierigkeiten hat, die in dieser Form empirisch so allerdings nicht mehr aufrechtzuerhalten sind. Im Fall der Europäischen Union wird dies besonders auffällig. Der Neorealismus muss es schaffen, auch die Langfristigkeit, Stabilität und Macht solcher Organisationen zu erklären und in sein Konzept mit einzubinden.

Literatur

Baumann, Rainer / Rittberger, Volker / Wagner, Wolfgang (1998): Macht und Machtpolitik: Neorealistische Außenpolitiktheorie und Prognosen für die deutsche Außenpolitik nach der Vereinigung. In: Tübinger Arbeitspapiere zur Internationalen Politik und Friedensforschung. 30.

Brooks, Stephen G. (1997): Dueling Realisms. In: International Organization. 51 (3): 445-477.

Calleo, David P. (2003): Balancing America: Europe's International Duties. In: Internationale Politik und Gesellschaft. 1/2003: 43-60.

Dembinski, Matthias (2006): Die Transformation der NATO. Amerikanische Vorstellungen und Risiken für Europa. Hessische Stiftung Friedens- und Konfliktforschung. 11/2006.

Gilpin, Robert (1981): War and Change in World Politics. Cambridge: Cambridge University Press.

Götz, Roland (2006): Deutschland und Russland – „Strategische Partner"? In: Bundeszentrale für politische Bildung (Hrsg.). Aus Politik und Zeitgeschichte. 11/2006. 14-32.

Kagan, Robert (2002): Power and Weakness. In: Policy Review. 113: 3-28.

Kopp-Musick, Holger (2005): Relative Gewinne als Kooperationshindernis in den internationalen Beziehungen. Dissertation. Unveröffentlichtes Manuskript. Würzburg: Universität Würzburg.

Mastanduno, Michael (1997): Preserving the Unipolar Moment: Realist Theories and U.S. Grand Strategy after the Cold War. In: International Security. 21 (4): 49-88.

Mayer, Peter / Rittberger, Volker / Zelli, Fariborz (2003): Risse im Westen? Betrachtungen zum transatlantischen Verhältnis heute. Tübinger Arbeitspapiere zur Internationalen Politik und Friedensforschung. 40.

Nye, Joseph S. (2002): The Paradox of American Power – Why the world's superpower can't go alone. Oxford: Oxford University Press.

Paul, T.V. (2004): The Enduring Axioms of Balance of Power Theory and Their Contemporary Relevance. In: Paul, T.V. / Wirtz, James J. / Fortmann, Michel (Hrsg): Balance of Power: Theory and Practice in the 21st Century. Stanford: Stanford University Press. 1-25.

Schieder, Siegfried / Spindler, Manuela (Hrsg.) (2006): Theorien der Internationalen Beziehungen.

Opladen & Farmington Hills: Verlag Barbara Budrich.

Walt, Stephen M. (1985): Alliance Formation and the Balance of World Power. In: International Security. 9 (4): 3-43.

Walt, Stephen M. (1987): The Origins of Alliances. Ithaca / London: Cornell University Press.

Walt, Stephen M. (1998): International Relations: One World, Many Theories. In: Foreign Policy. 110: 29-46.

Waltz, Kenneth N. (1979): Theory of International Politics. Boston, Massachusetts: Mc Graw Hill.

Die Beteiligung am Irak-Krieg – eine innenpolitische Frage?

Philip M. Palm & Daniel F. Schulz

Einleitung

Als einander diametral gegenüberstehende Extrempole auf einem Spektrum, das die Haltung zur amerikanischen Irakpolitik abbildet, sind Großbritannien und Deutschland auch für den Liberalismus zunächst eine Herausforderung: Während Großbritannien als wichtigster Partner solidarisch an der Seite der USA stand und Truppen in den Irak entsendete, lehnte Deutschland jede Beteiligung an einer militärischen Intervention kategorisch ab. Dieser Beitrag untersucht, welche Erklärungsansätze für dieses gegensätzliche Verhalten beider Staaten sich aus der liberalistischen Theorie der Internationalen Beziehungen nach Andrew Moravcsik ableiten lassen und wo die Denkschule an ihre Grenzen stößt.

Die Komplexität der Geschehnisse in Großbritannien und Deutschland im Vorfeld des Irak-Feldzuges aus Sicht des Neuen Liberalismus nach Moravcsik zeigt mehrere Erklärungsansätze auf. Am Anfang steht die Hypothese des republikanischen Liberalismus, *die Kriegsbereitschaft eines Landes sei umso geringer, je breiter der Zugang gesellschaftlicher Gruppen zur politischen Macht ist* (vgl. Moravcsik 1997: 174f.; Moravcsik 2003). Dementsprechend wäre zu erwarten, dass der Zugang für soziale Gruppierungen zu wichtigen Entscheidungsgremien in Großbritannien deutlich schwerer ist als in Deutschland, das britische Parlament weniger Einflussmöglichkeiten auf außenpolitische Fragen hat als der Deutsche Bundestag und auch andere denkbare Vetospieler für Fragen der Truppenentsendung in Großbritannien vergleichsweise weniger entscheidend sind. Diese Hypothesen werden in Abschnitt 2 mithilfe der Vetospieler-Theorie nach Tsebelis (2002) untersucht.

Aus der Sicht politischer Akteure als rationale Nutzenmaximierer, so eine Grundannahme des Liberalismus, ergibt sich ein weiterer Blickwinkel auf das innerstaatliche Geschehen (vgl. Schieder 2006: 181). Grundlegend ist hierfür Antony Downs' Demokratiemodell, nach dem das Verhalten von Wählern und Regierungen auf rationalen Verhaltensregeln basiert. In seiner ökonomischen

Theorie der Demokratie entwirft er ein Modell des politischen Wettbewerbs. Als Akteure des Demokratiemodells agieren Regierungen, zumeist als politische Parteien, sowie einzelne Bürger und Interessengruppen als Wähler. Mit Hilfe eines wirtschaftstheoretischen Instrumentariums versucht Downs, die Bestimmungsfaktoren für das Verhalten dieser Akteure aufzustellen, indem er die Verhaltensweisen rationaler Konsumenten und Produzenten auf das Regierungs- und Wählerverhalten überträgt (vgl. Downs 1968: 3-19). Nach Downs hat jeder einzelne Bürger klare Zielvorstellungen und ist in der Lage, diese dem Politiker mit der Abgabe des Stimmzettels eindeutig mitzuteilen. Der demokratische Prozess des Wählens soll die Politiker an den Wählerauftrag binden, damit diese nicht nach eigenem Interesse, sondern als Stellvertreter der Bürger entscheiden (vgl. Kirsch 2004: 210, 259). Nutzenmaximierung für Politiker definiert sich nach Downs über die Maximierung von Wählerstimmen. Sie hängt ihrerseits davon ab, ob die *Policies* der Politiker von der Bevölkerung gestützt werden. Trifft eine Regierung gewichtige Entscheidungen, die im Widerspruch zur öffentlichen Meinung im eigenen Land stehen, ist die Verlängerung ihres Mandats beim nächsten Urnengang unwahrscheinlich. Der Wahlzyklus ist demnach eine Determinante politischer Entscheidungen.

Laut der *Wahlzyklustheorie*, die auf britische und amerikanische Studien (vgl. Miller/Mackie 1973; Stimson 1976) zurückgreift, steigen die Popularitätswerte einer Regierung in einer kurzen Phase der Nachwahleuphorie zunächst an, sinken dann aber relativ schnell wieder ab und erreichen ihren Tiefpunkt in der Mitte der Wahlperiode. Die Zustimmungswerte erholen sich in der zweiten Hälfte der Legislatur, bis sie kurz vor der nächsten nationalen Wahl wieder ihr Ausgangsniveau erreichen (vgl. Burkhart 2004: 7f.). Aus der Beobachtung einer regelmäßigen Wiederkehr dieses Phänomens geht die *Wahlzyklustheorie* hervor. Diese stützt die Annahme, dass das politische Gedächtnis in der Regel von kurzer Dauer ist und der Wahlkampf meist von aktuellen Themen und nicht von Jahre alten Entscheidungen dominiert wird, weshalb der Zeitpunkt der nächsten Wahl eine nicht zu unterschätzende Einflussgröße auf politische Entscheidungen darstellt. Für den deutschsprachigen Raum wird dieses Phänomen erstmalig in der „Theorie und Empirie politischer Konjunkturzyklen" von Bruno S. Frey (1976) beschrieben. Politikern wird hier primär eigennütziges Verhalten unterstellt, d.h. für sie steht neben ideologischen Interessen die Wiederwahl im Vordergrund. Eine Regierung hat demnach ein hohes Interesse daran, ihre Wiederwahl am Ende des Wahlzyklus mit allen ihr zur Verfügung stehenden Instrumenten zu sichern.

Das Demokratiemodell Downs' sowie die *Wahlzyklustheorie* nach Frey sind in Abschnitt 3 dieses Beitrags die tragenden theoretischen Zugänge. Dementsprechend wird hier die öffentliche Meinung gegenüber der Truppenentsendung in den Irak untersucht und in Verbindung zum nächsten Wahltermin für die amtierende Zentralregierung gesetzt. *Je näher die nächste Evaluation der Regierungsarbeit durch Wahlen,* so unsere zweite Hypothese, *desto wahrscheinlicher wird sich die rational handelnde Regierung der öffentlichen Meinung anschließen, um ihre Macht nicht zu gefährden.*

Am Ende des Beitrags wird schließlich die Aussagekraft der beiden liberalistischen Erklärungsansätze in der Fallstudie bewertet und ausblickend auf seine Anschlussfähigkeit zu weiteren theoretischen Zugängen eingegangen.

Republikanischer Liberalismus: Modi innerstaatlicher Repräsentation

In diesem Kapitel wird Bezug genommen auf die Theorievariante des republikanischen Liberalismus, wonach sich demokratisch verfasste Staaten eher friedlich und kooperativ verhalten. *Die Kriegsbereitschaft eines Landes ist demnach umso geringer, je breiter der Zugang gesellschaftlicher Gruppen zur politischen Macht ist* (vgl. Moravcsik 1997: 147f.). Die Überprüfung dieses Erklärungsansatzes erfolgt durch die vergleichende Analyse der politischen Systeme Großbritanniens und Deutschlands. In dieser Untersuchung gilt die größte Aufmerksamkeit zunächst der Rolle des Regierungschefs. Er ist in den parlamentarischen Regierungssystemen Deutschlands und Großbritanniens der dominante machtpolitische Akteur innerhalb der staatlichen Binnenstruktur (vgl. Fraenkel/Bracher 1964: 223ff.; Patzelt 2005: 240f.) und gilt als wesentlicher „Agenda-Setter" (vgl. Knoll 2004: 4; Heffernan/Webb 2005: 26); er hat also am ehesten die Möglichkeit, seine Präferenzen gegenüber anderen Akteuren durchzusetzen. Für die weitere Auswahl der Akteure und Institutionen in unserer Analyse bedienen wir uns des *Vetospieler-Ansatzes* von George Tsebelis. Als Vetospieler werden all jene individuellen oder kollektiven Akteure bezeichnet, deren Zustimmung Bedingung für einen Politikwechsel ist (vgl. Tsebelis 1995: 305; Tsebelis 2002: 19). Tsebelis unterscheidet zwischen *institutional veto-players*, d.h. Akteure, die durch die Verfassung etabliert sind, und *partisan veto-players*, also Akteure, die durch politische Prozesse innerhalb der Institutionen, bspw. aufgrund parteipolitischer Mehrheiten, ihre Vetoposition ausspielen können. Dementsprechend werden neben der konstitutionellen Stellung von Exekutive, Legislative und Judikative sowie dem Staatsoberhaupt auch potentielle Gegenspieler des Regierungschefs innerhalb der Fraktionen berücksichtigt, die ihn stützen. Innerhalb eines jeden Abschnitts wird zunächst die generelle Stellung der „Spieler" im Institutionengefüge des politischen Systems betrachtet, um anschließend auf ihre konkreten Einflussmöglichkeiten auf die Entscheidungen über einen Truppenein-satz außerhalb der eigenen Grenzen Bezug zu nehmen.

Die Rolle des Regierungschefs im politischen System

Die Charakterisierung des deutschen politischen Systems als „parlamentarisches System mit Kanzlerhegemonie" (Korte/Fröhlich 2004: 79) weist auf eine starke Position des deutschen Bundeskanzlers hin, lenkt aber den Blick zugleich auf dessen Abhängigkeit von der Unterstützung durch die Parlamentsmehrheit. Zwar stehen der Exekutive der Bundesrepublik formal zwei Personen vor – der Bun-deskanzler sowie der Bundespräsident[1] –, die Rolle des Bundeskanzlers ist jedoch nach den Kompetenzzuweisungen des Grundgesetzes eindeutig bestimmend, während der Bundespräsident institutionell vergleichsweise schwach bleibt.

Auch im Verhältnis zum Parlament ist die Rolle des Bundeskanzlers als stark zu beurteilen. Seine Ablösung kann nach Art. 67 GG (Grundgesetz) nur durch ein konstruktives Misstrauensvotum des Bundestages erfolgen, also ausschließlich bei der gleichzeitigen Bestimmung eines neuen Kanzlers durch die absolute Mehrheit der Parlamentsstimmen. Weitere wichtige Faktoren der Machtposition des Kanz-lers sind das Kabinettbildungsrecht und vor allem die Richtlinienkompetenz. Bei dieser Bestimmung der grundsätzlichen politischen Ziele muss der Kanzler in der Verfassungswirklichkeit jedoch vor allem in Koalitionen mit starken Partnerpar-teien bei der Formulierung des Koalitionsvertrags und Vereinbarungen im Koali-tionsausschuss ständig Kompromisse eingehen (vgl. Rudzio 2005: 250 ff.). Den-noch bleibt eine Kanzlerdominanz zu konstatieren, sodass die deutsche Demokra-tie in der Regierungsforschung bisweilen sogar als „Kanzlerdemokratie" (vgl. Niclauß 2004) bezeichnet wird. Der Begriff der *Kanzlerdemokratie* stützt sich neben der Richtlinienkompetenz des Bundeskanzlers u.a. auch auf seine beson-ders starke Rolle in der Außenpolitik, die von Karlheinz Niclauß (2004: 92ff.) als eine der fünf Konturen der *Kanzlerdemokratie* genannt wird. So übernahm bspw. der erste Kanzler der Bundesrepublik Konrad Adenauer bis 1955 selbst das Amt des Außenministers (vgl. Hellmann 2006: 130).

Was an der institutionellen Stellung des Kanzlers deutet jedoch auf eine dominante außenpolitische Funktion hin? Neben den bereits genannten allge-meinen Aspekten der Kanzlermacht ist für die Außenpolitik verfassungspolitisch Art. 115b des Grundgesetzes aufzuführen, wonach der Bundeskanzler im Vertei-digungsfall automatisch die Befehls- und Kommandogewalt über die Bundes-

---

[1] Zur Exekutive gehören darüber hinaus freilich auch Kabinett und dessen Mitglieder, d.h. insbeson-dere die Minister.

wehr übernimmt. Darüber hinaus spricht die Existenz einer eigenen Abteilung für außenpolitische Belange im Bundeskanzleramt für die Kapazitäten des Kanzlers in diesem Politikfeld. Zu guter Letzt liegt sein großer Einfluss aber vor allem in der Natur außenpolitischer Entscheidungen begründet, die zumeist bei Treffen von Staats- und Regierungschefs getroffen werden.

Ein pauschales Urteil über die Stärke des Bundeskanzlers in außenpolitischen Belangen lässt sich allein anhand institutioneller Faktoren freilich nicht fällen. Von großer Bedeutung sind hier auch historische Gegebenheiten sowie der jeweilige persönliche Regierungsstil, der zwischen den Amtsinhabern deutliche Unterschiede erkennen lässt. Während sich bspw. Willy Brandt und Helmut Kohl sehr stark in der Außenpolitik engagierten, konnten Ludwig Erhard und Kurt Georg Kiesinger hier deutlich weniger Akzente setzen (vgl. Hellmann 2006: 46f.). Für den zur Zeit der Irak-Kriegsdebatte amtierenden Bundeskanzler Gerhard Schröder lässt sich als Besonderheit erwähnen, dass er die Abstimmung über den Afghanistan-Einsatz am 16.11.2001 mit einer Vertrauensfrage verband (vgl. Hennecke 2003: 270ff.). So gelang es Schröder, das deutsche Engagement in Afghanistan direkt an seine Person zu binden, was für die Zustimmung des Bundestages rein technisch nicht vonnöten gewesen wäre, da CDU/CSU und FDP bereits ihre Zustimmung signalisiert hatten (vgl. Niclauß 2004: 333). Er nutzte demnach eine außenpolitische Entscheidung von ungeheurem Ausmaß, um die ihn stützenden Parteien (wieder) auf Linie zu bringen. Dieses Verhalten kann als Instrumentalisierung einer außenpolitischen Frage zum Zwecke einer innenpolitischen Profilierung bewertet werden, darf aber auch als Fingerzeig für eine starke Rolle des Bundeskanzlers Schröder in außenpolitischen Fragen gelten. Denn es zeigt, mit welcher Vielzahl von Möglichkeiten der deutsche Bundeskanzler ausgestattet ist, um seine außenpolitischen Positionen durchzusetzen.

Die politikwissenschaftliche Diskussion bezüglich der Rolle des britischen Premierministers in Fragen der Außenpolitik bezieht sich beständig auf den kontinuierlichen Machtzuwachs dieses bedeutenden politischen Akteurs (vgl. Dorey 2005: 51). Die britische Regierung wird als Premierministerregierung bezeichnet. Seit Blair spricht man sogar von einer „Präsidentialisierung" des Amtes des Premierministers (vgl. Sturm 2006: 149). In diesem Zusammenhang wird häufig das Diktum von Lord Hailsham aus dem Jahre 1978 (9) angeführt, der die Premierministerregierung als *elective dictatorship*, eine Wahldiktatur, beschrieb.

Im Vergleich zu anderen Regierungssystemen sind dem Premierminister nur wenige institutionelle Schranken gesetzt. Vorbehaltlich einer Mehrheit im Parlament, kann er nicht an der Machtausübung gehindert werden. Nach Sturm (2006: 150, 2009) kann dies gerade anhand der starken Stellung des Premiers in außenpolitischen Funktionen beobachtet werden. Sie wird auch bezeugt durch die eigenmächtige Auswahl von Ministern durch den Premierminister. Häufige

Kabinettsumbildungen durch den Premierminister sind ihr augenfälliger Ausdruck.

Das Ressortprinzip kennt die Regierung in der britischen Verfassung nicht, ressortbezogene Entscheidungen des Premierministers werden von den Ministern demnach meistens ohne Debatten akzeptiert. Tony Blair hat in seiner Regierungszeit die Bedeutung des Kabinetts zunehmend verringert (zum Folgenden Sturm 2009): Er war dafür verantwortlich, dass die vormals zwei Kabinettssitzungen in der Woche zu einer zusammengelegt wurden, die Tagesordnung wurde abgeschafft und die Kabinettssitzungen dauerten in der Regel nicht mehr als eine Stunde. Die Regierungsentscheidungen des Kabinetts wurden häufig vor den Sitzungen getroffen und nur noch im Kabinett verkündet. Man sprach von Blairs *sofa cabinet*: „Decisions are often taken over a cup of tea on the sofa in Mr Blair's No 10 office – known to insiders as „the den" – rather than in formal, minuted committee meetings" (Wheeler 2004). Blair war folglich nicht *primus inter pares*, sondern dominierte sein Kabinett. Auch die Größe der Regierungsmehrheit im Parlament hat einen entscheidenden Einfluss auf die Macht des Premierministers. Insofern verfügte Tony Blair bei insgesamt 646 Sitzen mit einer Mehrheit von 166 Sitzen nach seiner Wiederwahl zur zweiten Amtszeit 2001 über weit mehr Macht als seine Vorgänger Margaret Thatcher und John Major (vgl. Dorey 2006: 53f.).

Unter Tony Blair hat sich die Rolle des Premiers in außen- und sicherheitspolitischen Fragen grundlegend verändert. Während seiner zweiten Amtsperiode prägte er einen Großteil der Außenpolitik, mehr noch als sein *Foreign Secretary* Jack Straw. Einige Berichterstatter notierten, Blair sei sein eigener Außenminister und fühle sich äußerst wohl in den *high politics* (vgl. Kennedy-Pipe/Vickers 2006: 335f.). Denn Außenpolitik ermöglicht dem Premierminister, auf eine Weise maßgebend zu handeln, die ihm in innenpolitischen Angelegenheiten, bspw. in der Gesundheitspolitik oder der Reform des öffentlichen Sektors, aufgrund von faktischen Handlungsrestriktionen oft nicht möglich ist. Diese Entwicklung hat sich bereits bei den meisten Vorgängern Blairs angedeutet, deren Sichtbarkeit außerhalb der Wirtschafts- und Außenpolitik eher sporadisch und *ad hoc* von Bedeutung war. Außenpolitisches Krisenmanagement dominierte somit auch die politische Agenda Blairs. Insbesondere das Werben für eine multilaterale Koalition zur Bewältigung des Irak-Konflikts nahm dabei viel Zeit in Anspruch (vgl. Smith 2003: 76). Bereits zuvor hatte er sich in außen- und sicherheitspolitischen Fragen, wie im Kosovokrieg und im Afghanistankrieg sowie als Mittler zwischen den USA und Europa profiliert.

In Fragen der Verteidigung ist der Premierminister aufgrund des monarchischen Vorrechts nicht an ein Votum durch das Parlament gebunden, sondern handelt *de jure* im Auftrag des Monarchen. Faktisch findet allerdings eine „Parlamentarisierung" dieses monarchischen Vorrechts statt (vgl. Sturm 2006: 140). So ließ die Regierung auch zur Irakfrage eine Parlamentsdebatte zu, denn ohne eine unterstützende Parlamentsmehrheit ist die Truppenentsendung in einen militärischen Konflikt unter politischen Gesichtspunkten kaum durchzuhalten. Das darf nicht darüber hinweg täuschen, dass Debatten dieser Art nicht Wege der Entscheidungsfindung darstellen. Sie disziplinieren vielmehr die Regierungsmehrheit als Akt der politisch-parlamentarischen Hygiene.

Betrachten wir vergleichend die Stellung des deutschen Bundeskanzlers mit der des britischen Premierministers, so lässt sich für letzteren eine größere Entscheidungsmacht in außen- und sicherheitspolitischen Fragen feststellen. Aber auch der deutsche Regierungschef verfügt über eine starke institutionelle Stellung. Zudem hat sich Gerhard Schröder, wie viele seiner Vorgänger, gerne über außenpolitische Entscheidungen definiert und sich in außenpolitischen Fragen besonders stark engagiert, da diese größere internationale und nationale Sichtbarkeit versprechen als andere Politikfelder (vgl. Schmidt 2007: 311). Grundsätzlich ist mit Blick auf das institutionelle Machtgefüge der beiden politischen Systeme aber dem britischen Premierminister ein vergleichsweise höherer Einfluss in außen- und sicherheitspolitischen Fragen zuzusprechen, zumal er für die Truppenentsendung formal nicht auf ein Votum des Parlaments angewiesen ist.

Potentielle institutionelle Vetospieler im politischen System

Das Parlament

Der Deutsche Bundestag als Vertretung des deutschen Volkes ist mit weitreichenden Kompetenzen ausgestattet und wird formalrechtlich als „Entscheidungsmitte" (Kirchhoff 2004: 242) des deutschen politischen Systems bezeichnet. Jüngere politikwissenschaftliche Analysen weisen allerdings darauf hin, dass seine dominierende Rolle in der Gesetzgebung zunehmend durch verschiedene Faktoren eingeschränkt wird. Zu nennen sind u.a. die zunehmende Europäisierung der Rechtsetzung (vgl. Sturm/Pehle 2006: 63ff.) sowie der traditionell große Einfluss der Ministerialbürokratie auf die Gesetzgebung (vgl. Page 2003). Seine legislative Funktion und seine umfassenden Befugnisse zur Kontrolle der Regierung machen den Bundestag dennoch unbestritten zu einem bedeutsamen Vetospieler.

Zudem machen außenpolitische und internationale Themen laut Ismayr (2007: 190f.) mittlerweile einen großen Teil der Plenardebatten und der Kontrolltätigkeit des Bundestages aus, da sie deutlich an Umfang zugenommen haben und kaum noch von innenpolitischen Themen zu trennen sind. Gerade bei der Genehmigung eines Einsatzes bewaffneter Streitkräfte kommt dem Bundestag nach dem Urteil des Bundesverfassungsgerichts von 1994 (BVerfGE 90, 286) die Entscheidungskompetenz zu, was das deutsche Parlament zu einem bedeutenden kollektiven Vetospieler in Fragen der äußeren Sicherheit macht. *De facto* ist damit seit 1994 klar, dass die Bundeswehr ein *Parlamentsheer* darstellt. Folglich muss die Bundesregierung bestrebt sein, eine Parlamentsmehrheit bereits im Vorfeld dieser wichtigen Entscheidungen um Truppenentsendungen zu finden und ist insoweit durch das Parlament beeinflussbar.

Das Unterhaus oder *House of Commons* ist in Großbritannien der zentrale Ort der Gesetzgebung und Regierungskontrolle. Durch ein Misstrauensvotum der Mehrheit des Parlaments kann die Regierung *de facto* zum Rücktritt gezwungen werden. Trotzdem dominiert die Regierung das Parlament, da die Ressourcen der Opposition sowie das parlamentarische Zeitfenster sehr knapp bemessen sind, wodurch kaum Raum für Initiativen bleibt. Deshalb kommen Gesetzesinitiativen fast ausschließlich von der Regierung. Laut Winfried Steffani gilt das britische Unterhaus auch als Idealtypus eines Redeparlaments. Danach liegt der Tätigkeitsschwerpunkt der britischen Parlamentarier auf der Parlamentsdebatte und weniger, wie im Falle des deutschen Arbeitsparlaments, auf der Ausschussarbeit, in welcher mehr Expertenwissen als rhetorisches Geschick gefragt ist (vgl. Steffani 1979: 96f.).

Um Truppen in den Krieg zu entsenden, benötigte der Premierminister die politische Mehrheit des Parlamentes, zwar nicht verfassungsrechtlich, aber der politischen Legitimation wegen. So musste Tony Blair am 26. Februar 2003 aufgrund der Irakfrage die größte parlamentarische Rebellion der letzten hundert Jahre überstehen: 139 und damit rund ein Drittel der Abgeordneten seiner Partei stimmten gegen den Vorschlag der Regierung, das US-Militär im Krieg gegen den Irak zu unterstützen. Zudem provozierte die Abstimmung den Rücktritt dreier Minister, u.a. den des Außenministers Robin Cook (vgl. Winther 2003: 67f.; Dunleavy et al. 2003: 9), was vor allem auf den öffentlichen Druck zurückzuführen ist. Dank der Unterstützung durch Ian Duncan Smith, den Vorsitzenden der größten Oppositionspartei, und mit Hilfe der übrigen zwei Drittel der Abgeordneten seiner Partei war Blair dennoch in der Lage, seine Irakpolitik gegen den Widerstand der öffentlichen Meinung durchzusetzen (vgl. Winther 2003: 78f.).

Beide Parlamente sind in außen- und sicherheitspolitischen Fragen schon allein aus politischen Gründen von Gewicht. Allerdings ist nur der deutsche Regierungschef bei Fragen der Truppenentsendung zwingend auf ein positives Votum des Parlaments angewiesen; der Deutsche Bundestag stellt in dieser Fallstudie insoweit einen noch gewichtigeren Vetospieler dar als das britische Unterhaus.

Die horizontale Gewaltenteilung zwischen Exekutive, Legislative und Judikative wird im Bundesstaat Deutschland ergänzt durch eine vertikale Gewaltenteilung zwischen der Bundesregierung und den sechzehn Landesregierungen. Die Vertretung der Landesregierungen im Bund wird durch die Institution des Bundesrates sichergestellt, dem aufgrund seiner Mitwirkung an der Gesetzgebung in vielen bedeutenden Politikbereichen, die seiner Zustimmung bedürfen, ein großer Einfluss beizumessen ist. Insbesondere durch Verweigerung der Zustimmung und Anrufung des Vermittlungsausschusses als Gremium zwischen Bundestag und Bundesrat kann letzterer substanzielle Änderungen von Bundesgesetzen herbeiführen. Und vor allem weil der Bundesrat in der Vergangenheit nicht selten von den Oppositionsparteien dominiert wurde, konnte er schon mehrfach als Blockadeinstrument gegen die Bundesregierung genutzt werden (vgl. Schmidt 2007: 203; Lembruch 2000). Der Deutsche Bundesrat besitzt also zweifelsfrei eine gewichtige Vetoposition, die die Regierungskapazität der Bundesregierung maßgeblich einschränkt. Doch wie verhält sich dieser Aspekt in außenpolitischen Fragen?

Außenpolitik ist in Deutschland nach Art. 32 GG grundsätzlich Sache des Bundes. Auch wenn „die internationale Präsenz, die die Länder zeigen, [mittlerweile] beeindruckende Ausmaße erreicht [hat]" (Fischer 2007: 192), so gilt dies in erster Linie für die Vertretung außenwirtschaftlicher Länderinteressen. Daneben ist ihre Mitwirkung in Fragen der Europäischen Union als außenpolitische Einflussmöglichkeit zu nennen, welche jedoch an dieser Stelle von nachrangiger Bedeutung ist. Denn in Fragen der Truppenentsendung wird dem Bundesrat kein Mitspracherecht eingeräumt.

Wie gestaltet sich die außenpolitische Mitwirkung der Zweiten Kammer in Großbritannien? Sie war traditionell die Vertretungskörperschaft des Adels. Heute werden die meisten ihrer Mitglieder auf Vorschlag der Regierung ernannt. Die meisten Mitglieder des *House of Lords*, aber keineswegs alle, sind einer der drei großen Parteien zugehörig (vgl. Sturm 2006b und 2009).

Aufgrund des stetigen Machtverlustes ist fraglich, inwieweit das britische „Oberhaus" überhaupt noch als Vetomacht klassifiziert werden kann.

> „With respect to bicameralism, there are countries where the upper chamber has only a delaying veto power. For example, while Britain and Austria are formally bicameral systems, in both systems the lower chamber can ultimately overrule the objections of the upper chamber. Consequently, these two systems must be classified as unicameral legislatures." (Tsebelis 1995: 305).

Die zweite Kammer in Großbritannien verfügt nur über eine aufschiebende Vetomacht und hat, mit Ausnahme v.a. der Europapolitik, in den politischen Entscheidungsprozessen stetig an Bedeutung verloren. Als *sanior pars*, also als reflektierendes Gremium, das Stimme der Vernunft und Sachüberlegungen ist, spielt sie in Großbritannien gelegentlich eine Rolle. Die Außenpolitik wird aber eher als Sache der Regierung angesehen, die Mitglieder des Oberhauses üben hier Zurückhaltung.

Als Fazit kann demnach festgehalten werden, dass der innenpolitisch höchst bedeutsame Deutsche Bundesrat in außenpolitischen Fragen nur sehr vereinzelt über den Vermittlungsausschuss gewisse Mitwirkungsmöglichkeiten besitzt. Generell ist sein Einfluss für außen- und sicherheitspolitische Entscheidungen jedoch konstitutionell nicht vorgesehen. Völlig bedeutungslos als Vetospieler in außenpolitischen Fragen ist das britische Oberhaus.

Die höchste gerichtliche Instanz

Das deutsche Bundesverfassungsgericht ist in Streitfragen unter Bundesorganen und zwischen Bundes- und Landesinstitutionen die letzte gerichtliche Instanz und sein großer politischer Einfluss daher unbestritten, weshalb bisweilen sogar der umstrittene Begriff der „Karlsruher Republik" (Casper 2001) gebraucht wird, um das bundesdeutsche System zu charakterisieren. Mithin unterliegt die Ausübung auswärtiger Gewalt ebenfalls grundsätzlich der Kontrolle des Bundesverfassungsgerichts. Denn dieses ist befugt, Gesetze sowie Handlungen oder Unterlassungen der Bundesregierung – auf Antrag – zu überprüfen, worauf es auch in Fragen auswärtiger Gewalt nicht verzichtet. So hat es bereits über den Bundeswehreinsatz in Somalia oder bei der Überwachung des Konflikts im ehemaligen Jugoslawien entscheiden müssen (vgl. Benda 1995: 40). Auch wenn das Bundesverfassungsgericht erklärt, seine Entscheidungen dabei nur justiziablen Normen zu unterwerfen und darauf zu verzichten, „in den von der Verfassung geschaffenen und begrenzten Bereich freier politischer Entscheidung einzugreifen" (BVerfGE 36, 1 [14]), handelt es sich um politisch anerkannte, folgenreiche Entscheidungen. Aufgrund der Natur außenpolitischer Sachverhalte kann man eine solche richterliche Selbstbeschränkung für dieses Politikfeld als besonders bedeutsam ansehen. Gerade hinsichtlich der Überprüfung völkerrechtlicher Verträge durch das Bundesverfassungsgericht wird deshalb mancherorts an die sog. *political question doctrine* des amerikanischen *Supreme Court* erinnert, der die Klärung hochpolitischer Fragen ablehnen kann (vgl. Säcker 2003: 22). Dementsprechend konstatiert Ernst Benda (1995: 46), das Bundesverfassungsgericht übe „große Zurückhaltung bei der Überprüfung außenpolitischer Sachverhalte". Und auch Rüdiger Wolfrum (2007: 167) kommt zu dem Schluss, die Selbstbeschränkungen des Bundesverfassungsgerichts bei der Kontrolle der auswärtigen Gewalt gingen „de facto in die Richtung einer Anerkennung eines justizfreien Hoheitsaktes". Folgt man dieser Argumentation, ist das Bundesverfassungsgericht in konkreten Entscheidungsprozessen zur Truppenentsendung als Vetospieler von geringerer Bedeutung, als man es aus der innenpolitischen Erfahrung vermuten dürfte.

Ein Verfassungsgericht als letzte Instanz in der Rechtsprechung findet sich bislang im britischen Institutionengefüge nicht in der Form, wie wir es aus Deutschland kennen. Es gab bis in die jüngste Zeit keine dem Bundesverfassungsgericht äquivalente Institution, die in der Lage wäre, Gesetze als verfassungswidrig zurückzuweisen. In Großbritannien ist der Kopf des Justizwesens der *Lord Chancellor*, der nicht nur die höchsten Richter ernennt, sondern auch Mitglied des Kabinetts und gleichzeitig Vorsitzender des *House of Lords* ist (vgl. Gamble 2003: 34). Dies belegt die enge Verzahnung zwischen Parlament und Justizwesen, die bereits seit der *Glorious Revolution* von 1688 existiert. Die Regierung wird aufgrund dessen in keiner Weise durch die Judikative in ihrer Arbeit blockiert. „Streng genommen kann das Prinzip der Parlamentssouveränität sogar als der einzige Grundsatz der britischen Verfassung interpretiert werden, der den Anforderungen eines formellen Verfassungsverständnisses gerecht wird" (Hübner/Münch 1999: 34). Großbritanniens Judikative nimmt damit in der Europäischen Verfassungsgeschichte eine Sonderstellung ein (vgl. Kastendiek/ Stinshoff 2006: 118).

Die Rolle des Justizwesens in beiden betrachteten politischen Systemen könnte also unterschiedlicher kaum sein. Das deutsche Bundesverfassungsgericht ist als letzte Entscheidungsinstanz und Hüter des Grundgesetzes ein gewichtiges Kontrollorgan der Regierung, dessen generelle Vetomacht – ungeachtet einer größeren Zurückhaltung in rein politischen Fragen – unbestritten ist. Dahingegen hat die britische Judikative traditionell keine Handhabe gegen Entscheidungen des Premiers und ist somit auch in Fragen der Truppenentsendung als Vetospieler irrelevant.

Das Staatsoberhaupt

Nach dem Grundgesetz ist der deutsche Bundespräsident als Staatsoberhaupt mit vergleichsweise sehr geringen Kompetenzen ausgestattet und wird in der Bewertung häufig auf seine repräsentativen Funktionen reduziert. Seine Anordnungen und Verfügungen sind ohne Gegenzeichnung durch die Bundesregierung unwirksam, weshalb das eigenständige politische Machtpotential des Bundespräsidenten größtenteils in der moralisierenden Kraft seiner öffentlichen Reden liegt (vgl. Korte/Fröhlich 2004: 58).

Der deutsche Bundespräsident ist laut Art. 59 Abs. 1 GG der völkerrechtliche Vertreter des Bundes, schließt formell die Verträge mit auswärtigen Staaten und verkörpert durch seine Treffen mit anderen Staats- oder Regierungschefs die Staatsgewalt gewissermaßen auch nach außen. Dies kann jedoch nicht darüber hinwegtäuschen, dass seine Machtbefugnisse auch in der Außenpolitik äußerst beschränkt sind und ihm in der Regel nur formelle Unterzeichnungsrechte zukommen. Laut Jochum (2007: 170f.) muss der Bundespräsident aufgrund der Richtlinienkompetenz des Bundeskanzlers auch bei seinen außenpolitischen Äußerungen im Rahmen der Regierungspolitik bleiben. Theoretisch könne die Bundesregierung sogar beim Bundesverfassungsgericht eine Gegenzeichnungspflicht nach Art. 58 GG für entsprechende Reden des Bundespräsidenten durchsetzen, wenn seine Loyalität nur auf diesem Wege sicherzustellen wäre. Ein eigenständiges Prüfrecht verbleibt ihm insoweit nur im Rahmen des Gesetzgebungsverfahrens.

Die britische Krone hat im Laufe der eingeübten Verfassungspraxis der Jahrhunderte ihre Macht weitgehend an die Regierung abgegeben und so die Machtbefugnisse des Premierministers erweitert. Ihm obliegt das ehemals monarchische Recht zur Truppenentsendung (vgl. Sturm 2006: 140ff.). Allein in Notsituationen bzw. wenn das Parlament über keine Mehrheit verfügt, könnte man sich noch eine politische Rolle des Monarchen vorstellen. Seit 1707 hat jedoch kein Monarch mehr Einspruch gegen einen verabschiedeten *Parliament Act* erhoben (vgl. Gamble 2003: 31).

Letztlich verkörpert der deutsche Bundespräsident allenthalben die außenpolitischen Grundwerte Deutschlands und dies auch immer in Abstimmung mit der Bundesregierung. Obschon das Wort des Bundespräsidenten aufgrund seiner Überparteilichkeit einflussreich auf die öffentlichen Meinung ist und der amtierende Bundespräsident Horst Köhler seine Rolle mitunter offensiver auslegt als viele seiner Vorgänger, ist ihm eine Vetospieler-Rolle im außensicherheitspolitischen Entscheidungsprozess aufgrund der verfassungsrechtlichen Beschränkungen eher nicht zuzurechnen. Von noch geringerer Bedeutung ist das britische Staatsoberhaupt, das in erster Linie repräsentative, zeremonielle und integrative Funktionen erfüllt (vgl. Sturm 2006: 140) und danach faktisch nicht als Vetospieler in Betracht kommt.

Koalitionspartner und parteiinterne Gegner als parteipolitische Vetospieler

Eine weitere bedeutsame Vetoposition kommt den die Regierung stützenden Parteien zu. Da in Deutschland die Bundestagsfraktionen eine bedeutsame Arena ihres Einflusses darstellen, hängt diese Position zwar eng mit der institutionellen

Vetorolle des Parlaments zusammen, ist jedoch aufgrund der informelleren Einflussmöglichkeiten abseits des formal etablierten Institutionengefüges zugleich von unterschiedlicher Natur. Da in der Bundesrepublik Deutschland Koalitionsregierungen dominieren, müssen hier nicht nur die Partei des Bundeskanzlers thematisiert, sondern auch die Koalitionäre berücksichtigt werden. Mit dem Koalitionspartner werden seit den 1960er Jahren schriftliche Koalitionsvereinbarungen über Ämterverteilung, Entscheidungsregeln und Vorhaben getroffen. Diese Praxis engt die Handlungsfreiheiten des deutschen Regierungschefs ebenso ein wie die koordinierende Arbeit in Koalitionsausschüssen, in denen Spitzenpolitiker beider Parteien Einfluss auf anstehende Entscheidungen nehmen (vgl. Kropp 2003: 24ff.).

Das Verhältnis zur eigenen Partei gehört nach Helms in allen parlamentarischen Demokratien zu den Kerndeterminanten des politischen Erfolgs der Regierungschefs, wobei zwischen der internen Beziehung zwischen Kanzler und Partei und dem Stellenwert der Partei in den öffentlichen Selbstdarstellungen des Regierungschefs unterschieden werden muss (vgl. Helms 2005: 145). Für Alt-Bundeskanzler Schröder lässt sich sagen, dass er im Gegensatz zu seiner Partei große Popularität bei der Bevölkerung genoss und damit als Erfolgsfaktor für Wahlkämpfe einen sehr dominanten Umgang mit der Partei pflegen konnte. Natürlich war er – wie jeder Kanzler – von seiner Parlamentsmehrheit abhängig. Über seine mediale Popularität („Medienkanzler") erreichte er jedoch einen Status in der öffentlichen Wahrnehmung, der ihm eine größere Unabhängigkeit von seiner Partei garantierte. Insofern muss die grundsätzlich starke Vetospieler-Position der eigenen Parteibasis im Fall Schröder als etwas schwächer eingestuft werden.

Auch die Gestaltung der Außenpolitik durch die Regierung ist, trotz des exekutiven Primats, nicht von der Parteibasis zu trennen. Das wird bspw. am Niedergang der Regierung Schmidt Anfang der 1980er Jahre deutlich, deren außen- und sicherheitspolitische Maßnahmen in Helmut Schmidts eigener Partei immer weniger Unterstützung fanden (vgl. Jäger/Link 1987: 200f.). In Deutschland wird das Außenministerium darüber hinaus seit über dreißig Jahren von der als Mehrheitsbeschafferin fungierenden kleineren Koalitionspartei geführt, weshalb in der Außenpolitik koalitionspolitische Zwänge besonders virulent sind (vgl. Hellmann 2006: 47). Dass diese Zwänge für den hier untersuchten Fall von besonders großer Bedeutung sind, lässt sich aufgrund der interventionskritischen Haltung beider Parteien in der rot-grünen Koalition feststellen, da sie an der Basis partiell pazifistische Strömungen aufweisen. So musste der damalige Bundeskanzler Schröder wie oben beschrieben, bereits in der Frage der Truppenentsendung nach Afghanistan 2001 den Widerstand seiner Parlamentsmehrheit mit der Stellung der Vertrauensfrage brechen. Beiden Parteien kann also eine Vetoposition zugeschrieben werden, die aufgrund einer tendenziell ablehnenden Haltung linker Parteien zu einem Einsatz im Irak als besonders maßgeblich zu bezeichnen ist.

Die parlamentarische Demokratie Großbritanniens hingegen ist durch das relative Mehrheitswahlrecht geprägt. Dadurch machen die zwei großen Parteien, *Labour Party* und *Conservative Party*, den Wahlsieg regelmäßig unter sich aus und stellen insoweit die Regierung ohne Koalitionspartner (vgl. Kaiser 2006: 181). Parteiinterne Gegner bergen aber ein beileibe nicht zu vernachlässigendes Vetopotential. In der Abstimmung zum Irak-Krieg bildete sich wie schon erwähnt im Unterhaus eine innerparteiliche Opposition von 139 Abgeordneten gegenüber dem wesentlich von Tony Blair selbst getragenen Antrag (vgl. Buller 2004: 206). Tony Blair konnte viele Abgeordnete seiner Partei nicht von seiner Position überzeugen: „Labour MPs [were] sharply divided over British support for US-led invasion of Iraq, as was demonstrated by the unprecedented parliamentary revolt in which 139 Labour MPs voted against their government." (Heffernan 2003: 131). Minister aus der Regierung sahen sich zum Rücktritt veranlasst, da sie die Position ihres Premierministers nicht vertreten konnten. Blair fuhr seine größte innerparteiliche Niederlage ein und konnte seine Entscheidung nur mithilfe von Stimmen aus der Opposition durchsetzen. Wäre Blair sich der Unterstützung der Opposition nicht bewusst gewesen, hätten seine parteiinternen Gegner also durchaus ihr Vetopotential genutzt und Blairs Irakpolitik scheitern lassen, was wiederum dessen Rücktritt bedeutet hätte.

Wir sehen damit in abstrakt-theoretischer Sicht, dass sich beide Regierungschefs über die sie stützenden Parlamentarier nicht hinwegsetzen können. Dennoch lässt sich aufgrund des unterschiedlichen Wahlrechts ein wichtiger Unterschied ausmachen: Im Gegensatz zum deutschen Bundeskanzler hat der britische Premier in der Regel keine Koalitionspartner zu beachten, derer Unterstützung er sich in formellen und informellen Entscheidungsprozessen stets vergewissern muss, um nicht Gefahr zu laufen, eine Parlamentsabstimmung oder gar seine Mehrheit im Parlament zu verlieren.

Zusammenfassende Bewertung der Zentralität von politischen Entscheidungsstrukturen in Großbritannien und in Deutschland

Vergleichen wir die politischen Systeme Deutschlands und Großbritanniens im Allgemeinen, so scheint die Realität unserer Eingangshypothese zu entsprechen. Deutschland weist eine höhere Dichte an Vetospielern auf, weshalb der deutsche Staat mancherorts gar als „semi-souveräner" Staat bezeichnet wird (vgl. Katzenstein 1987; Schmidt in Helms 2005: 192). Damit, so der Schluss, haben gesellschaftliche Gruppen weitaus mehr Anknüpfungspunkte, über welche sie ihr vorab postuliertes Interesse an Konfliktbewältigungen ohne militärische Mittel im politischen Prozess durchsetzen können.

Spielen im Allgemeinen das britische *House of Commons* und der Deutsche Bundestag in ihrem jeweiligen politischen System noch eine vergleichbar starke Rolle und lassen sich auch bei den beiden schwachen Staatsoberhäuptern keine gravierenden Einflussunterschiede festmachen, so wird doch bei der Betrachtung der weiteren potentiellen Vetospieler deutlich, dass Großbritannien über einen deutlich zentralistischeren Staatsaufbau verfügt. Der Bundeskanzler sieht sich aufgrund der föderalen Struktur Deutschlands mit einer starken, häufig oppositionell dominierten „zweiten Kammer" konfrontiert, die seinen Handlungsspielraum einengt. Indes kann das politisch weitgehend unbedeutende Oberhaus in Großbritannien dem Premier gegenüber keine Vetomacht entfalten. Zudem hat der britische Premier im Gegensatz zum deutschen Bundeskanzler das Veto einer Verfassungsgerichtsbarkeit nicht zu fürchten, da ein politisch dermaßen einflussreiches Gericht im britischen politischen System bislang nicht existiert. Schließlich muss sich der britische Premierminister aufgrund des Mehrheitswahlrechts und dementsprechenden Modi der Regierungsbildung auch innerhalb seines Kabinetts grundsätzlich nicht mit einem Koalitionspartner auseinandersetzen, wie es im bundesdeutschen System bislang – abgesehen von der Adenauer-Regierung zwischen 1957 und 1961 – stets der Fall war.

Damit bleibt festzuhalten, dass der deutsche Bundeskanzler zwar eine sehr mächtige Stellung hat, im Vergleich zu dem Machtpotential eines britischen Prime Minister ist er jedoch eindeutig mehr auf das Wohlwollen anderer Institutionen angewiesen. In der Irakkrise scheint das kriegsablehnende Verhalten des „semi-souveränen" Deutschlands aus der Perspektive des republikanischen Liberalismus demnach ebenso plausibel wie das kriegsbejahende Verhalten des zentralistischeren Großbritanniens.

Nun haben wir aber die Untersuchung der einzelnen Institutionen und Akteure über die Hauptthese des republikanischen Liberalismus hinaus erweitert und versucht, die Vetopunkte nicht nur im Allgemeinen, sondern auch in den außenpolitischen Entscheidungsstrukturen und speziell in der Frage der Truppenentsendung zu bestimmen. Und hier lässt sich im Falle des deutschen Regierungschefs eine größere Entscheidungsfreiheit feststellen als in innenpolitischen Fragen. So schließen Hellmann et al. (2007: 20) für Deutschland treffend: „Auf dem Feld der Außenpolitik können Staatsmänner nicht nur glänzen, sondern – nicht zuletzt wegen ihres größeren Informationsvorsprungs – auch freier schalten und walten als dies in der Innenpolitik üblich ist". Dies wiederum scheint die Aussagekraft des republikanischen Liberalismus in Fragen der Außen- und Sicherheitspolitik ein wenig einzuschränken. Für die Frage der Truppenentsendung lassen sich in beiden Ländern institutionell unterschiedliche Entscheidungsstrukturen feststellen. In Deutschland muss dem Beschluss der Truppenentsendung von Seiten des Parlaments zugestimmt werden, was das Parlament und die den Regierungschef stützende(n) Fraktion(en) zu relevanten Vetospielern macht. In Großbritannien dagegen hat der Premier *formal* das alleinige Recht zur Truppenentsendung. Aus politischen Gründen kann aber auch er *faktisch* nicht auf die Mehrheit des Parlaments verzichten. Folglich stellt das britische Unterhaus wie der Deutsche Bundestag für Fragen der Beteiligung an einem militärischen Konflikt den einzigen gewichtigen Gegenspieler dar. Die zweiten Kammern spielen je keine Rolle. Insoweit lassen sich in der für diesen Fall entscheidenden Frage in beiden politischen Systemen relativ ähnliche Entscheidungsmechanismen verorten.

Schränkt aber dieser Befund die Aussage der zu untersuchenden *Ausgangsthese, dass die Staaten sich nach außen am friedlichsten verhalten, wenn ein breiter gesellschaftlicher Zugang zu den politischen Entscheidungsstrukturen vorhanden ist,* wirklich ein?

Es ließe sich zwar argumentieren, dass sowohl in Großbritannien als auch in Deutschland in Kriegsfragen gesellschaftliche Einflüsse faktisch nur über das Parlament geltend gemacht werden können und somit kein Unterschied besteht. Ein anderer Schluss ist u.E. jedoch nahe liegender. So erscheint logisch, dass ein politisches System wie Deutschland, das für die allermeisten Entscheidungen äußerst fragmentierte Entscheidungsstrukturen besitzt und im Allgemeinen über eine ungemein hohe Dichte an Vetospielern verfügt, eine politische Kultur der Mitentscheidung hervorbringt, sodass Gegenstimmen auch dort, wo sie formell eigentlich keine Bedeutung haben, in vergleichsweise hohem Maß berücksichtigt werden. Dieser deutschen politischen Kultur einer *Konsensdemokratie* steht die der britischen *Mehrheitsdemokratie* gegenüber (vgl. Lijphart 1999). Mit der Hinzunahme von Praxis- und Kulturaspekten verlassen wir allerdings den Vetospieler-Ansatz im engeren Sinne und öffnen die Betrachtung für weitere Überlegungen aus der liberalistischen Tradition.

Politische Akteure als rationale Nutzenmaximierer: Die Wahlsituation

Die Unpopularität von Kriegsentscheidungen

Krieg zu führen ist in aller Regel unpopulär und Truppen in den Krieg zu entsenden für demokratische Regierungen, für welche die Rückbindung von Entscheidungen an die Bevölkerung von wesentlicher Bedeutung ist, deutlich schwieriger als in Autokratien, in denen die Bevölkerungsmehrheit systematisch von der politischen Mitbestimmung ausgeschlossen wird (vgl. Hasenclever 2006: 218). Diese Einschätzung entsteht nicht unter dem Eindruck der Massenproteste in Europa gegen den Irak-Krieg, sondern ist bereits Immanuel Kants Schrift „Zum Ewigen Frieden" aus dem Jahr 1795 zu entnehmen. Da die Soldaten als potentielle Opfer des Krieges der Mitte der Bevölkerung entstammen und sie zudem letztlich die Kosten der Kriege tragen, schließt Kant, dass, wenn „die Beistimmung der Staatsbürger dazu erfordert [würde], um zu beschließen, ob Krieg sein solle oder nicht, so [sei] nichts natürlicher, als dass […] sie sich sehr bedenken [würden], ein so schlimmes Spiel anzufangen" (Kant 1973: 127f.).

Übertragen auf die Sprache des *kommerziellen Liberalismus* bedeutet dieses Bewusstsein für die hohen Kosten von Kriegen, Sanktionen und anderen militärischen Zwangsmaßnahmen, die in den seltensten Fällen Nettogewinne für die Gesamtgesellschaft erwarten lassen, dass der ökonomische Anreiz in der Gesellschaft groß sei, dass Staaten sich nach außen kooperativ verhalten und auf Aggressionsstrategien verzichten (vgl. Schieder 2006: 189). In der repräsentativen, also indirekten Demokratie haben die Kant'schen Staatsbürger zwar nicht die Möglichkeit, ihre Zustimmung zu Militäraktionen via Volksbefragungen zu verweigern. Für politische Fragen, die derart weit reichen und oft das Nutzenkalkül übersteigende Wertaspekte umfassen, dürfte aber auch die Parlamentswahl als Transmissionsriemen hinreichen, um im Ernstfall am Ende der Legislaturperiode die Regierung für eine Nichtbeachtung ihrer Präferenzen „abzustrafen". Aus liberalistischer Sicht ist der Politiker als *homo oeconomicus* jedoch primär am Erhalt seiner Machtposition durch Wiederwahl interessiert: Je näher der Wahltermin liegt, desto eher wird er Stimmungslagen und öffentliche Meinungen berücksichtigen.

Es wird hier folglich argumentiert, *dass ein Abstrafen der Regierung umso wahrscheinlicher ist, je geringer die Zeitspanne zwischen der unpopulären Entscheidung und dem nächsten Urnengang.* Daher wird davon ausgegangen, *dass sich die an dem Machterhalt interessierten Politiker dem Zeitpunkt der nächsten Wahl entsprechend an demoskopischen Erkenntnissen orientieren.* Im vorliegenden Fall wird dementsprechend vermutet, dass in der britischen und deutschen Bevölkerung gleichermaßen eine geringe Kriegsbereitschaft bestand, diese jedoch unterschiedlichen Einfluss auf die Regierungsentscheidungen in der Irakfrage hatte, weil sich die Regierungen in unterschiedlichen Phasen im Wahlzyklus befanden.

Hierzu sind im Folgenden demoskopische Daten auszuwerten, welche die öffentliche Meinung zu einer möglichen Intervention im Irak in beiden Ländern illustrieren. Es wird dabei unterschieden zwischen Kriegsablehnung im Falle einer legitimierenden UN-Resolution und der Einstellung zum Krieg ohne jegliche Legitimation durch den Sicherheitsrat der Vereinten Nationen. Aufgrund der geschilderten konsensorientierten politischen Kultur in Deutschland lässt sich des Weiteren vermuten, dass die Legitimation von Eingriffen in die Souveränität des Iraks in Deutschland eine noch größere Rolle spielt als in der Mehrheitsdemokratie Großbritanniens.

Der Irak-Krieg als entscheidendes Thema des deutschen Wahlkampfes

Die Bundestagswahlen in Deutschland fanden am 22. September 2002 und somit inmitten der heißen Debatten um einen möglichen Irak-Krieg statt. Als Reaktion auf die Forderung nach einem militärisch erzwungenen Regimewechsel von US-Vizepräsident Richard Cheney vom 26. August 2002, vollzog Bundeskanzler Gerhard Schröder den Bruch mit der Bush-Administration, indem er jeglicher deutschen Beteiligung an einem Angriff auf den Irak – auch im Falle einer legitimierenden UN-Resolution – eine Absage erteilte. Damit war endlich das beherrschende Thema für den Wahlkampf gefunden (vgl. Staack 2004: 208). „Schröder, der im direkten Popularitätsvergleich mit dem Unionskandidaten Stoiber stets geführt hatte, konnte nun seine Wählerschaft auch inhaltlich mobilisieren und [...] Stimmen hinzugewinnen" (Staack 2004: 208). Beachten wir die demoskopischen Daten des „Deutschland-Trends", so trug Schröder mit dieser Entscheidung der Mehrheitsmeinung in der deutschen Bevölkerung Rechnung: So hatten sich bereits Anfang August 2002 62% der Befragten gegen jede Beteiligung an einem von den USA angeführten Krieg ausgesprochen und nur 6% eine Entsendung von Truppen in den Irak befürwortet. Im Wahlmonat sah dann eine deutliche Mehrheit von 79% der Befragten eine Intervention im Irak, sowohl mit als auch ohne eine Legitimation durch den Sicherheitsrat, als nicht gerechtfertigt an. Dass Schröder trotz der Kritik aus den USA auf seiner Position beharrte, hielten dann im Oktober 2002 69% der Deutschen für richtig[2].

Zu betonen ist daher, dass diese im Wahlkampf offenbar äußerst erfolgreiche Position Schröders mit einem bisherigen Grundprinzip deutscher Außenpolitik, nämlich dem Bemühen um die Bewältigung internationaler Konflikte durch die Vereinten Nationen, brach und seinen außenpolitischen Handlungsspielraum bemerkenswert einengte (vgl. Staack 2004: 209). Nach Hacke (2003: 8) verlor Deutschland durch diese Entscheidung jegliche außen- und sicherheitspolitischen Handlungsoptionen. Diese drastische Interpretation unterstellt, dass Deutschland in der Irak-Frage offensichtlich aufgrund nach innen gerichteter Machterhaltbestrebungen der Regierung eine außenpolitische Isolation riskierte. Dafür spricht

---

[2] Die Umfragedaten des „Deutschland Trend" lassen sich im Internet über das Archiv der Infratest dimap Gesellschaft für Trend- und Wahlforschung mbH abrufen. (http://www.infratest-dimap.de/? id=39 : 16.4.2007).

die Tatsache, dass der inmitten eines Wahlkampfes mit ungewissem Ausgang stehende Bundeskanzler Schröder die deutsche Position festlegte, ohne die finalen Ergebnisse der Waffeninspektionen im Irak abzuwarten. Folgt man dieser Lesart, so scheint das Verhalten Deutschlands in der Irakfrage das vom Liberalismus postulierte Primat der Innenpolitik (vgl. Hasenclever 2000: 157) zu bestätigen.

Die Nichtbeachtung der öffentlichen Meinung zur Irakfrage in Großbritannien

Tony Blair dagegen wurde erst kurz vor der Irakdebatte durch die Wahl vom Juni 2001 in seinem Amt als Regierungschef bestätigt. Zum Zeitpunkt der Debatte in der britischen Gesellschaft war also gerade einmal ein Fünftel seiner neuerlichen Amtszeit verstrichen[3]. Als unangefochtene Führungsfigur der Labour Party und starker Regierungschef mit einer der größten Mehrheiten im Unterhaus in der jüngeren Geschichte des britischen Parlamentarismus befand er sich auf einem Popularitäts- und Machthöhepunkt.

Die Befragungen der britischen Bevölkerung ergaben, dass im Zeitraum von Anfang Januar bis Ende Februar 2003 knapp die Hälfte der Briten eine Beteiligung britischer Truppen im Irak mit der Legitimation durch den Sicherheitsrat unterstützt hätte. Wurden die Briten allerdings zu ihrer Haltung gegenüber einer Intervention ohne ein explizites UN-Mandat befragt, dann fiel die Antwort sehr deutlich aus und erinnert an die deutschen Umfragewerte: 60 bis zu maximal 80% der Bevölkerung sprachen sich gegen eine Beteiligung britischer Truppen aus[4]. Dementsprechend führte es in den folgenden Monaten zu einem erheblichen Imageverlust der Regierung Blair, dass diese die Beteiligung am Irak-Krieg im britischen Parlament erfolgreich durchsetzen konnte. Im Gegensatz zur Situation in Deutschland hatte dies jedoch keinerlei unmittelbare Auswirkungen auf die parteipolitische Regierungszusammensetzung und wurde somit vom Regierungschef hingenommen.

---

[3] Die nächste Unterhauswahl musste somit spätestens im Juni 2006 stattfinden, wurde von Blair jedoch auf den 5.5.2005 terminiert, bei welcher er erneut im Amt bestätigt wurde. In Großbritannien kann die amtierende Regierung den Neuwahltermin auch vor Ende der Amtszeit ankündigen, was häufig nach vier Jahren geschieht – vor allem wenn eine positive Grundstimmung in der Bevölkerung einen Wahlerfolg wahrscheinlich macht.

[4] Die britischen Umfragedaten *Iraq and Terrorism* lassen sich im Internet über das Archiv des You-Gov plc Marktforschungsinstitut abrufen (http://www.yougov.com/archives/archivespolitical.asp?j ID=2&sID=2&rID=2&wID=0&uID: 16.4.2007).

Zwischenfazit: Wahlkampf als wichtige Determinante

Zusammenfassend lässt sich die Annahme, *dass die Abwahl einer Regierung umso wahrscheinlicher sei, je geringer die Zeitspanne zwischen einer unpopulären Entscheidung und dem nächsten Urnengang ist,* anhand des vorliegenden Fallbeispiels plausibilisieren. Der deutsche Bundeskanzler Gerhard Schröder nutzte die Gelegenheit zur Prägung eines einfach kommunizierbaren Wahlkampfthemas. Er folgte den demoskopischen Werten, die ihm eine große Mehrheit für die Ablehnung einer Beteiligung am Irak-Krieg in der deutschen Bevölkerung bescheinigten. Letztlich wurde er dafür mit einem neuen Mandat „belohnt". Tony Blair hingegen war gerade erst im Amt bestätigt worden und musste sich in diesem Moment nicht unbedingt nach der ebenfalls mehrheitlich kritischen Haltung der britischen Bevölkerung in der Irakfrage richten, um sein Amt zu behaupten. Sein Spielraum für unpopuläre Entscheidungen war damit zu diesem Zeitpunkt erheblich größer.

Bewertung der Aussagekraft des Liberalismus in der Fallstudie

Die in diesem Beitrag zunächst erfolgte vergleichende Analyse der politischen Systeme Deutschlands und Großbritanniens bezieht sich auf eine Theorievariante des Liberalismus, wonach sich demokratisch verfasste Staaten eher friedlich und kooperativ verhalten. Bezogen auf die Irakfrage sei *die Kriegsbereitschaft eines Landes demnach umso geringer, je breiter der Zugang gesellschaftlicher Gruppen zur politischen Macht ist.* Angesichts des unterschiedlichen Verhaltens Großbritanniens und Deutschlands wird ein deutlich höherer Grad an Zentralität im britischen System erwartet, was die in Kapitel 2 erfolgte allgemeine Analyse der Institutionen und ihrer Entscheidungsbefugnisse im Grundsatz bestätigt. Bei genauerer Betrachtung der außenpolitischen Entscheidungsstrukturen relativiert sich dieser Eindruck allerdings, da sich diese in Truppenentsendungsfragen aus politischen Gründen faktisch recht ähnlich gestalten. Die Verifizierung der ersten Hypothese verliert dadurch im Hinblick auf institutionelle Gegebenheiten etwas an Gewicht, jedoch argumentieren die Autoren, dass aufgrund der prägenden Kraft der allgemeinen Entscheidungsmechanismen die formalen Regelungen zu einzelnen Entscheidungen weniger ins Gewicht fallen. Folglich werden, auch wenn sich die Entscheidungsstrukturen bei der Einzelfrage der Beteiligung an einem militärischen Konflikt in beiden Ländern ähneln, in einer konsensdemokratischen politischen Kultur für gewöhnlich eine größere Anzahl von Meinungen und Akteuren in die Entscheidung einfließen als in einer von der Mehrheitsdemokratie geprägten Entscheidungskultur.

Die zweite Annahme des Beitrags bezieht sich auf Basiskonzepte des Neuen Liberalismus, insbesondere die Sicht des Politikers als eines vornehmlich am eigenen Machterhalt interessierten, seinen individuellen Nutzen maximierenden *homo oeconomicus.* Daraus leitet sich die These der Wahllogik ab: *Je näher die nächste Evaluation der Regierungsarbeit durch Wahlen rückt, desto wahrscheinlicher wird sich eine rational handelnde Regierung der öffentlichen Meinung anschließen, um ihre Macht nicht zu gefährden.* In Deutschland stellte sich die Frage des Bündnisses mit den USA im Irak-Krieg mitten im Wahlkampf und die öffentliche Meinung sprach sich mit großer Mehrheit gegen ein solches Bündnis aus. Der Hypothese entsprechend folgte die Regierung Schröder, die sich eine Stimmenmaximierung erhoffte, der öffentlichen Meinung und bezog frühzeitig eine Position, von welcher sie aufgrund der Umfragewerte annehmen konnte, dass sie von einer großen Mehrheit in der Bevölkerung geteilt werden würde. Auch der Befund zu Großbritannien unterstützt die Hypothese, da für die Blair-Regierung, die erst ein Jahr vor der Irakdebatte in ihrem Amt deutlich bestätigt worden war, Stimmenmaximierung von relativ geringerer Relevanz war. Sie konnte es sich leisten, gegen die breite Meinung der Öffentlichkeit zu handeln, ohne damit ihre Machtposition aufs Spiel zu setzen. Was die britische Regierung allerdings bewogen hat, *für* den Einsatz britischer Truppen im Irak zu votieren, ist damit freilich noch nicht erklärt.

Literatur

Benda, Ernst (1995): Deutsche Außenpolitik vor Gericht. In: Internationale Politik. 12/ 1995: 39-46.

Buller, Jim (2004): Foreign and European Policy. In: Ludlam, Steve / Smith, Martin J. (Hrsg.): Governing as New Labour. Policy and Politics under Blair. Houndsmills: Palgrave Macmillian. 193-210.

Burkhart, Simone (2004): Parteipolitikverflechtung: Eine Systematische Untersuchung über den Einfluss der Bundespolitik auf Landtagswahlentscheidungen von 1976 bis 2002. Discussion Paper. 04/1. Köln: Max-Planck-Institut für Gesellschaftsforschung.

Casper, Gerhard (2001): Die Karlsruher Republik. Festrede zur Feier des fünfzigjährigen Bestehens des Bundesverfassungsgerichts am 28.09.2001 in Karlsruhe. http://www. stanford.edu/group/gcasper_project/cgi-bin/files/papers/karlsruhe.pdf: 16.04.2007.

Dorey, Peter (2005): Policy Making in Britain. London: Sage Publications Ltd.

Downs, Anthony (1968): Ökonomische Theorie der Demokratie. Tübingen: Mohr.

Dunleavy, Patrick / Gamble, Andrew / Heffernan, Richard / Peele, Gillian (2003): Developments in British Politics. Houndsmills: Palgrave Macmillian.

Fischer, Thomas (2007): Bundesländer und Bundesrat. In: Schmidt, Siegmar / Hellmann, Gunther / Wolf, Reinhard (Hrsg.): Handbuch zur deutschen Außenpolitik. Wiesbaden: VS Verlag. 192-202.

Frey, Bruno S. (1976): Theorie und Empirie Politischer Konjunkturzyklen. In: Zeitschrift für Nationalökonomie. 36: 95-120.

Gamble, Andrew (2003): Remaking the Constitution. In: Dunleavy, Patrick / Gamble, Andrew / Heffernan, Richard / Peele, Gillian (Hrsg.): Developments in British Politics. Houndsmills: Palgrave Macmillian. 18-36.

Hacke, Christian (2003): Deutschland, Europa und der Irakkonflikt. In: Aus Politik und Zeitgeschichte. B 24-25/2003. 8-16.

Hasenclever, Andreas (2000): Die Macht der Moral in der internationalen Politik. Militärische Interventionen westlicher Staaten in Somalia, Ruanda und Bosnien- Herzegowina. Frankfurt: Campus.

Hasenclever, Andreas (2006): Liberale Ansätze zum „demokratischen Frieden". In: Schieder, Siegfried / Spindler, Manuela (Hrsg.): Theorien der Internationalen Beziehungen. 2. Aufl. Opladen & Farmington Hills: Verlag Barbara Budrich. 213-242.

Heffernan, Richard (2003): Political Parties and the Party System. In: Dunleavy, Patrick / Gamble, Andrew / Heffernan, Richard / Peele, Gillian (Hrsg.): Developments in British Politics. Houndsmills: Palgrave Macmillian. 119-138.

Heffernan, Richard / Webb, Paul (2005): The British Prime Minister: Much more than 'first among equals'. In: Poguntke, Thomas / Webb, Paul (Hrsg.): The Presidentialization of Politics: A Comparative Study of Modern Democracies. Oxford: Oxford University Press. 26-62.

Hellmann, Gunther (2006): Deutsche Außenpolitik. Eine Einführung. Wiesbaden: VS Verlag.

Hellmann, Gunther / Wolf, Reinhard / Schmidt, Siegmar (2007): Deutsche Außenpolitik in historischer und systematischer Perspektive. In: Schmidt, Siegmar / Hellmann, Gunther / Wolf, Reinhard: Handbuch zur deutschen Außenpolitik. Wiesbaden: VS Verlag. 192-202.

Helms, Ludger (2005): Regierungsorganisation und politische Führung in Deutschland. Wiesbaden: VS Verlag.

Hennecke, Hans Jörg (2003): Die dritte Republik – Aufbruch und Ernüchterung. München: Propyläen.

Hübner, Emil / Münch, Ursula (1999): Das politische System Großbritanniens. München: C.H. Beck.

Ismayr, Wolfgang (2007): Bundestag. In: Schmidt, Siegmar / Hellmann, Gunther / Wolf, Reinhard (Hrsg.): Handbuch zur deutschen Außenpolitik. Wiesbaden: VS Verlag. 175-191.

Jäger, Wolfgang / Link, Werner (1987): Republik im Wandel. Bd. 2: 1974-1982. Die Ära Schmidt. Stuttgart: DVA.

Jochum, Michael (2007): Bundespräsident. In: Schmidt, Siegmar / Hellmann, Gunther / Wolf, Reinhard (Hrsg.): Handbuch zur deutschen Außenpolitik. Wiesbaden: VS Verlag. 169-174.

Kaiser, André (2006): Parteien und Wahlen. In: Kastendiek, Hans / Sturm, Roland (Hrsg.): Länderbericht Großbritannien. Bonn: Bundeszentrale für politische Bildung. 181-204.

Kastendiek, Hans / Stinshoff, Richard (2006): Verfassungsdenken und Verfassungspolitik. In: Kastendiek, Hans / Sturm, Roland (Hrsg.): Länderbericht Großbritannien. Bonn: Bundeszentrale für politische Bildung. 118-136.

Katzenstein, Peter (1987): Policy and Politics in West-Germany – The Growth of a Semisovereign State. Philadelphia: Temple University Press.

Kant, Emanuel (1973): Kleinere Schriften zur Geschichtsphilosophie, Ethik und Politik. Hamburg: Felix Meiner Verlag.

Kennedy-Pipe, Caroline / Vickers, Rhiannon (2003): Britain in the International Arena. In: Dunleavy, Patrick / Gamble, Andrew / Heffernan, Richard / Peele, Gillian (Hrsg.): Developments in British Politics. Houndsmills: Palgrave Macmillian. 321-337.

Kirchhoff, Paul (2004): Das Parlament als Mitte der Demokratie. In: Brenner, Michael / Huber, Peter M. / Möstl, Markus (Hrsg.): Der Staat des Grundgesetzes – Kontinuität und Wandel. Tübingen: Mohr Siebeck. 237-262.

Kirsch, Guy (2004): Neue Politische Ökonomie. 5. Aufl. Stuttgart: Lucius & Lucius.

Korte, Karl-Rudolf / Fröhlich, Manuel (2004): Politik und Regieren in Deutschland. Paderborn: Ferdinand Schöningh Verlag.

Kropp, Sabine (2003): Regieren als informaler Prozess. Das Koalitionsmanagement der rot-grünen Bundesregierung. In: Aus Politik und Zeitgeschichte. B 43. 23-31.

Lehmbruch, Gerhard (2000): Parteienwettbewerb im Bundesstaat. Wiesbaden: Westdeutscher Verlag.

Lijphart, Arend (1999): Patterns of Democracy – Government Forms and Performance in Thirty-Six Democracies. New Haven & London: Yale University Press.

Lord Hailsham, Douglas Hogg (1978): The Dilemma of Democracy – Diagnoses and Prescription. London: Collins.

Miller, William L. / Myles Mackie (1973): The Electoral Cycle and the Asymmetry of Government and Opposition Popularity – An Alternative Model of the Relationship between Economic Conditions and Popularity. In: Political Studies. 21: 263-279.

Moravcsik, Andrew (1997): Taking Preferences Seriously: A Liberal Theory of International Politics. In: International Organisation. 51 (4): 513-553.

Moravcsik, Andrew (2003): Liberal International Relations Theory. A Scientific Assessment. In: Elman, Colin / Elman, Miriam F. (Hrsg.): Progress in International Relations Theory – Appraising the Field. Cambridge: MIT Press. 159-204.

Niclauß, Karlheinz (2004): Kanzlerdemokratie. Paderborn: Ferdinand Schöningh Verlag.

Page, Edward C. (2003): The Civil Servant as Legislator – Law Making in British Administration. In: Public Administration. 81 (4): 651-679.

Patzelt, Werner J. (2005): Die Bundesregierung. In: Gabriel, Oscar W. / Holtmann, Everhard (Hrsg.): Politisches System der Bundesrepublik Deutschland. München: Oldenbourg Verlag. 159-231.

Rudzio, Wolfgang (2005): Informelles Regieren. Zum Koalitionsmanagement in deutschen und österreichischen Regierungen. Wiesbaden: VS Verlag.

Säcker, Horst (2003): Das Bundesverfassungsgericht. bpb-Schriftenreihe Band 405, 6. Aufl. München: Bayerische Landeszentrale für politische Bildungsarbeit.

Schieder, Siegfried (2006): Neuer Liberalismus. In: Schieder, Siegfried / Spindler, Manuela (Hrsg.): Theorien der Internationalen Beziehungen. 2. Aufl. Opladen & Farmington Hills: Verlag Barbara Budrich. 213-242.

Schmidt, Manfred G. (2007): Das politische System Deutschlands. bpb-Schriftenreihe Band 600. München: Verlag C.H. Beck.

Staack, Michael (2004): Nein zur Hegemonialmacht. Deutschlands außenpolitische Entscheidungsprozesse im Irak-Konflikt. In: Staack, Michael / Voigt, Rüdiger (Hrsg.): Europa nach dem Irak-Krieg – Ende der transatlantischen Epoche? Baden-Baden: Nomos. 203-230.

Steffani, Winfried (1979): Parlamentarische und präsidentielle Demokratie – Strukturelle Aspekte westlicher Demokratien. Opladen: Westdeutscher Verlag.

Stimson, James A. (1976): Public Support for American Presidents – A Cyclical Model. In: Public Opinion Quarterly. 40: 1-21.

Sturm, Roland (2006): Staatsaufbau und politische Insitutionen. In: Kastendiek, Hans / Sturm, Roland (Hrsg.): Länderbericht Großbritannien. Bonn: Bundeszentrale für politische Bildung. 135-163.

Sturm, Roland / Heinrich Pehle (2006): Das neue deutsche Regierungssystem – Die Europäisierung von Institutionen, Entscheidungsprozessen und Politikfeldern in der Bundesrepublik Deutschland. Wiesbaden: VS Verlag.

Sturm, Roland (2009): Politik in Großbritannien. Wiesbaden: VS Verlag.

Tsebelis, George (1995): Decision Making in Political Systems: Veto Players in Presidentialism, Parliamentarism, Multicameralism and Multipartyism. In: British Journal of Political Science. 25 (3): 289-325.

Tsebelis, George (2002): Veto Players: How Political Institutions Work. Princeton: PUP.

Wheeler, Brian (2004): Curtains for Blair's 'sofa cabinet'?. BBC News Online. http://news.bbc.co.uk/2/hi/uk_news/politics/3895921.stm: 16.04.2007.

Winther, James K. (2003): British Bulldog or Bush's Poodle? – Anglo-American Relations and the Iraq War. Parameters On-Line. (http://www.carlisle.army.mil/usawc/Parameters/03winter/wither.htm: 16.04.2007

Wolfrum, Rüdiger (2007): Grundgesetz und Außenpolitik. In: Schmidt, Siegmar / Hellmann, Gunther / Wolf, Reinhard (Hrsg.): Handbuch zur deutschen Außenpolitik. Wiesbaden: VS Verlag. 157-168.

Die Beteiligung am Irak-Krieg – eine Frage von Normen und Identität?

Christin Friedrich & Daniel F. Schulz

Einleitung

Der Dritte Golfkrieg – apostrophiert als „Spaltpilz Europas" (Hacke 2003: 11) – leitete bereits lange vor seinem eigentlichen Beginn eine Krise der transatlantischen Beziehungen ein und ließ diese schwer beschädigt zurück. Seit den Terroranschlägen des 11. Septembers 2001 wurden die außenpolitischen Debatten auf internationaler Ebene von dem durch die USA ausgerufenen „Krieg gegen den Terror" dominiert. Die Mehrzahl der Mitglieder der internationalen Gemeinschaft zeigte sich unter dem Eindruck der Anschläge zunächst solidarisch mit den US-Amerikanern, so auch die Bundesrepublik Deutschland und Großbritannien. Schließlich beteiligten sich beide Länder im Rahmen der *International Security Assistance Force* (ISAF) auch an dem Feldzug in Afghanistan im November 2001, der die militärische Bekämpfung des internationalen Terrorismus einläutete.

Mit dem von den USA nach Abschluss des Afghanistan-Feldzuges immer offensiver formulierten Wunsch nach einer militärischen Intervention im Irak, um das Saddam Hussein-Regime zu stürzen, wurde das Bündnis vor eine Belastungsprobe gestellt. In der internationalen Gemeinschaft wurde fortan heftig darüber debattiert, ob man sich einer so genannten „Koalition der Willigen"[1] unter Führung der USA anschließen oder sich gegen eine Invasion im Irak stellen solle. Zwei Mitgliedsstaaten der Europäischen Union hatten sich bereits frühzeitig klar positioniert und so die Hoffnung auf ein einheitliches Handeln Europas im Keim erstickt: Großbritannien stellte sich auf die Seite der USA, während sich Deutschland kategorisch gegen eine mögliche Kriegsbeteiligung aussprach.

Die diametral entgegengesetzten Haltungen Deutschlands und Großbritanniens mögen unter Berücksichtigung des gemeinsamen Engagements im Afgha-

---

[1] Die „Koalition der Willigen" ist eine von den USA ausgerufene Bezeichnung für die Gemeinschaft der Staaten, die den Irak-Krieg politisch und militärisch unterstützten. Zum Zeitpunkt ihrer Gründung gehörten ihr 43 Nationen an. Für mehr Details zur „Koalition der Willigen" und zu ihrer Wirkung siehe Anderson et al. (2003).

nistan-Konflikt sowie des Strebens nach einer einheitlichen europäischen Lösung zunächst überraschen. Während die Auswirkungen dieser Entscheidungen eine breite Aufmerksamkeit erfuhren (vgl. Staack/Voigt 2004; Stahl 2007), ist die theoriegeleitete Beschäftigung mit der Frage nach den Gründen des unterschiedlichen Vorgehens dieser beiden Länder bislang kaum erfolgt.[2] In diesem Kapitel soll die Theorie des Konstruktivismus eine zusätzliche Perspektive auf das Phänomen eröffnen und dadurch weitere Aspekte, die andere Theorien der Internationalen Beziehungen möglicherweise unbeachtet lassen, zur Erklärung heranziehen.

Aus konstruktivistischer Sicht ist divergierendes außenpolitisches Verhalten von Staaten vor allem auf differente Ideen, Weltbilder und Normen zurückzuführen (vgl. Ulbert 2005: 19), auf deren Grundlage sich nationale Identitäten herausbilden. Diese wiederum sind die Basis für Interessen, welche im Prozess der Definition von Situationen gebildet werden (vgl. Wendt 1992: 398). Diesem Verständnis nach lässt sich das unterschiedliche Handeln Deutschlands und Großbritanniens in der Irakfrage zum einen durch unterschiedliche außenpolitische Normen erklären (1) und zum anderen durch eine unterschiedliche Interpretation des Sachverhalts (2), die zur Herausbildung divergenter nationaler Interessen führt, was folgende Abbildung veranschaulicht:

Abb. 1: Erklärungsansatz und Verortung der Annahmen

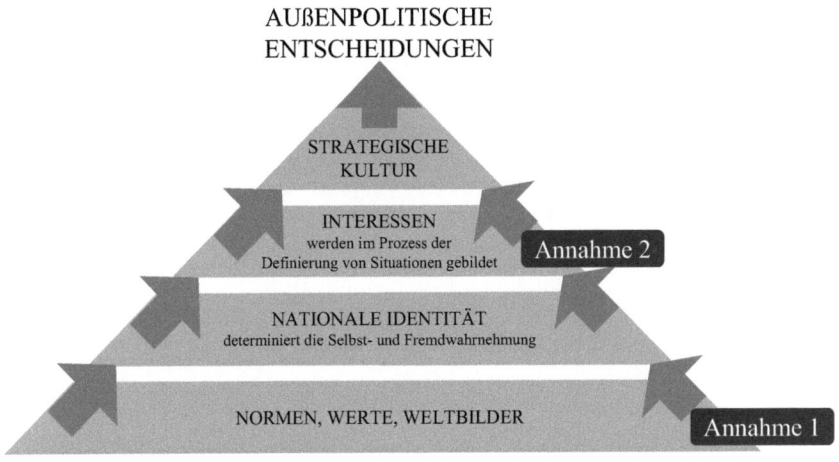

AUßENPOLITISCHE
ENTSCHEIDUNGEN

STRATEGISCHE
KULTUR

INTERESSEN
werden im Prozess der
Definierung von Situationen gebildet

Annahme 2

NATIONALE IDENTITÄT
determiniert die Selbst- und Fremdwahrnehmung

NORMEN, WERTE, WELTBILDER

Annahme 1

---

[2] Eine Ausnahme stellt hier die Magisterarbeit Jürgen Schusters (2004) dar, die jedoch in zwanzig Länderstudien das Verhalten beinahe sämtlicher europäischen Länder kurz skizziert und daher weniger auf die Differenzen zwischen Deutschland und Großbritannien in komparativer Perspektive eingeht.

Aus diesem Verständnis ergeben sich für die Untersuchung folgende Annahmen:

> *1. Die divergierenden Entscheidungen Deutschlands und Großbritanniens in der Irakfrage sind das Ergebnis differenter nationaler Identitäten, die auf unterschiedlichen Normen, Ideen und Weltbildern beruhen.*

Wie jede andere außenpolitische Entscheidung ist auch die Entscheidung eines regelgeleiteten Akteurs für oder gegen einen Kriegsbeitritt aus konstruktivistischer Sicht beeinflusst von den nationalen Ideen, Weltbildern und Normen, die sein Handeln strukturieren. In Teil 2 werden folglich unter Auswertung der wissenschaftlichen Fachliteratur zentrale Konzepte der nationalen Identitäten Deutschlands und Großbritanniens beschrieben und einer kritischen Bewertung zugeführt. Aus konstruktivistischer Perspektive stehen hierbei folgende Aspekte im Vordergrund:

- Selbstwahrnehmung: Welches Verständnis ihrer eigenen Rolle im internationalen System haben Deutschland und Großbritannien im Allgemeinen und bezüglich der Wahrnehmung militärischer Optionen im Besonderen?
- Fremdwahrnehmung: Wie grenzen sich diese Selbstwahrnehmungen von anderen Akteuren ab oder orientieren sich an ihnen? Und wie sind insbesondere ihre außenpolitischen Beziehungen zu den USA ausgestaltet?
- Historische Einbettung: Welche Positionen haben die beiden untersuchten Länder in der Vergangenheit zu militärischen Operationen eingenommen und wie wurden diese Positionen legitimiert? Welche Rolle haben antimilitaristische oder multilateralistische Argumentationslinien hierbei gespielt? Und ist hier in der historischen Entwicklung eine Konsistenz der Entscheidungsmuster zu verzeichnen, die das gegensätzliche Verhalten der Länder in der Irakfrage plausibilisieren kann?

Nachdem in Teil 2 das Verhalten der Nationen auf Basis von historisch gewachsenen Grundorientierungen in der deutschen und britischen Außenpolitik überprüft wird, steht in Teil 3 die spezifische Situation, in der die Entscheidungen für bzw. gegen einen Kriegsbeitritt der beiden Staaten erfolgten, im Mittelpunkt. Nach konstruktivistischer Sichtweise ist in diesem Fall die *Interpretation der Lage im Irak sowie der Legitimität einer Intervention* entscheidend. Hier lassen sich für die beiden betrachteten Staaten unterschiedliche Interpretationsmuster erwarten:

> 2. *Während Großbritannien den Einmarsch im Irak als „Krieg gegen den Terror" und somit als legitime Verteidigung westlicher Werte versteht, wird die Intervention von deutscher Seite als illegitimer Angriffskrieg interpretiert.*

Die wichtigsten Aspekte bei der Analyse dieser zweiten Annahme sind dabei aus Sicht der Autoren die Folgenden:

- Wie haben Deutschland und Großbritannien eine mögliche Kriegshandlung im Irak bezeichnet und auf welche Weise haben sie für ihre Position argumentiert?
- Haben sich diese Argumentationsmuster im Zeitverlauf gewandelt? Und wenn ja, wie?
- Wie wurden die Positionen der beiden Nationen von Dritten, insbesondere den USA, beurteilt?

Zentral bei der Bewertung von Situationen – der „Zuweisung intersubjektiver Bedeutungsgehalte" (Ulbert 2005: 11) – ist die Realitätskonstruktion durch Sprache (vgl. Harnisch 2002: 31). Nicholas Onuf verweist in diesem Zusammenhang auf die Bedeutung des Sprechaktes, durch den eine Handlungsempfehlung suggeriert und damit zur Regel wird (Onuf 1998: 66) – „saying is doing" (Onuf 1998: 59). Selbst- und Fremdbilder werden kreiert und im diskursiven Prozess verändert. Aus diesem Grund rücken verbale und mediale Kommunikationsprozesse in das Zentrum der Analyse dieser zweiten Annahme, was den Rückgriff auf diskursanalytische Verfahren unvermeidlich macht. Folglich beruht Teil 3 im Wesentlichen auf der Auswertung außenpolitischer Reden der Regierungen Deutschlands und Großbritanniens, die einen möglichen Einsatz von Streitkräften im Irak zum Gegenstand haben. Dieses Vorgehen ist der Annahme geschuldet, dass immaterielle, ideelle Strukturen wie Kultur oder Identität einerseits Akteurshandeln prägen, andererseits aber auch stets durch Akteurshandeln reproduziert werden, was zu einem erheblichen Teil in diskursiven Prozessen geschieht (vgl. Baumann 2005: 103f.). Während Teil 2 die nationalen außenpolitischen Grundorientierungen und Weltsichten fokussiert, die sich auch in den Wahrnehmungen und damit den Realitätskonstruktionen der dominanten außenpolitischen Eliten niederschlagen, so rückt Teil 3 in der Fallstudie Irak-Konflikt eben diese im Diskurs verbreiteten Realitätskonstruktionen in den Vordergrund, die wiederum ihrerseits den außenpolitischen Handlungsrahmen bestimmen.

Die strategischen Kulturen Großbritanniens und Deutschlands

Mit Beendigung des Zweiten Weltkrieges und der darauf folgenden Neuordnung der Welt standen Deutschland und Großbritannien sowohl innenpolitisch als auch außenpolitisch vor Herausforderungen, die unterschiedlicher kaum sein konnten. Es folgten Jahre und Jahrzehnte geprägt von Neuorientierung, mit dem Ziel, die jeweilige Rolle in dieser neuen Weltordnung zu finden. Es ist dabei plausibel anzunehmen, dass das nationale Rollenverständnis und die daraus resultierende Bewertung von außenpolitischen Fragen bestimmt sind von den Erfahrungen dieser historischen Ausgangssituation. Um das Handeln der britischen und deutschen Akteure in der Irak-Frage zu Beginn des 21. Jahrhunderts verstehen zu können, ist es demnach hilfreich, ihren Weg dorthin nachzuvollziehen. Aus diesem Grund müssen hier ihre durch die unterschiedlichen Voraussetzungen bedingten ungleichen Entwicklungen und die daraus entstehende unterschiedliche Einbettung in internationale Strukturen berücksichtigt werden. Denn nach konstruktivistischer Perspektive sind Erfahrungswerte nicht nur in spieltheoretischer Hinsicht, also bspw. bei der Einschätzung der Verlässlichkeit eines Partners, von Bedeutung. Vielmehr konstituieren die Erfahrungen zweier Staaten miteinander auch eine Form der Erinnerungsgemeinschaft und prägen somit das Selbst- und Fremdbild der Akteure. Werte und Normen haben sich im Laufe der Zeit als gemeinsames Band entwickelt und dabei auch die maßgeblich handelnden Akteure mit-sozialisiert (vgl. Ulbert 2005). Daher wird in der folgenden Untersuchung der *strategischen Kulturen* beider hier betrachteten Länder mittels eines historischen Abrisses versucht, diese in einen größeren geschichtlichen Zusammenhang zu stellen, um Kontinuitäten und Wandlungsprozesse aufzuzeigen.

Mit großer Symbolik aufgeladene, Komplexität reduzierende Typisierungen wie bspw. Bezeichnungen als Groß- oder Zivilmacht stehen dabei im Vordergrund, da sie in einer komplexen Sicherheitslandschaft nationale Positionierungen ermöglichen und zugleich in besonderem Maße beeinflussen (vgl. Siedschlag 2003: 93). Diese Typisierungen können dabei als Produkt einer bestimmten nationalen Identität gefasst werden, da sich in ihnen die wesentlichen handlungsleitenden Grundwerte einer Gesellschaft widerspiegeln. Auf außenpolitische Entscheidungsprozesse bezogen, wird diese mit nationaler Identität assoziierte Ansammlung von Ideen, Normen und Weltbildern bisweilen als *strategische Kultur* gefasst und als Erklärungsvariable außenpolitischen Handelns herangezogen (vgl. Dalgaard-Nielsen 2005; Gaffney 2004: 248; Szabo 2004: 137). Der auf Jefferson, Wendt und Katzenstein (1997: 56) zurückgehende Begriff beschreibt Kultur als die Gesamtheit der Bewertungsmaßstäbe (wie Werte und Normen) und Interpretationsmuster bezüglich der Fragen, welche Einheiten und Akteure in einem System existieren und wie diese agieren und interagieren. Es handelt sich demnach bei Kultur um „immaterielle, ideelle Strukturen, die einerseits Akteurshandeln prägen, andererseits aber auch stets durch Akteurshandeln reproduziert werden" (Baumann 2005: 103).

Während die Befürworter solcher kultureller Erklärungsansätze betonen, dass über die Einbeziehung ideeller Faktoren die außenpolitische Analyse flexibler würde und die Existenz sehr unterschiedlicher außenpolitischer Diskurse sowie deren Wirkungen auf die nationalen und internationalen Machtverhältnisse berücksichtigt werden könnten (vgl. Müller 2004: 9), sieht sich ein derartiges Vorgehen auch immer wieder der Kritik ausgesetzt. So läuft ein Erklärungsansatz, der bestimmte Werte in den Vordergrund der Analyse stellt, stets Gefahr, Ereignisse im Lichte dieser Werte zu interpretieren und wichtige andere Faktoren unbeachtet zu lassen. Zudem können gesellschaftliche Werte aufgrund ihres von Natur aus langlebigen Charakters bei der Erklärung von plötzlichem Wandel vor größere Probleme gestellt werden (vgl. Stahl 2006: 3). Ein weiteres Problem kann entstehen, wenn in einer Situation zwei Werte – etwa ein grundsätzliches Bekenntnis zum Multilateralismus und die strikte Ablehnung von präventiven militärischen Aktionen – in einen Konflikt geraten. Kaarbo und Lantis (2003: 205) merken daher an, dass in solchen Situationen kulturbasierte Erklärungsansätze nicht exakt bestimmen können, wann ein bestimmter Wert über den anderen die Oberhand gewinnt oder wann ein weiterer Wert in den nationalen Diskurs eintritt und diesen verändert.

Um diesen Hinweisen auf die Beschränkungen und Probleme des Ansatzes zu begegnen, ist es von großer Bedeutung die *strategische Kultur* der hier betrachteten Nationen einerseits breit zu fassen, andererseits aber auch auf greifbare Aspekte herunterzubrechen. Darüber hinaus darf die Fokussierung auf die oben beschriebenen vereinfachenden Typisierungen wie etwa den Zivilmachtsbegriff nicht die möglicherweise darin enthaltenen Widersprüche verschiedener Werthaltungen missachten. In Anlehnung an die dänische Politikwissenschaftlerin Anja Dalgaard-Nielsen wird der Begriff der *strategischen Kultur* im Folgenden als Komposition dreier wesentlicher Faktoren verstanden: Die *Selbstwahrnehmung* bzw. das eigene Rollenverständnis eines Landes, die generalisierte *Wahrnehmung des Anderen* sowie die national vorherrschenden *Überzeugungen, welche außenpolitischen Mittel als wirksam und als legitim zu erachten sind* (vgl. Dalgaard-Nielsen 2005: 342).

Neben den nationalen Vorstellungen über die eigene Rolle im internationalen System und den damit einhergehenden Rechten und Pflichten, neben den Grundsätzen des außenpolitischen Vorgehens (multilateral-konsensorientiert oder unilateral-interessenorientiert) und der Frage, welche Mittel als legitime Instrumente außenpolitischen Handelns gesehen werden, muss diese Herangehensweise also auch die außenpolitischen Beziehungen einer Nation in die Analyse mit einbeziehen. Denn da sich Außenpolitik naturgemäß nie im Vakuum sondern im Zusammenspiel mit zahlreichen anderen Akteuren abspielt, wirkt die Orientierung an bzw. Abgrenzung von dem jeweiligen Gegenüber als bedeutsamer Referenzpunkt des eigenen Handelns. Im vorliegenden Fall fließen angesichts der großen Bedeutung der transatlantischen Beziehungen in der Irakfrage vor allem die speziellen Partnerschaften, die sowohl Deutschland als auch Großbritannien mit den USA verbinden, als zentraler Faktor in die Analyse ein. Die Verbindungen der beiden betrachteten Länder zu weiteren Staaten und Institutionen werden dagegen nur vereinzelt behandelt, wenn sie die widersprüchlichen Handlungen der betrachteten Akteure im Irak-Konflikt nachvollziehbarer machen können.

Die strategische Kultur Deutschlands: Zwischen Zivilmachtsanspruch und steigenden Erwartungen der Partner

Aus konstruktivistischer Sicht ist die *strategische Kultur* eines Landes stets durch die jeweiligen Lehren der Geschichte geprägt, was für die Bundesrepublik Deutschland wohl in besonderem Maße zutrifft. So kann Deutschlands außenpolitische Identität kaum ohne die Erfahrungen des Zweiten Weltkrieges und die daraus hervorgehende besondere Entwicklung des nationalen Rollenverständnisses im internationalen System verstanden werden. Nach der Befreiung von der Nazidiktatur durch die Alliierten musste sich Deutschland das Vertrauen der Weltgemeinschaft erst langsam wieder erarbeiten und entwickelte – traumatisiert von den Schrecken des Krieges – eine besondere politische Kultur, eine „Kultur der Zurückhaltung" (Hellmann 2002: 323). In das außenpolitische Handeln übersetzte sich diese Zurückhaltung einerseits durch einen auch nach dem Wiederaufbau einer nationalen Armee vorherrschenden Antimilitarismus[3] (vgl. Berger 1996: 186; Duffield 1998; 1999) und andererseits durch eine starke Betonung des Multilateralismus, d.h. der kooperativen Koordinierung von nationalen Politiken durch drei oder mehr Staaten (vgl. Keohane 1990: 731). Und auch aufgrund der in den Nachkriegsjahren erfolgten Abgabe von nationaler Souveränität und der Einbindung in multinationale Organisationen zur Wahrung eines anhaltenden internationalen Friedens wird das Deutschland der zweiten Hälfte des 20. Jahrhunderts als Prototyp einer „Zivilmacht" beschrieben (vgl. u.a. Maull 2007; Haftendorn 2001).

---

[3] Antimilitarismus ist dabei nicht gleichzusetzen mit Pazifismus, sondern steht für die Bevorzugung diplomatischer Mittel. Gewalt soll nur als letztes Mittel angewendet werden, wenn keine Möglichkeit zur friedlichen Konfliktbewältigung mehr besteht.

Die Verwendung des – für die deutsche Außenpolitikanalyse maßgeblich im Rahmen des Trierer DFG-Projektes (Deutsche Forschungsgemeinschaft) „Zivil-mächte" vorangetriebenen – Rollenkonzeptes der Zivilmacht in der wissen-schaftlichen Analyse ist meta-theoretisch als konstruktivistisch einzuschätzen, weil es Außenpolitik als Ergebnis sozialer Konstrukte der Wirklichkeit be-schreibt (vgl. Kirste/Maull 1996). Hier wird das außenpolitische Selbstverständ-nis der Entscheidungsträger, Eliten und Bevölkerung eines Landes auf der Grundlage einer Auswertung von außenpolitischen Grundsatz-Dokumenten und Reden, Interviews und Umfragedaten empirisch erhoben (vgl. Maull 2007: 74). Der Zivilmachtscharakter einer Nation kann dabei nach Risse (2004: 26) an folgenden Indikatoren gemessen werden:

- Die Förderung gewaltfreier Mittel zur Konfliktlösung und die Bemühung, den Einsatz von Gewalt zur Lösung politischer Konflikte innerhalb von und zwischen Staaten zu minimieren,
- die Stärkung des Völkerrechts und multilateraler internationaler Institutio-nen sowie die Bereitschaft zur Übertragung von Souveränitätsrechten auf internationale Organisationen,
- die Förderung der Demokratisierung der internationalen Beziehungen.

Daraus folgt, dass eine Zivilmacht, d.h. eine internationale Macht, die ihr außen-politisches Handeln an internationalen Regeln ausrichtet und kooperative Prob-lemlösungen anstrebt, nicht zwangsläufig im Widerspruch zu einem Einsatz militärischer Mittel steht. Eine Zivilmacht kann zu Selbstverteidigungszwecken ebenso wie zur Erreichung gemeinschaftlicher Ziele militärische Macht einset-zen. Sie verfolgt jedoch zu keiner Zeit unilaterale militärische Optionen (vgl. Forsberg 2005: 215f.). Diese oben skizzierten Grundorientierungen sind – vor und nach der Wiedervereinigung – fester Bestandteil der außenpolitischen Kultur der Bundesrepublik Deutschland und somit gleichermaßen im Bewusstsein von Entscheidungsträgern, Eliten und Bevölkerung verankert. Dies ist maßgeblich auf die normativen Vorgaben des Grundgesetzes zurückzuführen, wie etwa dem Verbot von Angriffskriegen (Art. 26 GG), der Verpflichtung auf die europäische Integration (Art. 23 Abs. 1 GG) und Systeme kollektiver Sicherheit (Art. 24 Abs. 2 u. 3 GG) sowie der Orientierung der deutschen Außenpolitik am Völkerrecht (Art. 25 GG). Darüber hinaus sind diese Werte gleichermaßen Begründung und Konsequenz der völkerrechtlichen und institutionellen Bindungen, denen sich bereits die Bonner Republik in mehrerer Hinsicht selbst unterworfen hat (vgl. Haftendorn 2001).

Die deutsche Außenpolitik wird folglich gemeinhin als multilateral, Institutionen-loyal und eine Krieg ablehnende Ideologie der Einbindung verfolgend beschrieben, was auch dem eigenen Selbstverständnis als Zivilmacht entspricht. Deutschland steht damit für ein Europa, das sich heute in Abgrenzung zu den USA als „Wahrer der Prinzipien des Völkerrechts und einer internationalen Ordnung [versteht], die mit der Vision einer auf Gewaltverzicht, gemeinsamen Regeln, Kompromissorientierung und Dialog basierenden internationalen Politik kompatibel ist" (Mayer et al. 2003: 11). Diese Vision – so das Selbstverständnis – versucht Deutschland durch eine maßvolle, auf Ausgleich und Kooperation setzende, also eine zivile und zivilisierende Außenpolitik zu fördern (Mayer et al. 2003: 11).

Im Gegensatz zu Schlagworten wie Multilateralismus, Pazifismus oder Antiamerikanismus umfasst das Zivilmachtskonzept also mehrere Dimensionen außenpolitischer Entscheidungen. Weil das Konzept im Laufe der 1990er Jahre nicht nur als empirisch-analytisches Konzept zur wissenschaftlichen Beschreibung und Erklärung der Außenpolitik der Bundesrepublik sondern auch als normative Orientierungsvorgabe Eingang in die deutsche Außenpolitik fand (vgl. Maull 2007: 74) und ihm daher ein direkter Einfluss auf außenpolitische Entscheidungen unterstellt werden kann, wird es in der folgenden Analyse im Mittelpunkt stehen. Allerdings darf ein solches Vorgehen nicht verkennen, dass ein solches Konzept als Bestandteil der nationalen Identität eines Landes zwar konstitutiv für außenpolitische Entscheidungen sein kann, weil es die Wahrnehmung außenpolitischer Probleme steuert, es dabei aber dennoch eher als Handlungsrahmen wirkt und somit nicht in jede Einzelentscheidung übersetzt werden kann. Je größer jedoch der nationale Konsens bezüglich der nationalen Identität ist, desto stärker dürfte der Rückbezug auf diese bei außenpolitischen Entscheidungen sein (vgl. Risse 2007: 52).

Es kann allerdings nicht ohne Weiteres immer von einem umfassenden nationalen Konsens ausgegangen werden, weshalb die Orientierung am Zivilmachtskonzept als Handlungsrahmen deutscher Außenpolitik nicht die innerhalb dieses Konzeptes ausgetragenen politischen Auseinandersetzungen außer Acht lassen darf. In Anlehnung an Dalgaard-Nielsen (2005) wird in diesem Beitrag vielmehr von zwei konkurrierenden politischen Denkschulen in Deutschland ausgegangen, die im Zeitverlauf um die Interpretation des Zivilmachtskonzepts als normative Orientierungsvorgabe wichtige Auseinandersetzungen geführt haben. Darüber hinaus kann das Zivilmachtskonzept nicht als unveränderliche Ansammlung von außenpolitischen Grundwerten verstanden werden, sondern hat im Zuge sich wandelnder Rahmenbedingungen insbesondere nach der deutschen Wiedervereinigung bedeutsame Modifizierungen erlebt, welche im folgenden historischen Abriss kurz skizziert werden. Hierbei steht die Frage im

Vordergrund, ob die generalisierende Charakterisierung einer antimilitaristischen politisch-militärischen Kultur Deutschlands (vgl. Berger 1998), die dem Zivil-machtkonzept innewohnt und nach konstruktivistischer Lesart gleichermaßen die nationale sicherheitspolitische Wirklichkeitskonstruktion und das Handlungsre-pertoire bestimmt, tatsächlich noch immer zutrifft.

Kontinuität und Wandel in der deutschen Außenpolitik vom Wiederaufbau bis zum Kosovo-Krieg

Die vernichtende Niederlage Hitler-Deutschlands im Zweiten Weltkrieg wird im Allgemeinen als wesentlicher Grund für die besondere Entwicklung der außen-politischen Grundorientierungen der Bundesrepublik genannt (Katzenstein 2003). Jedoch lassen sich bereits in der Zeit des Wiederaufbaus zwei verschiede-ne Denkschulen innerhalb der deutschen Politik identifizieren, die durchaus unterschiedliche Lehren aus den Erfahrungen des Krieges zogen (vgl. Longhurst 2004: 25). Die politische Linke sah in ungebremstem Nationalismus, preußi-schem Autoritätsglauben und kapitalistischem Materialismus, vor allem aber in exzessivem Militarismus die Hauptursachen der Katastrophe des Dritten Rei-ches. Das Hauptargument dieser weit verbreiteten Strömung war in den Folge-jahren, dass Deutschland aufgrund seiner Geschichte eine besondere Verantwor-tung für den internationalen Frieden und friedliche Konfliktbewältigungen trage. Diese Denkschule lässt sich somit mit dem antimilitaristischen Credo „Nie wie-der Krieg!" zusammenfassen (vgl. Dalgaard-Nielsen 2005: 344). Auf Seiten der Mitte-Rechts-Parteien wurden hingegen andere Lehren aus dem Kriegstrauma gezogen. Der erste Bundeskanzler Konrad Adenauer sah in der Einbindung in eine westlich-demokratische Staatengemeinschaft den besten Weg, eine Wieder-holung der auf ungebremstem, aggressivem Nationalismus beruhenden Katastro-phe zu vermeiden. In der Konsequenz setzte Deutschland unter Konrad Adenau-er auf die konsequente Eingliederung der Bundesrepublik in westeuropäische und atlantische Institutionen und den Verzicht auf Souveränität im Bereich der Sicherheitspolitik (vgl. Schöllgen 2004a: 16; Schöllgen 2004b) – auch, um verlo-ren gegangenes Vertrauen zurück zu gewinnen und damit den deutschen Hand-lungsspielraum, etwa für die Wiederbewaffnung, zu vergrößern. Mit dem Leit-spruch „Nie wieder alleine!" (Dalgaard-Nielsen 2005: 344) lässt sich die Grund-orientierung dieser Denkschule treffend zusammenfassen. Der Aufstieg von Multilateralismus („Nie wieder alleine!") und Pazifismus („Nie wieder Krieg!") zu Grundwerten deutscher Außenpolitik lässt sich folglich bereits in den Grün-dungsjahren der Bundesrepublik verorten.

Infolgedessen war die Außenpolitik im geteilten Deutschland der 1950er Jahre bis zur Wiedervereinigung von einer Westbindung und der Überwindung des Nationalismus durch Integration und Souveränitätsverzicht geprägt (vgl. Maull 2007: 76). Doch auch die Skepsis gegenüber militärischen Mitteln im Außenverhalten der Bundesrepublik entsprach der Auffassung großer gesellschaftlicher Gruppen, sodass das Regierungshandeln zumeist beiden Denkschulen Rechnung trug. Trotz kleinerer und größerer politischer Auseinandersetzungen über die Priorisierung dieser beiden Grundorientierungen[4], entsprachen die meisten außenpolitischen Entscheidungen auch zu Zeiten des Kalten Krieges sowohl dem Drang nach verstärkter Zusammenarbeit mit internationalen Partnern als auch dem Verlangen nach einer grundsätzlich defensiv ausgerichteten Rolle der Bundeswehr, die auf die Verteidigung Deutschlands und des NATO-Raums begrenzt blieb (vgl. Dalgaard-Nielsen 2005: 344).

Mit dem Fall des Eisernen Vorhangs und der Wiedervereinigung 1990 veränderte sich diese Grundprägung der deutschen Außenpolitik ebenso wie die internationalen Rahmenbedingungen. Die Bundesrepublik erlangte völkerrechtlich ihre volle staatliche Souveränität zurück, wodurch ihr neue Rechte erwuchsen (vgl. Küsters 2005). Der außenpolitische Handlungsspielraum Deutschlands wurde massiv erweitert (Risse 2004: 26). Dennoch zeigte sich recht schnell, dass diese Rechte nicht ohne gewisse Pflichten zu haben waren, die mit einer wachsenden Bedeutung im internationalen System einhergehen. Denn bereits im Golfkrieg 1991 wurde die Bundesrepublik von ihren Verbündeten aufgrund ihrer Weigerung bezüglich einer aktiven Beteiligung an den Militäroperationen kritisiert (vgl. Maull 2007: 79). Darüber hinaus führten die Krise in Somalia 1993 und der Bürgerkrieg in Jugoslawien (1991-1995) den Deutschen schmerzhaft vor Augen, dass unbewaffnete, rein diplomatische Mittel nicht immer ausreichten, um Krisen zu bewältigen und die Leben zahlreicher Zivilisten zu schützen. Unter Verteidigungsminister Volker Rühe verfolgte die deutsche Außenpolitik daher das Ziel einer graduellen Ausweitung deutscher Beteiligungen an Missionen zur internationalen Friedenserhaltung und Friedenserzwingung, welche mit der deutschen Beteiligung an der UN-Mission in Kambodscha 1992 ihren Anfang nahm (vgl. Maull 2007: 79). Die Frage nach der Legitimität des Einsatzes militärischer Mittel außerhalb der eigenen bzw. der NATO-Grenzen blieb jedoch nach wie vor Gegenstand harter politischer Auseinandersetzungen, was im Jahre 1994 zu einem bedeutsamen Urteil des Bundesverfassungsgerichtes führte: Die Verfassungskonformität von Bundeswehr-Einsätzen in UN-Friedensmissionen und multilateralen Kampfeinsätzen wurde von Karlsruhe bestätigt, sofern eine dementsprechende Entscheidung des deutschen Bundestages vorliege (BVerfG 90, 286).

---

[4] Beispielhaft genannt seien hier etwa die vehementen Proteste gegen die Stationierung von 9 Pershing II-Raketen der NATO im Hunsrück 1983.

Diese entscheidende Weichenstellung innerhalb Deutschlands für eine aktivere Nutzung militärischer Mittel in der Außenpolitik wurde bald durch einen externen Faktor verstärkt. Der Schock des Völkermordes an bosnischen Muslimen in der UN-Schutzzone Srebrenica im Sommer 1995 sorgte auch in Deutschland für ein Umdenken bei der Bewertung der Legitimität militärischer Mittel. Auch innerhalb ehemals pazifistischer Lager wurde Deutschlands besondere historische Verantwortung nun häufig nicht mehr darin gesehen, Militärgewalt kategorisch abzulehnen, sondern vielmehr darin, Aggressionen wie die „ethnischen Säuberungen" im ehemaligen Jugoslawien zu verhindern. Oder anders formuliert: Während „Nie wieder alleine!" auch nach der Wiedervereinigung unbestritten eine Grundorientierung der deutschen Außenpolitik blieb, wurde das Credo „Nie wieder Krieg!" im Zeitverlauf sukzessive von „Nie wieder Auschwitz!" verdrängt (vgl. Dalgaard-Nielsen 2005: 347f.). Unter diesem Leitmotiv wurde das deutsche Engagement gegen Menschenrechtsverletzungen in Krisenregionen in der Folge weiter ausgebaut – ein Trend, der auch nach dem Regierungswechsel 1998 anhielt. So wurde der Schritt zu einer aktiven Beteiligung an einer militärischen Aktion außerhalb der NATO bemerkenswerterweise von der Rot-Grünen Regierung unter Bundeskanzler Gerhard Schröder vollzogen. Mit dem Einsatz deutscher Kampfflugzeuge im Kosovo sorgten also ausgerechnet Akteure desjenigen politischen Lagers für den ersten Kampfeinsatz von Bundeswehrsoldaten, das in den Dekaden zuvor mit Pazifismus bzw. „Nie wieder Krieg!" assoziiert worden war.

Wie lassen sich nun diese Entwicklungen in der deutschen Außenpolitik im Vorfeld der sicherheitspolitischen Zäsur des 11. Septembers 2001 deuten? Während manche Autoren die Beteiligung der Bundeswehr an den NATO-Kampfeinsätzen im Kosovo als faktische Fortführung der außenpolitischen Kontinuitätslinien unter veränderten Vorzeichen interpretieren (vgl. Maull 2007: 80), stellen andere Analysen wichtige Veränderungen in den Mittelpunkt. So stellt Rainer Baumann in seiner Auswertung von außenpolitischen Reden der deutschen Bundesregierungen von 1989 und 1999 einen Bedeutungswandel des Begriffes „Verantwortung" fest: Wurde noch zu Zeiten der Wiedervereinigung mit Verweis auf die historische Verantwortung Deutschlands zur Zurückhaltung in militärischen Fragen gemahnt, so wurde ‚Verantwortung übernehmen' zur Jahrtausendwende „gleichbedeutend verwendet mit ‚Einfluss ausüben' oder ‚an militärischen Einsätzen teilnehmen'" (Baumann 2005: 118). Diese bedeutsame Verschiebung ist jedoch keineswegs als Abgesang auf das Selbstverständnis Deutschlands als Zivilmacht zu verstehen. Vielmehr empfiehlt es sich hier, zwischen Mitteln und Zielen von Deutschlands Außenpolitik zu differenzieren. Denn während gerade der Einsatz der Bundeswehr im Kosovo zeigte, dass es

„bei der Mittelwahl zum Teil beträchtliche Veränderungen in der deutschen Außenpolitik gegeben hat, dominiert bei den außenpolitischen Zielen die Kontinuität. Die
Bundesrepublik betreibt nach wie vor eine an internationaler Kooperation, Multilateralismus und friedlicher Konfliktbeilegung orientierte Außenpolitik einer Zivilmacht" (Risse 2004: 24).

Dieser Grundkonsens bleibt auch über die deutsche Wiedervereinigung hinaus
stabil, was demoskopische Daten und Analysen der außenpolitischen Einstellungen in der deutschen Bevölkerung belegen (vgl. Piel 1998).

Die transatlantischen Beziehungen – Gemeinsamkeiten und Unterschiede

Mit den durch *9/11* maßgeblich forcierten weltpolitischen Veränderungen wurde
Deutschlands generell auf multilaterale und friedliche Konfliktlösung abzielende
Außenpolitik jedoch vor eine neue Herausforderung gestellt. Im „Krieg gegen
den Terror" stellte mit den USA einer von Deutschlands engsten Verbündeten
Anforderungen an die Nation, die als unvereinbar mit den normativen Grundorientierungen des Zivilmachts-Konzeptes erscheinen (vgl. Rudolf 2005a). Die
deutsche Bundesregierung sah sich in der Irakfrage folglich in einem Konflikt
zwischen Leitmotiven der eigenen Außenpolitik und den Erwartungen seines
transatlantischen Partners. Deshalb werden in diesem Beitrag die deutsch-
amerikanischen Beziehungen nach dem deutschen Selbstbild als zweite entscheidende Determinante des deutschen Verhaltens in der Irakfrage gesehen und
in der Folge genauer betrachtet.

Ist bezüglich des Irak-Krieges von den deutsch-amerikanischen Beziehun-
gen die Rede, fällt häufig das Schlagwort des deutschen „Antiamerikanismus".
Es ist mit Sicherheit richtig, dass die transatlantischen Beziehungen spätestens ab
September 2002 eine tiefe Krise durchliefen[5] und der Antiamerikanismus „in
Europa so populär [war] wie seit Jahrzehnten nicht mehr" (Frankenberger 2002).
Es darf jedoch nicht vergessen werden, dass die Krise der transatlantischen Beziehungen oder der steigende Antiamerikanismus in der deutschen Außenpolitik
erst nach dem Konflikt der beiden Staaten beschrieben wird, dessen Entstehung
es hier zu plausibilisieren gilt (vgl. Murphy/Johnson 2004). So beschreiben auch

---

[5] Diese Krise wurde spätestens nach dem Vergleich des US-Präsidenten George W. Bush mit Adolf
Hitler in Bezug auf die politische Strategie der Ablenkung von innenpolitischen Problemen mittels
militärischer Schläge nach außen durch die damalige deutsche Justizministerin Hertha Däubler-
Gmelin offensichtlich. Da Bundeskanzler Schröder seine Justizministerin daraufhin nicht sofort
entließ, sondern ihre Äußerungen als Missverständnis bezeichnete, verschlechterte sich das Verhältnis der politischen Eliten beider Länder zusehends, sodass die Nationale Sicherheitsberaterin der
USA Condoleezza Rice die deutsch-amerikanischen Beziehungen Mitte September 2002 als vergiftet
bezeichnete (vgl. Forsberg 2005: 219).

Max Otte und Jürgen Greve bei ihrer Analyse der deutschen Außenpolitik zwischen 1989 und 1999, dass Deutschland unter Bundeskanzler Schröder zunächst eine noch größere Bereitschaft gezeigt hatte, seine Solidarität gegenüber den Vereinigten Staaten zu demonstrieren, als zuvor unter der Regierung Kohl (vgl. Otte/Greve 2000: 18). Folglich kann der Antiamerikanismus, den viele als Folge der Irak-Krise beschreiben, nicht als Erklärungsfaktor für ebendiese herangezogen werden. Historisch gesehen ist sogar vielmehr von einem starken Bündnis zwischen dem Deutschland der Nachkriegszeit und seiner ehemaligen Besatzermacht zu sprechen, da die neu gegründete Bundesrepublik beim Wiederaufbau von den USA finanziell und personell in derartigem Ausmaß unterstützt wurde, dass diese bisweilen sogar als „Geburtshelfer" der deutschen Demokratie bezeichnet wird (vgl. von Bredow 2006: 115ff.). Aus dieser besonderen Beziehung resultierten zum einen enge wirtschaftliche Beziehungen, zum anderen aber auch eine enge Zusammenarbeit in sicherheitspolitischen Belangen, die während des Kalten Krieges aufgrund der strategisch bedeutenden Position Deutschlands im Herzen des Ost-West-Konflikts auch für die USA von großer Bedeutung war. Somit kann aus Sicht der Autoren von einem traditionellen, tief im deutschen Bewusstsein verankerten Antiamerikanismus nicht die Rede sein, sodass auch die sich radikal verschlechternden Umfragewerte im Irak-Konflikt eher eine Unzufriedenheit mit der Bush-Politik reflektierten und keinen Antiamerikanismus als solchen (vgl. Forsberg 2005: 222).

Es werden in dieser Analyse vor allem die außenpolitischen Werte Deutschlands und Großbritanniens betrachtet, um aus etwaigen Differenzen in ihren außen- und sicherheitspolitischen Grundorientierungen Erklärungsansätze für das gegensätzliche Verhalten in der Irakfrage zu erhalten. Hierbei zeigen sich vor allem bezüglich der oben skizzierten Werte des Multilateralismus und Antimilitarismus bedeutsame Unterschiede zwischen Deutschland und den USA, die auf äußerst unterschiedliche historische Erfahrungen zurückgeführt werden können. So sehen Mayer et al. im amerikanischen „Exzeptionalismus", der spezifisch amerikanischen Variante des Nationalismus, ein bis zu den ersten Einwanderern zurückreichendes Selbstverständnis, eine neue und bessere Welt zu repräsentieren. Gepaart mit einem ausgeprägten Individualismus in der politischen Kultur der USA kann dieses Selbstverständnis den Widerstand der amerikanischen Außenpolitik erklären, „von Instanzen jenseits des eigenen Staates Werte und Ziele anzunehmen und sich dadurch wieder eingrenzen zu lassen" (Mayer et al. 2003: 17). In Deutschland seien dagegen Nationalismus und unbeschränkte Souveränität aufgrund der historischen Erfahrungen mit Krieg und Zerstörung assoziiert worden, während Supranationalismus und Integration mit Frieden und Wohlstand in Verbindung gebracht wurden (Mayer et al. 2003: 17). Diesen zentralen Gegensatz fasst Robert Kagan (2002) wie folgt zusammen: Während die

USA sich in einer Hobbes'schen Welt des „fressen und gefressen werden" wähnen, betrachten sich die Europäer in einer Kantianischen Welt des Multilateralismus und des Friedens. In diesem fundamentalen Unterschied sieht Kagan die Ursprünge der Krisen in der Irakfrage.

Abb. 2: Weltbilder und Gewaltbereitschaft

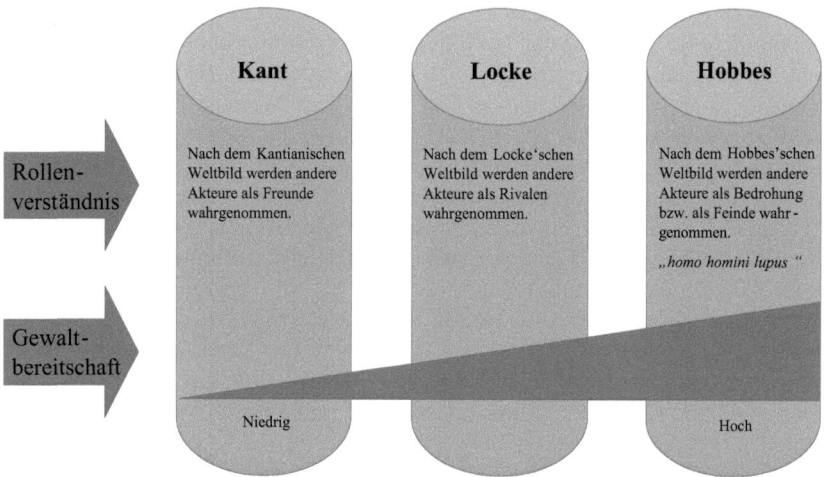

Diese bedeutenden Differenzen werden bezüglich zweier zentraler Aspekte der *strategischen Kultur* beider Länder besonders deutlich: 1.) Welche Bedeutung wird internationalen und supranationalen Institutionen bei der Gestaltung der nationalen Außenpolitik beigemessen? (Unilateralismus vs. Multilateralismus). 2.) Welche außenpolitischen Mittel werden grundsätzlich als legitim erachtet? (Militarismus vs. Antimilitarismus).

Bezüglich des ersten Aspekts wurde den USA in der jüngeren Vergangenheit auf verschiedenen außenpolitischen Handlungsfeldern unilateralistisches Handeln vorgeworfen. So hat das amerikanische Verhalten beim Aushandeln des Kyoto-Protokolls, der Ablehnung eines internationalen Strafgerichtshofs oder dem Ausscheren aus der Konvention zum Schutz der biologischen Vielfalt gezeigt, dass die USA sich häufig nur kooperationswillig zeigten, wenn es ihrem nationalen Interesse entsprach. Diesem selektiven Multilateralismus – der Verbindung des von den USA seit jeher instrumentell verstandenen Multilateralismus mit verstärkten unilateralistischen Bestrebungen (vgl. Rudolf 2005b: 18ff.) – entsprechend, machte die Bush-Administration für sich selbst häufig das Recht geltend, allein und ohne Konsultationen der internationalen Gemeinschaft oder seiner Partner außenpolitisch tätig zu werden (Mayer et al. 2003: 10). Entsprechend wurden die Vereinigten Staaten seit 2001 von den Europäern zunehmend als eine hegemoniale Macht wahrgenommen, die aufgrund ihrer historisch einzigartigen Machtfülle (Wohlforth 1999) glaube, auf internationale Kooperation nicht angewiesen zu sein und

> „Solidarität konsumieren zu können, ohne im selben Umfang in sie investieren zu müssen. Sie registrier[t]en bei der [...] Supermacht eine [...] Neigung zum Unilateralismus oder, genauer, zu einem Multilateralismus á la Carte" (Meyer et al. 2003: 10).[6]

Demgegenüber steht ein Deutschland, das zum einen die Stabilisierung einer europäischen Friedensordnung durch eine Mischung von Erweiterungs- und Kooperationsinitiativen seit langem vorantreibt (vgl. Maull 2007: 78), das zum anderen aber auch stets ein vitales Interesse an der Aufrechterhaltung der Vereinten Nationen und der NATO bekundet hat, die in den USA viele rechtskonservative Kräfte als Relikte des Kalten Krieges verabschiedet sehen möchten (vgl. Czempiel 2002). In diesem Gegensatz zeigt sich folglich die außenpolitische Übersetzung des amerikanischen „Exzeptionalismus", weil die Amerikaner die Neigung zeigen, oberhalb ihres eigenen konstitutionellen demokratischen Nationalstaats keine Quelle demokratischer Legitimität anzuerkennen. Internationale Organisationen erhalten nach dieser Sichtweise ihre Legitimität nur durch die kontraktuelle Übertragung von Souveränität durch die nationalstaatlichen Vertragsparteien, die sie aber zu jeder Zeit wieder zurücknehmen können. Laut dieser Perspektive haben internationale Organisationen also „keine Existenz unabhängig von dieser Art von freiwilliger Übereinkunft zwischen souveränen Nationalstaaten. Im Unterschied dazu neigen Europäer dazu zu glauben, dass demokratische Legitimität internationaler Institutionen dem Willen einer internationalen Gemeinschaft entspringt, die viel größer ist als jeder individuelle Nationalstaat" (Mayer et al. 2003: 16). Vor dem Hintergrund solch gegensätzlicher Auffassungen in der zentralen Frage der außenpolitischen Kooperationsmodi kann es nicht verwundern, dass es im deutsch-amerikanischen Verhältnis zu Verstimmungen kommen konnte. In der Konsequenz ist der starke Europabezug seit der Wiedervereinigung als wichtige Konstante in Deutschlands *strategischer Kultur*

---

[6] Die Bezeichnung „Multilateralismus à la Carte" wird auch für die Analyse des britischen Verhaltens in der Irakfrage verwendet. So bewertet Dunne die Äußerung des damaligen britischen Verteidigungsministers Geoff Hoon, Großbritannien behalte sich dort, wo sich die UN als handlungsunfähig erweise, das Recht zur Bildung von „Koalitionen der Willigen" vor, als „a clear statement of the government's preference for a la carte multilateralism" (Dunne 2005: 6). Folgt man dieser Argumentation, so lässt sich bezüglich der Wahl der Bündnisstrategien in der Irakfrage zwischen Großbritannien und den USA eine bemerkenswerte Konvergenz feststellen.

zu bezeichnen, während der deutsche „Atlantizismus" seine Hochs und Tiefs erlebte (vgl. Dalgaard-Nielsen 2005: 354).

Eine weitere bedeutsame Differenz zwischen Deutschland und den USA lässt sich in der Frage verorten, welche außenpolitischen Mittel als legitim erachtet werden bzw. unter welchen Umständen der Einsatz militärischer Mittel als gerechtfertigt gilt. Hier konnte der historische Abriss zeigen, dass der häufig angeführte deutsche Pazifismus längst einem Antimilitarismus gewichen ist, der unter bestimmten Bedingungen zum Einsatz von Militärmacht bereit ist. Es wird dabei vorausgesetzt, dass militärische Mittel nur als letzte Option gewählt werden, dass ihr Einsatz multinational koordiniert ist und den humanitären Zielen dient, einen Aggressor zu stoppen und Menschenrechtsverletzungen zu vermeiden (vgl. Dalgaard-Nielsen 2005: 357). Diese normativen Ansprüche hatten die USA bereits in der Vergangenheit an ihre militärischen Interventionen nicht immer gestellt. Insbesondere aber wurde dieser deutsche „humanitäre Imperativ" (Jakobs 2005: 96) durch die im Zuge der Anschläge des 11. Septembers 2001 von den USA entwickelte neue Nationale Sicherheitsstrategie herausgefordert, wonach es durchaus als legitim angesehen wird, Aggressionen seitens staatlicher oder nicht-staatlicher Akteure durch präventives militärisches Handeln bereits im Keim zu ersticken (vgl. The White House 2002). Auch in dieser Frage lassen sich folglich äußerst unterschiedliche Grundorientierungen in Deutschland und den USA identifizieren, die als wichtiges Erklärungsmuster für die durch die Irakfrage erzeugte Krise in den transatlantischen Beziehungen dienen können.

Großbritanniens strategische Kultur zwischen *Special Relationship*, *Grand Strategy* und *Liberal Interventionism*

Großbritannien legte sich ebenso wie Deutschland frühzeitig auf eine Position in der Irakfrage fest. Premierminister Tony Blair ließ bereits im April 2002 nach seinem Besuch des US-Präsidenten verlautbaren, dass sein Land die USA in einem Krieg gegen das Regime Saddam Husseins unterstützen würde (vgl. Kampfner 2004: 168). Diese Entscheidung der New Labour Regierung erscheint unter Berücksichtigung kultureller und historischer Aspekte nicht allzu überraschend. In der Wissenschaft werden als konstitutive Merkmale vor allem die besondere Beziehung – die *Special Relationship* – zwischen Großbritannien und den USA sowie die Einstellungen und Überzeugungen des damaligen Premiers Tony Blair angeführt (vgl. u.a. Dunne 2005; Dyson 2006). Ergänzt werden diese beiden Aspekte durch multilateralistische Bestrebungen Blairs, der die Vermittlerfunktion Großbritanniens zwischen Europa und den USA forcierte (*Grand Strategy*) und versuchte, die Bush-Administration zur Legitimation ihrer Irakpolitik stärker in multilaterale Institutionen einzubinden. Zur Überprüfung der Aussagekraft dieser drei vorherrschenden Ansätze zur Deutung der Teilnahme Großbritanniens an dem Irak-Krieg werden die verschiedenen Aspekte, in denen sich das britische Rollenverständnis äußert, historisch hergeleitet und anschließend auf ihren Erklärungsgehalt überprüft.

Special Relationship

Die Wurzeln der „natürlichen und gewachsenen Verbindung" (Fröhlich 2006: 533) zwischen Großbritannien und den USA finden sich bereits Ende des 16. Jahrhunderts in der Besiedlung des amerikanischen Kontinents durch britische Auswanderer. Der Begriff der *Special Relationship*[7] wurde schließlich von Winston Churchill 1946 unter dem Eindruck der gemeinsamen Kriegserfahrungen in zwei Weltkriegen geprägt und durch den britischen Außenminister Ernest Bevin (1945–1951) in der Nachkriegszeit quasi zu einer außenpolitischen Doktrin (Dumbrell 2001: 44) erhoben.

Zu Beginn der Nachkriegszeit sah sich Großbritannien weiterhin als *Global Player*, als eine Nation, die alle drei Welteinheiten[8] in sich vereinte (Kettenacker 2006: 522). Diese Einschätzung sah London durch seine Präsenz in allen wichtigen internationalen Gremien, wie dem UN-Sicherheitsrat, dem Berliner Kontrollrat oder der Mitgliedschaft im Klub der Atommächte, bestätigt (Kettenacker 2006: 522). Porter (1983) bezeichnete diese Selbsteinschätzung Großbritanniens jedoch als „illusion of grandeur", denn bereits zu diesem Zeitpunkt hatte der Abschied von dem lang gehegten imperialen Selbstbild der ehemaligen Großmacht begonnen, die sich in den folgenden Jahren immer mehr zu einer europäischen Mittelmacht entwickelte. Diese Entwicklung wurde durch eine Phase der Dekolonisierung eingeläutet, die mit der Entlassung Indiens aus dem britischen Imperium im Jahre 1947 begann. Spätestens mit der Demütigung des Inselstaates in der Suezkrise 1956, in der die strategische Kontrolle des Suezkanals nach einem militärischen Konflikt an Ägypten verloren ging – was insbesondere durch den politischen und wirtschaftlichen Druck der USA zur Beendigung der Kampfhandlungen herbeigeführt wurde – war der Machtverlust der einstigen Großmacht offenbar geworden (vgl. Gorst/Johnman 1997). Nach der Suezkrise musste sich Großbritannien nunmehr eingestehen, dass es militärische Konflikte ohne die Unterstützung der Vereinigten Staaten kaum mehr gewinnen konnte und der politische Spielraum gegenüber der westlichen Großmacht gering ge-

---

[7] Für eine detaillierte Betrachtung der *Special Relationship* vgl. Reynolds (1985) oder Ovendale (1998).

[8] Als die drei Welteinheiten wurden definiert: der atlantische Kreis um die USA („circle of the English speaking world"), der *Commonwealth* und Westeuropa.

worden war (Bartlett 1992: 86ff.). Diesen Machtverlust versuchte das Vereinigte Königreich in der Folge durch einen noch engeren Schulterschluss mit den USA zu kompensieren, der in gewisser Weise als ein „emotionale[r] Trostspender" (Maass 2004: 4) für die ehemalige Großmacht diente. Vor allem durch die neue Schwäche Großbritanniens erfolgte demnach die Wiederbelebung der anglo-amerikanischen Sonderbeziehung.

Zu Zeiten des Kalten Krieges fungierte diese intensive Zusammenarbeit der beiden Länder als eine Art ideologische Gegenmacht zur Sowjetunion. London und Washington unterstützten sich daher gegenseitig in einer Reihe von militärischen und politischen Auseinandersetzungen, wie etwa im Koreakrieg (1950-53) oder der Kubakrise (1962). Im Falklandkrieg halfen die USA Großbritannien in der Nachrichtenbeschaffung und Logistik, während Großbritannien 1986 im Libyenkrieg den USA Militärbasen zu Verfügung stellte. Auch im zweiten Golf-krieg 1990/91 und vor allem durch die seit dem Jahre 1998 gemeinsame Intensivierung von Militärschlägen auf verdächtige Ziele im Irak im Rahmen der *Operation Desert Fox* wurde die intensive Zusammenarbeit fortgesetzt. Margaret Thatcher, die mit US-Präsident Ronald Reagan in den 1980er Jahre eine besonders enge Beziehung verband, sah die anglo-amerikanische Verbindung als eine Allianz zur Verteidigung von Freiheit und Gerechtigkeit (Adonis/Hames 1994). Ein zentraler Bestandteil der Sonderbeziehung war dabei die grundsätzliche Bereitschaft beider Nationen, Konflikte gemeinsam und notfalls auch mit Waffengewalt zu lösen. Es kann dem Großbritannien der Nachkriegszeit folglich ebenso wie den USA ein militärisches Selbstbild attestiert werden.

Der Glaube, dass den britischen Interessen durch eine enge Verbindung mit den USA am besten gedient sei, überlebte über Jahrzehnte hinweg und blieb für die britische Außenpolitik und die Konzeption der *Special Relationship* weiterhin zentral (vgl. Danchev 2003). So forderte etwa auch die Regierung Major Anfang der 1990er Jahre eine Wiederbelebung der Sonderbeziehung anstelle eines „wahllosen Multilateralismus" (Fröhlich 2006: 542). Diese Tradition setzte sich auch unter der Regierung Blair fort (Azubike 2005: 130) und wurde zum „Kulminationspunkt anglo-amerikanischer Solidarität in der Phase seit Ende des Kalten Krieges, der ultimative Treuebeweis Großbritanniens" (Fröhlich 2006: 545). Die USA hingegen verfügten aus eigener Sicht mit vielen Ländern über *special relation*s (vgl. Dumbrell 2007: 1) und maßen der Sonderbeziehung daher im Vergleich weitaus weniger Gewicht bei als das ehemalige Mutterland Großbritannien. Der Historiker David Reynolds bezeichnet die *Special Relationship* aus diesem Grund als „a deliberate British creation – a tradition invented as a tool of diplomacy" (Reynolds 1985: 2).

Ungeachtet dieser unterschiedlichen Bedeutungszuweisungen auf beiden Seiten des Atlantiks sind Großbritannien und die USA jedoch aufgrund der intensiven Kooperationen im vergangenen Jahrhundert bis heute diplomatisch, militärisch, geheimdienstlich, aber auch wirtschaftlich eng miteinander verflochten (vgl. Dumbrell 2007). Rodric Braithwaite, ehemaliger Botschafter in Moskau und einstiger Vorsitzender des *Joint Intelligence Committee*[9], sieht in dieser Verwobenheit beider Staaten die Hauptgründe für Blairs scheinbare Hilflosigkeit im Umgang mit den USA:

> „Hence, inside the British establishment, the special relationship is now supported only by prime ministers, submariners, and codebreakers [who] have been loath to contemplate any rift with the US" (Braithwaite 2003: 20).

Der Autor kann angesichts dieser Aussage als ein Anhänger der so genannten „Pudeltheorie" bezeichnet werden, die besagt, Blair sei nicht mehr als ein Pudel von US-Präsident Bush (vgl. Azubike 2005: 123). In diesem Kontext wird die Meinung vertreten, dass die britische Diplomatie gerade in der Irakfrage zeige, dass Großbritannien, im Gegensatz zu vielen anderen großen Nationen in der Welt, mittlerweile zu einem modernen Vasall der USA degeneriert sei (vgl. Danchev 2003). Eine Reihe von Wissenschaftlern und politischen Akteuren messen dem Großbritannien des 21. Jahrhunderts daher lediglich eine Rolle als Juniorpartner der USA bei (vgl. Müller-Brandeck-Bocquet 2004; Azubike 2005).

Der nach diesen Darstellungen zum „Pudel" degradierte Tony Blair reagierte auf diese Kritik an seiner Außenpolitik wie folgt:

> „The price of British influence is not, as some would have it, that we have, obediently, to do what the US asks. I would never commit British troops to a war I thought was wrong or unnecessary. Where we disagree, as over Kyoto, we disagree. But the price of influence is that we do not leave the US to face the tricky issues alone" (Blair 2003a).

Des Weiteren wies Blair darauf hin, dass Großbritannien nicht nur aus Machtkalkül ein Verbündeter der USA sei, sondern weil man ihre Werte teile und die USA eine Macht sei, die für das Gute kämpfe (Blair 2003a). Die *Special Relationship* ist demnach auch ein Beispiel geteilter Identität, welche basierend auf gemeinsamer Kultur, Sprache[10] und Geschichte konvergente Interessen generiert.

---

[9] Das britische *Joint Intelligence Committee* ist ein an die Regierung angegliedertes Gremium, das die Ermittlungsziele der britischen In- und Auslands-Geheimdienste entwickelt und koordiniert. Seine Mitglieder bewerten die Ermittlungsergebnisse verschiedener Geheimdienst-Agenturen und stellen aus diesen Informationen Dossiers für den Premierminister zusammen, so auch das Irak-Dossier, das vermeintlich die Existenz von Massenvernichtungswaffen belegte.

[10] Gregory Treverton schrieb in seinem Artikel über die Aussicht der anglo-amerikanischen Kooperation in der Ära nach dem Kalten Krieg hierzu: „[B]right British diplomats in Washington will conti-

In ihrem Kern repräsentiert diese Beziehung einen Handel: Großbritannien sichert den USA Loyalität zu und erhält im Gegenzug Einflussmöglichkeiten auf die Außenpolitik des Hegemons (vgl. Dunne 2005: 3; Leggewie 2003: 103).

Die enorm hohe Bedeutung, die die Beziehungen mit den USA für die nationale Identität Großbritanniens haben, spiegelt sich auch darin wieder, dass bisweilen von einer *Atlantist Identity* Großbritanniens die Rede ist. Während des Kalten Krieges wurde dieser „Atlantizismus", der besagt, dass bei bedeutsamen Entscheidungen bilaterale Verhandlungen mit den Vereinigten Staaten gegenüber allen anderen Handlungsoptionen zu favorisieren sind, zu einem Grundpfeiler der britischen Außen- und Sicherheitspolitik. Es wird argumentiert, dass der „Atlantizismus" nach den Anschlägen des 11. Septembers 2001 wieder auflebte und in Blairs Verhalten in der Irakfrage kulminierte:

> „The Iraq war reaffirmed the vice-like grip of Atlanticism on Britain's identity. Blair's desire to 'be there when the shooting starts' rested on an implicit assumption that the UK has a binding obligation to support United States military power" (Dunne 2005: 9).

Grand Strategy und Multilateralismus

Trotz der Tatsache, dass Großbritannien die vorherrschenden Asymmetrien in der Beziehung zu den USA anerkennen musste, war es in seinem Verhältnis zur Supermacht stets um Gleichberechtigung und Anerkennung bemüht und versuchte durch die Pflege der Beziehungen zum europäischen Kontinent und zu den *Commonwealth*-Ländern eine einseitige, all zu starke Abhängigkeit von den USA zu verhindern (vgl. Fröhlich 2006: 533). Nachdem sich Großbritannien zuvor lange Zeit vom europäischen Kontinent der Vorkriegszeit, dem *Europe of the Dictators,* kritisch distanziert hatte, trat London 1973 der Europäischen Gemeinschaft bei.[11] Großbritannien verwies trotz alledem anhaltend auf seine größere Nähe zu den USA, wollte sich aber spätestens mit dem von *New Labour* postulierten „Dritten Weg" über eine stärkere Vermittlerrolle zwischen den Vereinigten Staaten und Europa profilieren und dadurch als „transatlantischer Makler" (Fröhlich 2006: 546) fungieren. Der Premierminister argumentierte, dass sich Großbritannien nicht zwischen den USA und Europa entscheiden müsse, sondern gleichzeitig die *Special Relationship* pflegen und eine große Rolle im

---

nue to feel that Anglo-Saxons can understand each other better than those who do not speak (roughly) the same language" (Treverton 1990: 710).

[11] Beim ersten EU-Beitrittsgesuch Großbritanniens im Jahre 1961 setzte Frankreich noch sein Veto ein, weil Charles de Gaulle das Gefühl hatte, das Vereinigte Königreich schaue mehr nach den USA als nach Europa (Fröhlich 2006: 537).

Herzen Europas spielen könne: „We are the bridge between the United States and Europe. Let us use it" (Blair 1997). Besagte Brückenfunktion Großbritanniens stellt den Grundpfeiler von Tony Blairs *Grand Strategy* dar.

Das Vorhaben, durch die Vermittlerposition eine neue strategische Rolle einzunehmen, wurde auch getragen von dem Versuch Blairs, die häufig unilateralistisch handelnden USA zu mehr Multilateralismus zu bewegen. Die Stärkung internationaler Institutionen war *New Labour* ein Hauptanliegen. So engagierte sich Großbritannien unter Blair in der UN, der NATO oder den G8, um seinen Einfluss, z.B. zur Beendigung von Konflikten wie in Sierra Leone oder dem Kosovo, geltend zu machen (vgl. Williams 2005: 915f.). Diese neue Rolle des einstigen Empires erwies sich dabei insbesondere im Falle des Kosovokrieges, in dem Großbritannien wesentlich für die Lösung des Konfliktes verantwortlich zeichnete, als durchaus vielversprechend (Fröhlich 2006: 544).

Blair's Beliefs

Als weitere Erklärungsvariable für Großbritanniens Verhalten in der Irakfrage werden bisweilen die persönlichen Überzeugungen des damaligen Premierministers Tony Blair angeführt (vgl. Dyson 2006). Verdeutlicht werden kann die Relevanz dieses Ansatzes durch den Vergleich von Blairs Handeln in der Irakfrage zu dem Verhalten Harold Wilsons im Vietnamkrieg. Denn laut John Dumbrell (2007: 8f.) weisen die Umstände des Kriegsbeginns im Irak 2003 erhebliche Parallelen zu dem Beginn des Vietnamkrieges 1965 auf. Trotz des Drucks der USA schickte der damalige britische Premier Wilson jedoch keine Truppen nach Vietnam, obwohl er sich innenpolitisch weitaus weniger Risiken ausgesetzt sah als Blair im Jahr 2003. Dieses konträre Verhalten in vergleichbaren Situationen lässt Raum für die Vermutung, dass auch die persönlichen Überzeugungen des Regierungschefs Tony Blair einen wesentlichen Einfluss auf seine Entscheidung in der Irakfrage gehabt haben könnten.

Tony Blairs strategische Vision über die Rolle Großbritanniens in der Welt äußerte sich bereits in seiner ersten außenpolitischen Rede im November 1997. Blair zeichnete in dieser ein Bild Großbritanniens als „global player with a moral purpose", der seine Partner vornehmlich in seinen historischen Allianzen sieht und aktive interventionistische Mittel zur Erreichung seiner Ziele einsetzen würde (Blair 1997). In der Konsequenz wurde Tony Blair damit zum „kriegsaffinsten" Premierminister in der britischen Geschichte, da Großbritannien unter seiner Führung innerhalb von sechs Jahren in fünf verschiedenen Situationen von militärischer Gewalt Gebrauch machte (Dyson 2006: 298). Die deutlichste Formulierung der Blair'schen proaktiv-interventionistischen Philosophie erschien in seiner unter dem Eindruck der Kosovokrise entstandenen *Doctrine of the Inter-*

national Community-Rede in Chicago im April 1999 (Blair 1999). In dieser emp-
fahl Blair, dass das Prinzip der Achtung nationaler Souveränität in den internationalen Beziehungen nicht als unüberwindlicher Zwang betrachtet werden solle,
sondern in wichtigen Belangen auch hinterfragt werden dürfe. Seiner Ansicht
nach war die Frage, unter welchen Umständen ein aktives Eingreifen in Konflikte gerechtfertigt sei, das bedeutsamste außenpolitische Thema der Zeit. Völkerrechtliche Schranken sollten seiner Überzeugung nach nicht dazu führen, dass
die Welt ihre Augen vor Völkermord und Massenvertreibung verschließt (Fröhlich 2006: 544). Und Großbritannien sollte bei der Einschätzung, wann eine
Intervention zur Prävention oder Eindämmung humanitärer Katastrophen angemessen wäre, zweifelsohne eine globale Führungsrolle übernehmen (Wheeler
2004: 46f.). Im Sinne dieses „Liberalen Interventionismus" (vgl. Pullinger 2007)
argumentierte der britische Premier des Weiteren: „We are fighting not for terri-
tory but for values. For a new internationalism where the brutal repression of
ethnic groups will not be tolerated" (Blair 1999). Diese Aussagen untermauern
die Ambitionen der britischen Regierung, ihre Außenpolitik ethischen Ansprü-
chen zu unterwerfen und ihre Entschlossenheit, die Werte der internationalen
Gemeinschaft über die nationalen Interessen einzelner Staaten zu erheben (Dunne 2005: 1).

Dass diese moralischen Prinzipien der britischen Außenpolitik keine leeren
Worthülsen darstellten, sondern vielmehr in wichtigen außenpolitischen Fragen
handlungsleitend wirkten, zeigt das Beispiel der Irakfrage in besonders eindrück-
licher Weise. Tony Blair nahm für seine Entscheidung, in den Irak-Krieg zu
ziehen, ein enormes politisches Risiko in Kauf. Nur unter Berücksichtigung
seiner starken persönlichen Überzeugungen kann der Kriegseintritt Großbritanniens verstanden werden, da dieser trotz des Angebots Washingtons erfolgte, im
Zweifelsfall auf die militärische Unterstützung Großbritanniens zu verzichten.
So verkündete Donald Rumsfeld noch am Vorabend des Krieges, dass ein militärisches Engagement Großbritanniens für die Invasion nicht essenziell sei. Die
USA zeigten damit Verständnis für Blairs Situation, der sich im eigenen Land
mit einer großen Opposition in der Bevölkerung und seiner eigenen Partei gegen
den Krieg konfrontiert sah und daher große Probleme hatte, die Zustimmung des
Parlamentes für die Entsendung britischer Truppen in den Irak zu erlangen (vgl.
Seldon 2004: 593; Naughtie 2004: 144f.). Auch Außenminister Jack Straw wies
Blair darauf hin, es wäre im Hinblick auf die politischen Schwierigkeiten im
eigenen Lande und den Mangel an internationaler Unterstützung des Krieges von
Vorteil, wenn London den USA offiziell politische Unterstützung zusichere, aber
keine Truppen schicken würde. Daraufhin stellte Blair seinen Standpunkt klar,
dass die britische Allianz mit den USA eine „Alles-oder-Nichts-Angelegenheit"
markiere (Kampfner 2004: 168).

Es finden sich also gute Gründe für die Vermutung, dass Tony Blairs ganz persönliche Überzeugungen bezüglich internationaler Politik sowie Verpflichtungen und Chancen der *Special Relationship* als ein Schlüsselfaktor für das Verhalten Großbritanniens in der Irakfrage bezeichnet werden können. Dies wird durch die Einschätzung eines damaligen britischen Kabinettmitglieds untermauert, das äußerte, dass Großbritannien ohne Blair nicht an der Seite von Bush gekämpft hätte (vgl. Stephens 2004: 234). Und auch der damalige außenpolitische Berater Blairs, David Manning, betont die signifikante Rolle des Premiers und der Beziehungen zu den USA als entscheidende Faktoren in der Irakfrage: „Personality traits, religious conviction, personal understanding of the logic of global power, the obligations of the Special Relationship, British interests: all these forces conspired to push Blair in the direction of the Bush administration" (Dumbrell 2007: 7).

Die Interpretation der Irakfrage in den nationalen Diskursen

Mithilfe einer Diskursanalyse werden im folgenden Abschnitt die unterschiedlichen Interpretationen in Deutschland und Großbritannien bezüglich der Situation im Irak und der Legitimität einer militärischen Intervention plausibilisiert. Denn in Diskursen, so die konstruktivistische Annahme, werden Selbst- und Fremdbilder, die das außenpolitische Handeln wesentlich prägen, abgebildet und dabei gegebenenfalls auch verändert (vgl. Baumann 2005: 100). Mithilfe dieses Untersuchungsschritts wird zum einen die zweite Annahme, *Großbritannien verstehe den Einmarsch im Irak als „Krieg gegen den Terror" und somit als legitime Verteidigung westlicher Werte, während diese präventive Intervention von deutscher Seite als illegitimer Angriffskrieg interpretiert werde*, analysiert. Zum anderen wird untersucht, ob sich die in Kapitel 2 herausgearbeiteten Determinanten der *strategischen Kulturen* Deutschlands und Großbritanniens auch in den Argumentationen der Akteure widerspiegeln.

Für die Diskursanalyse werden außenpolitische Reden der wichtigsten Regierungsvertreter Deutschlands und Großbritanniens und vereinzelt Interviews mit ihnen untersucht[12]. In Deutschland handelt es sich dabei um Bundeskanzler Gerhard Schröder, Außenminister Joschka Fischer sowie die Verteidigungsminister Rudolf Scharping und Peter Struck. In der wissenschaftlichen Analyse Großbritanniens finden wir demgegenüber mit Premier Tony Blair in der Regel nur einen Akteur, der regelmäßig zitiert wird. Denn, wie Palm und Schulz in

---

[12] Um eine bessere Lesbarkeit zu gewährleisten, werden hierbei direkte Zitate im Text größtenteils sinngemäß übersetzt und die Originalzitate in Fußnoten aufgeführt.

diesem Band aus liberalistischer Perspektive herausgestellt haben, ist die britische Außenpolitik wesentlich vom Premierminister geprägt, der eine enorme Autonomie in außenpolitischen Fragen genießt. Verstärkt wird diese Argumentation durch die Äußerung eines engen Beraters Tony Blairs, der sich von dem überragenden Einfluss Blairs persönlicher Überzeugungen auf die britischen Entscheidungsprozesse in der Irakfrage überzeugt zeigt: „There were six or seven moments in the Iraq story when he could have drawn back. He could have, and he didn't" (Naughtie 2004: 79). Dementsprechend konzentrieren wir uns im Folgenden auf die Reden Tony Blairs.

Um die Entwicklung der Argumentationen in der Irakfrage aufzuzeigen, wurden die Reden und Interviews unter vier verschiedenen Aspekten auf prägnante Äußerungen zur Irakfrage untersucht: Als Ausgangspunkt dienen die Terroranschläge des 11. Septembers 2001. Zunächst werden die darauf folgenden Reaktionen Großbritanniens und Deutschlands unter Rekurs auf ihr Engagement in Afghanistan analysiert (1). Im Anschluss werden die Reaktionen der beiden Regierungen auf die verbale Heraufbeschwörung der irakischen Gefahr durch die Bush-Administration sowie die Entwicklungen und Rechtfertigungen ihrer nationalen Positionierungen in der Irakfrage beleuchtet (2). Darauf aufbauend werden insbesondere diejenigen Äußerungen mit Bezug zu den transatlantischen Beziehungen (3) sowie zur Debatte um den Einfluss internationaler Institutionen (4) skizziert.

Von „uneingeschränkter Solidarität" zur Irakfrage

Unter dem Eindruck der Terroranschläge des 11. Septembers 2001 sprachen sowohl Gerhard Schröder als auch Tony Blair den USA ihre „uneingeschränkte Solidarität" aus. Auch geprägt durch die von den amerikanischen und internationalen Medien weitestgehend übernommene Interpretation dieser Ereignisse als Krieg gegen die westliche Zivilisation, wurde in der deutschen und britischen Öffentlichkeit ebenfalls eine militärische Antwort erwartet und die mögliche „kriegerische Reaktion auf eine terroristische Bedrohung als notwendig, akzeptabel und legitim" angesehen (vgl. Weller 2005: 341f.). US-Präsident Bush rief in der Folge den „Krieg gegen den Terror" aus, in dem potentielle Verbündete vor die Wahl gestellt wurden: „You're either with us or against us in the fight against terror" (Bush zit. n. CNN 2001).

Sowohl Deutschland als auch Großbritannien stellten schließlich für die im November 2001 beginnende *Operation Enduring Freedom* Truppen zur Entmachtung der Taliban bereit. Im Vorfeld des Afghanistankrieges verteidigte Schröder diesen Einmarsch in Afghanistan als „die Antwort auf einen nicht ausdrücklich erklärten Krieg mit kriegerischen Mitteln [...]. Wer als Terrorist, ohne dass er über ein Land vollständig verfügt, einem anderen Land den Krieg erklärt durch Handeln – und bin Laden hat mit seinem Video die Verantwortung übernommen –, der führt Krieg und muss mit entsprechenden Gegenmaßnahmen rechnen" (Schröder 2001a). Und der deutsche Verteidigungsminister Peter Struck unterstrich, dass die deutsche Sicherheit auch am Hindukusch verteidigt werden müsse, denn „Deutschland ist sicherer, wenn wir gemeinsam mit Verbündeten und Partnern den internationalen Terrorismus dort bekämpfen, wo er zu Hause ist, auch mit militärischen Mitteln" (Struck 2002a). Ähnlich argumentierte Tony Blair für ein aktives Eingreifen Großbritanniens in Afghanistan: „The kaleidoscope has been shaken. The pieces are in flux. Soon they will settle again. Before they do, let us re-order this world around us" (Blair 2001).

Beide Länder ließen ihrem Versprechen nach uneingeschränkter Solidarität und Beteiligung am Krieg gegen den Terror damit Taten folgen, wobei dies im Falle Großbritanniens aufgrund der langen Geschichte gemeinsamer Kriegserlebnisse mit den USA nur bedingt erstaunen kann. Bezüglich der deutschen Kriegsbeteiligung ist dieses Verhalten oft als Anzeichen für die These der zunehmenden Normalisierung der deutschen Außenpolitik in ihrem Verhältnis zum Einsatz militärischer Gewalt herangezogen worden (vgl. Hellmann 2000: 7). Nicht vernachlässigt werden darf hierbei jedoch das Faktum, dass die beispiellosen Angriffe des 11. Septembers, gepaart mit der amerikanischen Rhetorik des „mit uns oder gegen uns" einen außerordentlichen Druck aufbauten, der den westeuropäischen Staaten im Grunde nur wenig Handlungsspielraum ließ.

Die Wahrnehmung der Bedrohung durch den Irak

Das US-amerikanische Vorgehen im „Krieg gegen den Terror" konzentrierte sich nicht allein auf die Entmachtung der Taliban in Afghanistan. Bereits kurz nach den Terroranschlägen von *9/11* war der irakische Diktator Saddam Hussein von der Bush-Administration mit den Anschlägen und der verantwortlichen Terrororganisation Al-Kaida in Verbindung gebracht und als potentielle Gefahrenquelle ins Visier genommen worden. Beginnend im Januar 2002 und in zahlreichen Strategiepapieren der US-amerikanischen Regierung im selben Jahr wiederholt, wurde der Irak gemeinsam mit Nord-Korea und Iran als Teil einer „Achse des Bösen" bezeichnet, die es mit militärischen Mitteln und im Zweifelsfall auch präventiv zu bekämpfen gelte (vgl. Bush 2002). Eine wesentliche Begründung für diese Kategorisierung war die Annahme, diese sogenannten „Schurkenstaaten" würden militärisch aufrüsten, Massenvernichtungswaffen besitzen oder zukünftig herstellen und Terroristen unterstützen.

Der britische Premierminister Tony Blair übernahm in der Folge die Rede vom *War on Terrorism* und die mit der „Achse des Bösen" erfolgte Einteilung der Welt in Gut und Böse. So erklärte Blair in zumindest missverständlicher Weise bezüglich der „bösen" Länder wie Irak, Iran und Nordkorea, dass dort keine Menschen seien wie man selbst, da sie nicht die normalen Gesetzmäßigkeiten menschlichen Verhaltens befolgten[13] (vgl. Parker 2002). Auf der Basis dieses Einverständnisses in der Bewertung der irakischen Regierung erklärte Tony Blair schon im April 2002, dass Großbritannien die USA bei Aktionen gegen den Irak unterstützen würde. Er wies zwar auch darauf hin, dass der Moment der Entscheidung, wie mit dem Irak umgegangen werden sollte, noch nicht gekommen sei. „[E]s einem Staat wie dem Irak zu erlauben, Massenvernichtungswaffen ungehindert zu entwickeln, heißt [jedoch], die Lektionen des 11. Septembers zu ignorieren und das werden wir nicht tun" (Blair 2002a)[14]. Diese Reaktion auf die amerikanische Konzentration auf den Irak als Feind des Westens, die schon auf Blairs direkte Übernahme zentraler amerikanischer Argumente hinweist, liegt dabei auch in der Tradition einer äußerst irakkritischen Haltung des Premierministers begründet. So hatte sich Tony Blair schon 1998 – und damit lange bevor die Bush-Administration im Jahr 2002 den Irak erneut in den Fokus rückte – als ein klarer Befürworter von militärischen Aktionen gegen Saddam Hussein erwiesen. Diese sah er zur besagten Zeit vor allem durch die Menschenrechtsverletzungen des Diktators als gerechtfertigt an (vgl. Dyson 2006: 289), was folgendes Zitat belegt:

„Saddam Hussein ist heute kein anderer als gestern. Er hat sich nicht verändert. Er ist und bleibt ein böser, brutaler Diktator und es ist heute klarer denn je zuvor, dass seine Machenschaften ein für alle Mal ein Ende haben müssen. Wenn das nicht gelingt, sollten sich alle über die Konsequenzen im Klaren sein" (zit. n. Butler 2004: 54)[15].

Vor diesem Hintergrund erscheint es wenig erstaunlich, dass sich Blair in der Irakkrise 2002 den US-Positionen mit vergleichbaren Äußerungen anschloss: „Nach der Überwindung der Taliban stellt Saddam nun ohne Konkurrenz das schlimmste Regime der Welt dar: brutal, diktatorisch und mit einer verachtens-

---

[13] „[These] are not people like us [...]. They are not people who obey the normal norms of human behaviour".
[14] „[...] to allow weapons of mass destruction to be developed by a state like Iraq without let or hindrance would be grossly to ignore the lessons of September 11 and we will not do it."
[15] „The Saddam Hussein we face today is the same Saddam Hussein we faced yesterday. He has not changed. He remains an evil, brutal dictator [...]. It is now clearer than ever that his games have to stop once and for all. If they do not, the consequences should be clear to all".

werten Bilanz in Sachen Menschenrechten" (Blair 2002b)[16]. Diese Kontinuität in der britischen Haltung gegenüber dem Irak betonte Blair explizit: „Wie Sie wissen, war es schon immer unsere Politik, dass der Irak ohne Saddam Hussein ein besserer Ort wäre" (Blair/Bush 2002)[17]. Dieser Schluss wird nur im Jahr 2002 nicht mehr allein mit Menschenrechtsverletzungen Saddam Husseins begründet, sondern vor allem mit dem Verweis darauf, dass der Irak durch den Besitz von Massenvernichtungswaffen und aufgrund seiner Unterstützung terroristischer Vereinigungen eine enorme Gefahr für den Westen darstelle. Diese Argumentation des Premiers und seine daraus gezogenen Schlussfolgerungen werden insbesondere durch folgende Passage einer Rede verdeutlicht, die er im September 2002 im Rahmen der Präsentation des bereits erwähnten Dossiers zu Massenvernichtungswaffen im Irak (vgl. Fußnote 7) hielt:

„Why now? People ask. I agree I cannot say that this month or next, even this year or next, that he will use his weapons. If we take this course, he will carry on, his efforts will intensify, his confidence grow and at some point, in a future not too distant, the threat will turn into reality" (Blair 2002c).

In diesem Kontext betonte Blair des Weiteren, die Bedrohung durch den Irak sei keineswegs eine Einbildung, sondern sehr real. Daher dürften die Vergangenheit Saddam Husseins sowie die Existenz von Massenvernichtungswaffen nicht als amerikanische oder britische Propaganda missachtet werden (vgl. Blair 2002c)[18]. Auch er bevorzuge zwar die Entwaffnung Husseins ohne Anwendung militärischer Gewalt, betonte aber auch, dass die Aktionen, wenn notwendig und gerechtfertigt, auch militärischer Natur sein dürften und einen Sturz des Saddam-Regimes herbeiführen sollten (vgl. Blair 2002a)[19]. In diesem Zusammenhang erinnerte Blair auch an die Erfolge der vorangegangenen Militärschläge mit britischer Beteiligung wie etwa in Afghanistan oder Sierra Leone, sowie an die Verantwortung und die globale Führungsrolle, die Großbritannien im Kampf gegen den Terror einnimmt:

---

[16] „With the Taliban gone, Saddam is unrivalled as the world's worst regime: brutal, dictatorial, with a wretched human rights record".
[17] „You know it has always been our policy that Iraq would be a better place without Saddam Hussein".
[18] „The threat therefore is not imagined. The history of Saddam and WMD is not American or British propaganda. The history and the present threat are real".
[19] „If necessary the action should be military and again, if necessary and justified, it should involve regime change."

„Wir werden unsere Pflicht, die Welt sicherer zu machen, verletzen, wenn wir es Saddam Hussein erlauben, weiterhin ungehindert Massenvernichtungswaffen zu entwickeln" (Blair 2002d)[20].

Die deutsche Regierung, die sich ähnlich wie Großbritannien in Afghanistan als verlässlicher Partner der USA erwiesen hatte, zeigte bezüglich einer Intervention im Irak dagegen eine weitaus geringere Neigung, sich den Einschätzungen der Amerikaner im Hinblick auf die Bedrohung durch Saddam Hussein anzuschließen. So betonte Gerhard Schröder bereits im Februar 2002 – zwei Wochen nachdem US-Präsident Bush den Begriff der *Achse des Bösen* geprägt hatte – die Differenzen zwischen der deutschen und der amerikanischen Wahrnehmung: „[D]ass die Sprache unterschiedlich ist, wissen wir" (Schröder 2002a)[21]. Er bevorzugte jedoch nicht nur die Wahl anderer Begrifflichkeiten, sondern äußerte sich auch schon in dieser frühen Phase weitaus defensiver bezüglich militärischer Optionen gegen den Irak, indem er klar stellte, „dass sich Deutschland ohne eine ausdrückliche Zustimmung des UN-Sicherheitsrates *auf keinen Fall* an einem Militärschlag gegen den Irak beteiligen werde" und die Bundeswehr für „militärische Abenteuer" nicht zur Verfügung stehe (vgl. RegierungOnline 2002). Diese hier bereits angedeuteten Differenzen wurden dann wenige Monate später im Wahlkampf offensichtlich: Am 5. August 2002 positionierte sich Gerhard Schröder in der Irakfrage recht eindeutig und distanzierte sich von den USA, indem er ausdrücklich vor „Spielerei mit Krieg und militärischer Intervention" warnte und betonte: „Das ist mit uns nicht zu machen" (Schröder 2002b). Bereits zuvor hatten sich deutsche Regierungsmitglieder gegen eine mögliche Einbeziehung des Iraks in den Anti-Terror-Feldzug ausgesprochen (vgl. Harnisch 2004: 177) und kurz darauf äußerte sich auch Außenminister Joschka Fischer zu der Problematik. Er führte aus, das US-Feindbild Saddam Hussein sei zwar ein tyrannischer Diktator, jedoch funktioniere die aktuelle Eindämmungsstrategie. Fischer zufolge gehe die größte Gefahr für den Weltfrieden von islamischen Terroristen und internationalen Terrororganisationen wie Al-Kaida aus. Da es jedoch keinen Beweis für eine Verbindung zwischen Taliban-Führer Osama Bin Laden und dem Irak gäbe, sei eine unmittelbare Militäraktion gegen Saddam Hussein nicht gerechtfertigt. Des Weiteren müssten die Konflikte im Nahen Osten mithilfe einer internationalen Kooperation mit muslimischen Ländern gelöst werden. Diese beiden Konflikte – Nahost und Afghanistan – hätten höchs-

---

[20] „We will be failing in our duty to make the world a safer place if we allow [Saddam] to continue to develop WMD unhindered".

[21] So betonte auch Außenminister Fischer „die internationale Koalition gegen den Terror [sei] nicht die Grundlage, irgendetwas gegen irgendwen zu unternehmen – und schon gar nicht im Alleingang [...], weshalb das Wort von der *Achse des Bösen*" nicht weiterhelfe (vgl. Fischer 2002b).

te Priorität und das Eröffnen einer „dritten Front" würde deren Bewältigung behindern (vgl. Fischer 2002a).

Aus der Analyse zentraler Äußerungen der britischen und deutschen Regierungen im Zeitraum zwischen Januar und September 2002 lassen sich demnach zwei wichtige Erkenntnisse gewinnen. Erstens zeigte Deutschland eine geringere Tendenz als Großbritannien, die prägnante Rhetorik der USA bezüglich der drohenden Gefahr im Irak zu adaptieren, weil sie die dahinter liegenden Sachverhalte anders einschätzte. Zwar stimmen alle Äußerungen darin überein, dass Saddam Hussein als Diktator viele Gräueltaten begangen habe und sein Machtverlust ein Gewinn für den Weltfrieden darstellen würde. Bezüglich der Gefahr durch irakische Massenvernichtungswaffen ist aber eine entscheidende Divergenz in den Äußerungen der Akteure festzustellen. Während Großbritannien spätestens ab der Präsentation des Geheimdienst-Dossiers die Existenz der Massenvernichtungswaffen als erwiesen ansah und entsprechend der Doktrin des „Liberalen Interventionismus" einen Militärschlag als gerechtfertigt empfand, teilte Deutschland diese Einschätzung nicht, sondern drückte lediglich seine Sorge bezüglich der möglichen Entwicklung von Massenvernichtungswaffen durch den Irak aus (vgl. Schröder 2002a). Aus dieser unterschiedlichen Interpretation der Lage im Irak resultiert eine zu Tony Blairs Auffassung konträre Position Schröders hinsichtlich der Legitimität militärischer Mittel, was folgendes Zitat des Kanzlers verdeutlicht: „Keine Realpolitik und keine Sicherheitsdoktrin dürfen dazu führen, […] Krieg als normales Mittel der Politik" zu betrachten (Schröder 2003a). Für die Zivilmacht Deutschland müssen daher schwerwiegende Gründe eine militärische Intervention im Irak rechtfertigen, die Schröder im Gegensatz zu Blair aber nicht erfüllt sah. Schröders Position in dieser Phase lässt sich demnach wie folgt zusammenfassen: „Ja zu Entwaffnung, Nein zu gewaltsam herbeigeführtem Regimewechsel" (vgl. Fürtig 2007: 317), vor allem weil nach deutscher Auffassung noch nicht alle diplomatischen Möglichkeiten zu einer friedlichen Beilegung des Konflikts ausgeschöpft worden waren. Als zweiter wichtiger Befund lässt sich festhalten, dass auch hinsichtlich der vermuteten Wirkung eines Irakfeldzuges Differenzen zwischen Deutschland und Großbritannien unverkennbar sind. Denn während sich Blair durch die Entmachtung des Saddam-Regimes eine Erhöhung der Sicherheit erhoffte und glaubte, dass die Eindämmungspolitik im Falle des Irak nicht funktionieren würde (vgl. Blair 2002a), erwartete Deutschland durch eine dem Krieg folgende Instabilität eine Verschärfung der Sicherheitslage im Nahen Osten (vgl. Fischer 2003).

Die Bewertung militärischer Optionen im Irak und ihre Auswirkungen auf die transatlantischen Beziehungen

Neben der Legitimität des Krieges wurde im Verlauf des Diskurses von beiden Ländern auch immer wieder die Rolle ihrer Beziehung zu den USA thematisiert. Großbritannien betonte auch in der Irakfrage immer wieder die „very special and unique relationship" (Blair/Bush 2002) zwischen London und Washington, aufgrund derer Blair „die USA bei der Bewältigung dieser schwierigen Probleme nicht allein lassen werde" (Blair 2003a)[22]. Diese Entscheidung scheint auch getragen von dem Glauben, dass jede Abweichung von der Gefolgschaft die enge Verbindung zu den USA aufs Spiel setzen würde. Als Beleg dafür mag folgendes Zitat gelten: „Ich sage Ihnen, dass wir eng an der Seite der Amerikaner stehen müssen. Denn wenn wir das nicht tun, verlieren wir unseren Einfluss darauf, was sie tun"[23] (zit. n. Seldon 2004: 574). Aber nicht nur dieses strategische Moment, sondern auch die gemeinsamen Werte wurden von Tony Blair als Grund für die enge Zusammenarbeit mit den USA in der Irakfrage und die Entsendung eigener Truppen in den Irak angeführt. So hatte Blair schon im April 2002 versichert: „[W]enn die USA für diese Werte kämpfen, dann werden wir zusammen mit ihnen kämpfen – egal wie hart es wird" (Blair 2002a).[24] Die in der Irakfrage durch Äußerungen wie diese manifestierte Wiederbelebung und Stärkung von Großbritanniens *Atlantist Identity* führten zu Vorwürfen, Blair handele lediglich als Amerikas „Pudel". Dem entgegnete Blair vor seinen Parteikollegen im Parlament im Februar 2003: „Die Leute sagen, ich tue das, weil die Amerikaner sagen, ich solle es tun. Ich antworte darauf immer, dass es noch schlimmer ist: Ich glaube daran!" (zit. n. Riddell 2003: 1).[25]

Dagegen gab es von deutscher Seite im Irakdiskurs eher enttäuschte Worte zu dem Verhalten des Partners USA: „Es reicht einfach nicht aus, wenn ich aus der amerikanischen Presse von einer Rede erfahre, die eindeutig aussagt: Wir werden es machen, egal was die Welt oder unsere Verbündeten denken! So geht man nicht miteinander um. Die Pflicht von Freunden besteht nicht darin, in allen Fragen übereinzustimmen, sondern auch zu sagen: Wir sind in diesem Punkt anderer Meinung" (Schröder 2002c)[26]. Insbesondere die von Deutschland bereits

---

[22] „[…] that we do not leave the US to face the tricky issues alone".

[23] „I will tell you that we must stand close to America. If we don't, we will lose our influence to shape what they do".

[24] „[…] when America is fighting for those values, then, however tough, we fight with her".

[25] „People say you are doing this because the Americans are telling you to do it. I keep telling them that it's worse than that. I believe in it'.

[26] "It is just not good enough if I learn from American Press about a speech which clearly states: We are going to do it, no matter what the world or our allies think. That is no way to treat others. The duty of friends is not just to agree with everything, but to say: We disagree on this point".

im Afghanistanfeldzug als mangelhaft empfundene Einbindung in die Entscheidungsprozesse wurde zu einem zentralen Faktor für die entstehenden Differenzen zwischen Deutschland und den USA. Denn aus Sicht Deutschlands wurde damit das eingeforderte Recht auf Information und Konsultation, das Schröder bereits kurz nach *9/11* als mit der Bündnispflicht korrespondierendes Recht bezeichnet hatte (vgl. Schröder 2001b: 90), von den USA nicht ausreichend erfüllt. Außenminister Fischer wies in diesem Kontext darauf hin, dass Bündnispartner keine Satelliten seien (vgl. Fischer 2002b) und Schröder stellte klar, dass sich Deutschland in der Irakfrage, insbesondere unter diesen Voraussetzungen, nicht unter Druck setzten lasse: „Die wichtigen Entscheidungen werden in Berlin getroffen und nirgendwo sonst" (Schröder 2002d) und zur Teilnahme an einem solchen „Abenteuer"[27] (FAZ 2002a) sei Deutschland nicht bereit. Mit diesem als „deutschen Weg" (FAZ 2002b) bezeichneten Verhalten demonstrierte Deutschland sein gewachsenes Selbstbewusstsein und die politische Emanzipation von dem ehemaligen Schutzherrn USA. Zugleich betonte Bundeskanzler Schröder bezüglich des Einsatzes militärischer Mittel, „Deutschland [sei] es seiner Geschichte schuldig, die Alternativen zum Krieg zu betonen" (Schröder 2003b).

Während also Großbritannien durch die Betonung der gemeinsamen Überzeugungen und seine enge Zusammenarbeit mit den USA in der Irakfrage die *Special Relationship* vertiefte, zeigte sich Deutschland enttäuscht vom Bündnisverhalten der USA, da es für seine Solidarität von der Bush-Regierung eine Gegenleistung erwartete, insbesondere eine Rückkehr zum Multilateralismus (vgl. Staack 2004). Doch auch Blair versuchte nicht nur im Sinne der *Grand Strategy* zwischen den USA und Europa zu vermitteln, sondern sah es ebenso als seine Aufgabe an, die US-Vorhaben stärker in internationale Institutionen zu integrieren, um so den Irak-Krieg zu legitimieren.

Die Debatte um die Rolle internationaler Institutionen

London bevorzugte, seiner Überzeugung der Notwendigkeit eines Einmarsches in den Irak und des engen Zusammenarbeitens mit dem alten Partner USA zum Trotz, zunächst den multilateralen Weg und versuchte unter Einsatz seines gesamten diplomatisches Gewichts, die Glaubwürdigkeit und Legitimität der militärischen Auseinandersetzung zu erhöhen, die andernfalls wie eine unilaterale ameri-

---

[27] Schröder erklärte bereits kurz nach den Anschlägen am 11. September 2001: „Ich betone: Zu Risiken – auch im Militärischen – ist Deutschland bereit, aber nicht zu Abenteuern" (Schröder 2001b: 90) und Struck betonte später, so habe sich „Deutschland [...] in den vergangenen Jahren, nicht zuletzt im Kampf gegen den Terrorismus, als zuverlässiger Verbündeter erwiesen. Wir sind unverändert zur Solidarität bereit, aber nicht zu Abenteuern" (Struck 2002b).

kanische Invasion zu wirken drohte (Azubike 2005: 125). Blair verteidigte die UN-Autorität gegenüber US-Präsident Bush in der Irakfrage und bemühte sich, seinen Partner von einem militärischen Vorgehen ohne UN-Mandat abzuhalten (vgl. Müller-Brandeck-Bocquet 2004: 286). „Amerika sollte nicht gezwungen werden, dieses Problem alleine zu lösen. Natürlich sollte es im Rahmen der UN handeln. Das war unser Wunsch und die USA haben es getan" (Blair 2003a)[28] betonte Blair, der wesentlich dafür verantwortlich war, dass die USA der Resolution 1441, die zu der Rückkehr der Waffeninspektoren in den Irak führte, zustimmten. US-Außenminister Colin Powell bestätigte die Bedeutung dieser britischen Bemühungen: „Die Briten haben bestimmte Erfordernisse eingebracht, die wir mit in Betracht ziehen mussten. Lange bevor ich mich mit den anderen befasste, musste ich mich mit den britischen Sorgen und Interessen auseinandersetzen" (zit. n. Dobbs 2003)[29]. Um die enorme Bedeutung einer Multilateralisierung der Irakfrage hervorzuheben, betonte Blair seine Auffassung, nach der es für den Weltfrieden langfristig gesehen schädlicher wäre, wenn die USA Saddam alleine besiegen würden als wenn sie dies mit internationaler Unterstützung täten[30]. Denn Tony Blair empfand die Irakkrise als Schicksalsmoment für die Rolle der UN, was folgendes Zitat verdeutlicht: „Im Irak stehen nicht nur Krieg und Frieden auf dem Spiel, sondern auch die Autorität der UN. […] Wenn dieses Problem nicht im Rahmen der UN gelöst werden kann, ist das ein sehr gefährlicher Moment für unsere Welt" (Blair 2003b)[31]. Diesbezüglich sah Blair die Glaubwürdigkeit der UN vor allem dann gefährdet, wenn sie es nicht schaffen würde, ihre Forderungen notfalls auch mit Waffengewalt durchzusetzen. Denn wenn die internationale Gemeinschaft, so Blair, nachdem sie die Entwaffnung Saddam Husseins gefordert hat, nun mit den Schultern zucke und es dabei belasse, würde ein Diktator daraus den Schluss ziehen, „dass die internationale Gemeinschaft nur redet und nicht handelt, dass sie Diplomatie nutzt aber keine Gewalt. [Denn] wir wissen aufgrund unserer Geschichte, dass Diplomatie ohne Androhung von Gewalt bei Diktatoren noch nie funktioniert hat und nie funktionieren wird" (Blair 2002c)[32]. Und deswe-

---

[28] „America should not be forced to take this issue on alone. Of course it should go through the UN, that was our wish and what the US did".

[29] „The British […] brought specific requirements to the table that we had to accommodate. […] Long before I went after the others, I had to deal with British concerns and British interests".

[30] „It would be more damaging to long-term world peace if the Americans alone defeated Saddam than if they had international support".

[31] „At stake in Iraq is not just peace or war. It is the authority of the UN. […] If the UN cannot be the way of resolving this issue, that is a dangerous moment for our world".

[32] „But I can say that if the international community having made the call for his disarmament, now, at this moment, at the point of decision, shrugs its shoulders and walks away, he will draw the conclusion dictators faced with a weakening, will always draw. That the international community will talk but not act; will use diplomacy but not force; and we know, again from our history, that diplomacy, not backed by the threat of force, has never worked with dictators and never will work."

gen sei ein Zeichen der Schwäche im Irak nicht nur für diese Frage der falsche Weg. „Denn wenn wir jetzt Schwäche zeigen, wird uns niemand mehr glauben, wenn wir in Zukunft versuchen, Stärke zu zeigen. Unsere gesamte Geschichte – vor allem die britische Geschichte – hat uns das gelehrt" (Blair 2003b)[33]. Aufgrund dessen sei es Blair zufolge von großer Bedeutung, dass die USA und Europa in der Irakfrage enger zusammen stünden, damit niemand sie gegeneinander ausspielen könne (vgl. Blair 2002a)[34]. Er kritisierte in diesem Kontext europäische Regierungen wie die Deutschlands oder Frankreichs dafür, dass sie sich nicht konsequent für die Bekämpfung des irakischen Regimes ausgesprochen hätten. Denn Blair war der Überzeugung, dass ein von den UN-Sicherheitsratsmitgliedern geschlossen vertretener Standpunkt Saddam Hussein demonstriert hätte, dass er sein Spiel so nicht weiterführen könne (vgl. Blair 2003c). Als Kompensation warnte Blair Hussein seit Verabschiedung der Resolution 1441 wiederholt: „Wer sich dem Willen der Vereinten Nationen widersetzt, den werden wir mit Gewalt entwaffnen" (Blair 2002e)[35].

Ähnlich wie Tony Blair sah auch der deutsche Bundeskanzler Gerhard Schröder die Irakfrage als Schicksalsfrage für die zukünftige Weltordnung an und dafür, ob Entscheidungen zukünftig multilateral gefasst werden oder nicht (vgl. Schröder 2003a). Im Gegensatz zu Blair versuchte Deutschland jedoch primär, dem Zustandekommen des Krieges im Rahmen der Europäischen Union entgegenzuwirken. In einer gemeinsamen Erklärung auf dem EU-Sondergipfel des Europäischen Rates zum Irak-Konflikt am 17. Februar 2003 konnten sich die EU-Staats- und Regierungschefs noch auf folgende Schlussfolgerung einigen: „Krieg ist nie unvermeidlich. Waffengewalt sollte das letzte Mittel sein. Es ist die Pflicht des irakischen Regimes diese Krise zu beenden, indem es die Resolutionen des Sicherheitsrates umsetzt" (vgl. Bundesregierung 2003a)[36]. Blair und Schröder waren sich bezüglich der Notwendigkeit und des Vorranges der UN-Waffeninspektionen zwar einig, hatten jedoch eindeutig auseinandergehende Vorstellungen über die Dauer des Inspektionsprozesses. Während Blair gemeinsam mit Bush eine zweite UN-Resolution zur Legitimierung eines möglichen Militärschlages gegen den Irak forcierte, wollte Schröder keinen festen Zeitpunkt festlegen, bis zu welchem das Saddam-Regime den Inspektionen nachgekommen sein sollte. Deutschland schlug stattdessen zusammen mit Frankreich und Russ-

---

[33] „That is why a signal of weakness over Iraq is not only wrong in its own terms. Show weakness now and no-one will ever believe us when we try to show strength in the future. All our history – especially British history – points to this lesson".
[34] „ […] if we stand together, no one else feels they can play us off against each other."
[35] „Defy the United Nation's will and we will disarm you by force."
[36] „War is never unavoidable. Force should be the last resort. It is the duty of the Iraqi regime to end this crisis by implementing the resolutions of the Security Council".

land spezifische Maßnahmen zur Verbesserung der Inspektion in der UN vor (vgl. Bundesregierung 2003b). So kritisierten der französische, russische und deutsche Außenminister in einer gemeinsamen Stellungnahme am 15. März 2003, kurz vor Beginn des Irak-Krieges, das abrupte Ende des Inspektionsprozesses und erklärten, dass eine Militäraktion keinesfalls gerechtfertigt sei (vgl. Bundesregierung 2003c). Und noch am 18. März 2003 teilte Bundeskanzler Schröder der deutschen Öffentlichkeit mit, dass seiner Auffassung nach ein Krieg gegen den Irak nicht legitim sei, da das irakische Regime durch die andauernden Inspektionsprozesse den Anforderungen der UN-Resolution 1441 mehr und mehr folge leiste (vgl. Schröder 2003c).

Großbritannien forderte also trotz seiner Überzeugung von der grundsätzlichen Richtigkeit und Legitimität des Irak-Krieges von den USA eine stärkere Einbeziehung multilateraler Institutionen in der Irakfrage und wollte ganz im Sinne einer *Grand Strategy* seine Vermittlerposition zwischen den USA und Europa dafür einsetzen, dieses zu erreichen. Am Ende entschied sich Blair jedoch ganz im Sinne seiner atlantizistischen Tradition für den Beistand der USA ohne weiteren Einbezug der UN. Kritiker werfen Blair vor, dass er den Einbezug der UN nur halbherzig forcierte: „Tony's attempt to wrap himself in the UN flag is fatally hobbled by his inability to say that the UN will have the last word" (Cook 2003). Auch Deutschland sprach sich zwar seit Beginn der Irakdebatte für eine Behandlung des Themas im Rahmen der Vereinten Nationen aus, stellte aber auch wiederholt klar, dass Deutschland auch im Falle eines UN-Mandats für eine militärische Aktion im Irak zur Entsendung eigener Soldaten nicht bereit wäre (vgl. Fischer 2002a; 2003). Eine Haltung, die häufig als „unilateralistischer Sündenfall" in der Geschichte Deutschlands kritisiert wurde (vgl. Maull 2004: 17).

Fazit: Die Beteiligung am Irak-Krieg als Frage von Normen und Identität? Bewertung des Erklärungsgehalts konstruktivistischer Ansätze

Das Ziel dieses Beitrags war es, aus konstruktivistischer Perspektive Begründungen für das gegensätzliche Handeln Großbritanniens und Deutschlands in der Irakfrage herauszuarbeiten. Als zentrale Erklärungsmuster dienten hierbei die historisch gewachsenen Grundorientierungen des außenpolitischen Handelns beider Länder (Teil 2) sowie differente Interpretationen der Situation im Irak in den nationalen politischen Elitendiskursen der Jahre 2001 bis 2003 (Teil 3).

Teil 2 analysierte in zwei Fallstudien die *strategischen Kulturen* beider Länder, die historisch gewachsenen Selbst- und Fremdwahrnehmungen. Im Falle Großbritanniens konnte gezeigt werden, dass Tony Blairs persönlichen Einstel-

lungen eine besondere Rolle zukam, die insbesondere von zwei historisch gewachsenen Fundamenten britischer Außenpolitik geprägt wurden: die *Special
Relationship* zu den USA und das augenscheinlich militärische Selbstbild Londons, das im Imperialismus des britischen Empires verwurzelt ist und sich auch
in einer Reihe von Kriegsbeteiligungen nach 1945 widerspiegelt. Diese Selbstwahrnehmung hat sich unter Blair zur *Doctrine of International Community*
gewandelt: Einer ethischen Außenpolitik, nach der die internationale Gemeinschaft die moralische Pflicht besitzt, in souveräne Staaten zu intervenieren, um
Menschenrechtsverstöße zu stoppen – wie im Falle des Iraks. Die Analyse zur
strategischen Kultur Deutschlands, ihrer historischen Entwicklung und ihrer
gewichtigen Unterschiede zu den Leitmotiven der amerikanischen Außenpolitik
konnte demgegenüber zeigen, dass das Verhalten im Irak-Konflikt kaum als Zu-
fall oder Überraschung bezeichnet werden kann (vgl. Forsberg 2005: 226). Denn
Deutschland und die USA stimmten trotz ihrer besonderen Beziehung und der in
der Vergangenheit engen Partnerschaft auch lange vor dem Irak-Konflikt in
ihrem Weltbild und wesentlichen außenpolitischen Normen nicht überein. Der
Konflikt zwischen Deutschlands multilateraler und diplomatisch orientierter
strategischer Kultur einer Zivilmacht und der interventionsorientierten unilateral-
militärischen Kultur der USA konnte durch die nach den Terroranschlägen auf
das World Trade Center zugesicherte „uneingeschränkte Solidarität" nur für
kurze Zeit überdeckt werden. Die inhaltlichen Differenzen blieben bestehen. Vor
dem Hintergrund dieser Ergebnisse kann die eingangs formulierte Annahme –
*die divergierenden Entscheidungen Deutschlands und Großbritanniens in der
Irakfrage sind das Ergebnis differenter nationaler Identitäten, die auf unterschiedlichen Normen, Ideen und Weltbildern beruhen* – als bestätigt gelten.

In Teil 3 wurde zusätzlich die spezifische Situation, in der die Entscheidungen für bzw. gegen einen Kriegsbeitritt erfolgten, mithilfe einer Diskursanalyse
untersucht, um mögliche Differenzen in der diskursiven Interpretation der Situation durch die britische und deutsche Regierung aufzuzeigen. Hierbei deuteten
die Aussagen darauf hin, dass die unter dem Eindruck des 11. September 2001
zustande gekommene und im Afghanistan-Feldzug unter Beweis gestellte „uneingeschränkte Solidarität" mit den USA in Deutschland eine wesentlich geringere Halbwertszeit hatte als in Großbritannien. Dies zeigt sich bereits in der
Verwendung bzw. Nicht-Verwendung bestimmter Begriffe. Denn während Blair
die Rhetorik Bushs weitestgehend übernahm, distanzierte sich die deutsche Regierung hiervon recht scharf. Diese sprachlichen Unterschiede korrespondieren
mit einer äußerst unterschiedlichen Wahrnehmung der Bedrohung durch den Irak
unter Saddam Hussein. Zwar sahen sowohl Großbritannien als auch Deutschland
das Regime aufgrund seiner Brutalität als menschenverachtend an; bezüglich der
letztlich für den Kriegsbeginn entscheidenden Frage, ob dem Westen durch ira-

kische Massenvernichtungswaffen Gefahr drohe, wurden jedoch höchst unterschiedliche Einschätzungen geäußert. Denn während Tony Blair in dem britischen Irak-Dossier den finalen Beweis für die Existenz der Massenvernichtungswaffen erbracht sah, war dies aus deutscher Sicht nicht erwiesen. Aufgrund dieser völlig verschiedenen Einschätzung der Lage im Irak wurden sowohl die Legitimität als auch die Wirksamkeit eines militärischen Schlages gegen den Irak in London und Berlin vollkommen unterschiedlich bewertet. Aus diesen höchst unterschiedlichen Einschätzungen resultierten schließlich entsprechende Folgen für die Beziehungen zu den USA. Tony Blairs Strategie war trotz anfänglicher Bemühungen um eine Legitimierung der Intervention durch die Vereinten Nationen maßgeblich durch eine Intensivierung der *Special Relationship* zu den USA geprägt, weshalb er letztlich dem Atlantizismus gegenüber dem Multilateralismus den Vorzug gab. Dagegen führten die Dissonanzen zwischen der amerikanischen und deutschen Regierung in der Irak-Krise zu der schärfsten Krise in den transatlantischen Beziehungen der Nachkriegszeit, sodass Gerhard Schröder einer Teilnahme Deutschlands am Irakfeldzug auch für den Fall eines UN-Mandats eine Absage erteilte. Die Autoren sehen daher auch die zweite Annahme, *dass eine mögliche Intervention im Irak von den deutschen und britischen Akteuren höchst unterschiedlich wahrgenommen und bewertet wurde*, als bestätigt an.

Darüber hinaus ließen sich die in Teil 2 beschriebenen unterschiedlichen kulturellen Faktoren mehrfach in den Elitendiskursen verorten. Aus konstruktivistischer Perspektive ist hierbei besonders interessant, dass sich beide Akteure bei der Begründung ihrer Positionen auf ihre Geschichte und daraus resultierende Verantwortungen berufen, aber aufgrund von sehr unterschiedlichen geschichtlichen Erfahrungen dabei zu geradezu gegensätzlichen Schlüssen gelangen. Zusammenfassend lassen sich die von Befürwortern des Konstruktivismus in den Vordergrund gestellten immateriellen Strukturen somit durchaus als Variable mit Erklärungsgehalt für die in diesem Beitrag betrachtete Fragestellung bezeichnen.

Die Analyse weist aber auch auf einige der Probleme hin, mit denen konstruktivistische Erklärungsmodelle behaftet sind. So lässt sich die sprachliche Konstruktion von Wirklichkeit nur schwer als Erklärungsressource im Sinne eines naturwissenschaftlichen Beweises operationalisieren. Das ist allerdings auch nicht der Anspruch dieses Beitrags, der vielmehr einen Versuch darstellt, das Verhalten der betrachteten Nationen in der Irakfrage in einer historisch orientierten Verstehensperspektive zu kontextualisieren, wie sie für konstruktivistische Ansätze typisch ist (vgl. Hollis/Smith 1990; Ulbert 2005: 20). Es wurden in diesem Beitrag somit keine kausalen Mechanismen zwischen voneinander isolierbaren Faktoren unterstellt, sondern vielmehr eine Kontextualisierung der

Entscheidungsprozesse in Deutschland und Großbritannien aus historischer Perspektive verfolgt, die nationale Werte und Normen betont. Auch sind Konstrukte wie „strategische Kultur" oder „nationale Identität" in der Außenpolitik häufig komplex und können nicht immer als Gesamtheit gefasst werden. So zeigt sich insbesondere im deutschen Fall, dass in der Irakfrage zwei fundamentale Prinzipien des Zivilmachtkonzeptes im Konflikt standen: der auf den Erfahrungen von zwei Weltkriegen basierende Antimilitarismus und die in der Nachkriegszeit stets verfolgte Strategie des Multilateralismus. Eine Voraussage über die Gewichtung dieser einzelnen Grundorientierungen im Konfliktfall zu treffen, vermag auf Basis der hier verfolgten Methodik kaum zu gelingen. So wäre eine rein historische und werteorientierte Analyse im November 2001 kaum in der Lage gewesen, *a priori* vorauszusagen, ob ein vor die Wahl zwischen Antimilitarismus und Multilateralismus gestelltes Deutschland die bisweilen als unilateralistischen Sündenfall bezeichnete Entscheidung zugunsten antimilitaristischer Traditionen treffen würde oder ob es seine Prinzipien für den Einsatz militärischer Kräfte revidieren würde, um die internationalen Institutionen zur Koordination von Außenpolitik zu stärken. Wie gezeigt werden konnte, bieten konstruktivistische Ansätze für das bessere Verständnis außenpolitischer Entscheidungsprozesse *a posteriori* jedoch wertvolle Verständnismuster.

Literatur

Sekundärliteratur

Adonis, Andrew / Hames, Tim (1994): A Conservative Revolution? The Thatcher-Reagan Decade in Perspective. Manchester: Manchester University Press.

Anderson, Sarah / Bennis, Phyllis / Cavanagh, John (2003): Coalition of the Willing or Coalition of the Coerced? How the Bush Administration Influences Allies in its War on Iraq. Washington, DC: Institute of Policy Studies.

Azubike, Samuel (2005): The „Poodle Theory" and the Anglo-American „Special Relationship". In: International Studies. 42 (2): 123-139.

Bartlett, Christopher J. (1992): The Special Relationship: A Political History of the Anglo-American Relations. London: Longman.

Baumann, Rainer (2005): Der Wandel des deutschen Multilateralismus. Verschiebungen im außenpolitischen Diskurs in den 1990er Jahren. In: Ulbert, Cornelia / Weller, Christoph (Hrsg.): Konstruktivistische Analysen der internationalen Politik. Wiesbaden: VS Verlag. 99-125.

Berger, Thomas U. (1996): Unsheathing the Sword? Germany, Japan and the Perils of Multilateralism. In: World Affairs. 158 (4): 174-191.

Berger, Thomas U. (1998): Cultures of Antimilitarism. National Security in Germany and Japan. Baltimore: Johns Hopkins University Press.

Braithwaite, Rodic (2003): End of Affair. In: Prospect. 86 (Mai): 20-23.

CNN.com (2001): Bush says it is time for action. November 6, 2001. http://archives.cnn.com/2001/US/11/06/ret.bush.coalition/index.html: 17.12.2008

Cook, Robin (2003): The Point of Departure. London: Simon & Schuster.

Czempiel, Ernst-Otto (2002): Weltpolitik im Umbruch: Die Pax Americana, der Terrorismus und die Zukunft der internationalen Beziehungen. München: C. H. Beck.

Dalgaard-Nielsen, Anja (2005): The Test of Strategic Culture: Germany, Pacifism and Pre-emptive Strikes. In: Security Dialogue. 36 (3): 339-359.

Danchev, Alex (2003): Greeks and Romans: Anglo-American Relations after 9/11. In: RUSI Journal 148 (2). 16-19.

Dobbs, Michael (2003): Old Alliance, New Relevance. In: Washington Post. 30.1.2003.

Duffield, John S. (1998): World Power Forsaken. Political Culture, International Institutions, and German Security Policy after Unification. Stanford: Stanford University Press.

Duffield, John S. (1999): Political Culture and State Behavior: Why Germany Confounds Neorealism. In: International Organization. 53 (4): 765-803.

Dumbrell, John (2001): A Special Relationship: Anglo-American Relations in the Cold War and After. Hampshire: MacMillan Press.

Dumbrell, John (2007): Reflections on the Contemporary US-UK Special Relationship: Structure and Agency in Anglo-American Relations. www.rose-hulman.edu/~casey1/BAB-Dumbrell.pdf: 21.07.2008.

Dunne, Tim (2005): Fighting for Values': Atlanticism, Internationalism and the Blair Doctrine. http://www.allacademic.com/meta/p_mla_apa_research_citation/0/7/0/7/3/p70731_index.html: 21.07.2008.

Dyson, Stephen B. (2006): Personality and Foreign Policy: Tony Blair's Iraq Decisions. In: Foreign Policy Analysis. 2(2): 289-306.

FAZ (2002a): Schröder: Keine Beteiligung am Krieg gegen den Irak. 05.08.2002.

FAZ (2002b): Die SPD im Wahlkampf auf einem „deutschen Weg". 06.08.2002.

Forsberg, Tuomas (2005): German Foreign Policy and the War on Iraq: Anti-Americanism, Pacifism or Emancipation? In: Security Dialogue. 36 (2): 213-230.

Frankenberger, Klaus-Dieter (2002): Partnerschaft in der Krise. In: Frankfurter Allgemeine Zeitung. 11.09.2002.3.

Fröhlich, Stefan (2006): Special Relationship: Großbritannien und die USA. In: Kastendiek, Hans / Sturm, Roland (Hrsg.): Länderbericht Großbritannien. Bonn: Bundeszentrale für politische Bildung. 533-548.

Fürtig, Henner (2007): Playing the muscle-man or new self-assuredness? Germany and the Iraq War. In: International Journal of Contemporary Iraqi Studies. 1 (3): 311-328.

Gaffney, John (2004): Highly Emotional States: French-US Relations and the Iraq War. In: European Security. 13 (3): 247-272.

Gorst, Anthony / Johnman, Lewis (1997): The Suez Crisis. Abingdon: Routledge.

Hacke, Christian (2003): Deutschland, Europa und der Irakkonflikt. In: Aus Politik und Zeitgeschichte. B 24-25/2003. 8-16.

Haftendorn, Helga (2001): Deutsche Außenpolitik zwischen Selbstbeschränkung und Selbstbehauptung. Stuttgart/München: Deutsche Verlags-Anstalt.

Harnisch, Sebastian (2002): Außenpolitiktheorie nach dem Ost-West-Konflikt – Stand und Perspektiven der Forschung. Trierer Arbeitspapiere zur internationalen Politik. 7.

Harnisch, Sebastian (2004): German Non-Proliferation Policy and the Iraq Conflict. In: German Politics. 13 (1): 1-34.

Hellmann, Gunther (2000): Hegemonie des Machtsstaates Deutschland unter modernen Bedingungen? Zwischenbilanzen nach zehn Jahren neuer deutscher Außenpolitik. Beitrag für den 21. Wissenschaftlichen Kongress der Deutschen Vereinigung für Politische Wissenschaft in Halle/Saale. 1.-5.10. 2000. http://www.unitrier. de/uni/fb3/politik/dtap/publications/conference/hellmann-halle.pdf: 20.06.2008.

Hellmann, Gunther (2002): Berlin – Paris – Brüssel – Straßburg: Deutsche Außenpolitik für eine gemeinsame europäische Zukunft. In: Arnold, Hans / Krämer, Raimund (Hrsg.): Sicherheit für das größere Europa. Politische Optionen im globalen Spannungsfeld. „EINE Welt" Texte der Stiftung Entwicklung und Frieden. 14. Bonn: Verlag J.H.W. Dietz. 311-331.

Hollis, Martin / Smith, Steve (1990): Explaining and Understanding International Relations. Oxford: Oxford University Press.

Jakobs, Nadine (2005): Deutsche Sicherheitspolitik nach dem 11. September 2001. Studien zur Deutschen und Europäischen Außenpolitik 12/2005. http://www.deutsche-aussenpolitik.de/resources/monographies/jakobs.pdf: 21.07.2008.

Jefferson, Ronald L. / Wendt, Alexander / Katzenstein, Peter J. (1996): Norms, Identity, and Culture in National Security Policy. In: Katzenstein, Peter J. (Hrsg.): The Culture of National Security. New York: Columbia University Press. 33–75.

Kaarbo, Juliet / Lantis, Jeffrey. S. (2003): The 'Greening' of German Foreign Policy in the Iraq Case: Conditions of Junior Party Influence in Governing Coalitions. In: Acta Politica. 38: 201-230.

Kagan, Robert (2002): Power and Weakness: Why the United States and Europe See the World Differently. In: Policy Review. 113: 3-28.

Kampfner, John (2004): Blair's Wars. London: Simon & Schuster.

Katzenstein, Peter J. (2003): Same War: Different Views: Germany, Japan, and Counterterrorism. In: International Organization. 57 (4): 731-760.

Keohane, Robert O. (1990): Multilateralism. An Agenda for Research. In: International Journal. 45 (4): 731-764.

Kettenacker, Lothar (2006): Großbritannien in der neuen Weltordnung nach 1945. In: Kastendiek, Hans / Sturm, Roland (Hrsg.): Länderbericht Großbritannien. Bonn: Bundeszentrale für politische Bildung. 514-532.

Kirste, Knut / Maull, Hanns W. (1996): Zivilmacht und Rollentheorie. In: Zeitschrift für Internationale Beziehungen. 3 (2): 283-312.

Küsters, Hanns J. (2005): Von der beschränkten zur vollen Souveränität Deutschlands. In: Aus Politik und Zeitgeschichte. 17/2005: 3-9.

Leggewie, Claus (2003): Globalisierung versus Hegemonie. Zur Zukunft der transatlantischen Beziehungen. In: IPG. 1/2003: 87-111.

Longhurst, Kerry (2004): Germany and the Use of Force: The Evolution of German Security Policy 1990-2003. Manchester/New York: Manchester University Press.

Mayer, Peter / Rittberger, Volker / Zelli, Fariborz (2003): Risse im Westen? Betrachtungen zum transatlantischen Verhältnis von heute. Tübinger Arbeitspapiere zur Internationalen Politik und Friedensforschung. 40.

Maass, Gero (2004): Blairs Welten bröckeln. Was bleibt von New Labour, New Britain, New Europe und New World? In: Europäische Politik. 06/2004.

Maull, Hanns W. (2007): Zivilmacht Deutschland. In: Schmidt, Siegmar / Hellmann, Gunther / Wolf, Reinhard (Hrsg.): Handbuch zur deutschen Außenpolitik. Wiesbaden: VSVerlag. 73-84.

Müller, Harald (2004): Das transatlantische Risiko. Deutungen des amerikanischeuropäischen Weltordnungskonflikts. In: Aus Politik und Zeitgeschichte. B 3-4/2004: 7-17.

Müller-Brandeck-Bocquet, Gisela (2004): Großbritannien im Irak-Konflikt – Juniorpartner oder Schoßhund der USA? In: Staack, Michael / Voigt, Rüdiger (Hrsg.): Europa nach dem Irak-Krieg. Ende der transatlantischen Epoche? Baden-Baden: Nomos. 279-305.

Murphy, Alexander B. / Johnson, Corey M. (2004): German Geopolitics in Transition. In: Eurasian Geography and Economics. 45 (1): 1-17.

Naughtie, James (2004): The Accidental American: Tony Blair and the Presidency. Houndsmills: MacMillan Press.

Onuf, Nicholas (1998): Constructivism: A User's Manual. In: Kubálková, Vendulka / Onuf, Nicholas / Kowert, Paul (Hrsg.): International Relations in a Constructed World. Armonk, New York: M.E. Sharpe. 58-78.

Otte, Max / Greve, Jürgen (2000): A Rising Middle Power? German Foreign Policy in Transformation, 1989-1999. New York: St. Martin's Press.

Ovendale, Ritchie (1998): Anglo-American Relations in the Twentieth Century. Houndsmills: MacMillan Press.

Parker, Andrew (2002): Blair Warns Concerted Effort Needed to Deal With Weapons of Mass Destruction. In: The Financial Times. London. 04.03.2002.

Piel, Edgar (1998): Nur unter „ferner liefen". Deutsche Außenpolitik im Spiegel der Demoskopie. In: Internationale Politik. 53 (12): 33-37.

Porter, Bernhard (1983): Britain, Europe and the World: Delusion of Grandeur. London: Allen & Unwin.

Pullinger, Stephen (2007): Liberal Interventionism – time to get real. In: ISIS Europe – European Security Review. 36. 2-4.

Reynolds, David (1985): A Special Relationship? America, Britain and the International Order Since the Second World War. In: International Affairs. 62 (1): 1-20.

Riddell, Peter (2003): Hug Them Close. Blair, Clinton, Bush and the 'Special Relationship'. London: Politico's.

Risse, Thomas (2004): Kontinuität durch Wandel: Eine „neue" deutsche Außenpolitik? In: Aus Politik und Zeitgeschichte. B 11/2004: 24-31.

Risse, Thomas (2007): Deutsche Identität und Außenpolitik. In: Schmidt, Siegmar / Hellmann, Gunther / Wolf, Reinhard (Hrsg.): Handbuch zur deutschen Außenpolitik. Wiesbaden: VS-Verlag. 49-61.

Rudolf, Peter (2005a): The Myth of the „German Way": German Foreign Policy and Transatlantic Relations. In: Survival. 47 (1): 133-152.

128

Rudolf, Peter (2005b): George W. Bushs außenpolitische Strategie. SWP Studie S25. Berlin: Stiftung Wissenschaft und Politik.

Schöllgen, Gregor (2004a): Die Zukunft der deutschen Außenpolitik liegt in Europa. In: Aus Politik und Zeitgeschichte. B11/2004: 9-16.

Schöllgen, Gregor (2004b): Die Außenpolitik der Bundesrepublik Deutschland. Von den Anfängen bis zur Gegenwart. 3. Aufl. München: C.H. Beck.

Schuster, Jürgen (2004): Das „alte" und das „neue" Europa: Die Reaktionen der europäischen Länder auf die amerikanische Irak-Politik. Münster: Lit Verlag.

Seldon, Anthony (2004): Blair. London: The Free Press.

Siedschlag, Alexander (2003): Der „kulturelle" Faktor in der Sicherheitspolitik. In: Reader Sicherheitspolitik. Die Bundeswehr vor neuen Herausforderungen. Ergänzungslieferung. 09/2003.

Staack, Michael (2004): Nein zur Hegemonialmacht. Deutschlands außenpolitische Entscheidungsprozesse im Irak-Konflikt. In: Staack, Michael / Voigt, Rüdiger (Hrsg.): Europa nach dem Irak-Krieg. Ende der transatlantischen Epoche? Baden-Baden: Nomos. 203-230.

Staack, Michael / Voigt, Rüdiger (2004): Europa nach dem Irak-Krieg. Ende der transatlantischen Epoche? Baden-Baden: Nomos.

Stahl, Bernhard (2006): German and French Out-of-Area Engagement from Iraq to Iraq. Identity Theory and the Problem of Foreign Policy change. Paper prepared for presentation 3rd Pan-European Conference on EU-Politics (ecpr). Istanbul. 21.-23.09.2006. www.jhubc.it/ecpr-istanbul/virtualpaperroom/041.pdf: 21.07.2008.

Stahl, Bernhard (2007): Who securitized what, when, and how? A comparative analysis of eight EU member states in the Iraq crisis. Paper prepared for presentation at the ECPR conference in Turin. 12.-15.09.2007.

Stephens, Phillip (2004): Tony Blair: The Making of a World Leader. New York: Viking Books.

Szabo, Stephen F. (2004): Parting Ways – The Crisis in German-American Relations. Washington: Brookings Institution Press.

Treverton, Gregory (1990): Britain's Role in the 1990s: an American View. In: International Affairs. 66 (4): 703-10.

Ulbert, Cornelia (2005): Konstruktivistische Analysen der internationalen Politik. Theoretische Ansätze und methodische Herangehensweisen. In: Ulbert, Cornelia / Weller, Christoph (Hrsg.): Konstruktivistische Analysen der internationalen Politik. Wiesbaden: VS Verlag. 9-34.

Von Bredow, Wilfried (2006): Die Außenpolitik der Bundesrepublik Deutschland – Eine Einführung. Wiesbaden: VS Verlag.

Weller, Christopher (2005): Massenmediale Konstruktionen im außenpolitischen Entscheidungsprozess. In: Ulbert, Cornelia / Weller, Christoph (Hrsg.): Konstruktivistische Analysen der internationalen Politik. Wiesbaden: VS Verlag. 313-346.

Wendt, Alexander (1992): Anarchy is What States Make of It. In: International Organization. 46 (2): 391-425.

Wheeler, Nicholas J. (2004): Humanitarian responsibilities of sovereignty. In: Welsh, Jennifer M. (Hrsg.): Humanitarian intervention in international relations. Oxford: Oxford University Press. 29-51.

Williams, Paul (2005): Who´s making foreign policy? In: International Affairs. 80 (5): 909-929.

Wohlforth, William C. (1999): The Stability of a Unipolar World. In: International Security. 24 (1): 5-41.

Primärquellen

Blair, Tony (1997): Speech by the Prime Minister at the Lord Mayor's Banquet. 10.11.1997. http://www.number-10.gov.uk/output/Page1070.asp: 21.07.2008.

Blair, Tony (1999): Doctrine of the International Community. Speech to the Economic Club of Chicago, Hilton Hotel, Chicago. 22.04.1999. http://www.globalpolicy. org/globaliz/politics/blair.htmi:14.05.2008.

Blair, Tony (2001): Speech at the Labour Party conference. 02.10.2001. http://www. guardian.co.uk/Archive/Article/0,4273,4268838,00.html: 30.08.2008.

Blair, Tony (2002a): Speech at the George Bush Senior Presidential Library. 07.04.2002. http://www.number10.gov.uk/Page1712: 25.09.2008.

Blair, Tony (2002b): Prime Minister Speech: „Saddam Hussein is a threat that has to be dealt with" 10.09.2002. http://www.number10.gov.uk/Page1725: 21.07.2008.

Blair, Tony (2002c): Prime Minister's Iraq statement to Parliament. 24.09.2002. http://www.number10.gov.uk/Page1727: 21.07.2008.

Blair, Tony (2002d): Prime Minister's New Year message. 31.12.2002. http://www. number10.gov.uk/Page1747: 21.07.2008.

Blair, Tony (2002e): Prime Minister's statement on Iraq following UN Security Council resolution. 08.11.2002. http://www.number10.gov.uk/Page3206: 21.07.2008.

Blair, Tony (2003a): Prime Minister's speech to Foreign Office Conference in London. 07.01.2003. http://www.number10.gov.uk/Page1765: 21.07.2008.

Blair, Tony (2003b): Prime Ministers statement on Iraq. 25.02.2003. http://www.number 10.gov.uk/Page3088: 21.07.2008.

Blair, Tony (2003c): Prime Ministers statement following the Azores Summit. 16.03. 2003. http://www.number10.gov.uk/Page3282: 21.07.2008.

Blair, Tony/Bush, George W. (2002): Press Conference. 06.04.2002. http://www.number 10.gov.uk/Page1711: 21.07.2008.

Bundesregierung (2003a): Gemeinsame Erklärung der EU-Staats- und Regierungschefs auf dem EU-Sondergipfel zum Irak-Konflikt. Schlussfolgerungen des Europäischen Rates 17.02.2003. http://www.bundesregierung.de/artikel,-467784/Schlussfolgerungen-des-Europae.htm: 04.07. 2008.

Bundesregierung (2003b): Gemeinsame Erklärung von Russland, Deutschland und Frankreich vom 05.03.2003. http://www.bundesregierung.de/artikel,-470338/Gemeinsame-Erklaerung-von-Russ.htm: 04.07. 2008.

Bundesregierung (2003c): Französisch-russisch-deutsche Erklärung zum Irak, 15.03.2003. http://www.bundesregierung.de/artikel,-472472/Franzoesisch-russischdeutsche.htm: 04.07. 2008.

Bush, George W. (2002): State of the Union Speech: The Axis of Evil, 29.01.2002. Auszug abgedruckt in: Sifry, Micah L. / Cerf, Christopher (Hrsg.): The Iraq War Reader. History, Documents, Opinions. New York: Touchstone. 250-252.

Butler, Lord (2004): Report of a Committee of Privy Councillors, Chairman: The Rt. Hon The Lord Butler of Brockwell. Review of Intelligence on Weapons of Mass Destruction. London: House of Commons.

Fischer, Joschka (2002a): Deutschlandfunk-Interview mit Joschka Fischer. 28.08.2002.

Fischer, Joschka (2002b): Wir sind keine Satelliten. Interview mit Joschka Fischer. In: Die Welt. 12.02.2002.

Fischer, Joschka (2003): Rede des Bundesministers des Auswärtigen, Joschka Fischer, zur aktuellen internationalen Lage vor dem Deutschen Bundestag am 13.02.2003 in Berlin. Bulletin der Bundesregierung.14 (2).

RegierungOnline (2002): Gespräch von Bundeskanzler Gerhard Schröder und Tony Blair. 15.03.2002. http://archiv.bundesregierung.de/bpaexport/artikel/13/72713/multi.htm:15.08.2008.

Schröder, Gerhard (2001a): Eine neue Form der Selbstverteidigung. Bundeskanzler Schröder über die Bedrohung der westlichen Zivilisation und Deutschlands Rolle in der Welt. Ein ZEIT-Gespräch von Gunter Hoffmann und Michael Naumann. In: Stichworte zur Sicherheitspolitik. 11/2001.

Schröder, Gerhard (2001b): Regierungserklärung zu den Anschlägen in den USA am 19.09.2001 vor dem Deutschen Bundestag. In: Internationale Politik. 56 (12): 89-91.

Schröder, Gerhard (2002a): EU-Kommission hat keinen Anlass, über Deutschland zu klagen. Interview mit Gerhard Schröder. In: Handelsblatt. 11.02.2002. http://archiv. bundesregierung.de/bpaexport/interview/81/69181/multi.htm: 21.07.2008.

Schröder, Gerhard (2002b): Rede zum Wahlkampfauftakt am 05.08.2002, in Hannover. http://powi.uni-jena.de/wahlkampf2002/dokumente/SPD_Schroeder_Rede_Wahlkam pfauftaktHannover.pdf: 21.07.2008.

Schröder, Gerhard (2002c): No One Has a Clear Idea About What the Effects Would Be. Interview with Gerhard Schroder. In: The New York Times. 05.09.2002.

Schröder, Gerhard (2002d): Finanzplan des Bundes 2002 bis 2006. Rede vor dem Deutschen Bundestag. 13.09.2002.

Schröder, Gerhard (2003a): Unsere Verantwortung für den Frieden. Regierungserklärung. 13.02.2003.

Schröder, Gerhard (2003b): Neujahrsansprache 2003 am 31.12.2002. Dem Frieden in der Welt verpflichtet – zum Wandel im Inneren bereit. Bulletin der Bundesregierung. 01-1, 02.01.2003.

Schröder, Gerhard (2003c): Erklärung von Bundeskanzler Schröder am 18.03.2003 zur aktuellen Lage in Bezug auf den Irak. http://www.bundesregierung.de/basisattribute, -472828/Erklaerung-von-Bundeskanzler-S.htm: 21.07. 2008.

Struck, Peter (2002a): Rede zur Verlängerung des ISAF-Mandates vor dem Deutschen Bundestag. 20.12.2002. In: Stichworte zur Sicherheitspolitik. 11/2002.

Struck, Peter (2002b): Deutsche Friedenspolitik und die neue Bundeswehr. Rede an der Führungsakademie der Bundeswehr in Hamburg. 27.08.2002. In: Stichworte zur Sicherheitspolitik. 08/2002.

The White House (2002): The National Security Strategy of the United States of America. 17.09.2002. http://www.globalsecurity.org/military/library/policy/national/nss-0209 20.pdf:14.01.2009.

Zum Hintergrund: Kyoto

Philipp C. Ditzel & Jan Tilly

Im Zentrum der Diskussion um den Klimawandel steht der so genannte „Treibhauseffekt", der bereits Ende des 19. Jahrhunderts erstmals beschrieben wurde. Die Sonnenstrahlung wird von der Erdoberfläche absorbiert, in Wärme umgewandelt und als Wärmestrahlung wieder abgestrahlt. Die in der Atmosphäre befindlichen Treibhausgase – insbesondere Kohlenstoffdioxid (CO_2), aber auch Wasserstoff, Methan, Ozon und andere – absorbieren diese Wärmestrahlung und setzen sie in der Atmosphäre wieder frei. Je höher die Konzentration an Treibhausgasen in der Atmosphäre, desto stärker der Absorptionsprozess und damit die Erwärmung der Erdoberfläche. Die Existenz natürlicher Treibhausgase in der Atmosphäre ist eine Voraussetzung für das Leben auf der Erde, da die durchschnittliche Temperatur der Erdoberfläche ohne den Treibhauseffekt bei etwa minus 18° Celsius liegen würde. Die Konzentration der Treibhausgase in der Atmosphäre hat sich seit der Industrialisierung allerdings deutlich erhöht, insbesondere durch die Verbrennung fossiler Energieträger. Gemessen in *Parts per Million* (ppm) stieg die Konzentration von CO_2 in der Erdatmosphäre von ca. 280 ppm um das Jahr 1800 auf ca. 380 ppm im Jahr 2008. Diese Störung des Naturhaushalts hat erhebliche Auswirkungen auf das Klima mit nur vage prognostizierbaren Folgen für das Leben auf der Erde. Neben steigenden Temperaturen an der Erdoberfläche geht man u.a. von einer Erhöhung des Meeresspiegels, häufigen und intensivierten Unwetterereignissen sowie von einer verstärkten Wüstenbildung aus (IPCC 2001: 8f.; 2007: 48ff.).

Im politischen Geschehen der Nationalstaaten fanden Umweltthemen erst seit Beginn der 1960er Jahre Beachtung. Anfänglich waren es zumeist lokal und regional begrenzte Umweltproblematiken, wie bspw. Gewässerverschmutzung und Luftverunreinigung, die es auf die politische Agenda schafften. Während bis in die 1970er Jahre hinein Umweltthemen vornehmlich auf nationalstaatlicher Ebene und im Rahmen bilateraler Abkommen mit Anrainerstaaten angegangen wurden, änderte sich dies mit der internationalen Umweltkonferenz der Vereinten Nationen in Stockholm 1972 (*United Nations Conference of the Environment*). Dieses Treffen stellte das erste wirklich internationale Zusammenkommen von Regierungsvertretern zu Umweltproblematiken mit globalem Ausmaß dar und legte die Grundlage für die Einrichtung eines eigenen Umweltprogramms der Vereinten Nationen – *United Nations Environment Programme (UNEP)* – bereits im selben Jahr (United Nations 1972; Seybold 2003: 103).

Wie bisher kein anderes Umweltthema hat die Klimadebatte den internationalen politischen Diskurs beherrscht. Auf der internationalen Umweltkonferenz in Stockholm selbst wurden klimarelevante Themen nur am Rande behandelt, die Agenda wurde vielmehr von den divergierenden Interessen der Industrie- und Entwicklungsländer dominiert. Während das politische Hauptinteresse der Industrienationen darin bestand, Maßnahmen zur Begrenzung industrieller Umweltverschmutzung und zum Schutz von Ökosystemen zu vereinbaren, um eine drohende Umweltkatastrophe abzuwenden, ging es den Entwicklungsländern vornehmlich um die Bekämpfung von Armut und um die wirtschaftliche Entwicklung im Allgemeinen (Fricke 2001: 49ff.). So war es zunächst die internationale *scientific community*, welche die noch junge Klimadebatte prägte. Eine Reihe internationaler Workshops und Konferenzen Mitte der 1980er Jahre, in denen sich politische Akteure zunehmend in die wissenschaftlichen Kontroversen einschalteten, markierte schließlich den Wendepunkt hin zu einer stärkeren Politisierung der Klimadebatte. Als Beispiel kann hier die Klimakonferenz des *United Nations Environment Program* (UNEP) 1982 in Nairobi angeführt werden, an der neben internationalen Wissenschaftlern auch 95 Regierungsvertreter von Industrie- und Entwicklungsländern beteiligt waren. Neben der Diskussion wissenschaftlicher Erkenntnisse und Einschätzungen trat nun zunehmend auch die Auseinandersetzung mit möglichen politischen Maßnahmen zur Begrenzung der Auswirkungen des Klimawandels in den Vordergrund. Insbesondere die Einrichtung des *Intergovernmental Panel on Climate Change (IPCC)* durch das UNEP sowie die Weltorganisation für Meteorologie (WMO) 1988 veranschaulichen den zunehmenden Eingriff der Politik in die bestehende Diskussion. Als wissenschaftlicher Beirat der Vereinten Nationen hat das IPCC die Aufgabe, die Ursachen und Risiken der globalen Erwärmung zu beurteilen und politische Reaktionsmöglichkeiten vorzuschlagen und zu evaluieren (Paterson 1996: 16ff.).

Nachdem das Thema „Klimawandel" Ende der 1980er Jahre zum ersten Mal in der breiten Öffentlichkeit und auf der internationalen Bühne Beachtung gefunden hatte, kam es 1992 beim „Erdgipfel" der Vereinten Nationen in Rio de Janeiro zur Unterzeichnung der Klimarahmenkonvention (*Framework Convention on Climate Change* – kurz FCCC). Der FCCC, welche von allen relevanten Staaten ratifiziert wurde – lag das Ziel zu Grunde, *„die Stabilisierung der Treibhausgaskonzentration in der Atmosphäre auf einem Niveau zu erreichen, auf dem eine gefährliche anthropogene Störung des Klimasystems verhindert wird"* (United Nations 1992, Artikel 2). Gleichzeitig gab die Konvention eine Marschroute für den weiteren Verhandlungsprozess vor, der schließlich 1994 in Berlin fortgesetzt wurde. Aus dieser ersten Vertragsstaatenkonferenz ging das *Berliner Mandat* hervor, das den Auftrag zur Erarbeitung eines für alle Vertragsstaaten verbindlichen Protokolls zur Begrenzung der Treibhausgas-Emissionen gab. Mit der Kyoto-Konferenz von 1997 sowie deren langwierigen Vor- und Nachverhandlungen wurde diesem Auftrag Folge geleistet. Nachdem in Kyoto mit einer Festsetzung der Reduktionsverpflichtungen für Industrieländer (sog. Annex-I-Länder) gegenüber dem Basisjahr 1990 um insgesamt 5,4% eine Einigung auf die Eckpunkte des sog. „Kyoto-Protokolls" erfolgt war, wurden weitere Details des Rahmenabkommens erst in den Folgejahren bis einschließlich 2001 bei den anschließenden Konferenzen in Den Haag, Bonn und Marrakesch erarbeitet, wo auch der Prozess der Protokollerstellung abgeschlossen wurde. Die in dem endgültigen Vertragsdokument festgelegten Reduktionsverpflichtungen für den Zeitraum 2008-2012 liegen für die Staaten der Europäischen Union (EU) bei 8%, für die USA bei 7% und für Japan bei 6% gegenüber dem vereinbarten Basisjahr. Für Russland und eine Reihe weiterer Staaten wurde lediglich festgelegt, dass das Emissionsniveau des Basisjahres nicht überschritten werden darf. Sämtlichen Schwellen- und Entwicklungsländern – darunter auch Brasilien, China und Indien – wurden in dem verabschiedeten Protokoll keine Emissionsbegrenzungen auferlegt (United Nations 1998; Oberthür/Ott 2000).

Durch die Aufnahme einer Reihe „flexibler Mechanismen" (*Emission Trading, Joint Implementation, Clean Development Mechanism, Burden Sharing*) wurden in der Endfassung des Protokolls zudem Instrumentarien geschaffen, die es den Annex-I-Ländern erleichtern sollten, die festgesetzten Reduktionsverpflichtungen zu erreichen.

Im Entstehungsprozess des Kyoto-Protokolls bildete neben der EU, die auf strikte Reduktionsverpflichtungen drängte, die so genannte JUSCANNZ-Gruppe (bestehend aus Japan, den USA, Schweiz, Kanada, Australien, Norwegen und Neuseeland) die entscheidende Verhandlungsgruppierung; ein wichtiger Akteur, der verpflichtenden Reduktionszielen von jeher skeptisch gegenüber stand. Sämtliche Schwellen- und Entwicklungsländer waren in Form der „Gruppe der 77" – die mittlerweile aus mehr als 130 Ländern besteht – organisiert und konnten sich erfolgreich jeglichen Verpflichtungen entziehen (Oberthür/Ott 2000: 17ff.; Seybold 2003: 150f.).

Im Anschluss an die Konferenz von Marrakesch konnte dann der Ratifizierungsprozess beginnen. Das Regelwerk sah vor, dass – damit das Kyoto-Protokoll in Kraft treten konnte – mindestens 55 Staaten das Vertragswerk ratifizieren und gleichzeitig mindestens 55% der globalen Emissionen abgedeckt sein mussten. Nachdem die Vereinigten Staaten unter der Administration von George W. Bush 2001 den Ausstieg aus dem Ratifizierungsprozess erklärten, hing das Inkrafttreten einzig an der russischen Ratifizierung, da auf Russland etwa 18% der

CO_2-Emissionen aus dem Basisjahr von 1990 entfielen. In Folge der russischen Ratifizierung im November 2004 trat das Kyoto-Protokoll schließlich am 16. Februar 2005 in Kraft. Bis zum Jahr 2008 haben 185 Staaten dem Protokoll formell zugestimmt (United Nations 2008).

Entscheidende Bedeutung im Rahmen der Verhandlungen hatten nicht nur Nichtregierungsorganisationen jeglicher Art, welche die Konferenzen und Verhandlungsprozesse stets begleiteten, sondern auch das IPCC, das bis 2008 vier umfangreiche Weltklimaberichte (*Assessment Reports*) vorgelegt hat, zuletzt im Februar 2007. Die große Bedeutung der Klimaberichte beruht einerseits auf der breiten und interdisziplinären Einbindung von Wissenschaftlern und Experten und dem damit erreichten wissenschaftlichen Konsens und zum anderen werden die Klimaberichte von den Regierungen aus rund 130 Ländern akzeptiert, darunter auch die USA und OPEC-Staaten, die in der Vergangenheit den anthropogenen Anteil am Treibhauseffekt nicht anerkannten. Wesentliche Kritikpunkte am IPCC sind insbesondere die Einflussnahme der Politik auf die Inhalte und Formulierung der Klimaberichte, sowie der Konsensansatz, welcher in der Tendenz dazu führt, kritische und kontroverse Themen auszuschließen (Oberthür/Ott 2000: 25ff.).

Literatur

Fricke, Gerald (2001): Von Rio nach Kyoto: Verhandlungssache Weltklima: global governance, Lokale Agenda 21, Umweltpolitik und Macht. Berlin: Köster.

Intergovernmental Panel on Climate Change (IPCC) (2001): Climate Change 2001: Synthesis Report. Summary for Policymakers. Approved in detail at IPCC Plenary XVIII (Wembley, United Kingdom, 24.-29.09.2001).

Intergovernmental Panel on Climate Change (IPCC) (2007): Climate Change 2007: Synthesis Report. Approved at IPCC Plenary XXVII (Valencia, Spain, 12.-17.11.2007).

Oberthür, Sebastian / Ott, Hermann E. (2000): Das Kyoto Protokoll. Internationale Klimapolitik für das 21. Jahrhundert. Opladen: Leske + Budrich.

Paterson, Matthew (1996): Global Warming and Global Politics. London: Routledge.

Seybold, Marc (2003): Internationale Umweltregime – Neue Formen der Konfliktbearbeitung in der internationalen Politik? Untersuchungen am Beispiel des Klimaschutzregimes. http://www.opus-bayern.de/uni-wuerzburg/frontdoor.php?source_opus=1240 &la=de: 15.12.2008.

United Nations (1972): Report of the United Nations Conference on the Human Environment. http://www.unep.org/Documents.multilingual/Default.asp?DocumentID=97: 15.12.2008.

United Nations (1992): Framework Convention on Climate Change. http://unfccc.int/ resource/docs/convkp/conveng.pdf: 15.12.2008.

United Nations (1998): Kyoto Protokoll. http://unfccc.int/resource/docs/convkp/kpeng.pdf: 15.12.2008.

United Nations (2008): Status of Ratification of the Kyoto Protocol. http://unfccc.int/files/kyoto_protocol/status_of_ratification/application/pdf/kp_ratification.pdf: 15.12.2008.

Weiterführende Informationen:

Faure, Michael / Gupta, Joyeeta / Nentjes, Andries (Hrsg.) (2003): Climate Change and the Kyoto Protocol: The Role of Institutions and Instruments to Control Global Change. Cheltenham, UK: Edward Elgar Publishing.

Fermann, Gunnar (1998): International politics of climate change. Key issues and critical actors. In: Atmospheric Environment. 32 (2): 261-261.

Grubb, Michael / Vrolijk, Christian / Brack, Duncan (1999): Kyoto Protocol: A Guide and Assessment. Energy and Environmental Programme (Royal Institute of International Affairs). London: Earthscan Ltd..

Die internationale Klimapolitik aus neorealistischer Perspektive
Erklärungsansätze für das Staatsverhalten von Deutschland und den USA

Philipp C. Ditzel

Der Anschluss der Klimapolitik an die *high politics* der Nationalstaaten

Die internationale Umweltpolitik zählt zu einem der jüngeren und traditionell weniger einflussreichen Politikfelder der Internationalen Beziehungen und spielte somit auch in der realistischen und neorealistischen Analyse lange Zeit kaum eine Rolle. Erst seit dem Zusammenbruch der bipolaren Weltordnung mit dem Ende des „Kalten Krieges" lässt sich auch in diesem Theoriebereich ein wachsendes Interesse für das Politikfeld Umwelt beobachten (Fricke 2001: 34).

Eine zentrale Feststellung des Neorealismus lautet, dass Staaten trotz der Divergenz ihrer politischen Systeme oder differierender Ideologien in ihrem Außenverhalten, d.h. in ihrem Handeln innerhalb des internationalen politischen Systems, zu ähnlichem Verhalten tendieren können. Dabei versucht der Neorealismus zu erklären, warum in manchen historischen Phasen zwischenstaatliche Konflikte in Form von militärischen Interventionen auftraten, andere Phasen hingegen trotz erheblicher Spannungen zwischen den Nationalstaaten friedlich geblieben sind. „Bei diesen Betrachtungen konzentriert sich die neorealistische Theorie auf die *high politics* der Staaten (im Wesentlichen die Sicherheits- und Machtpolitik) und lässt die *low politics* (soziale und ökologische Fragen) außer Acht" (Schörnig 2006: 68).

Folgt man dieser traditionellen Auffassung des Neorealismus, wonach das Politikfeld Umwelt und damit auch alle klimapolitischen Belange als Teil der *low politics* der Nationalstaaten zu betrachten sind, scheint die Erklärung des Klimaregimes aus neorealistischer Perspektive von vornherein ausgeschlossen. Nun sind aber auch im neorealistischen Theorienspektrum Bedeutungszuschreibungen der einzelnen Politikfelder in unterschiedlicher Weise möglich. Findet das Politikfeld Umwelt Anschluss an die *high politics* der Staaten und damit an die zentrale Frage von Sicherheit und Machtposition, so ergibt sich zumindest grundsätzlich ein Zugang zu einem neorealistischen Erklärungsansatz.

Umweltthemen finden im politischen Geschehen der Nationalstaaten erst seit Anfang der 1960er Jahre nähere Beachtung. Während anfangs vornehmlich lokale und regional begrenzte Umweltproblematiken die politische Agenda prägten, so trugen ab Anfang der 1970er Jahre internationale Umweltkonferenzen der Vereinten Nationen (bspw. Stockholm 1972, Nairobi 1982) zu einer Globalisierung dieser Thematik bei. Wie bisher kein anderes Umweltthema beherrscht insbesondere seit den 1980er Jahren die Klimadebatte den internationalen umweltpolitischen Diskurs.

Die Gründung des Intergovernmental Panel on Climate Change (IPCC)[1] 1988, sowie die umfangreichen internationalen Verhandlungen zur Klimarahmenkonvention zu Beginn der 1990er Jahre und dem daran anknüpfenden Kyoto-Prozess lassen erkennen, dass das Thema Klimawandel langsam von einem Nebenschauplatz auf die feste Agenda nationalstaatlicher und globaler Politik vorgestoßen ist. Waren es in der Anfangsphase das *Agenda-Setting* und die allmähliche Veränderung der Zusammensetzung der am Diskurs beteiligten Akteure, die das Geschehen prägten, so stehen insbesondere seit der Klimakonferenz in Rio de Janeiro die Verhandlungen der Nationalstaaten über mögliche politische Maßnahmen im Vordergrund. Zunehmend wurden Klimaangelegenheiten zur Chefsache nationalstaatlicher Regierungen erklärt. Regierungsführer wie bspw. der ehemalige US-Präsident Bill Clinton oder der britische Premierminister Tony Blair wurden persönlich in der internationalen Klimadebatte aktiv und trieben eine globale Auseinandersetzung mit dieser Thematik voran.

Die prognostizierte Klimaveränderung, insbesondere belegt durch die Weltklimaberichte des IPCC, droht eine dermaßen massive Auswirkung auf Sicherheit und Wohlfahrt der staatlichen Akteure zu haben, dass sich – in der Sprache des Neorealismus – das Politikfeld in seiner internationalen Bedeutung von den *low politics* zu den *high politics* verlagert hat. Aufgrund dieser Entwicklungen lässt sich das Politikfeld Umwelt als neuer Bestandteil der *high politics* von Nationalstaaten definieren. Bevor im Folgenden nun das Verhalten der USA und Deutschlands in den Verhandlungen zu einer allgemeinverbindlichen Klimaresolution hinsichtlich sicherheits- und machtpolitischer Elemente untersucht wird,

---

[1] Insbesondere die Einrichtung des *Intergovernmental Panel on Climate Change (IPCC)* durch das Umweltprogramm der Vereinten Nationen (UNEP) sowie die Weltorganisation für Meteorologie (WMO) veranschaulichen den zunehmenden Eingriff der Politik in die bestehende Klimadiskussion. Als wissenschaftlicher Beirat der Vereinten Nationen hat das IPCC die Aufgabe, die Ursachen und Risiken der globalen Erwärmung zu beurteilen und politische Reaktionsmöglichkeiten vorzuschlagen und zu evaluieren.

wird zunächst noch die Bedeutung zwischenstaatlicher Kooperation und die Schlüsselrolle der USA für eine effektive Lösung der Klimaproblematik thematisiert.

Der Klimawandel und die Bedeutung nationalstaatlicher Kooperation

Ausgehend von der neorealistischen Grundprämisse eines anarchischen internationalen Gefüges – also der Abwesenheit einer übergeordneten Instanz mit Sanktionsgewalt – ergibt sich internationale Politik als Folge staatszentrierten Handelns. Auf der systemischen Ebene werden die Staaten als uniforme Akteure betrachtet, die sich einzig durch die Fülle ihrer Machtmittel (*capability of power*) unterscheiden. Geprägt von einer Zweck-Mittel-Rationalität verfolgen sie als oberstes Prinzip die Durchsetzung der eigenen Interessen. In Folge der Absage an eine funktionale Differenzierung in internationalen Zusammenhängen, gleichen sich die Staaten in ihrer Funktionalität: sie müssen sich vorrangig um ihre eigene Sicherheit und Machtposition kümmern. Nur wenn diesen Eigeninteressen in einem umfangreichen Maße Rechnung getragen und ein Konsens im Sinne eines Nicht-Nullsummenspieles gefunden wird, kommt es zu einer zwischenstaatlichen Kooperation, so die neorealistische Überzeugung. Einer Kooperation steht seitens der staatlichen Akteure allerdings immer die Furcht vor potentiellen Abhängigkeiten und Betrug durch den Kooperationspartner gegenüber. Nach neorealistischer Auffassung gelten einzig die Allianzbildung gegen einen dominierenden Hegemon oder aber die hegemonial induzierte Zusammenarbeit von Nationalstaaten als wahrscheinliche Kooperationsformen (Schörnig 2006: 76f.). Während Allianzbildung im Sinne eines *balancing* die Übermacht eines Hegemons zumindest partiell einzuschränken versucht, beschreibt die hegemonial bedingte Kooperation einen Prozess der Zusammenarbeit, bei welcher der Hegemon andere Staaten zu einer funktionalen Differenzierung im eigenen Interesse zwingt, im Gegenzug aber einen Großteil der entstehenden Kosten sowie die Schutzfunktion für diese Staaten übernimmt. Der Hegemon besitzt in diesem Falle aufgrund seiner bestehenden Machtverhältnisse die Ressourcen, internationale Strukturen zu verändern und er kann allgemein anerkannte Lösungen zu kollektiven Problemen durchsetzen (Rowsland 2001: 44). Für die beteiligten Staaten handelt es sich um ein *trade-off* zwischen der Bewahrung der eigenen Machstellung und der relativen zu erwartenden Vorteile durch den Schutz des Hegemons.

Aufgrund ihrer biologischen, chemischen und physikalischen Natur sind globale Umweltprobleme wie der anthropogen verursachte Klimawandel nicht national zu bewältigen, sondern bedürfen eines Zusammenwirkens aller staatlichen Akteure auf internationaler Ebene – insbesondere aber der Großemittenten von klimaschädlichen Treibhausgasen (THG).[2] Die Nationalstaaten sind also für die Schaffung nachhaltiger und effektiver Veränderungen auf Interaktion bzw. Kooperation mit anderen Staaten angewiesen, da ein Alleingang nicht zu den beabsichtigten Folgen in der Umwelt führen würde. Das Klimaregime stellt ein solches kooperatives Zusammenwirken staatlicher Akteure auf supranationaler Ebene dar. Als Klimaregime soll in diesem Beitrag ein Zusammenwirken von impliziten und expliziten Prinzipien, Normen, Regeln und Entscheidungsverfahren verstanden werden, das die Stabilisierung der Treibhausgaskonzentration auf einem Niveau, mit dem eine gefährliche nachhaltige Störung des Klimasystems verhindert wird, anstrebt. Regime im Allgemeinen können nur funktionieren, wenn dessen Akteure, überwiegend souveräne Staaten, erfolgreich zusammenarbeiten und sich ein gemeinsames Ziel definieren lässt.[3]

Wie bereits erwähnt, ist die Wirksamkeit des Klimaregimes also abhängig von der Beteiligung der Großemittenten von THG, da eine Regimebildung ohne deren Einbindung nicht zu den beabsichtigten Erfolgen führen würde. Die USA, die im Jahr 1990 für rund 23% des weltweiten CO_2-Ausstoßes verantwortlich waren (BMWA 2005a), besitzen das Potential, durch reduzierende Maßnahmen dem Ausmaß des Klimawandels merklich entgegenzuwirken. Aus Sicht des Neorealismus ist die Beteiligung der USA aufgrund ihrer hegemonialen Stellung ausschlaggebend für das Zustandekommen eines wirksamen internationalen Klimaregimes. Allerdings müsste eine Teilnahme der USA dazu führen, dass deren nationalstaatliche Interessen in besonderem Maße Berücksichtigung fänden. Für die Verhandlungen der Klimarahmenkonvention (KRK) im Jahre 1992 trifft dies zu. Die Mehrheit der an den Verhandlungen beteiligten Akteure forderte eine Festlegung einer Reduktion der THG-Emissionen gegenüber dem vereinbarten Basisjahr 1990. Die USA hingegen vertraten eine weniger restriktive Position, wonach die THG-Emissionen im Jahr 2000 nicht über denen des Basisjahres liegen sollten. Trotz starker Opposition zu dieser Haltung setzten sich die USA mit ihrer Forderung durch (Rowsland 2001: 45f.). Aufgrund ihrer hegemonialen Vormachtstellung gelang es den USA somit, als Quasi-Veto-Staat aufzutreten.

Auch die Verhandlungen im Vorfeld der Kyoto-Konferenz 1997 deuten auf die außerordentliche Verhandlungsmacht der USA hin. Im Laufe des Verhand-

---

[2] Nach derzeitigen naturwissenschaftlichen Erkenntnissen (IPCC 2001: 8f.; 2007: 36f.) handelt es sich bei Treibhausgasen um die wesentlichen Verursacher eines Klimaanstiegs, weswegen im Folgenden im Sinne einer angemessenen Vereinfachung der Thematik nur diese weiter thematisiert werden.
[3] Für eine übersichtliche Einführung in die Regimetheorie siehe Zangl 2006.

lungsprozesses wurden zahlreiche von den USA als Voraussetzung zur Teilnahme eingebrachte „flexible Mechanismen" eingebunden. Allerdings führten Zugeständnisse der amerikanischen Verhandlungsführer, insbesondere hinsichtlich der Sonderbehandlung von Entwicklungs- und Transformationsländern, zu einer Absage an die spätere Ratifizierung der in Kyoto erarbeiteten Resolution durch den amerikanischen Kongress. Der Grund hierfür ist in der innenpolitischen Konstellation der USA zu diesem Zeitpunkt zu finden. Der demokratische amerikanische Präsident Clinton bekannte sich zu einer Stabilisierung der Treibhausgase bis zum Jahr 2000 auf dem Niveau von 1990. Diese Haltung traf allerdings auf den Widerstand des mehrheitlich republikanisch besetzten Kongresses (Seybold 2003: 150). In einer neorealistischen Betrachtung werden diesen innenpolitischen Faktoren allerdings keine entscheidende Bedeutung zugeschrieben, vielmehr konzentriert sie sich auf das Außenverhalten von Staaten im internationalen Kontext.

Klimawandel als Sicherheitsaspekt

Berührt ein Politikfeld die nationalstaatlichen Interessen, ist aus neorealistischer Sicht ein Handeln der staatlichen Akteure wahrscheinlich. Betrachtet man nun die Herausforderungen der globalen Umweltprobleme und im Einzelnen des anthropogen bedingten Klimawandels nicht unter einem wohlfahrtstheoretischen Aspekt, sondern als Bestandteil der nationalen Sicherheitspolitik, so lässt sich eine Verbindung zur neorealistischen Auffassung John Mearsheimers herstellen. Als offensiver Neorealist vertritt Mearsheimer den Standpunkt, dass einflussreiche Staaten ein großes Interesse daran haben, durch einen Ausbau ihrer relativen Macht gegenüber anderen staatlichen Akteuren ihre eigene nationale Sicherheit zu maximieren (Mearsheimer 2001: 33f.). Der Aspekt der relativen Machtposition innerhalb des anarchischen internationalen Systems ist hierbei ausschlaggebend, Faktoren wie Ideologien oder Moral spielen hingegen keine Rolle. Die Maximierung der nationalen Sicherheit kann aus neorealistischer Perspektive als Selbstzweck zur nachhaltigen Sicherung nationalstaatlicher Interessen betrachtet werden. Aus Sicht der Akteure lautet die normative Frage hierbei nicht, wie durch ein kooperatives Zusammenwirken der Nationalstaaten der Umweltbedrohung entgegengewirkt werden kann, sondern vielmehr, wie der Gefährdung des eigenen Staates durch die Verursachung von klimawirksamen Emissionen anderer Staaten zu begegnen ist. Eine Kooperation im Rahmen eines gemeinsamen Klimaregimes kommt, wie oben bereits erwähnt, nur zustande, wenn ein nationalstaatlicher Alleingang nicht zur Verwirklichung der staatseigenen Interessen führt. Der Aspekt der nachhaltigen Sicherung der Umwelt als globales öffentliches Gut spielt keine oder nur eine untergeordnete Rolle. Vielmehr dient das sicherheitsorientierte Handeln der Akteure der Festigung der eigenen Machtposition gegenüber anderen Staaten mit dem Ziel, das eigene Überleben zu sichern. Der Begriff der Sicherheit und die Frage, wie dieser zu konzeptionalisieren ist, gehören zu den umstrittensten Gegenständen der internationalen Politik. Traditionell bezeichnet Sicherheit „die Unversehrtheit territorial organisierter souveräner Nationalstaaten im Völkerrechtssystem, wie es seit Ende des Zweiten Weltkriegs durch die Vereinten Nationen repräsentiert wird" (WBGU 2007: 19). Der Sicherheitsbegriff ist durch eine politisch-militärische Auslegung geprägt, bei der die Gefahr einer Gewaltanwendung von außerhalb thematisiert wird. Die Machtfülle eines Staates definiert sich demnach durch die Möglichkeiten, unter Anwendung militärischer Gewalt die staatliche und territoriale Integrität zu wahren. Seit dem Niedergang der bipolaren Weltordnung mit dem Ende des Kalten Krieges ist eine Erweiterung innerhalb der Sicherheitsdebatte zu beobachten, welche die ursprüngliche Definition neu zu fassen versucht. In diesem Zusammenhang haben auch mögliche Bedrohungen von Sicherheit durch Umweltveränderungen Einzug in die sicherheitspolitische Debatte erhalten (WBGU 2007: 19). Getrieben von der hegemonialen Stellung der USA und der damit zusammenhängenden hohen strategischen Relevanz der nationalen Sicherheit, beschäftigen sich im Wesentlichen seit den 1990er Jahren eine Reihe von Veröffentlichungen in der Fachliteratur mit dem Wandel der klassischen Sicherheitsanforderungen (Harris 2001: 69f.). Die Forderung nach einer Neubewertung von Sicherheit und entsprechenden Anpassungsleistungen der Politik wird bspw. in dem Aufsatz „Redefining Security" von Jessica T. Mathews (1989) deutlich. Zahlreiche Autoren thematisieren die Verschmelzung von nationaler Sicherheit und der nachhaltigen Sicherung der Umwelt unter dem Begriff „ökologische Sicherheit" (*environmental security*) (Fricke 2001, Harris 2001, Vogler 1996).

Das Konzept der ökologischen Sicherheit basiert also auf der Annahme, dass die internationale Ordnung nicht mehr ausschließlich oder vorrangig durch militärische Gegebenheiten bestimmt ist, sondern dass künftige (militärische) Konflikte vor allem von sozialökonomischen und auch ökologischen Bedingungen abhängen. Durch eine Erweiterung des klassischen Sicherheitsbegriffs erhält somit das Politikfeld Umwelt Anschluss an einen möglichen neorealistischen Erklärungsansatz. Potentielle und reale Konflikte, die sich durch Umweltauswirkungen ergeben und die Machtstellung oder Sicherheit eines staatlichen Akteurs im internationalen Gefüge gefährden, haben aus dieser Perspektive eine ungleich größere Bedeutung als Kooperation und Verständigung (Fricke 2001: 35), welche nur im Rahmen der Zweck-Mittel-Rationalität der Akteure Einsatz finden.

Es stellt sich nun die Frage, inwieweit diese neorealistische Auffassung sich in dem tatsächlichen Verhalten der Nationalstaaten bei den klimapolitischen

Verhandlungen und den daraus resultierenden vertraglichen Verpflichtungen der KRK 1992 und dem Kyoto-Protokoll 1997 widerspiegelt.[4] Um den Gehalt des Erklärungsmotivs der ökologischen Sicherheit zu prüfen, wird im Folgenden die Sicherheitsdiskussion der USA und Deutschlands im Hinblick auf ökologische Elemente betrachtet.

Ökologische Sicherheit und das Verhalten der USA

Die USA sind sich als einzige verbleibende Hegemonialmacht nach dem Zusammenbruch der Sowjetunion, wie Aussagen der Politik und Administration bestätigen, der wachsenden Bedeutung ökologischer Problematiken bewusst. Im Vordergrund stehen Sicherheitsaspekte, die sich vor allem auf eine nachhaltige Sicherung natürlicher Ressourcen im eigenen Interesse und auf die zunehmende Gefahr umweltbedingter Veränderungen primär im Kontext des Nord-Süd-Konflikts ergeben. Das *Executive Office* des Präsidenten merkte 1996 in einem Bericht zur *National Security Strategy (NSS)* an,

> „(…) [that] our current decisions regarding the environment and natural resources will affect the magnitude of their security risks over at least twenty or thirty years. (...) Even when making the most generous allowances for advances in science and technology, one cannot help but conclude that population growth and environmental pressures will feed into immense social unrest and make the world substantially more vulnerable to serious international friction".

Der damalige US-Außenminister Warren Christopher gab daraufhin zu bedenken „[that] our administration has recognized from the beginning that our ability to advance our global interests is inextricably linked to how we manage the Earth's natural resources".

Zudem hebt Christopher hervor, dass durch die Zerstörung der Umwelt nationale Interessen erheblichen neuen Gefahren ausgesetzt sind, welche insbesondere Auswirkungen auf die globale und regionale Stabilität haben (Allenby 2001: 52). Diese Aussage verdeutlicht beispielhaft die zunehmende Verknüpfung von ökologischen Herausforderungen und nationalen Sicherheitsangelegenheiten.

US-Außenministerin Madeleine Albright unterstrich später diese Tatsache mit der Aussage, dass das Streben nach reiner Luft, reinem Wasser und gesunden Wäldern noch vor einiger Zeit ein ehrenwertes Ziel gewesen sei. Heute jedoch seien Umweltproblematiken ein etablierter Teil der US-amerikanischen Außenpolitik (Allenby 2001: 52). Mit Albrights Aussage wird deutlich, dass die ameri-

---

[4] Für eine Zusammenfassung der Inhalte des Kyoto-Protokolls siehe auch Oberthür/Ott 1999.

kanische Umweltpolitik im Lichte der Verfolgung außenpolitischer Interessen zu sehen ist. Nach neorealistischer Lesart zielt außen- und sicherheitspolitisches Handeln im Wesentlichen auf die strategische Berücksichtigung staatseigener Absichten im internationalen Kontext.

Es bleibt nun zu fragen, ob das Verhalten der USA bei den Verhandlungen und der Festsetzung von allgemein verpflichtenden Resolutionen im Rahmen des Klimaschutzregimes auf eine Verfolgung ökologischer Sicherheitsinteressen zurückzuführen ist. Nur wenn sich dies bewahrheiten würde, wäre eine Kooperation der USA mit anderen staatlichen Akteuren der internationalen Arena aus neorealistischer Perspektive überhaupt erklärungsfähig. Eine Betrachtung der Verhandlungsposition und des Verhandlungsverhaltens der USA während der Entstehung der relevanten Resolutionen gibt hierüber Aufschluss.

Seit dem Umweltgipfel in Rio de Janeiro 1992, der durch seinen Umfang und die Anzahl der beteiligten Parteien als eines der wesentlichen Ereignisse eines sich festigenden Klimaregimes betrachtet werden kann, treten die USA auf internationaler Ebene als „Bremser" auf. Diese Haltung spiegelte sich während der Verhandlungen der KRK und des Kyoto-Protokolls und schließlich in der Ablehnung der Ratifizierung des Kyoto-Abkommens wider. Die Führungsrolle, die die USA während der Anfangsjahre der Umweltpolitik in den 1960er und 1970er Jahren innehatten, wird von einer Verweigerungsstellung gegenüber verpflichtenden internationalen Abkommen in der Folgezeit abgelöst (Seybold 2003: 113, 150f., 187ff.). In erster Linie werden hierfür relative ökonomische Nachteile gegenüber anderen Staaten und die von einer Vielzahl von Staaten geforderte Entlastung der Entwicklungs- und Transformationsländer für die Positionsänderung der USA angeführt. Diese Haltung führte in der Folge zur Ablehnung wesentlicher klimapolitischer Übereinkünfte mit anderen Staaten. Die USA wandten sich entschieden gegen eine Festlegung auf konkrete Reduktionsverpflichtungen und genaue Zeitpläne bei den Verhandlungen zur KRK, gegen jegliche Form von Technologie- und Finanztransfers und sie widersetzten sich allen Ansätzen, die eine Neu- bzw. Umstrukturierung der Wirtschaft (Brühl 2000: 368f.) zum Wohle eines nachhaltigen Umgangs mit natürlichen Ressourcen vorsahen.

Die Clinton-Administration postulierte zwar eine Wende der amerikanischen Haltung bei der KRK und betonte die Notwendigkeit einer Stabilisierung und Reduktion der amerikanischen THG-Emissionen sowie einen Kurswechsel in der international ausgerichteten Klimapolitik. Doch änderte dies nichts an der verweigernden Haltung gegenüber verpflichtenden THG-Reduktionszielen und der Kooperationsbereitschaft der amerikanischen Politik. Das erreichte Ergebnis von Rio ist somit eher als Ausgleich zwischen Interessenspositionen der Nationalstaaten im Sinne eines politischen Minimalkonsenses und der Vertagung wesentlicher strittiger Probleme zu sehen. Ein wirklicher Wandel der Verhandlungspositionen einzelner Staaten oder Staatengruppen, allen voran der USA, hat nicht stattgefunden und ihre Interessen bezüglich des bearbeiteten Problemfeldes und dessen möglicher Lösung haben sich auch nicht geändert (Seybold 2003: 137).

Die Position der USA im Verlauf der Verhandlungen des Klimaregimes zeigt deutlich, dass nicht in erster Linie sicherheitsorientierte Faktoren ausschlaggebend sind, sondern dass vielmehr ökonomische Aspekte das Verhalten prägen. Es lassen sich zwar Anhaltspunkte für die Berücksichtigung ökologischer Sicherheitsaspekte ausmachen, doch deuten diese insbesondere auf die nachhaltige Sicherung natürlicher Ressourcen hin, welche viel eher mit der Frage der globalen Stabilität und der ökonomischen Stellung in Zusammenhang zu bringen sind. Daher erscheint das tatsächliche Verhalten der USA im Verlauf der Verhandlungen des Klimaregimes durch ökologische Sicherheitsaspekte nicht umfassend erklärbar (Fricke 2001: 34ff.). Das Einwirken der USA auf die Verhandlungsergebnisse des Klimaregimes verdeutlicht allerdings die neorealistische Annahme der Kooperationsbeeinflussung durch Staaten mit einer hegemonialen Stellung. Die KRK und auch das Kyoto-Protokoll tragen den staatseigenen Interessen der USA, wenn auch vornehmlich ökonomischer und nicht in erster Linie sicherheitsorientierter Natur, in einem umfangreichen Maße Rechnung.

Darüber hinaus deutet der Verhandlungsprozess darauf hin, dass auch innenpolitische Konstellationen einen erheblichen Einfluss auf die Argumentations- und Verhaltensmuster der USA hatten, besonders im Hinblick auf die Sicherung natürlicher Ressourcen. Im Rahmen einer neorealistischen Analyse wird diesen jedoch keine Aufmerksamkeit zuteil, da davon ausgegangen wird, dass letztlich nur das Außenverhalten der Staaten ausschlaggebend ist. Welche Abläufe im Inneren der B*lack box* Staat stattfinden, wird als nicht entscheidungsrelevant eingestuft. An dieser Stelle hebt sich der Neorealismus wesentlich von der Denkschule des Liberalismus ab, welche innerstaatlichen Prozessen und der Diversifikation von Interessen eine zentrale Bedeutung zuschreibt.

Ökologische Sicherheit und das Verhalten Deutschlands

In Deutschland war die politische Debatte um eine Neubewertung des Sicherheitsbegriffs unter Berücksichtigung ökologischer Aspekte zum Zeitpunkt der Verhandlungen um die KRK und das Kyoto-Protokoll noch nicht im Vordergrund gestanden. Im Rahmen der Verabschiedung der Europäischen Sicherheitsstrategie (ESS) im Jahr 2003 wurden ökologische Einflussfaktoren auf die Sicherheit auf politischer Ebene in Deutschland erstmals umfassender diskutiert (siehe auch

Europäische Union 2003, Europäische Union 2008). Mögliche negative Auswirkungen von Klimaveränderungen wurden als eine der Herausforderungen identifiziert, denen sich eine umfassend verstandene Politik der europäischen Nationalstaaten zum Schutz der internationalen Sicherheit zu stellen hat (Deutscher Bundestag 2008: 10). Die Veröffentlichung eines Gutachtens zum Sicherheitsrisiko durch den Klimawandel 2007 durch den Wissenschaftlichen Beirat der Bundesregierung zu Globalen Umweltveränderungen (WBGU) entfachte eine intensivere politische Auseinandersetzung mit dieser Thematik. Wie aus einer Antwort der Bundesregierung auf eine Anfrage aus dem Parlament hervorgeht (BT-Drs. 16/9136), muss der Klimawandel als Bedrohung der gesamten Menschheit wahrgenommen werden. Als konkrete Risiken nennt die Bundesregierung u.a. Konflikte um Ressourcen, die Zunahme von schweren Sturm- und Flutkatastrophen sowie Grenzstreitigkeiten und neue Konflikte, die im Zusammenhang mit Migrationsbewegungen stehen. Sie könnten, so die Regierung, die Realisierung des europäischen Interesses an äußerer und innerer Sicherheit, Verhütung und Bewältigung von Konflikten sowie nachhaltiger Entwicklung in Frage stellen. Aus diesem Grund sei es Ziel, möglichen, durch den Klimawandel mitbeeinflussten Spannungspotentialen vorzubeugen und darauf hinzuwirken, dass die Europäische Union präventive, spannungsmindernde Maßnahmen ergreift.

Die in der ESS verankerten politischen Handlungsmittel Konfliktprävention, multilaterale Diplomatie und internationale Regime stellen einen „gemeinsamen Nenner" aller Mitgliedstaaten der EU hinsichtlich sicherheitsorientierter Handlungen dar und können somit auch als Position der deutschen Politik betrachtet werden. Auch wenn zum Zeitpunkt der Verhandlungen zu den Klimaresolutionen von Rio und Kyoto die ökologische Dimension der Sicherheit noch nicht konkret diskutiert wurde, so kann die beschriebene politische Ausrichtung dennoch als tendenziell handlungsleitend für die Bundesrepublik angenommen werden. Während die grundsätzliche Sicherheitsstrategie Deutschlands also eher einem multilateralen Lösungsverständnis folgt, ist die Sicherheitsstrategie der USA durch unilaterale Handlungen geprägt.[5] Vor diesem Hintergrund scheinen ein eher unterstützendes und zustimmendes Verhalten Deutschlands und ein eher bremsendes und ablehnendes Verhalten der USA im Rahmen des Klimaregimes verständlich.

---

[5] Siehe hierzu die Gegenüberstellung der europäischen und amerikanischen Sicherheitsstrategie (WBGU 2007: 21).

Kritik am Ansatz der ökologischen Sicherheit

Am Ansatz der ökologischen Sicherheit gibt es zahlreiche Kritik. Die konzeptionelle Verknüpfung der klassisch militärischen und der ökologischen Sicherheit birgt in sich gewisse Unstimmigkeiten und Gefahren. Zum einen handelt es sich bei der Sicherheitspolitik nach neorealistischer Auffassung um ein Status quo-Denken, das die Besitzstandswahrung unterstreicht und in sich eher statisch angelegt ist. Umweltdenken ist demgegenüber durch einen dynamischen Wandel geprägt, der vielmehr als Anpassung, als durch die dem Sicherheitsdenken implizierte Abwehr und Kontrolle charakterisiert ist (Fricke 2001: 36). Fricke (2001) verdeutlicht zudem, dass die Umweltpolitik nicht im selben Sinne neorealistisch zu erklären sei wie die klassische Sicherheitspolitik. Sicherheitsgefährdungen eines Nationalstaates durch militärische Bedrohungen seien nicht mit den aus Umweltproblemen erwachsenen Bedrohungen gleichzusetzen, denn es liege bei ihnen keine direkte Bedrohung eines einzelnen Staates vor. Umweltproblematiken zeichnen sich vielmehr durch ihren globalen Charakter aus – politische oder territoriale Grenzen spielen hierbei keinerlei Rolle (Vogler 1996: 23).

Das vielfach diskutierte Konzept der „erweiterten Sicherheit", unter dem auch die ökologische Sicherheit subsumiert werden kann, umfasst auch strategische Versorgungsinteressen, die zur Sicherung des Wohlstandes insbesondere in den entwickelten Industrieländern dienen. Durch eine solche Erweiterung des Sicherheitsbegriffs findet eine Transposition nichtmilitärischer Politikfelder zu Elementen der nationalen Sicherheit statt. Weiche Politikfelder (*low politics*) erfahren eine Aufwertung, gleichzeitig kommt es jedoch zu einer Versicherheitlichung ziviler Politikbereiche.

> „Kritiker verweisen in diesem Zusammenhang auf die mangelnde Aussagefähigkeit und Stoßrichtung des Konzepts: Wird der Sicherheitsbegriff inflationär verwendet, wird die Identifikation sicherheitspolitischer Risiken, Verantwortlichkeiten und angemessener Reaktionen erschwert" (WBGU 2007: 20).

Das Klimaregime und der Einfluss ökonomischer Interessen

Innerhalb des neorealistischen Theoriespektrums stellt die Verteilung der Machtmittel der Nationalstaaten im anarchischen internationalen System eine zentrale Messgröße dar. Die *capabilities of power*, also die Verteilung der Machtressourcen unter den Nationalstaaten, prägt deren Einflussmöglichkeiten. Die relative Positionierung der Nationalstaaten ergibt sich nach Maßgabe der Verteilung der Machtpotentiale innerhalb des Systems. Sie ist bestimmend für die Aktionen und

Interaktionen der Staaten auf der Prozessebene des internationalen politischen Geschehens (Masala et al. 2005: 46f.). Es bleibt nun herauszustellen, wie Macht aus neorealistischer Sicht zu deuten ist. Für Kenneth Waltz, als Begründer des Neorealismus und Vertreter des strukturellen Ansatzes, besteht Macht darin, dass gewisse Staaten in der Lage sind, die Politik anderer Staaten zu beeinflussen. Die Beeinflussung muss generell nicht aktiv erfolgen, sondern kann allein durch eine hervorgehobene, hegemoniale Stellung im internationalen System bedingt sein, ohne dass das Instrument des Zwanges Einsatz findet (Masala et al. 2005: 47; Waltz 1979: 192).

Löst man sich nun von dem strukturell geprägten Ansatz der Waltz'schen Denkschule, bei dem insbesondere der sicherheitsgeprägte Machtaspekt im Vordergrund steht, und erlaubt bei der Interpretation des Machtbegriffs die Berücksichtigung der wirtschaftlichen Dimension, so ergibt sich ein Anschluss an den insbesondere durch Robert Gilpin vertretenen ökonomischen Neorealismus. Gemäß Gilpins Überlegungen ist das internationale System durch eine Interdependenz von Politik und Ökonomie charakterisiert. Es kommt ein durch die ökonomische Wohlfahrt erweiterter Machtbegriff zum Tragen. Der Außenwirtschaftspolitik kommt somit eine ähnlich bedeutende Rolle zu wie der Sicherheitspolitik. Auf der Grundlage der Annahme eines rationalen Staatsverhaltens sind die staatlichen Akteure daran interessiert, Gewinne zu realisieren, welche die Machtverteilung (*distribution of power*) zu ihren Gunsten beeinflusst – eine Änderung des *Status quo* wird in diesem Fall in Kauf genommen. Im ökonomischen Neorealismus geht es also weniger um die Erklärung von Einheitlichkeit und Stabilität, als vielmehr darum, wann und warum es trotz Anarchie im internationalen System zu Kooperation und Wandel kommt (Gilpin 1981: 2, 9f.).

Die Verhandlungspositionen insbesondere der USA aber auch Deutschlands während der KRK und des Kyoto-Protokolls deuten auf die Bedeutung ökonomischer Faktoren hin. Allerdings sind es besonders im frühen Verhandlungsprozess des Klimaregimes die erwarteten ökonomischen Mehrkosten und wettbewerbliche Benachteiligungen als Folge verbindlicher Resolutionen, welche von den Verhandlungspartnern als Gegenargumente angeführt werden. Diese Aspekte werden in der Folgezeit durch die zunehmende klimainduzierte ökonomische Bedrohung aller Staaten ergänzt. In diesem Zusammenhang werden der Anstieg des Meeresspiegels, sinkende Erträge in der Landwirtschaft und sich häufende Naturkatastrophen – um nur einige wichtige zu nennen – immer wieder diskutiert. Eine umfassende Abschätzung des ökonomischen Ausmaßes des Klimawandels wurde im Oktober 2006 im *Stern-Report*[6] veröffentlicht. Die Studie legt

---

[6] Autor der Studie ist Nicholas Stern, ehemaliger Weltbankchefökonom und jetziger Leiter des volkswirtschaftlichen Dienstes der britischen Regierung. Erstmals veröffentlicht wurden die Ergebnisse des Stern Reports im Oktober 2006.

erstmals eine Modellrechnung der zu erwartenden Folgekosten des Klimawandels vor und beziffert diese, unter der Annahme eines Nichteinschreitens der Staaten, auf mindestens 5% des globalen Bruttoinlandprodukts. Unter Berücksichtigung einer breiteren Palette von Risiken und Einflüssen könnten die ökonomischen Schäden auf bis zu 20% des globalen Bruttoinlandprodukts ansteigen (Stern 2007: 138f.). Diese konkreten ökonomischen Abschätzungen von Nicholas Stern waren zwar zur Zeit des betrachteten Verhandlungsprozesses in den 1990er Jahren noch nicht veröffentlicht, dennoch wurde diese Thematik schon vielfach diskutiert.

Die verschiedenen Verhandlungsrunden und die Ausgestaltung der Resolutionen des Klimaschutzregimes zeigen deutlich eine Divergenz der Interessenslagen der USA und der europäischen Staaten. Verfolgt man den Ansatz, dass die Machtstärke eines Staates auch wesentlich von dessen wirtschaftlicher Position abhängt, so stellt das Betroffensein nationalstaatlicher ökonomischer Interessen aus neorealistischer Perspektive eine zulässige Erklärungsgrundlage für divergierende Verhaltensweisen dar. Die ökonomische Betroffenheit der Nationalstaaten durch vertraglich fixierte Reduktionsverpflichtungen innerhalb des Klimaregimes ist somit ein Anhaltspunkt für die vertretenen Positionen der Akteure. Den unterschiedlichen relativen Vor- bzw. Nachteilen der nationalen Ökonomien und der volkswirtschaftlichen Wohlfahrt kommt damit eine tragende Rolle zu. Sofern es gelingt, empirisch zu belegen, dass für einen Akteur die Teilnahme oder Nicht-Teilnahme am Klimaregime in einer relativen ökonomischen Positionsverbesserung resultiert, kann aus Sicht des ökonomischen Neorealismus ein eher progressives Verhalten Deutschlands oder ein eher bremsendes Verhalten der USA erklärt werden. Anhand empirischer Belege soll die These der divergierenden ökonomischen Nutzenverteilung zwischen den beiden Staaten in den folgenden Abschnitten näher untersucht werden.

Relative ökonomische Nachteile der USA

Als der führende Industriestaat mit der weltweit stärksten Wirtschaftsmacht und einem enormen Innovationspotential spielten in den USA schon sehr früh umweltpolitische Maßnahmen eine Rolle. Besonders seit den 1960er Jahren stieg die Besorgnis bezüglich umwelt- und ressourcenschädlicher Praktiken. Dies führte zu einer verstärkten öffentlichen Wahrnehmung und zur Verabschiedung wegweisender umweltpolitischer Maßnahmen. Während der 1970er Jahre wurden unter der Regierung Nixon einige internationale Initiativen zum Schutz der Umwelt auf den Weg gebracht.

„They [political decision makers, d.A.] understood that many environmental problems could be solved only by collective action involving all the largest and most populous states and perhaps even all the states. In this period, as soon as U.S. legislation designed to protect and enhance the environment was in place, the United States typically proposed that multilateral treaties be negotiated to achieve the same objective on a global scale" (Patrick/Forman 2002: 414).

Die wesentliche Motivation zur Verfolgung dieser Aktivitäten bestand darin, zu vermeiden, dass durch nationale Regulierungen im Bereich Umwelt die heimische Industrie Nachteile im internationalen Wettbewerb erfahren würde (Patrick/Forman 2002: 414). Auch die 1980er Jahre waren, bis auf wenige Ausnahmen, von einer Führungsrolle der USA bezüglich multilateraler umweltpolitischer Vereinbarungen geprägt. Im Laufe der 1990er Jahre und vor allem im Rahmen des Klimaschutzregimes änderte sich allerdings die Haltung der USA von einer eher multilateral orientierten Problemlösungsstrategie zu eher unilateralen Lösungsansätzen.

Als Schlüsseldokument zum Verständnis der amerikanischen Haltung in der internationalen Klimapolitik kann die vor dem Abschluss der Kyoto-Verhandlungen 1997 verabschiedete *Byrd-Hagel-Resolution* verstanden werden. Sie macht deutlich, dass die zentralen politischen Akteure bereits früh der multilateralen Lösung des Klimaproblems eine Absage erteilten und aus amerikanischer Sicht keine Resolution Unterstützung finden würde, welche feste THG-Reduktionen vorsieht oder sich nachteilig auf die Wirtschaft der USA auswirkt. In einer Rede verdeutlicht Präsident George W. Bush die Gründe für einen Rückzug aus dem aktuell laufenden Klimaschutzregime. „The cost could be enormous if we adopt foolish policies, such as mandates for firms. [...] Ill-conceived remedies that are not politically sustainable can cause more harm than inaction. The United States left the Kyoto Protocol on global warming precisely because we consented in Kyoto to commitments that outstripped what we could reasonably deliver (Victor 2004: 105).

Die USA sind mit Abstand der weltgrößte THG-Emittent, sowohl absolut, als auch bei der CO_2-Emission pro Kopf. Mit 4,6% der Weltbevölkerung verursachten sie bereits 1990 23,3% des weltweiten CO_2-Ausstoßes (Fermann 1997: 363f.) – absolut gesehen fast doppelt so viel wie China (ca. 12,5%) mit einem Weltbevölkerungsanteil von über 20%. Auch in den Folgejahren hielten die USA unangefochten die Spitzenposition bei den THG-Emissionen und tun dies bis heute. 1999 lagen die THG-Emissionen der USA bereits 13% über dem Wert des Basisjahres 1990 und Vorhersagen beziffern einen voraussichtlichen Anstieg bis auf 26%. In Anbetracht der für die USA im Kyoto-Protokoll vorgesehenen Reduktion von 7% bis zum Jahr 2020 ergibt sich ein zu reduzierendes CO_2-Volumen von ca. 30% (Patrick/Forman 2002: 423).

Im Gegensatz zu einer Vielzahl anderer Industriestaaten steigt der Primär-energieverbrauch pro Kopf in den USA weiter stetig an (BOXER-Infodienst 2007). Die Gesamtenergieeffizienz bezogen auf andere Industriestaaten, wie bspw. die Bundesrepublik, ist eher als niedrig zu bewerten. Darüber hinaus ver-fügen die USA über erhebliche eigene Vorkommen fossiler Energieträger und gelten weltweit als eines der führenden Länder in der Veredelung dieser. Dies bedingt eine sehr wirtschaftsstarke Branche in diesem Bereich, die durch vertrag-liche THG-Reduktionsvereinbarungen empfindlich getroffen würde. Der hohe Primärenergieverbrauch aufgrund einer energieintensiven Wirtschaftsstruktur einerseits und einer geringen Energiesensibilität seitens der Bevölkerung ande-rerseits, sowie die erhebliche Abhängigkeit der amerikanischen Volkswirtschaft von Branchen im Bereich fossiler Energieträger, führt für die USA zu einer nachteiligen Ausgangssituation für nachhaltige Emissionsminderungen gegen-über anderen Industriestaaten. Würden die USA einer allgemeinverbindlichen Klimaresolution der Qualität des Kyoto-Protokolls zustimmen, so hätten sie mit erheblichen Kosten zur Veränderung der bestehenden Wirtschaftstruktur einer-seits und der Drosselung des Energiekonsums der Amerikaner andererseits zu rechnen.

Eine erhebliche Bedrohung für die internationale Wettbewerbsfähigkeit der heimischen Wirtschaft sehen die USA darüber hinaus in der Möglichkeit des *freeriding* durch Staaten, die sich gemäß dem Kyoto-Protokoll keinen absoluten THG-Reduktionsverpflichtungen unterwerfen mussten (BMU 2003). Dies be-trifft im Wesentlichen die Entwicklungs- und gewisse Transformationsländer. Letztlich geht es um die Gefahr relativer Machtverluste gegenüber Staaten, die durch eine Klimaresolution hinsichtlich ihrer ökonomischen Entwicklung direkt profitieren oder aber aufgrund ihrer Wirtschaftsstruktur und ihres Konsumver-haltens geringere Zielerreichungskosten zu tragen haben. Die dadurch entstehen-den wettbewerblichen Verzerrungen werden als Gefahr für die Erhaltung der eigenen relativen wirtschaftlichen Position gesehen.

Neben diesen potentiellen ökonomischen Nachteilen, bestehen in den USA aber auch wirtschaftliche Bereiche, die von verpflichtenden THG-Reduktionsre-gularien profitieren würden. Die USA verfügen bspw. über einen sehr vitalen und innovativen Umwelttechnologiesektor (*green business*) und gehören mit einem Weltmarktanteil an Umweltgütern und -dienstleistungen von knapp 18% im Jahr 2003 weltweit zur Spitze. Eine verbindliche globale Vereinbarung von THG-Reduktionszielen würde für diesen Sektor, aufgrund einer stark steigenden Nachfrage, erheblichen Profit bedeuten. Absolut gesehen überwogen zumindest für den politisch überschaubaren Zeitraum allerdings die zu erwartenden relati-ven ökonomischen Nachteile gegenüber anderen Nationalstaaten.

Relative ökonomische Vorteile Deutschlands

Auch Deutschland zählt zu den weltweit größten THG-Emittenten – ca. 4% der jährlichen globalen CO_2-Emissionen und etwa ein Drittel der CO_2-Emissionen der EU sind ihr zuzuschreiben. Allein vor diesem Hintergrund ist auch Deutschland als einflussreicher Akteur des Klimaschutzregimes zu sehen. Die politische Position der Bundesrepublik ist seit Anfang der 1990er Jahre durch ein großes Engagement für nationale, EU-weite und globale Klimaschutzprogramme geprägt. Nach deutscher Auffassung sind konkrete Ziele bezüglich der CO_2-Reduzierung für die Jahre 2005 (um 10%) und 2010 (um 15-20%), bemessen am Basisjahr 1990, ebenso erforderlich, wie die verbindliche Festlegung von konkreten klimapolitischen Maßnahmen. Sowohl innerhalb der EU, als auch innerhalb des globalen Klimaschutzregimes tritt Deutschland als so genannter *pushing state* auf. Es wird angenommen, dass *pusher* ein hohes ökologisches Interesse verfolgen, da sie durch Umweltregularien zum einen nur geringe Kosten zu erwarten haben (Mundt 2005: 21f.) und zum anderen ein Profit aus den Regularien wahrscheinlich scheint.

Deutschlands als eines der führenden Industrieländer erlebte in seinem umweltintensivsten Sektoren, darunter Energie, Straßenverkehr, Chemie und Bau, in der Nachkriegszeit ein besonders hohes Wachstum. Diese Entwicklung brachte Umweltprobleme mit sich, die sich empfindlich auf das Ökosystem auswirkten. Die Notwendigkeit nationalen Handelns war sehr groß, was in der Folge zu hohem politischen Druck führte. Unter der Regierung Brandt/Scheel bildete sich im internationalen Vergleich schon sehr früh das Politikfeld Umwelt heraus. Mit einem Sofortprogramm 1970 und einem schon ein Jahr später folgenden umfangreichen Umweltprogramm mit detailliertem Gesetzgebungsfahrplan und konkreten Zielvorgaben wurden vornehmlich nationale, aber auch grenzüberschreitende Umweltproblematiken (Einbeziehung von Anrainerstaaten) angegangen (Kern et al. 2003). Kennzeichnend für die deutsche Umweltpolitik ist, ökonomische Anreize zu umweltverantwortlichem Handeln seitens der Industrie und der Bürger zu schaffen und damit die soziale Marktwirtschaft ökologisch weiter zu entwickeln.

Auch im Bereich der internationalen Klimapolitik nahm Deutschland bereits unter der Regierung Kohl eine wichtige Führungsrolle beim Vorantreiben internationaler Vereinbarungen ein. Durch Helmut Kohls frühe moderate Anstrengungen im Bereich Umwelt war eine Spitzenstellung Deutschlands als *pusher state* in der Klimapolitik möglich. Bereits 1990 kam es zu dem Beschluss eines umfassenden CO_2-Reduktionsprogramms, sowie einer freiwilligen Vereinbarung mit der Industrie zur Minderung der Emissionen einiger wesentlicher THG (Jänicke 2006: 405ff.; Kern et al. 2003; BMU 2006c).

Betrachtet man die Emissionswerte der Bundesrepublik, so ist bereits zwischen 1990 und 1995 ein erheblicher Emissionsrückgang von 12% zu verzeichnen (Grubb et al. 2001: 82). Die erreichten Emissionssenkungen erscheinen allerdings weniger beeindruckend unter Berücksichtigung der Tatsache, dass Deutschland nach der Wiedervereinigung im Jahre 1990 vom wirtschaftlichen Zusammenbruch und von der Umstrukturierung in den neuen Bundesländern klimapolitisch begünstigt wurde. Der dadurch bedingte Emissionsrückgang wird daher mit ironischem Unterton auch als *wallfall profits* bezeichnet (Kern et al. 2003: 22). So ist nur schwer zu trennen, welche Anteile der Emissionsminderungen schwerpunktmäßig auf die äußere Rahmenbedingung „Wiedervereinigung" zurückzuführen und welche tatsächlich die Folge konkreter politischer Maßnahmen sind. Allerdings muss in dieser Diskussion ferner bedacht werden, dass die *wallfall profits* durch besonders strenge Reduktionsauflagen für die Bundesrepublik im Rahmen des an das Kyoto-Protokoll angegliederten EU-Burden-Sharing Agreement bedacht wurden (21% in der Periode 2008 - 2012). Einer Studie im Auftrag des BMU zufolge hätte Deutschland selbst ohne die *wallfall profits*, mit Hilfe von gezielten klima- und anderen umweltpolitischen Maßnahmen, signifikante Emissionsminderungen erzielen können. Jedenfalls gehört Deutschland zu einem der wenigen Länder, die aufgrund ihrer Reduktion der Emissionen die Aussicht haben, die im Kyoto-Protokoll fest geschriebenen Emissionsminderungen tatsächlich näherungsweise zu erreichen (Eichhammer et al. 2001).

Im Vergleich zum gesamten Primärenergieverbrauch sind die energiebedingten CO_2-Emissionen wesentlich stärker gesunken; sie lagen im Jahre 2000 um rund 15% niedriger als 1990. Die CO_2-Emissionen konnten im Zeitraum von 1990 bis 2001 im Jahresdurchschnitt um 3% reduziert werden. Im Zuge der Wiedervereinigung waren es von 1990 bis 1993 5,2% pro Jahr, hingegen von 1993 bis 2001 nur 2,1% (Lehmann 2002: 5).

Ähnlich wie die USA ist Deutschland durch eine hohe Industrieproduktion und einen hohen Lebensstandard geprägt. Damit gehen sowohl ein hoher Energieverbrauch als auch ein hoher Rohstoffverbrauch einher. Allerdings unterscheidet sich Deutschland seit den 1970er Jahren erheblich bei der politischen Schwerpunktsetzung im Umgang mit Energiequellen von den USA, was auf die Notwendigkeit des Imports fossiler Energieträger zur Gewährleistung der Industrieproduktivität und des allgemeinen Lebensstandards zurückzuführen ist. Nur wenige Staaten importieren in vergleichbarem Umfang Rohstoffe für die Energiegewinnung aus dem Ausland. So wurde aufgrund der fehlenden eigenen Energievorkommen bereits zu einem frühen Zeitpunkt Aspekten wie Energieproduktivität, sprich das Verhältnis von realer Wirtschaftsleistung zum Primärenergieverbrauch, eine bedeutende Rolle zugeschrieben. Die Bundesregierung verfolgt bspw. das politische Ziel, die Energieproduktivität von 1990 bis 2020 insgesamt um den Faktor 2,5 und bis 2050 um den Faktor 4 zu steigern (Lehmann 2002: 3; BT-Drs. 14/2687).

Ein zunehmendes Wirtschaftswachstum schlägt sich, so die traditionelle Theorie, in einem überproportional steigenden Primärenergieverbrauch und damit wesentlich erhöhten Umweltbelastungen nieder. Deutschland ist es in den vergangenen 15 Jahren gelungen, diesen Zusammenhang zu entkoppeln. Bezeichnend hierfür ist der Vergleich des Anstiegs des Primärenergieverbrauch der Bundesrepublik und der USA: Während die Bundesrepublik trotz wachsender Wirtschaft einen Rückgang von 1,3% verzeichnen konnte, erlebten die USA unter näherungsweise ähnlichen Wachstumsbedingungen einen Anstieg des Primärenergieverbrauchs um 11% bezogen auf das Jahr 1990 (BMWA 2005b). Für die divergente Entwicklung zwischen den beiden Staaten ist im Falle Deutschlands die Steigerung der Energieeffizienz in hohem Maße ausschlaggebend (BMU 2006a: 19).

Aus internationaler Sicht gilt Deutschland als das erfolgreichste Land in Bezug auf die Reduzierung der Emissionen von CO_2 und anderen THG. Es genießt international Anerkennung, belegt u.a. durch den Umweltprüfbericht der OECD (Organisation for Economic Co-Operation and Development) 1993 und das Worldwatch Institute, welches die besonders positive und beispielhafte Entwicklung auf dem Gebiet der erneuerbaren Energien hervorhebt (BMU - Bundesministerium für Umwelt, Naturschutz und Reaktorsicherheit 09.04.2002).

Die Umweltbranche in der Bundesrepublik ist aufgrund der früh einsetzenden Problemwahrnehmung im Bereich Umwelt und eines ordnungspolitischen Rahmens, der Umweltanstrengungen begünstigt, stark ausgeprägt. Die frühe und umfassende politische Förderung von Umweltschutzmaßnahmen hat die Herausbildung eines sehr dynamischen Marktes für umwelttechnische Produkte unterstützt und somit zur langfristigen Modernisierung und Umgestaltung der deutschen Volkswirtschaft beigetragen. Bereits heute arbeiten 3,8% aller deutschen Beschäftigten in „grünen Berufen", das sind ca. 1,5 Millionen Arbeitsplätze. Diese Zahl, so eine Studie des BMU 2006, könnte sich bis 2020 verdoppeln. Eine weitere Steigerung von Innovation und Beschäftigung im Umweltsektor hätte aber nicht nur für die Wirtschaft Vorteile, sondern auch direkte positive Auswirkungen auf den Staatshaushalt. Dieser könnte durch sinkende Umweltkosten, positive Beschäftigungseffekte, weniger Ressourcenverschwendung und mehr Gesundheit in der Bevölkerung langfristig um bis zu 100 Mrd. Euro entlastet werden, so eine Prognose des Bundesumweltministeriums (BMU 30.06. 2006).

Global zählt der Markt für Umweltschutzgüter zu den am dynamischsten wachsenden Zukunftsmärkten. Das weltweit erstarkende Umweltbewusstsein und die daraus resultierenden höheren Umweltschutzanforderungen sowie der steigende Problemdruck werden die Nachfrage nach Umweltschutzgütern weltweit erheblich ansteigen lassen. Allein im Jahr 2004 wurden in Deutschland Umwelt- und Klimaschutzgüter im Wert von 44 Mrd. Euro produziert. Das enorme Wachstum in diesem Bereich ist auch dem Export zu verdanken. Kein anderes Industrieland erzielt einen vergleichbar hohen Anteil seiner Wertschöpfung im Exportgeschäft (1994: 28,4%). 2003 wurden Umwelttechnik und -dienstleistungen von deutschen Unternehmen im Wert von 33 Mrd. Euro ins Ausland exportiert. Die Bundesrepublik konnte zu diesem Zeitpunkt einen Weltmarktanteil in diesem Segment von 18,3% verzeichnen, dicht gefolgt von den USA. Die ökonomischen Früchte der ambitionierten Entwicklungen lässt der Anteil der Umwelttechnologie am Umsatz aller Wirtschaftsbereiche in Deutschland erahnen. 2005 betrug dieser 4% und soll sich Prognosen zufolge bis 2030 vervierfachen (BMU 2006b: 11). Einer Studie der Roland Berger Strategy Consultants zufolge, umfasst der Markt für umweltfreundliche Technologien bereits heute weltweit etwa ein Volumen von einer Billion Euro. Für die kommenden 15 bis 20 Jahre wird eine Versechsfachung des Marktes prognostiziert (BMU 2006a: 19f.).

Die Vorreiterrolle im Bereich der Umweltstandards sowie die gezielte Unterstützung von technologischen Umweltinnovationen bescheren der Bundesrepublik sogenannte *first-mover-advantage*s und fördern damit die globale Wettbewerbsfähigkeit. Die Etablierung der Industrie als Innovationsmotor für Umwelttechnologien entlang der gesamten Wertschöpfungskette einerseits und der proaktive Ansatz im Bereich der Umweltregularien andererseits, führen letztlich zu einer wirtschaftlichen Stärkung der Bundesrepublik und gemäß den Interpretationsansätzen des ökonomischen Neorealismus zu einer relativen Verbesserung der Machtposition im internationalen System. Die deutsche Unterstützung einer allgemeinverbindlichen Resolution zur Minderung von THG-Emissionen ist vor diesem Hintergrund mit verhältnismäßig geringen Kosten verbunden, zudem besteht durch ein solches Abkommen die Möglichkeit auf Realisierung erheblicher zusätzlicher ökonomischer Profite im Bereich des Exports von Umwelttechnologien und „grünem Know-How."

Erklärungsumfang des Neorealismus

Ziel dieses Kapitels war es, zu untersuchen, inwieweit das Zustandekommen eines Klimaregimes neorealistisch zu erklären ist. Hierzu wurde illustrativ das Verhalten Deutschlands und der USA während der unterschiedlichen Verhandlungsrunden des Klimaregimes bis zum Kyoto-Prozess betrachtet. Eine wichtige

Voraussetzung für die durchgeführte Analyse stellte die Transposition des Politikfelds Umwelt in den Bereich der *high politics* der Nationalstaaten dar. Es handelt sich beim Klimaregime um ein komplexes und schwer lösbares Konfliktfeld, das durch die Einflüsse unterschiedlichster Akteure und Interessen geprägt ist. Wie die durchgeführte Analyse verdeutlicht, betrachtet die strukturelle Strömung des Neorealismus Nationalstaaten im Wesentlichen als Akteure, die entsprechend ihrer macht- und sicherheitsorientierten Interessen agieren. In diesem Zusammenhang stellt der Ansatz der „ökologischen Sicherheit" eine interessante Anfangsüberlegung dar. Da Bedrohungen, die aus Umweltproblemen erwachsen, aus neorealistischer Perspektive aber nicht direkt mit Sicherheitsgefährdungen durch militärische Bedrohungen gleichzusetzen sind, greift diese Betrachtungsperspektive im Rahmen der vorliegenden Überlegungen allerdings zu kurz. Letztlich liegt die Erklärungsproblematik insbesondere in der vorrangig militärisch geprägten Interpretation von Sicherheit im strukturellen Neorealismus.

Verfolgt man den Ansatz des ökonomischen Neorealismus, wonach sich die Machtstärke eines Staates auch wesentlich durch dessen Wirtschaftstärke konstituiert, so ergeben sich in Teilbereichen interessante und schlüssige Erklärungsansätze für das divergierende Verhalten der USA und Deutschlands im Klimaregime. Während das progressive Verhalten Deutschlands sich dadurch erklären lässt, dass Deutschland als *pusher state* im Bereich Umwelt letztlich von verbindlichen Resolutionen hauptsächlich profitieren kann (geringe Kosten und hoher Profit), befinden sich die USA aufgrund ihrer hegemonialen Stellung in einer weitaus prekäreren Lage. Für die USA geht es letztlich um relative Machtverluste insbesondere gegenüber aufstrebenden Transformationsländern, da diese einerseits in ihrer (ökonomischen) Entwicklung gestärkt werden und andererseits die USA trotz eines erheblichen zu erwartenden Profits für die eigene Umwelttechnologiebranche hohe Zielerreichungskosten (Anpassung der Wirtschaftsstruktur, Konsumverhalten etc.) zu tragen hatten. Auch wenn eine Kooperation auf supranationaler Ebene für alle mit Vorteilen verbunden ist, da in einem gewissen Maße die enormen Folgekosten durch ein gemeinsames Handeln reduziert werden können, so fürchten die USA durch eine Unterzeichnung einer Klimaresolution insbesondere die relativen Nachteile gegenüber anderen Staaten, insbesondere den Transformationsländern China, Indien und Brasilien, die als potentielle Rivalen um die globale Vorherrschaft gesehen werden können. Das Kyoto-Protokoll stellt, aus neorealistischer Perspektive, für die Situation der USA mithin keine akzeptable Lösung dar. Die amerikanische Absage an die Ratifizierung dieser Klimaresolution erscheint aus neorealistischer Sicht verständlich.

Literatur

Allenby, Braden (2001): New Priorities in U.S. Foreign Policy: Defining and Implementing Environmental Security. In: Harris, Paul G. (Hrsg.): The environment, international relations, and U.S. foreign policy. Washington, D.C: Georgetown University Press. 45-67.

BMU (09.04.2002): Worldwatch-Bericht bestätigt deutsche Vorreiterrolle bei den Erneuerbaren Energien. BMU Pressedienst. 46 (03).

BMU (2003): Leitfaden für die klimaschutzpolitische Bewertung von emissionsbezogenen JI- und CDM-Projekten. Bundesministerium für Umwelt, Naturschutz und Reaktorsicherheit (3 Version 1.0).

BMU (2006a): Umwelt und Innovation: Leitmärkte der Zukunft. Dokumentation der Fachkonferenz am 30.10.2006 in Berlin. Bundesministerium für Umwelt, Naturschutz und Reaktorsicherheit.

BMU (2006b): Ökologische Industriepolitik. Memorandum für einen „New Deal" von Wirtschaft, Umwelt und Beschäftigung.

BMU (2006c): Die Umweltmacher. 20 Jahre BMU – Geschichte und Zukunft der Umweltpolitik. 1. Aufl. Hamburg: Hoffmann & Campe.

BMU (30.06.2006): Jobmaschine Umwelt. Herausgegeben von Bundesministerium für Umweltschutz und Reaktorsicherheit. http://www.bundes regierung.de/nn_23130/ Content/DE/ Artikel/2006/06/2006-06-30-jobmaschineumwelt.html: 30.03.2007.

BMWA (2005a): Zahlen und Fakten. Energiedaten. Nationale und internationale Entwicklung. Bundesministerium für Wirtschaft und Arbeit (Tabelle 12: Energiebedingte Kohlendioxidemissionen ausgewählter Länder und Regionen).

BMWA (2005b): Zahlen und Fakten. Energiedaten. Nationale und internationale Entwicklung. Bundesministerium für Wirtschaft und Arbeit (Tabelle 31: Primärenergieverbrauch nach Ländern und Regionen).

BOXER-Infodienst (2007): Primärenergieverbrauch der Welt absolut und pro Kopf. Herausgegeben von Boxer – Infodienst : Regenerative Energie. http://www.boxer 99.de/subs/Tabellen/primaerenergieverbrauch_welt.htm: 10.04.2007.

Brühl, Tanja (2000): Verweigerung statt Führung: Die internationale Umweltpolitik der USA. In: Rudolf, Peter / Wilzewski, Jürgen (Hrsg.): Weltmacht ohne Gegner. Amerikanische Außenpolitik zu Beginn des 21. Jahrhundert. Baden-Baden: Nomos. 363-394.

Eichhammer, W. / Böde, U. / Gagelmann, F. / Jochem, E. / Schleich, J. / Schlomann, B. et al. (2001): Treibhausminderungen in Deutschland und UK: Folge „glücklicher" Umstände oder gezielter Politikmaßnahmen? Forschungsbericht Nr. 201 41 133. Berlin: Umweltbundesamt.

Europäische Union (2003): Europäische Sicherheitsstrategie. http://www.auswaertigesamt.de/diplo/de/Europa/Aussenpolitik/GASP/EUSicherheitsstrategie.html: 15.12.2008.

Europäische Union (2008): Klimawandel und internationale Sicherheit. Bericht der Europäischen Kommission und des Generalsekretärs für den Rat der Europäischen Union.

Fermann, Gunnar (1997): International politics of climate change. Key issues and critical actors. Oslo: Scandinavian University Press.

Fricke, Gerald (2001): Von Rio nach Kyoto. Verhandlungssache Weltklima: global governance, Lokale Agenda 21, Umweltpolitik und Macht. 1. Aufl. Berlin: Köster.

Grubb, Michael / Vrolijk, Christiaan / Brack, Duncan (2001): The Kyoto protocol. A guide and assessment. Reprint. London: Royal Institute of International Affairs.

Harris, Paul. G. (Hrsg.) (2001): The environment, international relations, and U.S. foreign policy. Washington, D.C.: Georgetown University Press.

Intergovernmental Panel on Climate Change (2001): Climate Change 2001: Synthesis Report. Summary for Policymakers. Approved in detail at IPCC Plenary XVIII (Wembley, United Kingdom, 24.-29.09.2001).

Intergovernmental Panel on Climate Change (2007): Climate Change 2007: Synthesis Report. Approved at IPCC Plenary XXVII (Valencia, Spain, 12.-17.11.2007).

Jänicke, Martin (2006): Umweltpolitik – auf dem Weg zur Querschnittspolitik. In: Schmidt, Manfred G. / Zohlnhöfer, Reimut (Hrsg.): Regieren in der Bundesrepublik Deutschland: Innen- und Außenpolitik seit 1949. 1. Aufl. Wiesbaden: VS Verlag. 405-420.

Kern, Kristine / Koenen, Stephanie / Löffelsend, Tina (2003): Die Umweltpolitik der rotgrünen Koalition – Strategien zwischen nationaler Pfadabhängigkeit und globaler Politikkonvergenz. Discussion Paper. Wissenschaftszentrum Berlin für Sozialforschung. SP IV 2003-103.

Lehmann, Harry (2002): Enquete Kommission „Nachhaltige Energieversorgung". Zusammenfassung des Endberichts Bundestags Drucksache 14/2687. ISUSI Publication. Online verfügbar unter http://www.isusi.de/downloads/EnqBT.pdf: 08.04.2007

Masala, Carlo / Mearsheimer, John J. / Waltz, Kenneth N. (2005): Kenneth N. Waltz. Einführung in seine Theorie und Auseindersetzung mit seinen Kritikern. 1. Aufl. Baden-Baden: Nomos.

Mathews, Jessica T. (1989): Redefining Security. In: Foreign Affairs. 68 (2): 162-177.

Mearsheimer, John J. (2001): The Tragedy of Great Power Politics. New York: W.W. Norton & Co. 29-54.

Mundt, Juliane (2005): Die Position Brasiliens in den internationalen Klimaverhandlungen. Kölner Arbeitspapiere zur internationalen Politik. 2/2005. Universität zu Köln, Lehrstuhl für Internationale Politik und Außenpolitik.

Oberthür, Sebastian / Ott, Hermann E. (1999): The Kyoto protocol. International climate policy for the 21st century. Berlin: Springer.

Patrick, Stewart / Forman, Shepard (2002): Multilateralism and US foreign policy. Ambivalent engagement. Boulder, Colorado: Lynne Rienner (Center on international cooperation studies in multilateralism).

Rowlands, Ian (2001): Classical Theories of International Relations. In: Luterbacher, Urs (Hrsg.): International relations and global climate change. Cambridge, Massachusetts: MIT Press (Global environmental accord). 43-66.

Schörnig, Niklas (2006): Neorealismus. In: Schieder, Siegfried / Spindler, Manuela (Hrsg.): Theorien der Internationalen Beziehungen. 2. Aufl. Opladen & Farmington Hills: Verlag Barbara Budrich. 65-92.

Seybold, Marc (2003): Internationale Umweltregime – Neue Formen der Konfliktbearbeitung in der internationalen Politik? Untersuchungen am Beispiel des Klimaschutzregimes. http://www.opus-bayern.de/uni-wuerzburg/frontdoor.php?source_opus=1240 &la=de: 15.12.2008.

Stern, Nicholas (2007): The Economics of Climate Change – The Stern Review. Cambridge University Press.

Victor, David G. (2004): Climate change. Debating America's policy options. New York: Council on Foreign Relations (A Council policy initiative, 6).

Vogler, John (Hrsg.) (1996): The environment and international relations. Global environmental change programme. London: Routledge (Global environmental change series).

Waltz, Kenneth N. (1979): Theory of International Politics. Boston, Massachusetts: Mc Graw Hill.

Wissenschaftlicher Beirat der Bundesregierung – Globale Umweltveränderungen WBGU (2007): Welt im Wandel: Sicherheitsrisiko Klimawandel. Berlin: Springer.

Zangl, Bernhard (2006): Regimetheorie. In: Schieder, Siegfried / Spindler, Manuela (Hrsg.): Theorien der Internationalen Beziehungen. 2. Aufl. Opladen & Farmington Hills: Verlag Barbara Budrich. 121-144.

Two-Level-Games: Eine neoliberale Perspektive auf die Deutsch-Amerikanische Klimapolitik zwischen 1994 und 2001

Jan Tilly

Theoretische Eingrenzung: *Two-Level-Games*

Im Theoriegeflecht des Liberalismus gibt es eine Vielzahl verschiedener Ansätze, um staatliches Verhalten zu erklären. Gemein ist allen, mit dem Paradigma des Neorealismus zu brechen und die Annahme aufzugeben, Staaten würden als einheitliche und zentrale Akteure die internationale Politik bestimmen. Nicht die Machtverteilung zwischen Staaten und/oder internationalen Institutionen, sondern die innerstaatlich organisierten Gesellschaften und deren Präferenzen stehen im Mittelpunkt des neoliberalen Ansatzes. Es wird also der Nexus zwischen Gesellschaft und staatlichem Verhalten in der Außenpolitik geschlagen (Schieder 2006: 175ff.). Um Außenpolitik – in diesem Falle die Klimapolitik der USA und Deutschlands – durch die neoliberale Brille betrachten zu können, muss angesichts des Spektrums (neo-)liberalistischer Ansätze zunächst eine Eingrenzung getroffen werden. Im folgenden wird das metaphorisch als *Two-Level-Game* bezeichnete Framework von Robert D. Putnam (1988) verwendet. Dieser Ansatz verbindet zwei – sonst in den Theorien der Internationalen Beziehungen nur getrennt behandelte – Beobachtungsebenen und eröffnet so eine neue Dimension im Erklären außenpolitischen Handelns. Wird in der Regel zwischen systemischer Ebene, dem außenpolitischen Agieren von Staaten, und subsystemischer Ebene, dem innenpolitischen Entwickeln von Interessen und Präferenzen, getrennt, kombiniert das *Two-Level-Game* diese beiden Sichtweisen zu einem einheitlichen Ansatz (Moravcsik 1993: 5ff.).

Die Exekutive eines demokratischen Staates sitzt zwischen zwei Stühlen: Einerseits handelt sie auf internationaler Ebene Abkommen und Verträge aus. Von hier an wird diese Ebene als „Level I" bezeichnet. Andererseits ist sie innenpolitisch auf die Legislative angewiesen, die sämtliche internationale Abkommen, die zunächst nur vorläufigen Charakter haben, ratifizieren muss – im Folgenden als „Level II" bezeichnet (Putnam 1988: 433ff.).

Dem *Framework* zufolge reicht eine Fokussierung auf nur eine der beiden Ebenen zur Erklärung von internationaler Politik nicht aus. Es ist vielmehr die simultane Interaktion der beiden Ebenen, die Außenpolitik bestimmt. Die Exekutive muss auf Level I grundsätzlich mitberücksichtigen, welcher Verhandlungsausgang vom Level II ratifiziert werden könnte. Die Menge all dieser ratifizierbaren Verhandlungsergebnisse wird als *Win-Set* bezeichnet. Die nationale Beschränkung – intuitiv als Nachteil empfunden – kann sich schnell als Verhandlungsvorteil erweisen, ermöglicht sie doch das Ausüben von Druck auf den Verhandlungspartner auf internationaler Ebene: Nämlich mithilfe des Arguments, dass man als Exekutive zwar gerne einwilligen würde, doch dass einem durch das Ratifikationsorgan zu Hause die Hände gebunden sind (Miller 1997: 69; Putnam 1988: 440f.). Putnam (1988: 440) etwa stellt mit Blick auf die amerikanische Außenpolitik fest: „Die Schwierigkeit, den Ratifizierungsprozess im Kongress zu gewinnen, wird häufig von den amerikanischen Verhandlungsführern zum eigenen Vorteil instrumentalisiert."

In seinem das Fundament für das *Two-Level Game* legenden Werk „Diplomacy and Domestic Politics: The Logic of Two-Level Games" benennt Putnam drei Hypothesen, auf die hin die deutsch-amerikanische Klimapolitik im Rahmen dieses Textes untersucht wird:

H1: Die Größe der *Win-Sets* ist abhängig von der Machtverteilung, Präferenzen und möglichen Koalitionen unter den Level II Vertretern.

H2: Die Größe der *Win-Sets* ist abhängig von den politischen Institutionen des Level II.

H3: Die Größe der *Win-Sets* ist abhängig von den Strategien der Level I-Verhandlungsführer.

Abhängig von der Definition der Win-Sets (also der Menge der Verhandlungsabschlüsse, die auf nationaler Ebene ratifizierbar sind) gelten die folgenden Axiome:

- Je größer die Win-Sets, desto größer die Wahrscheinlichkeit zu einer Einigung auf Level I zu gelangen.
- Je autonomer ein Staat vom Level II agieren kann, desto schwächer ist seine internationale Verhandlungsmacht (Putnam 1988: 450).

Ein kleines *Win-Set* ist für Verhandlungsführer insofern ein Vorteil, als es ihnen ermöglicht, Druck auszuüben. Andererseits ist es auch nachteilig, da ein zu kleines *Win-Set* dazu führen kann, dass die gesamten Verhandlungen scheitern (Evans 1993: 402f.).

Neben dem *Win-Set* sieht die Theorie der *Two-Level-Games* noch eine andere wesentliche Komponente vor, die des *Acceptability-Set*. Ausgehend von einer *Principal-Agent*-Beziehung zwischen Exekutive und Parlament besitzt erstere einen opportunistischen Verhandlungsspielraum und eigene Ziele, die nicht unbedingt mit denen des Parlamentes konform gehen. Alle Verhandlungsergebnisse, die den individuellen Vorstellungen des *Agents* entsprechen, zählen zu seinem *Acceptability-Set* und sind jene Verhandlungsresultate, die er willens ist, zu unterzeichnen. Dabei können drei Typen von Verhandlungsführern unterschieden werden, „Tauben", „Falken" und *„Agents"*. Tauben liegen mit ihrem *Acceptability-Set* näher am heimischen *Win-Set* als am *Win-Set* des internationalen Verhandlungspartners. Das persönliche Wunschergebnis der Falken liegt dagegen weiter weg vom heimischen *Win-Set* als das ausländische *Win-Set*. Den Verhandlungsführern steht es demnach frei, ihre eigenen Vorstellungen in das Verhandlungsergebnis einfließen zu lassen und somit auch gegen ihren *Principal* zu arbeiten. Voraussetzung dafür ist jedoch, dass *Win-Sets* und *Accepability-Sets* nicht offen einsehbar sind. Verhält sich ein Verhandlungsführer schließlich als *Agent*, so versucht er, unvoreingenommen die Interessen des Level II zu vertreten (Lisowski 2002: 104f.; Moravcsik 1993: 30f.).

Empirische Eingrenzung: Das Spielfeld und die Spieler

Auch das Feld der Klimapolitik bedarf einer Eingrenzung: Diese Betrachtung legt ihren Fokus auf die Politik der Bundesrepublik Deutschland und der Vereinigten Staaten von Amerika und den Ausgang der Verhandlungen um das Kyoto-Protokoll und schließt somit die Verhandlungsrunden der Klimarahmenkonvention (UNFCC) von 1994 bis Marrakesch 2001 mit ein. Eine *Two-Level Game*-Analyse kann selbstredend nicht mit der Aushandlung des Kyoto-Protokolls vom 11. Dezember 1997 enden. Den Verhandlungen im japanischen Kyoto und der offiziellen Level-I-Übereinkunft bei der Unterzeichnung in New York am 29. April 1998 folgten heftige Auseinandersetzungen über die Ratifizierung in den Vereinigten Staaten und schließlich die Absage der Administration von George W. Bush am 13. März 2001, das Protokoll überhaupt dem Senat zur Ratifikation vorzulegen (Bush 2001). Deutschland ratifizierte das Protokoll dagegen am 26. April 2002.

Aus liberalistischer Perspektive birgt die lange Zeitspanne, über die sich der Prozess hinzog, bereits eine Reihe von Implikationen: Das Personal auf Level I und Level II wandelte sich zum Teil mehrfach. In Deutschland wurde das Protokoll unter Kanzler Helmut Kohl und Umweltministerin Angela Merkel ausgehandelt und unterzeichnet. Entsprechend des deutschen parlamentarischen Systems gab es im Level II eine Mehrheit aus CDU/CSU und FDP. Der Ratifikationsprozess wurde dann von der Regierung Gerhard Schröder (SPD) und Umweltminister Jürgen Trittin (Bündnis 90/Die Grünen) in die Wege geleitet. Im Bundesrat hatten weder Union/FDP 1997/98 noch SPD/Grüne 2001 eine rechnerische Mehrheit. Auf amerikanischer Seite oblagen die Verhandlungen und die Unterzeichnung des Kyoto-Protokolls der Regierung unter Bill Clinton und Al Gore. Der Ratifizierungsprozess wurde dann aber von George W. Bush, der 2001 das Amt übernahm, geleitet und schließlich ausgesetzt. Im Senat, der für die Ratifizierung internationaler Abkommen zuständig ist, hatte keine Partei zu keinem Zeitpunkt die notwendige Zweidrittel-Mehrheit.

Eine weitere Information erscheint notwendig, um die Vielschichtigkeit des Kyoto-Prozesses zu begreifen: Mit der Unterzeichnung des Kyoto-Protokolls wurde eine Absichtserklärung unterzeichnet, die Treibhausgasemissionen auf ein bestimmtes Niveau zu reduzieren (Böhringer/Vogt 2002: 10). Die USA und die EU-Staaten verpflichteten sich, ihre Emissionen bis 2012 um 7 bzw. 8% unter den Stand von 1990 zu senken. Wie diese Reduktionsziele erreicht werden und welche Mittel dazu als legitim gelten sollen, wurde einer raschen Einigung in Kyoto wegen für weitere Verhandlungen offen gelassen. Diese Mittel, zu denen etwa der (uneingeschränkte) Emissionshandel oder die Anrechnung von Senken (z.B. Wälder, die Treibhausgase auffangen) und Export von Technologie in Entwicklungsländer (*Joint Implementation*) gehören, hatten jedoch entscheidenden Einfluss auf die nationale Ratifizierbarkeit des Vertrags. Die Verhandlungen in Den Haag im November 2000 scheiterten letztlich an diesen technischen Details, die dem Klimarahmenschutzabkommen zu Grunde liegen sollten (Grubb/Yamin 2001).

Im weiteren Verlauf dieses Aufsatzes soll die Perspektive der neoliberalen *Two-Level-Games* auf die deutsche Unterzeichnung und Ratifizierung sowie die amerikanische Unterzeichnung und Nicht-Ratifizierung des Kyoto-Protokolls angewendet werden.

Deutsch-Amerikanische Klimapolitik: Illustration von Putnams Hypothesen

Im Folgenden werden die jeweiligen *Win-Sets* der USA und Deutschlands im Detail untersucht. Die grundsätzliche Richtung dabei ist offensichtlich: Das amerikanische *Win-Set* war verhältnismäßig klein – letztendlich sogar zu klein, um international konsensfähig zu sein. Das deutsche *Win-Set* dagegen war verhältnismäßig groß: Zu groß, um zu einen nach deutschen Maßstäben wirksamen

Klimaschutzabkommen zu gelangen. Ein *Win-Set* kann illustrativ wie in Abbildung 1 dargestellt werden:

Abbildung 1: Win-Sets (Putnam 1988: 441)

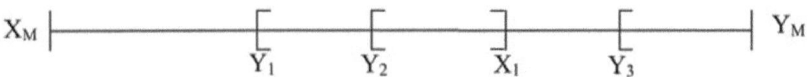

Dabei stehen X_M und Y_M für die maximalen möglichen Verhandlungsresultate. Die Schnittmenge zwischen den Win-Sets $[Y_1Y_M]$ und $[X_1X_M]$ wären mögliche erfolgreiche Verhandlungsausgänge. Verschiebt sich jetzt Y_1 zu Y_2 wird das *Win-Set* für Y kleiner. Die Schnittmenge aller möglichen erfolgreichen Übereinkünfte liegt jetzt aber näher an Y_M, folglich steht Y durch die Verkleinerung des *Win-Sets* besser da. Verschiebt sich Y_2 aber bis nach Y_3, d.h. das *Win-Set* von Y wird noch kleiner, gibt es keine mögliche Einigungsmenge mehr und die Verhandlungen scheitern (Putnam 1988: 441).

USA

H1:   Die Größe der Win-Sets ist abhängig von der Machtverteilung, Präferenzen und möglichen Koalitionen unter den Level II Vertretern.

Dabei gilt die Maxime: Je geringer die Kosten der Nicht-Einigung sind, desto kleiner ist auch das *Win-Set* des jeweiligen Landes. Die Präferenzen des Level II hängen von den jeweilig erwarteten Kosten ab, genauer: von der Differenz der Kosten einer Nicht-Übereinkunft und denen einer Übereinkunft. Im Politikfeld des Klimaschutzes, das mit derart viel Unsicherheit verbunden ist, verlässt man bei der Kostenschätzung für den Fall der Nicht-Übereinkunft jedoch sehr schnell den Erklärungshorizont des Liberalismus. Man kann lediglich zur Kenntnis nehmen, dass die Kostenprognosen einer Nicht-Übereinkunft in den USA verglichen mit Deutschland verhältnismäßig gering waren. Die Prognosen für die Kosten einer Übereinkunft lagen dagegen sehr hoch (Böhringer 2003: 8; Brandt/ Svendsen 2001: 16ff.; Lisowski 2002: 104).

In diese Kostenanalyse lassen sich zudem noch andere – insbesondere relative – Aspekte mit aufnehmen, welche die USA schlechter stellen als andere Unterzeichner des Kyoto-Abkommens. Der amerikanische Ausstoß an Treibhausgasen ist seit 1990, dem Kyoto-Basisjahr, stark gestiegen, so dass eine Übereinkunft mit Kyoto bedeutet, dass der aktuelle Emissionslevel um ca. 30%

zurückgefahren werden muss (Böhringer/Vogt 2002: 12). Verglichen mit Europa, rechnet der Ökonom Robert O. Mendelsohn (2005) vor, kostet die USA die Einsparung einer Tonne CO_2 100 US-Dollar während es in Europa lediglich 5 US-Dollar sind. Zu ähnlichen Ergebnissen kommt auch das Intergovernmental Panel on Climate Change (IPCC) (2001: 8), wonach abhängig vom jeweiligen Land die Grenzkosten für die Vermeidung einer Tonne CO_2 zwischen 15 US-Dollar und 150 US-Dollar liegen.[1] Dieser Kosten-Aspekt offenbart, dass die US-amerikanischen Präferenzen auf Level II grundsätzlich gegen ein Klimaschutzabkommen tendieren (Andresen/Agrawala 2002: 45ff.; Brandt/Svendsen 2001: 16ff.; Hilsenrath 2001).

Zudem würde Putnam die Klimaschutzdebatte in den USA als „heterogene" Auseinandersetzung[2] bezeichnen, was eine Einigung grundsätzlich erschwert, weil die Präferenzen der einzelnen Interessensgruppen gegenläufig ausfallen. Dadurch verkleinert sich das mögliche *Win-Set* abermals (Putnam 1988: 443).

H2:   Die Größe der Win-Sets ist abhängig von den politischen Institutionen des Level II.

Die US-Verfassung verteilt die Macht zur Gestaltung internationaler Politik breit auf verschiedene Institutionen mit getrennten Wahl- bzw. Legitimationsverfahren, was eine einheitliche Positionierung erschwert. Dabei ist es insbesondere der Senat, der sämtliche internationalen Verträge mit einer Zweidrittelmehrheit ratifizieren muss. Nicht der Präsident, sondern der Kongress hat aufgrund seiner Haushalts- und Gesetzgebungskompetenz das letzte Wort in der amerikanische Umweltpolitik – sowohl im Ausland als auch im Inland (Harris 2001: 20; Jacoby/Reiner 2001: 303; Paarlberg 1997: 144). Hinzu kommt – verfassungsbedingt – der hohe Grad an Eigenständigkeit von Kongress und Regierung. In einer präsidentiellen Demokratie hat der Präsident kaum verfassungsmäßige Möglichkeiten, seinen Willen gegen das Parlament durchzusetzen. Instrumente einer parlamentarischen Demokratie, wie etwa die Vertrauensfrage, sind nicht vorhanden. Außerdem verfügen beide Häuser des Kongresses bei der Implementierung nati-

---

[1] Es liegt eine Vielzahl an Kostenprognosen vor, die abhängig vom jeweils verwendeten Modell zu unterschiedlichen Ergebnissen kommen. Wichtig für die Argumentation dieser Arbeit ist jedoch lediglich der qualitative Aspekt, der ausnahmslos besagt, dass die amerikanischen Kosten für eine Zustimmung gegenüber Kyoto höher sind als die der europäischen Staaten, insbesondere Deutschlands.

[2] Als Beispiel einer homogenen Auseinandersetzung wird etwa eine Lohnverhandlung zwischen Gewerkschaften und Arbeitgebern angeführt. Auch wenn einzelne Gewerkschaftsmitglieder unterschiedliche Vorstellungen haben, was ein gerechter Lohn ist, wird sich niemand darüber beklagen, dass eine Lohnsteigerung zu hoch ist. Anders ist dies bei heterogenen Auseinandersetzungen im vorliegenden Fall, bei denen es durchaus ein zu viel oder zu wenig an Klimaschutz geben kann.

onalen Rechts über eine Blockademöglichkeit (Busby/Ochs 2005: 51). Zudem kann auch die politische Kultur und die Finanzierung von politischen Kampagnen eine Rolle spielen: Im amerikanischen System sind Politiker stark auf die private Finanzierung ihrer Wahlkämpfe angewiesen – die unmittelbare Abhängigkeit von Akteuren aus der Wirtschaft ist demnach tendenziell größer als etwa in Deutschland. Letzteren kann grundsätzlich ein geringeres Interesse an Klimaschutz unterstellt werden als dem Medianwähler, da sie sich durch Maßnahmen zur Reduktion von CO_2-Emissionen einer stärkeren finanziellen Belastung ausgesetzt sehen (Busby/Ochs 2005: 51f.). Der Präsidentschaftswahlkampf von Barack Obama 2008 stellt demgegenüber eine interessante Zäsur dar.

In der Klimapolitik hat der Senat von seiner exponierten Stellung Gebrauch gemacht. Mit der Byrd-Hagel-Resolution von 1997 wurde einstimmig eine Resolution verabschiedet, die erklärte, dass der Senat keinem Abkommen zustimmen würde, das der US-Wirtschaft schaden könnte und Entwicklungsländer von sämtlichen Reduktionsverpflichtungen befreit (Jacoby/Reiner 2001: 300; Lisowski 2002: 104). Während der Verhandlungen zum Berliner Mandat (*Conference of the Parties* 1 [COP 1]) von 1995 wurde der US-amerikanischen Delegation jedoch genau dieses Eingeständnis abgerungen: Entwicklungsländer sollten in der ersten Runde nicht mit Reduktionsverpflichtungen belegt werden (Jacoby/ Reiner 2001: 299; Weidner 2005: 6). Nach Verabschiedung dieser Resolution wurde die Drohung der US-Verhandlungsführer, dass ein Abkommen, das die Entwicklungsländer nicht berücksichtigt, nicht ratifizierbar sei, sehr glaubhaft. Denn wie Moravcsik (1993: 29) aufzeigt, müssen Drohungen – um glaubhaft zu sein – vom Level II unterstützt werden: „Drohungen wie auch Versprechungen müssen ratifiziert werden."

H3: *Die Größe der Win-Sets ist abhängig von den Strategien der Level I-Verhandlungsführer.*

Verhandlungsführer haben das grundsätzliche Interesse, das *Win-Set* des Gegenüber zu vergrößern, da dies eine Einigung zu günstigen Konditionen wahrscheinlicher macht (Putnam 1988: 450). Bei den Strategien der Verhandlungsführer ist es außerdem erforderlich, das individuelle *Acceptability-Set* zu berücksichtigen. Den amerikanischen Verhandlungsführern war durchaus bewusst, dass sie zu Hause mehr Opposition gegenüber einem Abkommen zu fürchten hatten als im Ausland. Von daher überwog unter der Clinton-Regierung das Bemühen, Marktmechanismen in das Klimaschutzabkommen einzubauen, um die Kosten zu reduzieren und den Forderungen des Senats entgegen zu kommen (Andresen/ Agrawala 2002: 48). Dieses Bemühen wurde jedoch konsequent von Deutschland und den Europäern blockiert. Es ließe sich – aus Sicht der *Two-Level-Game*

Analyse – argumentieren, dass sich die Clinton-Administration 1995 in Berlin und 1997 in Kyoto nachgiebig zeigte und ihre Blockadeposition bei den Level I-Verhandlungen aufgab, um im Folgenden von den internationalen Verhandlungspartnern Unterstützung für den nationalen Ratifikationsprozess zu erhalten (Putnam 1988: 451). Diese Verhandlungsstrategie des frühen Nachgebens hatte jedoch kaum Einfluss auf das heimische *Win-Set*, verkleinerte jedoch tendenziell das deutsche *Win-Set*, wie auf den folgenden Seiten ausgeführt wird.

Das Acceptability-Set der Verhandlungsführer

Hinsichtlich der Einordnung auf der Skala von Taube bis Falke fällt der Clinton Administration die Tauben-Rolle zu. Grundsätzlich positiv gegenüber Umweltschutz eingestimmt und um Maßnahmen zum Klimaschutz bemüht, war es ihr Hauptproblem, die Beschränkung durch das Level II auf internationaler Ebene in die Verhandlungen mit einfließen zu lassen. Vizepräsident Al Gore – bekannt für seine Pro-Umweltschutz-Politik – offenbarte seine Haltung, als er mit einem Kurzbesuch in Kyoto die amerikanischen Verhandlungsführer zu mehr Flexibilität aufforderte und somit eine Übereinkunft in Kyoto überhaupt erst ermöglichte (Andresen/Agrawala 2002: 48). Die 2001 ins Amt gekommene Administration unter Präsident George W. Bush und seinem Vizepräsidenten Richard Cheney kann dagegen in der Rolle des Falken gesehen werden. Dabei ist besonders die personelle Verflechtung zwischen Mitgliedern der Administration und der Öl- und Gasindustrie thematisiert worden, also Industriezweigen, die fürchten, am stärksten durch ein restriktives Klimaschutzabkommen beeinträchtigt zu werden (Kahn 2001; Center For Responsive Politics 2001). Ein zweiter Grund, weshalb Präsident Bush das Kyoto-Protokoll ablehnte, ist in seiner Strategie des „À la carte Multilateralismus" zu sehen. Internationale Verträge werden demzufolge nach der Devise „America First" evaluiert, wie George W. Bush seine Ablehnung des Kyoto-Protokolls begründete: „I will explain as clearly as I can, today and every other chance I get, that we will not do anything that harms our economy. Because first things first are the people who live in America. That's my priority" (Gerstenzang 2001: A1). Das Kyoto-Protokoll ist dabei nur ein Beispiel unter vielen. In die gleiche Kategorie fällt der amerikanische Umgang mit dem *Anti-Ballistic-Missile* (ABM) Vertrag von 1972, von dem sich die USA unter Bush 2002 unilateral zurückzog (Lisowski 2002: 106).

Resümee: USA

Das *Win-Set* der Amerikaner wurde durch verschiedene Faktoren verkleinert. Sowohl die Präferenzen auf Level II als auch die Institutionen und die Verhandlungsstrategie erschwerten eine Einigung. Mit dem Regierungswechsel von Clinton zu Bush im Jahre 2001 wurde zudem die „Taube" durch einen „Falken" ersetzt und eine Einigung unmöglich gemacht. Die theoretische Schlussfolgerung der amerikanischen Verhandlungsposition wäre demnach: Die US-Amerikaner hätten – vor allem unter der Clinton Regierung – von ihren kleinen *Win-Sets* Gebrauch machen sollen, um den Europäern Zugeständnisse abzuringen. In der Realität verhielt es sich jedoch – vor allem in Berlin 1995 und Kyoto 1997 – genau andersherum.

Theorie vs. Realität der amerikanischen Position
Theorie: Aufgrund des durch innenpolitischen Druck verkleinerten *Win-Sets* hätten die USA auf internationaler Ebene den Europäern Konzessionen abgewinnen müssen, um zu einem ratifizierbaren Ergebnis zu gelangen.
Realität: Es waren in erster Linie die Europäer, die zwischen 1994 und 1998 die Amerikaner zu Zugeständnissen bewegten und so zu einem Verhandlungsergebnis kamen, das aus amerikanischer Sicht nicht ratifizierbar war.

Deutschland

H1: Die Größe der Win-Sets ist abhängig von der Machtverteilung, Präferenzen und möglichen Koalitionen unter den Level II-Vertretern.

Deutschland hatte sich bereits 1990 und 1995 zu einer Reduktion der nationalen Treibhausgasemissionen in Höhe von 25% verpflichtet, die damit über die Vereinbarung von Kyoto hinausgeht[3] (Andresen/Agrawala 2002: 45; Böckem 2000: 6). Somit konnte durch Kyoto lediglich ein Nachziehen der anderen Staaten erreicht werden, während die eigene Position nahezu unberührt blieb. Verpflichteten sich alle anderen Staaten international zu einer Reduktion von Treibhausgasemissionen, wäre der deutsche Wettbewerbsnachteil wieder ausgeglichen. Die impliziten Kosten einer Nicht-Übereinkunft wären also entsprechend hoch, die Vorteile einer Übereinkunft dagegen sehr groß. Dieser Effekt vergrößert das deutsche *Win-Set* und schwächt die Verhandlungsposition. Hinzu kommt, dass Deutschland von einem Basisjahreffekt profitiert: 1990 waren die CO_2-Emissionen noch verhältnismäßig hoch, nahmen dann aber rapide mit dem Abbau der ostdeutschen Großindustrie ab, die ohne staatliche Unterstützung nicht bestehen konnte. Deutschland hatte mit diesem „Mauerfallbonus" einen relativen Vorteil

---

[3] Es ist jedoch anzumerken, dass zwischen erklärten Reduktionszielen und deren tatsächlicher Umsetzung eine deutliche Diskrepanz besteht (Böckem 2000: 8).

gegenüber anderen Nationen – insbesondere den USA (Busby/Ochs 2005: 40; Eichhammer et al. 2001; Jacoby/Reiner 2001: 300).

Für die USA konnte angeführt werden, dass die Klimadebatte eine heterogene Auseinandersetzung ist, d.h. Verhandlungsergebnisse können durchaus ein „zu viel" oder ein „zu wenig" an Klimaschutz beinhalten. Unter der Annahme, dass die USA und andere Staaten versuchen, ein Klimaschutzabkommen aufzuweichen und auf geringere Emissionsreduktionen zu drängen, kann die Klimaschutzdebatte in Deutschland als *homogene* Auseinandersetzung betrachtet werden, mit einem deutlich größeren *Win-Set* (Putnam 1988: 443). Aus deutscher Sicht gibt es kein „zu viel" an Klimaschutz, da das Maximum nach oben scheinbar natürlich durch die USA und andere Teilnehmer der JUSSCANNZ[4]-Gruppe begrenzt wird. Der Punkt, an dem die Klimadebatte auch aus deutscher Sicht zu einer heterogenen Auseinandersetzung führt, kann aufgrund der amerikanischen Restriktion gar nicht erreicht werden.

H2:   Die Größe der Win-Sets ist abhängig von den politischen Institutionen des Level II.

Das durch die Verfassung vorgegebene institutionelle Gefüge hat großen Einfluss auf das Zusammenspiel zwischen Level I und Level II. Die Bundesregierung ist auf eine politische Mehrheit im Bundestag angewiesen, zugleich gibt es auch eine starke personelle Verflechtung und Partei- wie Fraktionsbindungen. Durch diese enge Verzahnung kann die Bundesregierung sich in der Regel darauf verlassen, dass internationale Verträge – einmal unterzeichnet – auch ratifiziert werden. Busby und Ochs (2005: 51) behaupten gar, „dass die Ratifizierung in Deutschland lediglich nur eine Formalität ist". Hinzu kommt, dass der Bundeskanzler Sachentscheidungen wie die Ratifizierung eines Abkommens jederzeit mit der Vertrauensfrage verknüpfen kann, die im Falle der Ablehnung zu Neuwahlen führt. Der Bundesrat, der über einen internationalen Vertrag auch abstimmen muss, spielt in diesen außenpolitischen Fragen kaum eine Rolle, da das Abkommen von Kyoto nicht zustimmungspflichtig ist. Zudem reicht für die Ratifizierung von internationalen Verträgen eine einfache Mehrheit, die Hürden der Annahme sind also bei weitem nicht so hoch wie in den USA.

Kennzeichnend für die Zeit von 1998 an war auch die Beteiligung der Grünen an der Regierung. Jensen und Spoon (2007: 8f.) stellten bei einer Untersuchung der EU-Staaten fest, dass die bloße Existenz einer grünen Partei im Parlament kaum Einfluss auf das Erreichen von Klimaschutzzielen hat. Sobald eine

---

[4] Eine regionale Gruppe entwickelter Nicht-EU-Länder. Das Akronym steht für Japan, USA, Schweiz, Kanada, Australien, Norwegen and Neuseeland. Die Gruppe ist aber auch offen für andere Länder, u.a. Island, Südkorea und Mexiko.

grüne Partei jedoch in der Regierung vertreten ist, ist die Wahrscheinlichkeit, dass dieses Land seine Klimaschutzziele erreicht, um ein Vielfaches höher. Als Juniorpartner einer Koalition haben die Grünen großen Einfluss auf die Regierung, da sie als „Königsmacher" fungieren. In bestimmten Politikbereichen kann der Juniorpartner seine Position als *conditio sine qua non* für seine Unterstützung definieren und die Politik dadurch maßgeblich bestimmen (Jensen/Spoon 2007: 9). So wurden in der deutschen Rot-Grünen Regierung von 1998 bis 2005 verbindliche Klimaschutzziele in Höhe von 25% bereits im Koalitionsvertrag verankert (Weidner 2005: 38).

Die deutschen Verhandlungsführer hatten relativ große *Win-Sets* und konnten mangels Level-II-Restriktionen kaum Druck auf die Verhandlungsführer ausüben. Die Amerikaner konnten davon ausgehen, dass Deutschland jedes Klimaschutzabkommen ratifizieren würde. Der mögliche Druck, den die „Königsmacher", d.h. der Juniorpartner ausüben konnte – indem ein deutscher Verhandlungsführer darauf verweist, dass die Grünen einem zu schwachen Abkommen nicht zustimmen würden – war marginalisiert, weil führende Politiker der Grünen wie Außenminister Joschka Fischer und Umweltminister Jürgen Trittin in den Treffen nach Kyoto direkt am internationalen Verhandlungstisch saßen.

H3:   Die Größe der Win-Sets ist abhängig von den Strategien der Level I Verhandlungsführer.

Die Theorie sieht vor, dass die Vertreter des Level I zusammen um die Ratifizierung ringen, d.h. sich gegenseitig unterstützen. Ein Level-I-Akteur macht so lange Zugeständnisse gegenüber dem anderen Level-I-Akteur – oder aber sichert *Sidepayments* (d.h. ein Entgegenkommen auf anderen Themengebieten) zu, bis die Vorteile einer erfolgreichen Ratifikation den Aufwendungen für die Zugeständnisse entsprechen (Putnam 1988: 450f.). Da Deutschland sich der Ratifizierung sehr sicher sein konnte, hätten die deutschen Außen- und Umweltpolitiker daraufhin arbeiten müssen, das amerikanische *Win-Set* zu vergrößern, indem sie bspw. den amerikanischen Präsidenten auf internationaler Bühne in ein gutes Licht rücken und ihm gegenüber Zugeständnisse machen, die seine nationale Stellung verbessern und ihm ermöglichen, die Wählerschaft und den Level II für seine Position zu gewinnen. Die deutsche Strategie innerhalb der Verhandlungen, sich unnachgiebig zu zeigen und in vielen Belangen keine Kompromisse eingehen zu wollen, wirkte demnach genau gegenteilig: Das amerikanische *Win-Set* wurde – wenn überhaupt beeinflusst – verkleinert, ebenso wie das deutsche: Ein aggressiver Verhandlungsstil legt nahe, dass ein „zu schwaches" Klimaabkommen nicht mit deutschen Interessen vereinbar ist.

Das Acceptability-Set der Verhandlungsführer

Anders als bei den USA ist es kaum möglich, den deutschen Verhandlungsführern direkte individuelle Ziele nachzuweisen und deren *Acceptability-Set* aufzuzeichnen. In der Charakterisierung zwischen „Taube" und „Falke" fallen Helmut Kohl und seine Umweltministerin Angela Merkel sowie Gerhard Schröder und sein Umweltminister Jürgen Trittin[5] eher in die Kategorie der *Agents*, d.h. Verhandlungsführer, die versuchen, die Interessen des Level II auf dem Level I unvoreingenommen zu vertreten – nicht zuletzt, weil sie zuvor die Meinung des Level II maßgeblich bestimmt haben.

Resümee: Deutschland

Alle bisher genannten Aspekte deuten daraufhin, dass das Deutsche *Win-Set* relativ groß war, d.h. nahezu jedes Klimaschutzabkommen auch im Bundestag und Bundesrat entsprechend ratifiziert worden wäre. Lediglich die Verhandlungsstrategie auf Level I übte einen tendenziell reduzierenden Effekt auf das deutsche *Win-Set* aus. Hinzu kommt der Aspekt, dass eine deutsche Verweigerung eines Klimaschutzabkommens keine glaubhafte Drohung gegenüber den Amerikanern sein kann, die grundsätzlich gegen verpflichtende Emissionsziele argumentiert haben. Aus deutscher Sicht – und das ist auch den Amerikanern bekannt – ist jede Form von Klimaschutzabkommen besser als kein Klimaschutzabkommen. Man könnte sogar argumentieren, dass es in Deutschland im Rahmen der Klimapolitik – anders als in den USA – im Grunde kein *Two-Level-Game* gibt.[6] Level I und Level II haben nahezu identische Interessen, bestehen aus identischem Personal und Level-I-Vertreter haben in der Regel im Level II Führungsaufgaben und Vorbildfunktion, sodass sie das Level II dominieren. Daraus resultiert eine gewisse Paradoxie: Der vermeintlich starke US-Präsident ist in außenpolitischen Fragen *de facto* und *de jure* schwach, während der vermeintlich relativ schwache deutsche Kanzler *de facto*, wenn auch nicht unbedingt *de jure*, stark ist.

---

[5] Jürgen Trittin wird vielfach auch als „Grüner Fundamentalist" bezeichnet und würde damit in die Kategorie eines „Falken" fallen, der ein Verhandlungsergebnis bevorzugt, dass weiter weg von den Interessen des Verhandlungspartner (in diesem Falle USA) liegt als von den deutschen Durchschnittsinteressen. Jedoch wird mitunter auch angeführt, dass er zu seiner Amtszeit von einem starken Kanzler und zeitweise einem starken Wirtschaftsminister, Wolfgang Clement (SPD), dominiert wurde (Egenhofer/Cornillie 2001, Weidner 2005).

[6] Damit ist nicht gesagt, dass es im institutionellen Gefüge der Bundesrepublik keine *Two-Level-Game* Situationen geben kann (siehe exemplarisch Putnam (1988)). Vielmehr gab es im Rahmen der Klimapolitik und den gleich lautenden Interessen zwischen Regierung, Parlament und Öffentlichkeit keinen Anlass, d.h. keine Bruchstellen, für ein *Two-Level-Game*.

Nach den Axiomen des *Two-Level-Games* hätte Deutschland angesichts seiner schwachen Verhandlungsposition den USA reichhaltige Konzessionen einräumen müssen, um eine Einigung und eine US-Ratifizierung zu erreichen. Das teilweise forsche und unnachgiebige Verhandlungsverhalten stand dem entgegen.

Theorie vs. Realität der deutschen Position
Theorie: Großes *Win-Set* suggeriert eine schwache internationale Verhandlungsposition.
Realität: Unnachgiebig gegenüber den USA und nicht bereit, das Protokoll aufzuweichen.

Offene Fragen: Theorie vs. Realität

Angesichts der bisher illustrierten Hypothesen von Putnam gibt es einen offenkundigen Widerspruch zwischen Theorie und Realität: Vorausgesetzt, das deutsche *Win-Set* war in der Tat groß und das amerikanische *Win-Set* klein, wie kam es zum Zugeständnis der Amerikaner bei der Berliner Konferenz (COP1 - Conference of the Parties) 1995, die Entwicklungsländer außen vor zu lassen? Denn der Grundstein für den Ausstieg aus dem Kyoto-Protokoll wurde maßgeblich in jener Phase und nicht erst während der Amtszeit von Präsident Bush gelegt (Müller 2003: 9f.). Dieses Verhandlungsergebnis, das offenkundig innerhalb des *Acceptability-Sets* der Clinton-Administration lag, war nicht Teil des amerikanischen *Win-Sets*. Entweder schätzte die Clinton-Administration die Lage zu Hause schlicht falsch ein, verfolgte eine besondere Verhandlungsstrategie (s.o.), oder aber die amerikanische Drohung, für ein solches Abkommen nicht die nötige Mehrheit im Senat zu bekommen, war zu dem Zeitpunkt noch nicht glaubhaft. Denn um der bereits genannten These Moravcsiks (1993: 29) zu folgen, müssen auch Drohungen – um wirksam zu sein – von der Level-II-Institution ratifiziert werden. Dies war 1995 jedoch noch nicht der Fall. Die Byrd-Hagel-Resolution, die genau diesen Punkt der Verhandlungen verurteilte, wurde erst drei Jahre später vom Senat verabschiedet. Einhergehend mit dieser These lässt sich argumentieren, dass die Amerikaner zu einer derartigen Konzession überredet werden konnten, weil die Europäische Union und andere Verfechter eines Klimaschutzabkommens nicht auf die USA angewiesen waren und sie lieber ein wirksames Klimaschutzabkommen ohne die USA als ein unwirksames mit den USA abschließen wollten. Nicht nur 1995 in Berlin, auch während den Verhandlungen in Kyoto 1997 und bei den Folgeverhandlungen etwa in Den Haag 2000 zeigten sich die Europäer den Amerikanern gegenüber unnachgiebig und provozierten deren Austritt aus dem Protokoll (Grubb/Yamin 2001: 270f.; Hovi et al. 2003: 17). Angesichts der bisher skizzierten *Win-Sets* hatten die Amerikaner die weitaus bessere Verhandlungsposition, konnten sie aber offenbar nicht nutzen. Nach Amerikas Austritt aus dem Kyoto-Protokoll wurde Russland zum entscheidenden Spieler: Eine Ratifizierung Russlands war nötig, damit das Protokoll überhaupt in Kraft treten konnte[7]. Forderungen nach uneingeschränktem Handel mit Emissionsrechten und der Anerkennung von Senken, die man den Amerikanern noch verwehrte, wurden Russland – das von beiden Regelungen besonders profitiert[8] – dann aber bei den Verhandlungen in Bonn (COP6bis) und Marrakesch (COP7) im Jahre 2001 zugestanden (Hovi et al. 2003: 18f.; Müller 2003: 10f.).

Die Verhandlungsstrategie Deutschlands im Rahmen der Europäischen Union verhielt sich also erst so wie vom *Two-Level-Game* erwartet, *nachdem* die Amerikaner das Protokoll verlassen hatten. Das Drohpotential der Amerikaner wird durch die Theorie des *Two-Level-Game* also bei weitem überschätzt. Die Konstruktion des Kyoto-Protokolls mag hier auch die entscheidende Rolle spielen: Eine formale Ratifizierung der USA war nicht nötig, um das Protokoll in Kraft zu setzen; jegliche Drohungen, nicht zu ratifizieren, waren folglich nur von schwacher Wirkung.

Evaluation der Theorie

Das *Two-Level-Game* hilft, Verhandlungsergebnisse einzuschätzen, und erklärt, wie es zu Einigungen auf internationaler Ebene kommen kann, die später nicht ratifiziert werden. Gegenüber (neo-)realistischen Theorien bietet dieser Ansatz ein Mehr an Erklärungskraft, weil durch die parallele Analyse zweier Ebenen die Komplexität internationaler Politik stärker berücksichtigt wird. Auch für ein Thema wie die internationale Klimapolitik, das nach realistischer Lesart eher dem Bereich der *soft-politics* zuzuordnen ist, eignet sich der Ansatz. Die realitätsnahe Einschätzung, dass Verhandlungsführer und Regierungschefs eigene Interessen jenseits deren ihrer Wählerschaft haben, birgt ein weiteres Plus. Die grundsätzliche, realitätsnahe Annahme des *Two-Level-Games*, dass Verhandlungen unter dem Mantel der Unwissenheit und Unsicherheit stattfinden, *Win-Sets*

---

[7] Mindestens 55% der Staaten, die mindestens 55% der CO$_2$-Emissionen von 1990 ausmachen, müssen das Protokoll ratifiziert haben, bis es in Kraft treten kann. Nach dem Austritt der USA hing es alleine an Russland, das 17,4% der Emission von 1990 ausmacht (Hovi et al. 2003: 2).

[8] Für Russland ist das Kyoto-Protokoll ein einziger Gewinn: Nicht nur liegen die Emissionsziele weit jenseits des Benötigten, da nach dem Basisjahr von 1990 ein großer Teil der Ökonomie zusammenbrach. Durch den Emissionshandel erhält Russland jede Menge „heiße Luft", d.h. handelbare Zertifikate, die ohnehin nicht anders als zum Handel genutzt werden könnten (Müller 2003: 10f.).

und *Acceptability-Sets* nicht allgemein bekannt sind, erschwert allerdings die empirische Analyse und degradiert die Theorie mitunter zu einem *ex-post*-Ansatz: „Wenn es zu dem gegebenen Verhandlungsausgang gekommen ist, dann muss es wohl die folgenden *Win-Set*-Konstellationen gegeben haben." Im hier herangezogenen Beispiel erwies sich das deutsche *Win-Set* letztlich als kleiner – und damit die deutsche Verhandlungsmacht als größer – als angenommen, während es sich für die amerikanische Position genau umgekehrt verhielt. Dieses Problem teilt der Ansatz mit dem Konstruktivismus.

Ein weiteres Manko des hier verwendeten Ansatzes bringt Schieder (2006: 198) auf den Punkt, wenn er schreibt: „So brauchbar das Two-Level-Modell auch ist, es kann die Herausbildung nationaler Interessen nicht erklären." Sämtliche nationalen Interessen werden schlicht als gegeben angenommen, so wie auch in dieser Arbeit vor allem ökonomische Hintergründe für die jeweils vorherrschenden Präferenzen angeführt wurden. Dynamische Anpassungen, die wissenschaftliche Einschätzung des Phänomens Klimawandel sowie die Wertesysteme der Betroffenen spielen keine Rolle im Rahmen dieser theoriegeleiteten Betrachtung. Ihr Einfluss auf die Debatte der internationalen Klimapolitik scheint jedoch nahe liegend. Denn ökonomische Gründe für eine Affinität gegenüber Kyoto aufgrund bereits getätigter Vorleistungen anzuführen, scheint nicht legitim, solange man nicht die Frage beantwortet, was dann die unilateralen Emissions-Verpflichtungen motiviert hat.

Literatur

Andresen, Steiner / Agrawala, Shardul (2002): Leaders, pushers and laggards in the making of the climate regime. In: Global Environmental Change. 12: 41-51.

Böckem, Alexandra (2000): Klimapolitik in Deutschland: Eine Problemanalyse aus Expertensicht. HWWA Discussion Paper. 91. Hamburg: Hamburgisches Welt-Wirtschafts-Archiv.

Böhringer, Christoph / Vogt, Carsten (2002): The Dismantling of a Breakthrough: The Kyoto Protocol – Just Symbolic Policy. ZEW Discussion Paper. 02-25. Mannheim: Zentrum für Europäische Wirtschaftsforschung.

Böhringer, Christoph (2003): The Kyoto Protocol: A Review and Perspectives. ZEW Discussion Paper. 03-61. Mannheim: Zentrum für Europäische Wirtschaftsforschung.

Brandt, Urs / Svendsen, Gert (2001): Hot air in Kyoto, cold air in The Hague. IME Working Paper. 22/01. Esbjerg: University of Southern Denmark.

Busby, John / Ochs, Alexander (2005): From Mars to Venus and down to Earth. In: Michel, David (Hrsg.): Climate Policy for the 21st Century. Washington, D.C.: Center For Transatlantic Relations and Johns Hopkins University. 35-76.

Bush, George W. (2001): Text of a Letter from the President to Senators Hagel, Helms, Craig, and Roberts. http://www.whitehouse.gov/news/releases/2001/03/20010314. html: 02.01.2008.

Centre for Responsive Politics (2001): Bush Administration: Corporate Connections. http://www.opensecrets.org/bush/cabinet.asp: 02.01.2008.

Egenhofer, Christian / Cornillie, Jan (2001): Reinventing Climate Negotiations: An Analysis of COP 6. CEPS Policy Brief. 1. Brüssel: Centre for European Policy Studies.

Eichhammer, Wolfgang / Boede, Ulla / Gagelmann, Frank, et al. (2001): Greenhouse gas reductions in Germany and the UK – Coincidence or policy induced. Berlin: Bundesumweltministerium.

Evans, Peter B. (1993): Building an Integrative Approach. In: Evans, Peter B. / Jacobson, Harold K. / Putnam, Robert D. (Hrsg.): Double-Edged Diplomacy. Berkeley: University of California Press. 397-430.

Gerstenzang, James (2001): Bush Defends His Stance on Environment. Los Angeles Times. 30.03.2001.

Grubb, Michael / Yamin, Farhana (2001): Climatic collapse at The Hague: what happened, why, and where do we go from here? In: International Affair. 77 (2): 261-276.

Harris, Paul G. (Hrsg.) (2001): The Environment, International Relations and U.S. Foreign Policy. Washington D.C.: Georgetown University Press.

Hilsenrath, John E. (2001): Economists Back Bush on Kyoto Pact. Wallstreet Journal: 08.08.2001. 3.

Hovi, Jon / Skodvin, Tora / Andresen, Steinar (2003): The Persistence of the Kyoto Protocol: Why Other Countries Move on Without the United States. In: Global Environmental Politics. 3 (4): 1-23.

Intergovernmental Panel on Climate Change (IPCC) (2001): Summary for Policymakers: A Report of Working Group III of the IPCC.

Jacoby, Henry D. / Reiner, David M. (2001): Getting Climate Policy on Track after The Hague. International Affairs. 77 (2). 297-312.

Jensen, Christian B. / Spoon, Jae-Jae (2007): Putting the Party Back In: Explaining EU Member State Compliance with the Kyoto Protocol, 1998-2003. European Union Studies Association Meeting. Montreal, Canada: Department of Political Science, University of Iowa.

Kahn, Joseph (2001): Bush Advisors on Energy Report Ties to Industry. New York Times. 03.06.2001.

Lisowski, Michael (2002): Playing the Two-level Game: US President Bush's Decision to Repudiate the Kyoto Protocol. In: Environmental Politics. 11 (4): 101-118.

Mendelsohn, Robert (2005): An Economist's View of the Kyoto Climate Treaty. http://www.npr.org/templates/story/story.php?storyId=4504298: 02.01.2008.

Miller, Helen V. (1997): Interests, Institutions and Information. Princeton: Princeton University Press.

Moravcsik, Andrew (1993): Integrating International and Domestic Theories of International Bargaining. In: Evans, Peter B. / Putnam, Robert D. / Jacobson, Harold K. (Hrsg.): Double- Edged Diplomacy. Berkeley: University of California Press. 3-42.

Müller, Friedemann (2003): Kyoto Protokoll ohne USA – Wie weiter? SWP-Studie S7. Berlin: Stiftung Wissenschaft und Politik.

Paarlberg, Robert (1997): Earth in Abeyance: Explaining Weak Leadership in U.S. International Environmental Policy. In: Lieber, Robert J. (Hrsg.): Eagle Adrift: American Foreign Policy and the End of the Century. New York: Longman. 135-160.

Putnam, Robert D. (1988): Diplomacy and Domestic Politics: The Logic of Two-Level Games. In: International Organization. 42 (3): 427-460.

Schieder, Siegfried (2006): Neuer Liberalismus. In: Schieder, Siegfried / Spindler, Manuela (Hrsg.): Theorien der Internationalen Beziehungen. 2. Aufl. Opladen & Farmington Hills: Verlag Barbara Budrich. 213-242.

Weidner, Helmut (2005): Global Equity versus Public Interest? The Case of Climate Change Policy in Germany. Discussion Paper. SP IV 2005-102. Berlin: Wissenschaftszentrum Berlin für Sozialforschung.

Soziale Konstruktion von Wirklichkeit in Deutschland und den USA in der Klimadebatte

Jan Tilly

Einleitung

Der Klimawandel stellt für die internationale Staatenwelt eine außergewöhnliche Herausforderung dar. Er ist weder begrenzt auf einzelne Staaten noch legt er Wert auf nationale Grenzen. Der Unterschied zwischen der natürlichen Ausnahmeerscheinung eines Wetterphänomens und dem Ergebnis eines längerfristigen Klimawandels ist dabei selbst von Wissenschaftlern nicht zweifelsfrei festzustellen. Im Rahmen des Kyoto-Protokolls kam es 1997 zu einer ersten Einigung auf internationaler Ebene, verbindliche Reduktionsziele für Treibhausgasemissionen zu definieren. Interessant erscheint dabei, dass Nationen zu gänzlich unterschiedlichen Einschätzungen der Lage kommen und auf internationaler Ebene unterschiedlich handeln. So ratifizierte etwa die Bundesrepublik Deutschland das Kyoto-Protokoll und fügte sich verbindlichen Reduktionszielen, während die Vereinigten Staaten von Amerika trotz Unterzeichnung während der Regierung Clinton das Protokoll nie ratifizierten. Im Folgenden wird dieses unterschiedliche Akteursverhalten Deutschlands und der USA im Hinblick auf dasselbe globale Problem aus der Perspektive des Konstruktivismus näher beleuchtet und die Leistungsfähigkeit dieses Theoriestrangs der Internationalen Beziehungen hinsichtlich der Erklärung realen politischen Verhaltens analysiert.

In den Internationalen Beziehungen gibt es eine Vielzahl von Ansätzen, die staatliches Verhalten in ein Theoriekonstrukt einbetten, erklären und nachvollziehbar machen. Abhängig vom konkreten Politikfeld variiert deren Erklärungskraft zum Teil erheblich. Im Gegensatz zu positivistischen Theorien wie dem Realismus oder dem Liberalismus, die ihren Fokus etwa auf die bestehenden oder sich bildenden Machtverhältnisse legen und Staaten als rationale Akteure mit gegebenen Interessen betrachten, steht in der konstruktivistischen Sichtweise u.a. die Herausbildung eines gemeinsam geteilten Verständnisses über die „globale Erwärmung" im Mittelpunkt. Die in der Interaktion zwischen Wissenschaft, Medien und Politik erzeugten Normen, Werte und Identitäten dienen dabei als

Erklärungsvariablen für unterschiedliches Verhalten. Wissen über und Verständnis von Wirklichkeit sind nicht *a priori* gegeben, sondern werden in einem sozialen, intersubjektiven Prozess erzeugt. In der hier verwendeten epistemologischen Ausprägung konstruktivistischer Theorie stellt sich für die Erklärung von Akteursverhalten die zentrale Frage, wie das Wissen über die Beschaffenheit der Welt erlangt werden kann, d.h. wie es konstruiert wird (Ulbert 2006: 410). Inwiefern diese Herangehensweise eine schlüssige Erklärung für internationale Klimapolitik im Rahmen des Kyoto-Protokolls liefert, ist Kern der Ausführungen.

In Deutschland kam es schon sehr früh, im Jahre 1987, zu einer nationalen Aufarbeitung der Problematik des Klimawandels in Form einer Enquete-Kommission des Bundestages, die für einen gesellschafts- und politikübergreifenden Konsens im Hinblick auf die Existenz des Phänomens der globalen Erwärmung und die Notwendigkeit staatlichen Handelns sorgte. Eine derartig umfassende Beschäftigung mit der Thematik gab es in den Vereinigten Staaten nicht. Dort war und ist die Existenz eines von Menschen verursachten Klimawandel relativ umstritten – paradoxerweise weniger in der Wissenschaft selber, als in Medien, Politik und öffentlicher Meinung. Das daraus resultierende grundsätzlich verschiedene Problemverständnis wird hier als Ansatz zur Erklärung des deutschen und amerikanischen Verhaltens gegenüber der Ratifizierung des Kyoto-Protokolls präsentiert.

Gemeinsame Werte und Normen als Grundlage für ein Klimaschutz-Regime

Aus konstruktivistischer Perspektive ist ein gemeinsames Problemverständnis grundlegende Voraussetzung dafür, dass das Thema „Klimawandel" überhaupt auf das internationale Tapet kommt. Das bedeutet, dass die Konstruktion des Problemfeldes „globale Erwärmung" von allen Beteiligten auf ähnliche Weise vorgenommen werden muss. Staaten sind am ehesten bereit, einem internationalen Regime beizutreten, wenn das Normen- und Werteverständnis, das dem Regime zu Grunde liegt, sich mit dem nationalen Normen- und Werteverständnis und den daraus abzuleitenden Regeln und Gesetzen deckt, so die konstruktivistische Grundannahme (Bernstein 2002: 204). Aus konstruktivistischer Perspektive „gibt" es also keine „globale Erwärmung", sie wird als Thema konstruiert. Diese Konstruktion ist stark von der Wissenschaft abhängig, auf deren Erkenntnissen das Entdecken des Phänomens basiert, genauso wie die daran anschließende Interpretation, dass der anthropogen verursachte Klimawandel negative Folgen hat und ihm von politischer Seite aus gegengesteuert werden muss. Kennzeichnend für das Problemfeld „Klima" sind ein hoher Grad an Unwissenheit von Politikern und Bürgern und der ebenfalls relativ hohe Unsicherheitsgrad über konkrete, zukünftige Folgen des Problems innerhalb der Wissenschaft. Auch das Kosten-Nutzen-Kalkül fällt in diesem Politikfeld besonders ungünstig aus: Die Kosten zur Vermeidung des Klimawandels treten in konzentrierter und sehr kurzfristiger Form auf. Der aus Schutzmaßnahmen resultierende Nutzen ist dagegen diffuser und langfristiger Natur. Aus politischen Erwägungen ist Klimaschutz insofern an sich ein wenig dankbares Handlungsfeld, weil Folgewirkungen von politischen Maßnahmen nicht auf den Urheber zurückzuführen sind und Kosten-Nutzen-Analysen nur im globalen Maßstab Sinn haben (Haas 2002: 107). Um einem Umweltregime wie dem Kyoto-Protokoll beitreten zu können, erwartet der Konstruktivismus von Staaten, dass sie die folgenden Annahmen gemeinschaftlich teilen:

▪ Es gibt einen anthropogenen Klimawandel, d.h. die zu messende Erwärmung ist nicht auf natürliche Faktoren zurückzuführen.
▪ Es gibt einen Zusammenhang zwischen Treibhausgasemissionen und Klimawandel.
▪ Eine Reduktion der Treibhausgasemissionen hat Wirkung auf die weitere Entwicklung des Klimawandels.
▪ Der Klimawandel hat negative Folgen für die gemeinsame Lebenswelt, deren Kosten die der Vermeidung von Treibhausgasemissionen deutlich übersteigen.

Was bewegt die Politik? Der Einfluss der *epistemic communities*

Die entscheidenden Fragen, um einen konstruktivistischen Erklärungsansatz für das Akteursverhalten Deutschlands und der USA liefern zu können, sind: Wie finden die oben genannten Annahmen ihren Weg in die Politik, welches Ausmaß an Dominanz erreichen sie im politischen Diskurs und wie werden sie handlungsleitend? In den Fokus der Analyse staatlichen Verhaltens rückt dabei nicht nur die Konstruktion einer persönlichen Welterkenntnis, sondern auch der wissenschaftliche Diskurs, der auf spezifische Weise zur gesellschaftlichen Konstruktion und Anerkennung von Wirklichkeit beiträgt (Weller 2005b: 53).

In der konstruktivistischen Literatur führt Peter M. Haas (1992) an dieser Stelle die *epistemic communities* in die Debatte ein, die der Politik in Situationen von hoher Komplexität, Unsicherheit und Unwissenheit beratend zur Seite stehen: Eine *epistemic community* ist ein Netzwerk von Experten, das gemeinsame Auffassungen über die Beschaffenheit der Welt, bestimmte Ursache-Wirkungs-Zusammenhänge sowie deren Validität und die daraus resultierenden, notwendigen politischen Maßnahmen teilt. Die Politik, der eigenen Unwissenheit bewusst, generiert Nachfrage nach spezifischen Informationen und delegiert dann auf bestimmten Sachfeldern die Verantwortung für konkrete politische Maßnahmen an die *epistemic communities* (Demeritt 2001: 309; Haas 1992: 2ff.). Akteure müssen dabei nicht ihre Interessen kennen, um zu handeln. Lernen sie von anderen Akteuren, z.B. von der Wissenschaft, kann das ihre Interessen ändern.

Die Einflussmöglichkeiten der *epistemic communities* sind vielfältig: Direkte Handlungsempfehlungen, Aufrufe in der Öffentlichkeit sowie personelle Verflechtungen, d.h. das Einnehmen relevanter Ämter durch Mitglieder der *epistemic community*, können den politischen Kurs steuern (Adler/Haas 1992: 367; Haas 1992: 2ff.). Der *epistemic-community*-Ansatz scheint zur Erklärung des Verhaltens von Staaten in der internationalen Klimapolitik aus konstruktivistischer Sicht prädestiniert, weil das Problemfeld „Klima" an sich ohne wissenschaftlichen Einfluss nie zum Gegenstand einer internationalen Debatte geworden wäre und Unwissen, Unsicherheit und Komplexität eine wissenschaftliche Unterstützung der Politik unumgänglich machen.

Medien und Öffentlichkeit

Neben den *epistemic communities* haben jedoch auch andere Kräfte erheblichen Einfluss auf die Entwicklung eines gemeinsamen Werte- und Normenverständnisses und daraus resultierend einer nationalen Identität. Identität steht in diesem Kontext für eine relativ stabile Kombination aus Rollenkonzeption und Erwartungen über sich selbst. Identitäten bilden das Fundament für Interessen, die sich situationsabhängig ergeben (Haas 2002: 74; Wendt 1992: 397f.; Zehfuß 2006: 95). Die Evolution der Bedeutungskonstruktion „Klimawandel" hängt neben den *epistemic communities* in hohem Maße von den Medien und der öffentlichen Meinung ab. Für Macht und Einfluss der *epistemic communities* sind das Vertreten und das Vermitteln eines allgemein vorherrschenden wissenschaftlichen Konsenses gegenüber Politik und Öffentlichkeit essenziell. Insbesondere wenn verschiedene *epistemic communities* um die Deutungsmacht konkurrieren, also ein offenkundiger wissenschaftlicher Dissens herrscht, formen Medien und Politik, die den wissenschaftlichen Diskurs aufgreifen und instrumentalisieren, gesellschaftliche Identität (Haas 2004: 575). Ein Elitenkonsens ist entscheidende Voraussetzung für eine zustimmende und passive öffentliche Meinung. Ein Dissens dagegen hat gegenteilige Wirkung (Powlick/Katz 1998: 49).

An dieser Stelle ist das konstruktivistische Vorgehen vom Liberalismus in den Theorien der Internationalen Beziehungen zu unterscheiden. Es geht hierbei nicht um die liberalistische Perspektive, wonach die Außenpolitik auf der öffentlichen Meinung eines Landes und den gesellschaftlichen, durchsetzungsfähigen Interessen fußt, sondern um die durch das Zusammenwirken von Wissenschaft, Medien und Politik hervorgebrachte Deutung eines konkreten Problemzusammenhangs. Diese Deutung spiegelt sich dann auch in der Konstruktion der öffentlichen Meinung wider (Haas 1999: 115; Weller 2005a: 313ff.). Es bedarf besonderer Umstände, um den *epistemic communities* die Türe zum politischen Prozess zu öffnen. Der Themengenese in der Öffentlichkeit und dem Einbeziehen der Wissenschaft in den medialen wie auch in den politischen Diskurs geht häufig eine Krise, d.h. ein systemischer Schock voraus. Unerwünschte Umstände wie etwa eine starke Dürre in den USA 1988 brachten das Thema „Klimawandel" in die Öffentlichkeit und stellten die politischen Entscheidungsträger vor die Aufgabe, das Problem zu verstehen und neue Anstrengungen anzustellen, um Lösungen zu entwickeln (Haas 1999: 116). In gewisser Weise erleben wir dieses Ablaufschema, in dem sich, mit Kingdon (1984) gesprochen, *windows of opportunities* für das politische *Agenda-Setting* öffnen, heute in der Diskussion um CO_2-Emissionen und Klimawandel aktuell wieder. Die Gefahrenlage des Klimawandels als solche ist nicht ausschlaggebend – sie kann von Politik, Öffentlichkeit und selbst von der Wissenschaft kaum richtig eingeschätzt werden. Erst die durch gesellschaftliche Kommunikation geschaffenen Bedeutungsmuster verleihen der naturwissenschaftlichen Hypothese praktische Relevanz (Bechmann/Beck 1997: 121). Die Nachfrage nach solchen Bedeutungskonstruktionen ist stark abhängig von externen Einflussfaktoren, wie Dürrekatastrophen, Hochwasser oder Eisschmelze, die einfach leicht zu beobachten sind und sich einer unmittelbaren Kausallogik entziehen.

Innerhalb der öffentlichen Rezeption des Themas erzeugen die Medien ein eigenes Bild der wissenschaftlich verfügbaren Aussagen. Dabei steht nicht nur öffentliche Aufklärung sondern auch die Moderation des wissenschaftlichen Diskurses im Vordergrund (Bechmann/Beck 1997: 131). Die Wechselbeziehung zwischen Öffentlichkeit, Medien und Wissenschaft formt das öffentliche Verständnis vom Klimawandel und den daraus möglicherweise resultierenden Gefahren. Die gesellschaftliche und politische Resonanz lässt sich jedoch nicht ausschließlich auf die wissenschaftliche Thematisierungs- und Definitionsmacht zurückführen, sondern obliegt der medialen und politischen Übersetzung und Interpretation (Bechmann/Beck 1997: 141; Demeritt 2001: 309). Denn die Massenmedien bilden Ereignisse der internationalen Politik und wissenschaftliche Erkenntnisse nicht ab, sondern erzeugen ihrerseits bestimmte Deutungen dieser Ereignisse und Erkenntnisse (Weller 2005a: 318).

Der Einfluss der internationalen *epistemic community*: Das IPCC

Auf der internationalen Bühne war das *Intergovernmental Panel on Climate Change* (IPCC) eine einschlägig relevante, institutionalisierte *epistemic community*. Vom *United Nations Environment Program* (UNEP) und der *World Meteorological Organiziation* (WMO) 1988 ins Leben gerufen, trug das IPCC in entscheidender Weise dazu bei, dass eine große, international zusammengesetzte Gruppe von Forschern gemeinsam eine wissenschaftliche Einschätzung des Forschungsstandes, der Bedrohung durch den Klimawandel und der möglichen politischen Maßnahmen formulierte und regelmäßig publizierte (Engels/Weingart 1997: 99). Die Berichte des IPCC spiegeln somit den globalen wissenschaftlichen Konsens der Klimaforscher wider und betonen dabei die These des vom Menschen verursachten Klimawandels, ebenso wie die Notwendigkeit zur Reduktion von Treibhausgasemissionen.

Angesichts dieser globalen *epistemic community* könnte man meinen, dass die Politik in Deutschland wie in den USA in gleicher Weise jegliche Vereinbarungen zur Reduktion von Treibhausgasemissionen unterstützen oder zumindest ein gemeinsames Werteverständnis teilen müsste. Der Einfluss des IPCC kann jedoch zur Zeit seines Entstehens 1988 in Deutschland wie auch in den USA als relativ schwach angesehen werden, wofür man nach Haas (2004: 587ff.) eine Reihe von Gründen ausfindig machen kann: Wegen des noch nicht vollständig geklärten und demnach schwachen wissenschaftlichen Konsenses war das durch das IPCC generierte Wissen für die Politik nicht uneingeschränkt nutzbar; es stellte kein *„usable knowledge"* dar, das sich durch Glaubwürdigkeit, Gültigkeit und Bedeutsamkeit auszeichnet. Das ist insbesondere dem institutionellen Design des IPCC geschuldet, das einen Rest an staatlichem Einfluss auf die Wissenschaft zuließ. Ein Konsens des IPCC konnte demnach von Politikern, also Nicht-Wissenschaftlern außerhalb des Gremiums, verhindert werden, da politische Repräsentanten insbesondere bei der Formulierung der „Summary for Policy Makers" unmittelbar beteiligt waren und selbst einzelne Formulierungen ausgiebig debattiert wurden (Oberthür/Ott 1999: 4). Die Deutungs- und Diskursmacht des IPCC war durch diese politischen Fesseln relativ stark begrenzt. Die entscheidenden Erklärungsvariablen für die Konstruktion des Problemfeldes Klimawandel sind daher verstärkt im nationalen Bereich zu suchen.

Themengenese „Klimawandel" in der deutschen Öffentlichkeit (nach
Engels und Weingart 1997):
Bis 1986: Skepsis und Abwehr
1986-1992: Allgemeiner Katastrophismus
1992-1997: Klimawandel als übergreifendes Politikproblem

Die Themengenese in der Bundesrepublik: Enquete-Kommission und Institutionalisierung eines gesellschaftsübergreifenden Konsenses

In der Bundesrepublik Deutschland kam das Thema „Globale Erwärmung" und „Treibhauseffekt" zum ersten Mal Mitte der 1980er Jahre zu medialer, landesweiter Aufmerksamkeit. Angetrieben von neuen Erkenntnissen der nationalen wie internationalen Klimaforscher, erschien etwa auf dem Titel des Nachrichtenmagazins „Der Spiegel" 1986 die Klimakatastrophe in Gestalt eines im Wasser ertrinkenden Kölner Doms.

Die Dynamik der Themenentwicklung in der deutschen Öffentlichkeit kann in drei Phasen eingeteilt werden (Weingart et al. 2002: 50ff.): In der ersten Phase bis 1986 herrschte allgemeine Skepsis und Abwehr vor. Politisch wurde das Thema kaum beachtet und war – wenn überhaupt – Aufgabe der Forschung und nicht der Umweltpolitik. In der zweiten Phase zwischen 1986 und 1992 dominierte ein allgemeiner Katastrophismus den öffentlichen Diskurs.

Ausgelöst wurde dieses Umschwenken durch einen Aufruf der Deutschen Physikalischen Gesellschaft 1986, die vor der drohenden Klimakatastrophe warnte und mehrere dringende Anfragen im Deutschen Bundestag auslöste. Für eine Reihe von Politikern war diese Warnung Grund genug, politisches Handeln zu begründen, während die Bundesregierung noch auf die vorherrschenden Unsicherheiten verwies (Weingart et al. 2002: 100). Insbesondere durch die Begrifflichkeit der „Katastrophe", die nur in der deutschen Debatte im Zusammenhang mit der globalen Erwärmung anzutreffen war, entwickelte das Thema eine Eigendynamik und dominierte mit dieser schon terminologisch suggerierten „Dringlichkeit" sehr bald das politische Geschehen. Angesichts des hohen Grades an Unsicherheit richtete der Deutsche Bundestag 1987 eine Enquete-Kommission zur „Vorsorge zum Schutz der Erdatmosphäre" ein, die, paritätisch aus Wissenschaftlern und Parlamentariern besetzt, gemeinsame Berichte verfasste und Empfehlungen aussprach. Dieser Klima-Enquete-Kommission, welche die vorherrschenden Meinungen in der Klimadebatte innerhalb der Bundesrepublik mit sehr hoher Glaubwürdigkeit und hohem Aufwand aggregierte und in Form eines Konsenses präsentierte, wird ein großer Einfluss auf die politischen Entscheidungsträger in der Bundesrepublik nachgesagt (Cavender/Jäger 1993; Ganseforth 1996). Durch dieses Gremium erhielt die deutsche *epistemic community* der Klima-Forscher einen unmittelbaren Zugang zur Politik und konnte die eigenen gemeinschaftlich vertretenen Vorstellungen über Ursache-Wirkungs-Zusammenhänge und daraus abzuleitende Handlungsempfehlungen in den politischen Prozess einbringen. Die Enquete-Kommission nahm zudem insofern eine Sonderrolle im politischen Prozess ein, als nicht nur Wissenschaft und Regierung, sondern auch Regierung und Opposition im Konsens auftraten und auf diese Weise eine politische und mediale Debatte über die Glaubwürdigkeit und Validität der von den Wissenschaftlern vorgetragenen Ansichten ausblieb. Durch die Enquete-Kommission wurde der von der deutschen und internationalen Wissenschaft weitestgehend vertretene Konsens über den anthropogen verursachten Klimawandel gesellschaftsübergreifend institutionalisiert und jeglichen Zweifeln gegenüber immunisiert. Regierung und Bundestag kamen daher genauso wie die von ihnen bediente Öffentlichkeit zu gleicher Problemdefinition und zu gleichem Problembewusstsein.

Der Klimawandel war demzufolge ein ernsthaftes Problem, die Energiepolitik schien als geeignetes Instrument und die Einführung von verbindlichen Treibhausgas-Reduktionszielen eine unumgängliche Maßnahme. Das Normen- und Werteverständnis hinsichtlich des Klimawandels und die nationale Identität Deutschlands waren damit aus konstruktivistischer Sicht quasi in Zusammenarbeit von Wissenschaft und Politik definiert worden. Bemerkenswert in dieser zweiten Phase des deutschen Klimadiskurses war, dass Unsicherheit und Unwissenheit über die wissenschaftlichen Erkenntnisse innerhalb der Debatte kaum eine Rolle gespielt haben und die Autorität und Glaubwürdigkeit der Wissenschaft kaum in Frage gestellt wurden, weil in der allgemein verbreiteten Wahrnehmung der Klimawandel als zu bedrohlich angesehen wurde, um sich eine Meta-Diskussion über die Validität der wissenschaftlichen Methodik erlauben zu können (Huber 1997: 56ff.; Weingart et al. 2002: 70f.).

In der dritten Phase des Diskurses in Deutschland ab 1992 diffundierte das Klimaproblem in immer mehr Politikbereiche abseits der Umwelt- und Energiepolitik. Das Problem selbst war im Diskurs etabliert und konnte jetzt gezielt eingesetzt werden. So wurde etwa die Regierung für Unwetter- und Hochwasserschäden verantwortlich gemacht, indem diese nicht mehr auf höhere Gewalt sondern auf den Klimawandel zurückgeführt wurden, der von der Politik nicht ausreichend verhindert wurde (Weingart et al. 2002: 60ff.). Einzelmaßnahmen zum Klimaschutz wurden konkretisiert und neben der allgemeinen Selbstverpflichtung der Bundesregierung, die eine Reduktion von Emissionen um 25% vorsah, beschlossen. Interessant ist, dass auch noch 1998 die Berichte der Enquete-Kommission des Bundestages von 1989 in der deutschen Politik und Verwaltung deutlich stärker zur Kenntnis genommen wurden als aktuellere Berichte des IPCC; dies schlug sich in einer Umfrage unter Beamten der relevanten Ministerien nieder (Krück/Bray 2000). Die Berichte der Enquete-Kommission wurden – obwohl *de jure* frei von jeglicher bindender Wirkung – von den Entscheidungsträgern als glaubwürdiger und relevanter eingestuft. Indem sich die Akteure auch ansonsten hauptsächlich auf die Erkenntnisse deutscher Klimaforscher beriefen, fand quasi eine „Nationalisierung" der wissenschaftlichen Klimaexpertise statt (Weingart et al. 2002: 68).

Kennzeichnend für die mediale Rezeption der Klimaproblematik ist, dass in Deutschland fast ausschließlich von einem wissenschaftlichen Konsens berichtet wurde und skeptische Stimmen kaum zu Wort kamen. Die „Klimakatastrophe" prägte den Diskurs und stabilisierte ihn zugleich. Kritische Stimmen kamen erst vereinzelt ab 1995 auf, jedoch zu einem Zeitpunkt, als Problemverständnis und Deutungskonstrukt „Klimawandel" in der Öffentlichkeit manifest waren. Die öffentliche und politische Meinung blieb von diesen nur sporadisch auftretenden Kritiken weitgehend unberührt (Weingart et al. 2002: 127ff.). Durch die Institutionalisierung eines gesellschaftsübergreifenden Klimakonsenses und den direkten Zugang der *epistemic communities* zur Politik wurde in der Bundesrepublik sehr früh ein Klimabewusstsein geschaffen, in dessen Eigenlogik die Selbstverpflichtung zur Reduktion der Treibhausgasemissionen als Selbstverständlichkeit erscheint. Die bereits 1992 verabschiedete freiwillige Selbstverpflichtung der Bundesrepublik zeigt, dass ein Abkommen wie das von Kyoto mit dem deutschen Werte- und Normenverständnis übereinstimmte. Nach konstruktivistischer Lesart ist dies eine wichtige Voraussetzung, um einem internationalen Regime beizutreten (Bernstein 2002: 204).

Themengenese „Klimawandel" in der US-amerikanischen Öffentlichkeit: Bis 1986: Skepsis und Desinteresse 1986-1989: Phase der Klimahysterie mit Höhepunkt 1989 1990-1997: *Backlash*: Zweifel am und Diskussion über den wissenschaftlichen Konsens

Die Themengenese in den USA: Klimahysterie, *Backlash* und der Streit um die Deutungsmacht

Der Prozess der Bildung einer nationalen Identität und der Schaffung eines gesellschaftlichen Problembewusstseins „Klima" führte in den USA zu einem wesentlich weniger eindeutigen Ergebnis als in der Bundesrepublik. In der nationalen politischen und medialen Debatte entfachte sich das Thema, neben dem internationalen Druck der Wissenschaft, vor allem an einer starken Dürre und Hitzewelle im Jahre 1988. In der daraufhin anberaumten öffentlichen Kongressanhörung bezeugte der NASA (National Aeronautics and Space Administration)-Wissenschaftler James Hansen, dass der globale Klimawandel begonnen habe. Die Kombination aus Wetterlage und der Aussage eines prominenten Experten wurde von Medien, Umweltschutzorganisationen und der Politik dramatisiert. Die öffentliche Besorgnis über den Klimawandel erreichte 1989 ihren Höchststand (Bord et al. 1998: 76).

In den Folgejahren ging jedoch die Intensität der allgemeinen Beunruhigung wieder zurück, was insbesondere auf die Abwesenheit abnormaler Wetterlagen zurückzuführen war. Der von Haas (1999: 114) geschilderte Schock, der den *epistemic communities* Zugang zur Politik und Aufmerksamkeit in der Öffentlichkeit beschert hatte, verflüchtigte sich wieder. Die politische und mediale Debatte stellte recht schnell die Glaubwürdigkeit und Methodik der Wissenschaft in Frage. D.h. die entscheidenden Kriterien, die *epistemic communities* Einfluss auf den politischen Prozess gewähren, Glaubwürdigkeit, Gültigkeit und Bedeutsamkeit, waren nicht mehr erfüllt, sondern standen selbst zur Diskussion. Im Jahr 1992 hielt zwar eine Mehrheit der amerikanischen Öffentlichkeit *Global Warming* für ein „sehr ernstes" Problem, im internationalen Vergleich und in Relation zu anderen Umweltthemen nahm das Klima in den USA jedoch einen hinteren Rang ein. Fünf Jahre später erklärten 43% der US-Öffentlichkeit es für „wichtig", das Tempo der voranschreitenden globalen Erwärmung zu reduzieren, doch wiederum belegte dieses Thema verglichen mit persönlichen, sozialen und anderen umweltpolitischen Themen nur den letzten Platz (Bord et al. 1998: 76f.). Der Grad der Aufmerksamkeit und Stellung im gesellschaftlichen Diskurs erreichte in den USA bei Weitem nicht das Niveau wie in der Bundesrepublik. Die Risikowahrnehmung unter der amerikanischen Bevölkerung 1997 gegenüber dem Klimawandel war – erneut gegenüber anderen persönlichen und sozialen Themen – sehr gering (Bord et al. 1998: 80f.).

Dieser – relativ betrachtet – geringere Grad an Risikoperzeption des Klimawandels muss in Zusammenhang mit der Bedeutungskonstruktion „Globale Erwärmung" in den USA gesetzt werden, die sich aus dem politischen und medialen Diskurs herauskristallisiert hat. Kennzeichnend für den Diskurs war und ist, dass es keinen gesellschaftsübergreifenden Konsens auf politischer und wissenschaftlicher Ebene über Existenz, Folgen und Auswirkungen des Klimawandels gab, sondern – im Gegenteil – die Diskussion über die Glaubwürdigkeit der wissenschaftlichen Erkenntnisse die Debatten geprägt hat. Im US-Kongress etwa wurde ausgiebig die Wissenschaftlichkeit der Arbeiten der Klimaforscher diskutiert und, bevor nicht das Problemverständnis an sich geklärt war, auf etwaige

Maßnahmen verzichtet. Vorwürfe an Regierung und Verwaltung, den wissenschaftlichen Diskurs zu beeinflussen und Publikationen entweder zu Gunsten der einen Seite, die den anthropogenen Klimawandel als bewiesen ansah, oder zu Gunsten der anderen, der Klimaskeptiker, zu fördern, wurden laut. So etwa wurde dem US-Kongress mit einem Bericht der *Union of Concerned Scientists* (2007) ein offizielles Dokument über Manipulationen der Administration am wissenschaftlichen Diskurs vorgelegt, in dem die eingeschränkten Möglichkeiten von Wissenschaftlern, Arbeiten mit bestimmten Inhalten und Aussagen zu publizieren, thematisiert wurden – insbesondere dann, wenn sie für staatliche Einrichtungen arbeiteten (Christian Science Monitor 2007). Nicht nur die Klimaforscher und Wissenschaftler verwandter Disziplinen trieben den politischen Prozess – auch sie wurden im Gegenzug von der Politik beeinflusst (Demeritt 2001: 308).

Neben diesen, aus Sicht der Kritiker, „Diskursmanipulationen" von Seiten der Politik wurde immer wieder die Einflussnahme privater Akteure kritisiert und von der *Union of Concerned Scientists* (2007) aber auch von anderen Stellen (Demeritt 2001: 308; McCright/Dunlap 2003) dokumentiert. Demnach haben amerikanische Energiekonzerne genauso wie politische *Thinktanks* und Nicht-Regierungs-Organisationen (NGOs) Verwirrung in der Öffentlichkeit über die Problematik und wissenschaftliche Evidenz des Klimawandels gestiftet, um Regulierungen zu vermeiden. Der Diskurs war demzufolge gespickt von interessengeleiteter, massenmedialer Kommunikation. Auch wenn diesen Manipulationsversuchen kein nachhaltiger Einfluss auf die Resultate der Debatte nachgewiesen werden kann, so wurde doch der Diskurs in eine andere Richtung gelenkt, der weniger die nötigen Schritte zur Vermeidung oder Verlangsamung des Klimawandels thematisierte, sondern immer wieder zu einer Meta-Diskussion über die Art und Glaubwürdigkeit der Erkenntnisgewinnung aufrief. In der öffentlichen Meinung in den USA ergab sich so 1994 das Bild, wonach lediglich ein Drittel der Befragten der Ansicht war, dass es einen wissenschaftlichen Konsens über die Ursachen und Folgen des Klimawandels gäbe (World Public Opinion 2005) – im deutlichen Gegensatz zu den im gleichen Zeitraum vorgelegten Berichten des IPCC, das einen weltweiten wissenschaftlichen Konsens präsentierte.

Tatsächlich gab es im wissenschaftlichen Diskurs in den Vereinigten Staaten lediglich vereinzelten Dissens über die von der IPCC vertretene Position. Dabei wurde auch die Frage thematisiert, welche Position letztlich mehr wissenschaftliche Befürworter auf ihrer Seite hätte. Naomi Oreskes (2004) zeigt anhand einer – nicht unumstrittenen – Inhaltsanalyse verschiedener US-amerikanischer *peer-reviewed science journals*, dass die überwiegende Mehrheit der Wissenschaftler nicht an der Position des IPCC zweifelt und die in der Öffentlichkeit wahrgenommene Konfusion – von Politikern, Ökonomen und Journalisten aufgegriffen – nicht den Tatsachen entspricht (exemplarisch für die Position von IPCC-Kritikern vgl. Pielke 2005). Der Konsens ist aber das wichtigste Instrument für die Wissenschaft und *epistemic communities,* Einfluss zu erzielen und den öffentlichen und politischen Diskurs zu dominieren.

Dass dieser Konsens unter den Klimatologen nicht in der amerikanischen Öffentlichkeit ankommt, ermittelten Boykoff und Boykoff (2004) in einer Studie, in der sie die These des *„Balancing Bias"* aufstellten. Ausgehend von der Existenz des durch das IPCC vertretenen Konsenses ermittelten sie bei einer Inhaltsanalyse der US-amerikanischen Qualitätszeitungen New York Times, Washington Post, Los Angeles Times und des Wall Street Journal eine Tendenz zur „ausgewogenen Berichterstattung" über den Klimawandel, in der Befürworter des Klimawandels genauso zu Wort kommen wie die so genannten Klimaskeptiker – obwohl deren gleichgewichtiges Auftreten in der Tagespresse in keinem Verhältnis zu ihrer jeweiligen Bedeutung in der wissenschaftlichen Debatte steht. Durch das Ausbalancieren der beiden Positionen wird also ein künstlicher Dissens konstruiert, der die öffentliche Wahrnehmung prägt. So entsteht ein Bruch zwischen dem wissenschaftlichen und dem öffentlichen Diskurs über den Klimawandel. Die Ursache für diese ungenügende Übersetzung des wissenschaftlichen Diskurses führen die Autoren der Studie weniger auf absichtliches, interessengeleitetes Verhalten zurück, als vielmehr auf das Befolgen von allgemein anerkannten journalistischen Normen und Werten, denenzufolge beide Seiten zu Wort kommen sollten.

In Deutschland entsprach ein Abkommen wie das von Kyoto dem nationalen Verständnis von Klimapolitik und der eigenen Rollenkonzeption. Mit dem Begriff der „Klimakatastrophe" wurde Dringlichkeit suggeriert, sodass auf sämtliche Meta-Diskurse über den Erkenntnisstand von Wissenschaft und Politik verzichtet werden konnte. Bekräftigt wurde diese einseitige Annäherung an den Klimawandel durch die Institutionalisierung eines gesellschaftsübergreifenden Konsenses in der Enquete-Kommission des Bundestages von 1987, die auch Jahre später noch großen Einfluss auf Gesellschaft und Politik hatte. In den USA dagegen entwickelte sich ein wesentlich differenzierteres Verständnis über den Klimawandel, in der eine Diskussion um den Erkenntnisstand vor jeder etwaigen politischen Maßnahme zu stehen hatte. Es entwickelte sich somit ein relativ skeptisches Klimabild, dem eher ein wissenschaftlicher Dissens als Konsens innewohnte. Das Ablehnen des Kyoto-Protokolls entspricht diesem Problemverständnis und ist als dessen logische Konsequenz anzusehen.

Kritik

Die hier angewandte epistemologische Variante des Konstruktivismus hilft staatliches Handeln im Hinblick auf die Klimapolitik *ex post* greifbar und verständlich zu machen und dabei Aspekte zu berücksichtigen, die abseits *rational-choice-*, interessen- oder machtbasierter Ansätze liegen. Insbesondere die Art und Weise der Genese von Themen und Problemstellungen in Öffentlichkeit und Politik und die dabei geschaffenen kollektiven Bedeutungen werden von anderen Theorien der Internationalen Beziehungen nicht bzw. nicht primär in Betracht gezogen. Zudem ermöglicht diese Herangehensweise, Akteursverhalten unter Unsicherheit über die Beschaffenheit der Welt mit in die Analyse einzubeziehen (Adler/Haas 1992: 367).

Unbefriedigend im Konstruktivismus bleibt jedoch, dass der *epistemic-community*-Ansatz keine Erklärung dafür liefert, welche konkrete *epistemic community* sich im Falle eines Dissenses durchsetzen kann (Boekle et al. 1999). Die *ex-post* Feststellung, dass sich offenbar diejenige *epistemic community* durchsetzen konnte, deren Position letzten Endes die öffentliche Meinung dominierte, hat tautologischen Charakter und ist nicht falsifizierbar. Ebenso stellt sich weiterhin die Frage, warum sich überhaupt ein Diskurs entwickelt hat. So kann im beschriebenen Fall für Deutschland festgestellt werden, dass es eine Enquete-Kommission des Bundestages gab, die für einen gesellschaftsübergreifenden Konsens verantwortlich sein könnte. Die exakte Wirkungsweise auf die gesellschaftliche Bedeutungskonstruktion des „Klimawandels" bleibt jedoch unerschlossen – bedenkt man etwa die Möglichkeit, dass die Enquete-Kommission nur deswegen eingesetzt wurde, weil es bereits vorher einen gesellschaftsübergreifenden Konsens gab.

Konstruktivistische Ansätze sind vor allem deskriptiv orientiert. Der hier verwendete „weiche Konstruktivismus" tendiert so zum Teil zu recht unverbindlichen Aussagen über das Entstehen von Wirklichkeit, die jeweils abhängig vom Betrachter und der jeweiligen Argumentation schlüssig erscheinen. Weshalb man der mit etwas Ironie gespickten Aussage Palans (2000: 576) folgen könnte:

> „Soft constructivists are an eclectic lot of practically anyone who shows interest in culture, identity, norms and accept the notion that ‚actors' interests are not fixed but change and arise out of a social context."

Literatur

Adler, Emanuel / Haas, Peter (1992): Conclusion: Epistemic Communities, World Order, and the Creation of a Reflective Research Program. In: International Organization. 46 (1): 367-390.

Bechmann, Gotthard / Beck, Silke (1997): Zur gesellschaftlichen Wahrnehmung des anthropogenen Klimawandels und seiner möglichen Folgen. In: Kopfmüller, Jürgen / Coenen, Reinhard (Hrsg.): Der Treibhauseffekt als Herausforderung für Wissenschaft und Politik. Frankfurt: Campus. 119-157.

Bernstein, Steven (2002): International Institutions and the framing of domestic policies: The Kyoto Protocol and Canada's response to climate change. In: Policy Sciences. 35 (2): 203-236.

Boekle, Henning / Rittberger, Volker / Wagner, Wolfgang (1999): Normen und Außenpolitik. http://www.uni-tuebingen.de/pol/taps/tap34.htm: 09.04.2007.

Bord, Richard / Fisher, Ann / O'Connor, Robert (1998): Public perceptions of global warming: United States and international perspectives. In: Climate Research. 11 (1): 75- 84.

Boykoff, Maxwell / Boykoff, Jules (2004): Balance as bias: global warming and the US prestige press. In: Global Environmental Change. 14: 125-136.

Cavender, Jannine / Jäger, Jill (1993): The history of Germany's response to climate change. In: International Environmental Affairs. 5 (1): 3-18.

Christian Science Monitor (2007): Has the White House interfered on Global Warming Reports? http://www.csmonitor.com/2007/0131/p01s04-uspo.htm: 09.04.2007.

Demeritt, David (2001): The Construction of Global Warming and the Politics of Science. In: Annals of the Association of American Geographers. 91 (2): 307-337.

Engels, Anita / Weingart, Peter (1997): Die Politisierung des Klimas. Zur Entstehung von anthropologischem Klimawandel als politischem Handlungsfeld. In: Hiller, Petra / Krücken, Georg (Hrsg.): Risiko und Regulierung: Soziologische Beiträge zu Technikkontrolle und präventier Umweltpolitik. Frankfurt/Main: Campus. 90-115.

Ganseforth, Monika (1996): Politische Umsetzung der Empfehlung der beiden Klima-Enquete-Kommissionen (1987-1994) – eine Bewertung. In: Brauch, Hans-Günter (Hrsg.): Klimapolitik. Berlin: Springer. 215-224.

Haas, Peter M. (1992): Introduction: Epistemic Communities and International Policy Coordination. In: International Organization. 46 (1): 1-35.

Haas, Peter M. (1999): Social Constructivism and the Evolution of Multilateral Environmental Governance. In Prakash, Aseem / Hart, Jeffrey A. (Hrsg.): Globalization and Governance. London: Routledge. 103-133.

Haas, Peter M. (2002): UN Conferences and the constructivist governance of the environment. In: Global Governance. 8 (1): 73-91.

Haas, Peter M. (2004): When does power listen to truth? A constructivist approach to the policy process. In: Journal of European Public Policy. 11 (4): 569-592.

Huber, Michael (1997): Leadership and Unification: Climate Change Policies in Germany. In: Collier, Ute / Lofsted, Ragnar E. (Hrsg.): Cases in Climate Change Policy. Political Reality in The European Union. London: Earthscan.65-86.

Kingdon, John (1984): Agendas, Alternatives, and Public Policy. Boston: Pearson.

Krück, Carsten / Bray, Dennis (2000): Wie schätzt die deutsche Exekutive die Gefahr eines globalen Klimawandels ein? Eine Meinungsumfrage zum Risikomanagement in der Umweltpolitik. 2000/6. Hamburg: GKSS Forschungszentrum.

McCright, Aaron M. / Dunlap, Riley E. (2003): Defeating Kyoto: The Conservative Movement's Impact on U.S. Climate Change Policy. In: Social Problems. 50 (3): 348-373.

Oberthür, Sebastian / Ott, Hermann E. (1999): The Kyoto Protocol: International Climate Policy for the 21st Century. Berlin: Springer.

Oreskes, Naomi (2004): Beyond the Ivory Tower: The Scientific Consensus on Climate Change. In: Science. 306 (5704). 1686.

Palan, Ronen (2000): A world of their making: an evaluation of the constructivist critique in International Relations. In: Review of International Studies. 26 (4): 575-598.

Pielke, Roger (2005): Consensus about Climate Change. In: Science. 308 (5724): 952-954.

Powlick, P. J. / Katz, A. Z. (1998): Defining the American Public Opinion/Foreign Policy Nexus. In: Mershon International Studies Review. 42 (1): 29-61.

Ulbert, Cornelia (2006): Sozialkonstruktivismus. In: Schieder, Siegfried / Spindler, Manuela (Hrsg.): Theorien der Internationalen Beziehungen. 2. Aufl. Opladen & Farmington Hills: Verlag Barbara Budrich. 391-420.

Weingart, Peter / Engels, Anita / Pansegrau, Petra (2002): Von der Hypothese zur Katastrophe. Der antropogene Klimwandel im Diskurs zwischen Wissenschaft, Politik und Massenmedien. Opladen & Farmington-Hills: Verlag Barbara Budrich.

Weller, Christoph (2005a): Massenmediale Konstruktionen im außenpolitischen Entscheidungsprozess. In: Ulbert, Cornelia (Hrsg.): Konstruktivistische Analysen der internationalen Politik. Wiesbaden: VS Verlag. 313-346.

Weller, Christoph (2005b): Perspektiven eines reflexiven Konstruktivismus für die Internationalen Beziehungen. In: Ulbert, Cornelia (Hrsg.): Konstruktivistische Analysen der internationalen Politik. Wiesbaden: VS Verlag.

Union of Concerned Scientists (2007): How ExxonMobil Uses Big Tobacco's Tactics to Manufacture Uncertainty on Climate Science – Smoke, Mirrors & Hot Air. http://www.ucsusa.org/assets/documents/global_warming/exxon_report.pdf: 09.04.2007.

Wendt, Alexander (1992): Anarchy is what states make of it: The social construction of power politics. International Organization. 46 (2): 391-425.

World Public Opinion (2005): Americans on Climate Change 2005. http://www.worldpublicopinion.org/incl/printable_version.php?pnt=79: 09.04.2007.

Zehfuß, Maja (2006): Contructivism and identity. In: Guzzini, Stefano / Leander, Anna (Hrsg.): Constructivism and International-Relations – Alexander Wendt and his critics. London: Routledge. 93-117.

Zum Hintergrund: Mercosur

Philipp D. Hoegerle & Sarah Költzow

Der *Mercado Común del Sur* (Mercosur) [1] wurde im März 1991 als gemeinsames Wirtschaftsbündnis zwischen Argentinien, Brasilien, Paraguay und Uruguay ins Leben gerufen. Der Gründungsvertrag (Vertrag von Asunción) sah dabei vor, bis Ende 1994 sämtliche tarifären und nicht-tarifären Handelshemmnisse zwischen den Ländern abzubauen und so die Einrichtung eines gemeinsamen Marktes vorzubereiten. Im Dezember 1994 unterzeichneten die vier Staaten schließlich das Protokoll von Ouro Preto und legten damit die institutionelle Struktur des Mercosur fest [2] (vgl. u.a. Korthoff 2005: 87).

Gemessen am Bruttoinlandsprodukt (BIP) wurde mit dem Mercosur der nach NAFTA (North American Free Trade Agreement), EU und ASEAN viertgrößte Wirtschaftsraum der Welt geschaffen. [3] Im Jahr 1991 lebten zusammen mehr als 192 Millionen Menschen im Mercosur, 2005 waren es mehr als 234 Millionen. Das BIP der Mitgliedstaaten betrug zu dieser Zeit etwa 1,1 Billionen US-Dollar, 2006 waren es 2,4 Billionen (vgl. Korthoff 2005: 87; Porta et al. 2001: 6f.). [4]

Im Jahr 2005 trat Venezuela dem Bündnis bei, die Ratifizierung von Brasilien und Paraguay steht jedoch noch aus. Der Mercosur verfügt mit Chile (1996), Bolivien (1997), Peru (2003), Kolumbien und Ecuador (beide 2004) außerdem

---

[1] Die brasilianische Bezeichnung lautet „Mercosul", also *Mercado Comum do Sul*. Beide Bezeichnungen werden üblicherweise als „Gemeinsamer Markt des Südens" ins Deutsche übersetzt. Informationen finden sich in spanischer und portugiesischer Sprache unter www.mercosur.int.

[2] Durch das Protokoll von Ouro Preto erhielt der Mercosur einen völkerrechtlichen Status und kann seither mit anderen regionalen Gruppierungen oder Drittstaaten verhandeln. Die institutionelle Struktur, wie im Protokoll von Ouro Preto festgelegt, beinhaltete vor allem die Einrichtung der Handelskommission (*Comisión de Comercio del Mercosur*), die Gemeinsame Parlamentarische Kommission (*Comisión Parlamentaria Conjunta*) und das Konsultative Wirtschafts- und Sozialforum (*Foro Consultivo Económico-Social*).

[3] *North American Free Trade Agreement*, Europäische Union, *Association of Southeast Asian Nations*.

[4] http://unstats.un.org und http://data.un.org/Data.aspx?q=argentina+gdp&d=CDB&f=srID%3a299 23%3bcrID%3a32: 29.03.09.

über fünf weitere assoziierte Länder in Lateinamerika, die von einzelnen Freihandelsabkommen profitieren, jedoch nicht an der Zollunion teilnehmen.

Die Gründung des Mercosur wurde erst durch eine Reihe bedeutender wirtschaftlicher und politischer Entwicklungen ermöglicht, die in den 1980er Jahren sowohl auf globaler wie auch regionaler Ebene zahlreiche Umbrüche mit sich brachten. Weltweit war neben den Prozessen der Globalisierung auch eine zunehmende Regionalisierung der Weltmärkte zu verzeichnen. In Lateinamerika selbst ebneten in erster Linie der ökonomische Paradigmenwechsel und der Demokratisierungsprozess der 1980er Jahre den Weg zur Integration (Eschlbeck 2006: 291; Taalouch 2006: 16ff.). Zuvor hatten die divergierenden Wirtschaftsstrukturen aber auch unterschiedliche Wirtschaftspolitiken und gegenseitige Rivalitäten Integrationsprojekte erschwert (Porta et al. 2001: 3ff.; Meier 2006: 118ff.).

Ungeachtet der stark protektionistischen Wirtschaftspolitik, die die Staaten Lateinamerikas zur Förderung heimischer Industrien seit den 1950er Jahren über lange Zeit verfolgten (sog. Importsubstituierende Industrialisierung, ISI), wurde insbesondere während der 1970er Jahre die hohe Abhängigkeit von den westlichen Industrienationen und privaten Geldgebern deutlich (vgl. Schirm 1999). Nicht zuletzt die Erfahrung der zahlreichen wirtschaftlichen Krisen in diesem Zeitraum motivierte die Länder zu einem Umdenken, darunter auch Argentinien und Brasilien, die in den 1980er Jahren mit der Öffnung ihrer Märkte und der Privatisierung vieler Unternehmen begannen.

Im politischen Bereich hatte die über Jahrzehnte hinweg angespannte Beziehung zwischen Argentinien und Brasilien vor allem in den 1960er und 1970er Jahren unter verschiedenen Militärregierungen immer wieder zu Auseinandersetzungen geführt (vgl. Schirm 1999). Erst die Demokratisierungswelle der 1980er Jahre, die sich über weite Teile Lateinamerikas erstreckte, erlaubte es Argentinien 1983 und Brasilien 1985, ihre diktatorischen Regime zu überwinden und mit der Einführung demokratischer Strukturen einen Neuanfang zu wagen, u.a. auch in Bezug auf internationale Kooperation: im Zeitraum von 1985 bis 1990 schlossen Argentinien und Brasilien insgesamt sechs bilaterale Abkommen zur Stärkung der Integration und gemeinsamen Zusammenarbeit ab (vgl. etwa Korthoff 2005: 68ff., 88).

Auf globaler Ebene entspannte sich Ende der 1980er Jahre der Ost-West-Konflikt zunehmend. Sowohl in Europa als auch in Nordamerika wurden neue Bündnisse geschlossen (wie etwa die NAFTA zwischen den USA, Kanada und Mexiko) und bestehende Kooperationen vertieft (etwa die Vorbereitungen für den Vertrag von Maastricht in Europa). Im Zuge dieser Entwicklungen und der konzeptionellen Neuordnung der nationalen Wirtschaftspolitiken in vielen Ländern Lateinamerikas seit der zweiten Hälfte der 1980er Jahre, erhielt auch der

Gedanke regionaler Integration und wirtschaftlicher Kooperation weiter Aufwind[5] (vgl. Korthoff 2005; Meier 2006: 112).

Im Kontext der Globalisierung war die Gründung des Mercosur vor allem auf die Verbesserung der Wettbewerbsfähigkeit seiner Mitgliedsstaaten und deren Vernetzung auf dem Weltmarkt ausgerichtet. Dies wurde konkret durch ein Wirtschaftsmodell des offenen Regionalismus verfolgt, mittels gemeinsamer Strukturprojekte und technologischer Zusammenarbeit innerhalb sowie außerhalb des Mercosur. Um dem Ziel der Einrichtung eines gemeinsamen Marktes näher zu kommen, sollte durch den Abbau sämtlicher Handelshemmnisse zwischen den Mitgliedstaaten zunächst eine Freihandelszone begründet und so der freie Verkehr von Gütern, Dienstleistungen und Produktionsfaktoren zwischen den Mitgliedstaaten ermöglicht werden. Die Einrichtung einer Zollunion erforderte darüber hinaus die Festlegung eines gemeinsamen Außenzolls und die Einigung auf eine gemeinsame Handelspolitik gegenüber Drittstaaten. Erreicht werden sollten diese Ziele durch eine Verbesserung der Infrastruktur zwischen den Staaten, durch die Koordination der makroökonomischen sowie die Ergänzung von sektoralen Politiken (vgl. Sangmeister 1996: 1ff., vgl. u.a. Meier 2006: 123ff.).

Es ist vor allem der anfänglichen Euphorie und dem starken Einsatz der Regierungen Argentiniens und Brasiliens zu verdanken, dass der Mercosur in seiner Gründungsphase bis Mitte der 1990er Jahre eine zunächst erfolgreiche wirtschaftliche Entwicklung aufwies, die sich vor allem in gemäßigten Inflationsraten und zunehmenden ausländischen Direktinvestitionen zeigte. Der intraregionale Handel erfuhr eine spürbare Belebung; so steigerte sich der Anteil der intraregionalen Exporte an den Gesamtexporten von 11,1% im Jahr 1991 über 20,7% im Jahr 1995 auf gut 25% im Jahr 1998 (Eschlbeck 2006: 293).

Trotz dieser bemerkenswerten Erfolge in der Anfangsphase wurde schnell deutlich, dass der Mercosur vom Ziel der Errichtung eines gemeinsamen Marktes bis Mitte der 1990er Jahre weit entfernt blieb. Schwierigkeiten zeigten sich mitunter bei der Auslotung und Verabschiedung einer gemeinsamen wirtschaftspolitischen Linie und bereits bis zum Jahr 2001 war der Anteil des Intrahandels wieder auf 18% zurückgegangen, während er in der EU bei 60% und in der NAFTA bei 57% lag (Taalouch 2006: 26; Gratius 2003: 96).

Erklären lässt sich diese Entwicklung u.a. damit, dass die Mitgliedsstaaten sehr ähnliche Produktpaletten anbieten und somit eine wichtige Voraussetzung für einen ausgeprägten intraregionalen Handel nicht gegeben war. Ein weiterer Grund dafür, dass der Mercosur bis heute hinter den an ihn gestellten Erwartungen zu-

---

[5] Der Mercosur ist in gewisser Weise am Vorbild der EU orientiert, jedoch verbleibt er im intergouvernementalen Bereich und seine Ambitionen sind fast ausschließlich wirtschaftlicher und politischer Natur.

rückbleibt, ist die Vielzahl von Ausnahmeregelungen hinsichtlich der Abschaffung von Binnen- und Außenzöllen für verschiedene sensible Warengruppen (vgl. u.a. Klein 1996: 117). Zunächst war auch für die Güter der Ausnahmelisten ein Zollabbau bis Ende Dezember 1995 geplant, dieser konnte jedoch nach mehrmaliger Fristverlängerung aufgrund massiver Widerstände der nationalen Regierungen nicht erreicht werden. 1995 wurden schließlich das Jahr 2000 für die Vollendung der Freihandelszone und 2006 für die Vollendung der Zollunion festgelegt, jedoch bestehen heute sowohl für den Außenzoll als auch den Freihandel noch immer Ausnahmesektoren (vgl. u.a. Klein 1996: 178ff., 185).

Als Reaktion auf diese Problematiken und die ökonomische Krise des Mercosur 1999 wurde im Jahr 2000 von den Mitgliedstaaten unter der Bezeichnung *Relanzamiento* (Neustart) versucht, eine neue Etappe der regionalen Integration einzuläuten. Das Ziel war es vor allem, die Zollunion nach innen und außen zu stärken und den rückläufigen Intrahandel wieder zu stimulieren (Taalouch 2006: 27). Für die wirtschaftspolitische Harmonisierung wird ein gemeinsames Währungsinstitut geplant, das den Weg zu einer einheitlichen Währung im Mercosur ebnen soll. Ein eigenes Gesetzgebungsgremium wurde mit der Gründung des Mercosur-Parlaments im Mai 2007 auf den Weg gebracht.

Der Mercosur musste sich immer wieder der Kritik aussetzen, das Bündnis stünde angesichts zahlreicher institutioneller Probleme und Abstimmungsschwächen wiederholt vor Zerreißproben. In Ermangelung supranationaler Streitschlichtungsverfahren brachen immer wieder, vor allem in Handelsfragen, heftige Streitigkeiten zwischen den Mitgliedsstaaten aus (Gratius 2003: 78). 2002 wurde zu diesem Zwecke das Protokoll von Olivos *(Protocolo de Olivos para la Solución de Controversias)* unterzeichnet, 2004 ein Tribunal für Handelsfragen gegründet.

Kritiker des *Relanzamiento* argumentieren, es müsse zunächst eine gesunde Basis für eine vertiefte Zusammenarbeit geschaffen werden, bevor ehrgeizige Projekte wie bspw. die Gründung eines Währungsinstituts angegangen werden könnten.

Gerade in dieser aktuellen Phase der Erweiterung und Vertiefung des Bündnisses ist die Auseinandersetzung mit unter der Oberfläche schwelenden Konflikten unvermeidbar: Ab und an treten bei Unstimmigkeiten traditionelle Rivalitäten zu Tage; durch die gefühlte Dominanz Brasiliens und das Verbot bilateraler Freihandelsabkommen auch für kleine Mitgliedsstaaten fühlen sich insbesondere Uruguay und Paraguay majorisiert; 2006 stellte Uruguay die eigene Mitgliedschaft öffentlich in Frage (Taalouch 2006: 20).

Wenn bemängelt wird, der Mercosur habe die selbst gesteckten Ziele bislang nicht oder nur in geringem Maße erreicht, so ist allerdings festzuhalten, dass das Bündnis einen sehr attraktiven Markt mit erheblichem Wachstumspotenzial darstellt und auch auf internationaler Ebene zu einem bedeutenden Akteur herangewachsen ist, der ökonomisch und politisch an beträchtlichem Gewicht gewonnen hat und der von der internationalen Bühne kaum mehr wegzudenken ist (Korthoff 2005: 116f.; Gratius 2003: 95).

Literatur

Eschlbeck, Daniela (2006): Internationale Wirtschaft: Rahmenbedingungen, Akteure, räumliche Prozesse. Oldenbourg: Wissenschaftsverlag.

Gratius, Susanne (2003): Mercosur – Gravitationszentrum in Südamerika? In: Bodemer, Klaus / Gratius Susanne (Hrsg.): Lateinamerika im internationalen System. Zwischen Regionalismus und Globalisierung. Herausgegeben für das Institut für Iberoamerika Kunde. Band 1. Opladen: Leske + Budrich. 75-104.

Klein, Wolfram (1996): Der Mercosur. Wirtschaftliche Integration, Unternehmer und Gewerkschaften. Freiburg: Arnold-Bergstraesser-Institut. Zugl. Rostock: Univ. Diss. (1996).

Korthoff, Andrea (2005): Die EU und der Mercosur: Wege einer neuen Partnerschaft? Marburg: Tectum Verlag. Zugl. Osnabrück: Univ. Diss. (2004).

Meier, Carsten (2006): ALCA : Stand und Perspektiven panamerikanischer Integration unter besonderer Berücksichtigung der Subregionen und der Konformität mit dem Welthandelssystem. München: Herbert Utz Verlag. Zugl. Bayreuth: Univ. Diss.

Porta, Elena Diaz / Hebler, Martin / Kösters, Wim (2001): Mercosur: Probleme auf dem Weg zu einer Zollunion. Arbeitshefte des Lateinamerika-Zentrums. 69. Bochum: Ruhr- Universität.

Sangmeister, Hartmut (1996): Mercosur: Möglichkeiten und Grenzen der Integration. Diskussionsschriften. 53. Heidelberg: Universität, Wirtschaftswissenschaftliche Fakultät.

Schirm, Stefan A. (1999): Globale Märkte, nationale Politik und regionale Kooperation in Europa und den Amerikas. 1. Aufl., Baden-Baden: Nomos.

Taalouch, Karim (2007): Der Außenhandel des Mercosur. Eine empirische Überprüfung aus integrationstheoretischer Perspektive. Dissertation. Heidelberg: Universität Heidelberg. http://archiv.ub.uni-heidelberg.de/volltextserver/volltexte/2007/7503/pdf/ Dissertation_Taalouch.pdf: 21.02.2008.

Die Gründung des Mercosur im Lichte des Neorealismus – Ein neorealistischer Erklärungsversuch der Entstehung des Mercosur

Philipp D. Hoegerle

Einführung

Sicherlich haben nicht zuletzt die politischen Erkenntnisse der ersten Hälfte des 20. Jahrhunderts dazu geführt, dass sich seit 1945 zahlreiche neue, multilaterale Initiativen gegründet und Formen internationaler Kooperation entwickelt haben. Die Bedeutung, die Bündnissen, Kooperationsabkommen und supranationalen Institutionen heute zukommt, zeigt sich deutlich an ihrem wachsenden Einfluss, den sie auf politische Debatten auch auf nationaler Ebene haben. Probleme von internationaler Tragweite drängen auf die nationale Agenda und nehmen Raum im politischen Alltag ein. Mit der Entstehung neuer Abkommen und Kooperationsgemeinschaften nach dem Zweiten Weltkrieg etabliert sich der Begriff der „Internationalen Organisationen" (vgl. Rittberger et al. 2003: 22).

Geprägt von den Erfahrungen des Zweiten Weltkrieges, spielen ab den späten 1940er Jahren etwa bei der Gründung der Vereinten Nationen und der NATO zunächst sicherheitspolitische Interessen eine wesentliche Rolle (vgl. hierzu Rittberger et al. 2003: 185ff.) Gleiches gilt wohl auch für die Gründung der Europäischen Gemeinschaft für Kohle und Stahl im Jahr 1951. Wenngleich die Zusammenarbeit hier vor allem im Bereich der Wirtschaft liegt, so geht man doch von der Erwartung aus, durch die Schaffung vornehmlich ökonomischer Abhängigkeiten die Gefahr kriegerischer Auseinandersetzungen zu reduzieren. Ohne Zweifel bedingt die wachsende Internationalisierung von Güter- und Kapitalmärkten einerseits einen grenzüberschreitenden Einfluss von insbesondere ökonomischen Institutionen, deren Folgen etwa für die nationale Wirtschafts- und Sozialpolitik die Staaten zwingen, aufeinander zuzugehen. Andererseits hat sich die nationale Öffnung als unerlässlich für die wirtschaftliche Prosperität erwiesen. In der Hoffnung, auf diesem Wege einer sich wandelnden Umwelt erfolgreich begegnen zu können, integrieren sich Staaten zu regionalen Bündnissen; sie öffnen sich und suchen die Zusammenarbeit. Beispiele für die Verlagerung hin zu primär ökonomisch motivierten Kooperationen sind die Gründung der NAF-TA im August 1992 und die Gründung des *Mercado Común del Sur* (Mercosur) im März 1991. Mit dem Vertrag von Asunción, dem Gründungsvertrag des Mercosur, begründen Argentinien und Brasilien zusammen mit Paraguay und Uruguay ein lateinamerikanisches Handelsabkommen, dessen Ziel es ist, aufbauend auf einer Freihandelszone und einer Zollunion eine gemeinsamen Außenhandelspolitik und letztlich einen gemeinsamen Markt zu errichten (vgl. hierzu Schirm 1999: 125).

Je nach Tiefe der Kooperation führen derartige Integrationsprozesse von Staaten zu gegenseitigen Abhängigkeiten und unter Umständen gar zu einer inhaltlichen und organisatorischen Verschmelzung der Bereiche, die Gegenstand der Zusammenarbeit sind. Der folgenden Untersuchung liegt nun die Frage zugrunde, welche Vorteile sich Staaten also von einer Zusammenarbeit mit anderen Staaten versprechen: Was motiviert Staaten aufeinander zuzugehen, wie lässt sich die Kooperationsbereitschaft einzelner Staaten grundlegend begründen? Mit besonderem Blick auf Argentinien und Paraguay widmet sich die Arbeit diesen Fragen und versucht, den Erklärungsgehalt der neorealistischen Denkschule für den Fall der Entstehung des Mercosur zu bestimmen.

Gemeinsamer Anspruch aller neorealistischen Ansätze ist die Erklärung, idealerweise gar die Prognose, staatlichen Handelns. Demzufolge muss die bekannte Motivation, die der Gründung des Mercosur zugrunde liegt, nämlich die starke Abhängigkeit von den westlichen Industrienationen verbunden mit einer tiefen wirtschaftlichen Krise in den 1980er Jahren, stets vor dem Hintergrund der neorealistischen Annahmen interpretiert werden, liegt doch die eigentliche Motivation jedes außenpolitischen Handelns, die Gewährleistung der eigenen Sicherheit, bereits in den Prämissen der neorealistischen Theorie angelegt. Die Kategorie „Sicherheit" allein begründet hier die eindeutige Handlungsmotivation jedes Staates. Aufgabe muss es im Weiteren also sein, das tatsächliche Handeln als eine der Sicherheitsmaxime entsprechenden Politik zu interpretieren, wobei sich die Ausgangsfrage wie folgt präzisieren lässt: Inwieweit kann das empirisch beobachtete Handeln der Staaten mit den Annahmen und Werkzeugen der neorealistischen Denkschule erklärt werden?

Unter dem Einfluss des Kalten Krieges und der vielseitigen Dominanz der USA etabliert Kenneth Waltz (1979) mit seinem strukturellen Ansatz den Neorealismus als weiterentwickeltes Modell zum klassischen Realismus in der Theorielandschaft der Internationalen Beziehungen (vgl. Menzel 2001: 141f.). Waltz postuliert für alle Staaten eine allgemeine Handlungsdisposition, derzufolge alle Akteure rational auf die Anreize und Zwänge des internationalen Systems reagieren, die von der Machtverteilung zwischen den Staaten ausgehen (vgl. Schörnig 2006: 70f.). Abschnitt 2 greift diese Annahme auf und versucht, auf Grundlage einer Skizzierung der globalen und regionalen Verteilung von Machtressourcen eine Einordnung der Waltz'schen Thesen zu leisten.

In enger Anlehnung an die Arbeiten Kenneth Waltz' stehen die Ansätze von John Mearsheimer (2001) und Joseph Grieco (1988; 1996). Während Mearsheimer in seiner Arbeit vor allem die aggressive und im Gegensatz zu Waltz offensive Grundhaltung einzelner Staaten unterstreicht, beschäftigt sich Grieco direkt mit der Frage, unter welchen Umständen und aus welchen Gründen es trotz einer auf Sicherheit und Autonomie ausgelegten Handlungsmaxime zu Kooperationen zwischen Staaten kommt. Die Thesen Mearsheimers und Griecos sollen im Folgenden jedoch nur am Rande beleuchtet werden.

Schließlich finden sich über den Ansatz von Waltz hinaus weitere Konzepte, die das außen- und sicherheitspolitische Primat Waltz' relativieren und den strukturellen Ansatz um verschiedene Annahmen erweitern oder abändern. Anschluss an die systemtheoretischen Überlegungen Waltz' finden etwa die Ansätze von Robert Gilpin (1981) und Randall Schweller (1993; 1994). Im Gegensatz zu Waltz betonen beide das Staatsinteresse als eine wichtige Einflussgröße für das staatliche Handeln und verlagern die Analyse zugleich ein Stückweit auf die Ebene subsystemischer Faktoren. Zwar geht es auch hier primär um die Maximierung staatlicher Sicherheit, jedoch erfahren etwa bei Gilpin ökonomische Faktoren eine wesentlich stärkere Gewichtung als im klassischen Neorealismus. Kooperationen können dann möglich sein, wenn Staaten entsprechend individueller Kosten-Nutzen-Überlegungen sich dadurch einen Vorteil, vor allem gegenüber anderen Staaten, versprechen (vgl. Gilpin 1981: 10f.).

Der Mercosur aus Sicht des Neorealismus nach Kenneth Waltz

Um unter den Umständen einer anarchischen Weltordnung ihre Interessen auf dem Parkett der internationalen Politik durchsetzen zu können, betreiben Staaten Machtpolitik. Ihre relative Ausstattung mit verschiedenen Machtressourcen ist dabei entscheidend für ihre Durchsetzungskraft. Aus der Verteilung der Machtressourcen ergibt sich letztlich die Struktur des internationalen Systems (vgl. Waltz 1979: 88ff.). Für den einzelnen Staat ist dabei insbesondere seine relative Machtposition von Interesse (vgl. Waltz 1979: 80; Baumann et al. 1999: 256). Abhängig von der gewählten Perspektive sind etwa regionale Mächte denkbar, deren Ressourcen vor einem globalen Hintergrund bestenfalls durchschnittlich erscheinen können. Insofern sich politische Strategien im Allgemeinen und staatliches Handeln im Einzelnen auf den Machtunterschieden zwischen Staaten begründen, ist für die Ableitung konkreter Handlungserwartungen also die gewählte Perspektive entscheidend.

Obzwar der Begriff der Machtressourcen an vielen Stellen der Literatur schwammig bleibt, lassen sich verschiedene Faktoren bestimmen, die die Machtressourcen eines Staates kategorisieren. Waltz zählt hierzu neben der Bevölkerung, dem Territorium und der militärischen Ausstattung auch die politische Stabilität, die Wirtschaftlichkeit und die Kompetenz eines Staates (vgl. Waltz 1979: 131). Für andere Vertreter wie Gilpin, basiert Macht auf den militärischen, ökonomischen und technologischen Fähigkeiten eines Landes, begleitet von kaum messbaren Einflüssen wie der Arbeits- und Kampfesmoral der Bevölkerung oder der Qualität der politischen Führung (vgl. Gilpin 1981: 13f.).

Tabelle 1:   Verschiedene Machtfaktoren ausgewählter Länder (United Nations 2008)

	BIP[1]		Exporte[1]		Importe[1]		Fläche[2]	Bevölkerung[3]
	1985	1990	1985	1990	1985	1990		1985
Argentinien	143	141	11,2	14,5	6,6	6,5	2.767	30,3
Paraguay	4	5	0,6	1,6	0,8	1,9	407	3,7
Brasilien	400	438	28,7	34,5	18,0	26,7	8.512	136
Uruguay	7	8	1,6	2,2	1,1	1,7	176	3,0
Chile	24	24	6,7	11,0	5,2	9,8	757	12,1
Kolumbien	38	48	5,3	8,8	6,2	7,7	1.139	34,3
Venezuela	41	47	13,7	19,1	11,6	9,6	912	17,3
Ecuador	10	11	2,7	3,5	3,1	3,2	284	9,1
USA	4.900	5.760	328	552	488	630	9.631	243
Deutschland	1.457	1.714	329	425	311	426	357	77,7
Frankreich	1.058	1.239	209	264	199	281	547	56,5
Großbritannien	844	991	194	238	187	263	244	56,5
Japan	2.388	3.018	278	317	167	288	378	121,0

[1] in Bill. US-Dollar zu Preisen 1990
[2] in 1000 Quadratkilometer
[3] in Mill.

Bis in die späten 1980er Jahre bestimmt die Blockkonfrontation des Kalten Krieges die Prägung des internationalen Systems. Mit dem Fall der Berliner Mauer im November 1989 endet diese Ära und das vom Sowjetkommunismus geprägte

Reich bricht zusammen. Wenn sich auch der Einfluss der USA in der westlichen Hemisphäre seit den 1970er Jahren kontinuierlich relativierte, zeigt sich zumindest in den Jahren um 1990, dass sich das wirtschaftlich liberalistische und politisch demokratische Gesellschaftsmodell der USA bis dato als überlebensfähiger erwiesen hat. Tabelle 1 zeigt den imposanten Vorsprung, den sich die USA, Japan und die westeuropäischen Staaten etwa gegenüber der lateinamerikanischen Welt bis Ende der 1980er Jahre aufgebaut haben.

Spätestens mit dem gesellschaftlichen und politischen Zusammenbruch der Sowjetunion sind die USA und wenige Staaten Westeuropas die einzigen Akteure, deren Politik aufgrund ihres unerreichten militärischen Potentials und ihrer ökonomischen Potenz von globaler Wirkung ist. Im Jahr 1985 belaufen sich die Militärausgaben allein der USA auf 381 Mrd. Dollar, was zu dieser Zeit knapp 33% (!) der weltweiten Rüstungsausgaben entspricht. Mit gut 2,15 Millionen Soldaten verfügen sie zudem über den mit Abstand weltweit größten Militärapparat. Der Etat der NATO abzüglich der amerikanischen Investitionen beläuft sich zur selben Zeit auf 171 Mrd. Dollar, das Budget Lateinamerikas hingegen auf lediglich 30 Mrd. Dollar (vgl. Tabelle 2).

Tabelle 2:   Mannschaftsstärken und Verteidigungsausgaben im weltweiten Vergleich (The International Institute for Strategic Studies: The Military Balance 2003/2004: 335ff.)

	Streitkräftezah-len[1]	Verteidigungsausgaben		
		in Mrd. USD	in USD / Kopf	in % des BIP
Weltweit	27.953.500	1.171	243	6,2
hierunter:				
NATO	5.809.900	552	788	5,1
davon:				
USA	2.151.600	381	1.592	6,1
Ost- und Suedostasien	8.243.700	87	52	2,6
Mittlerer Osten und Nordafrika	3.342.400	96	451	14,8
Lateinamerika[2]	1.344.200	30	76	2,7

[1] ohne Reservisten und Paramilitärs

[2] einschließlich Zentralamerika und Karibik

In Südamerika ist die Zeit von 1950 bis in die 1980er Jahre gekennzeichnet von zyklischen Wechseln verschiedener Machtgruppen, die jeweils die Herrschaft im Staat übernehmen. Lange Zeit hemmt die fehlende politische Stabilität die wirtschaftliche Entwicklung (vgl. Nohlen 2004: 82). In den 1980er Jahren erfordert die Etablierung demokratischer Systeme zwingend den Umbau der staatlichen Verteidigungs- und Militärstrukturen, wobei sich insbesondere die Einrichtung einer funktionierenden zivilen Kontrolle des Militärs als eine schwierige Aufgabe erweist (vgl. Zagorski 1992: 147ff.). In Argentinien wehren sich die Militärs, trotz der moralischen Diskreditierung der argentinischen Truppen als Folge ihrer grausamen Militärherrschaft bis 1983 und der sinkenden Moral der Soldaten durch die Niederlage gegen Großbritannien 1982, spürbar gegen den Demokratisierungsprozess (vgl. Radseck 2002: 84f). Ungeachtet der Tatsache, dass Argentinien nach Brasilien mit 4,7 Mrd. Dollar (1985) den zweithöchsten Verteidigungsetat aufweist, führen vor allem die zerrüttete Moral und die zerbrochenen inneren Befehlsstrukturen zu Einschätzungen, die das argentinische Militär nurmehr seinem äußeren Schein nach als eine einsatzfähige Streitmacht sehen (vgl. Scheetz 1997: 9f.). Entgegen neorealistischer Annahmen führt die militärische Neuausrichtung gar zu erheblichen Truppenreduzierungen, sodass die Gesamtstärke der argentinischen Streitkräfte von 108.000 Mann 1985 auf 70.100 Mann bis zum Ende der 1990er Jahre abgenommen hat. Damit unterhält Argentinien in den 1990er Jahren zwar nach wie vor mehr Streitkräfte als etwa seine beiden Nachbarn Paraguay mit 17.000 Mann und Uruguay mit 27.000 Mann, doch deutlich weniger als etwa Chile, Kolumbien und Peru (vgl. dtv 1997a: 331; dtv 1997b: 69, Tabelle 3). Das größte Heer Lateinamerikas stellt schließlich Brasilien mit 276.000 Mann (1985).

Seit den 1960er Jahren bis zum Ende der 1980er Jahre haben sich in Brasilien 350 mittlere und große Unternehmen für Verteidigung und Waffentechnologie entwickelt, die geschätzt 200.000 Menschen beschäftigen. 1984 exportiert Brasilien militärisches Gerät im Wert von 1,3 Mrd. Dollar, Argentinien lediglich im Wert von 89 Millionen Dollar (vgl. Zagorski 1992: 163f., 176).

Die wirtschaftliche Struktur Argentiniens ist zu dieser Zeit geprägt von einer agroindustriellen Produktion von Gütern, also einer stark technisierten Landwirtschaft, die durch viele Modernisierungsprozesse zunehmend wettbewerbsfähig wurde. Nachdem die Regierung in Buenos Aires lange Zeit einer binnenmarktorientierten Industrialisierungsstrategie gefolgt ist, wagt das Land in den 1980er Jahren eine schrittweise Liberalisierung und Öffnung der Wirtschaft, wenn auch verschiedene wichtige Wirtschaftszweige (wie etwa Kohle, Stahl und Erdöl) zunächst unter staatlicher Kontrolle bleiben (vgl. hierzu und zum folgenden Korthoff 2005: 68-86). Dennoch stagniert das Wachstum der Wirtschaft zu dieser Zeit. 1985 erwirtschaftet Argentinien ein Bruttoinlandsprodukt von 143

Mrd. Dollar. Die Hyperinflation, die 1989 bis auf 3800% anwächst, führt schließlich zum Rücktritt des Präsidenten. Trotz der erfolgreichen Einführung einer demokratischen Ordnung bleibt die innenpolitische Entwicklung Argentiniens in den 1980er Jahren instabil (vgl. Nohlen 2004: 84).

Tabelle 3:   Mannschaftsstärken und Verteidigungsausgaben in Lateinamerika
(The International Institute for Strategic Studies: The Military
Balance 2003/2004: 338)

	Streitkräftezahlen[1]	Verteidigungsausgaben		
		in Mill. USD	in USD / Kopf	in % des BIP
Lateinamerika	1.344.200	30.005	76	2,7
davon:				
Argentinien	108.000	4.670	153	3,8
Brasilien	276.000	11.066	82	3,0
Paraguay	14.400	72	20	1,1
Uruguay	31.900	207	69	2,8
Chile	101.000	2.125	176	10,0
Kolumbien	66.200	823	29	1,6
Venezuela	49.000	1.855	107	2,1
Ecuador	42.500	657	70	2,8

[1] ohne Reservisten und Paramilitärs

Ähnlich wie Argentinien versucht auch Brasilien, mit einer neoliberalen Wirtschaftspolitik das Wachstum anzukurbeln. Trotz der enorm hohen Auslandsverschuldung und einer Hyperinflation zwischen 1985 und 1989 erlebt Brasilien eine bessere wirtschaftliche Entwicklung als Argentinien. Als einzigem Land in Lateinamerika gelingt es Brasilien, einen zarten Industrialisierungsprozess anzustoßen und die Entwicklung hin zu Industrieerzeugnissen einzuleiten (vgl. Korthoff 2005: 72, 76f.). Die Hoffnungen ruhen dabei vor allem auf dem großen Binnenmarkt, dessen Wachstum zunehmend auch ausländischen Investoren neue Chancen eröffnet. 1985 liegt das Bruttoinlandsprodukt in Brasilien bei 400 Mrd. Dollar, die Exporte bei 28,7 und die Importe bei 18 Mrd. Dollar (vgl. Tabelle 1). Als problematisch, insbesondere für die gesellschaftliche Stabilität Brasiliens, stellt sich jedoch die unverhältnismäßige Verteilung der Wohlstandsgewinne heraus, die sich trotz eines relativ hohen Industrialisierungs- und Differenzierungsgrades zunehmend offenbart. Zu beobachten ist eine extreme Einkommenskonzentration, die sich seit den 1980er Jahren kontinuierlich verstärkt (vgl. Korthoff 2005: 81f.).

Deutlich schwächer als die beiden mächtigen Mercosur-Staaten Argentinien und Brasilien entwickeln sich die zwei kleinen Partnerländer Paraguay und Uruguay. Charakteristisch ist für Paraguay vor allem der sehr schwache Grad der Industrialisierung einerseits und der deutlich ausgeprägte informelle Sektor andererseits. So liegt das Bruttoinlandsprodukt 1985 in Paraguay bei nur 4 Mrd. Dollar. Mit seinen 3,7 Millionen Einwohnern (1985) ist das Land zudem deutlich kleiner als seine zwei großen Nachbarn (vgl. Tabelle 1). Aufgrund geringer Bodenschätze und der schlechten wirtschaftlichen Infrastruktur, ist die offene Wirtschaft Paraguays zum größten Teil von außenwirtschaftlichen Aktivitäten abhängig. Auf exogene Nachfrageschwankungen reagiert die Wirtschaft somit in besonderem Maße sensibel. Trotz der niedrigen Lohnkosten und der niedrigen Steuern fließen nur wenige Investitionen in das Land, da die Qualifikation der Arbeitskräfte sowie die Infrastruktur unzureichend sind. Die starke Konzentration auf die Agrarproduktion, die 98% der Exportleistungen ausmacht führen mit dazu, dass Paraguay zwar geografisch eine zentrale, jedoch wirtschaftlich und sozial auch in Lateinamerika eine deutlich periphere Rolle einnimmt. Wie in Brasilien sind hier die sozialen Ungleichgewichte besonders stark ausgeprägt (vgl. hierzu Korthoff 2005: 72-87).

Wie Paraguay, so ist auch Uruguay in hohem Maße von seiner Außenwirtschaft abhängig. Die erfolglose Wirtschaftsstrategie der Binnenmarktorientierung zwingt die Regierung in den 1970er Jahren zum Umdenken, obgleich lange Zeit verschiedene gesellschaftliche Kräfte versuchen, sich gegen den wirtschaftlichen Paradigmenwechsel zu stemmen. Ähnlich wie Argentinien profitiert Uruguay von seinen agroindustriellen Produkten, die durch starke Modernisierungsprozesse wettbewerbsfähig bleiben. In beiden Ländern umfasst sowohl das Volumen der Exporte als auch das der Importe nur einen Bruchteil dessen, was die beiden großen Nachbarn Argentinien und Brasilien erreichen (vgl. Tabelle 1) (Korthoff 2005: 72, 75, 87).

Diese Betrachtung der Waltz'schen Machtkategorien (s. oben) zeigt schlussendlich ein unmissverständliches Bild: Getragen von ihrer ökonomischen Kraft, ihrer militärischen Dominanz und ihrem diplomatischen und außenpolitischen Gewicht haben sich die industrialisierten Staaten des Nordens die globale Vormachtstellung gesichert. Aus militärischer Sicht lässt sich das internationale System zu Beginn der 1990er Jahre als unipolar beschreiben. Ökonomisch kann hingegen von einer Multipolarität gesprochen werden, geprägt durch die USA, die Staaten Westeuropas und Japan (vgl. auch Bodemer 2002: 405).

Aus regionaler Sicht dominieren in Lateinamerika Brasilien und Argentinien, wobei sich seit den 1980er Jahren der Vorsprung Brasiliens zunehmend vergrößert. Ungeachtet der regionalen Vormachtstellung fällt Brasiliens relative Stärke gegenüber den USA und den westeuropäischen Staaten jedoch sehr gering aus. Schließlich führen vor allem ökonomische und technologische Ungleichgewichte dazu, dass Paraguay und Uruguay eine auch regional untergeordnete Rolle spielen (vgl. Tabelle 1).

An dieser Stelle lohnt ein Blick auf die Arbeit von Baumann et al. (1999: 250f.). Diese arbeiten hier mit einer einleuchtenden Differenzierung des Machtbegriffes, die viele neorealistische Diskussionen schuldig bleiben, die aber das oben gezeichnete Machtgefüge aus einer zweiten Sicht nachvollziehbar unterstreicht. So unterscheiden die Autoren von einem Machtverständnis, das Macht als die Kontrolle über spezifizierbare Ressourcen (*control over resources*) versteht, einen Machtbegriff, der vielmehr als Einfluss oder Autorität zu interpretieren ist (*control over actors or outcomes*). Während die erste Interpretation die konkreten Machtressourcen eines Staates meint, die etwa einen exemplarischen Vergleich zwischen Staaten ermöglichen würden, beschreibt die zweite Bedeutung hier vielmehr das Potential der Macht, also die grundsätzliche Fähigkeit eines Staates, seine Machtressourcen zur Erreichung seiner Ziele erfolgreich einzusetzen.

Tatsächlich profitieren die USA ebenso wie auch die westeuropäischen Staaten und Japan letztlich von ihrer innenpolitischen Stabilität seit den 1950er Jahren. Ihre gefestigte politische Ordnung sichert ihre Handlungsfähigkeit auf der internationalen Bühne und somit die Effektivität ihrer Politik.

In Lateinamerika haben sich zwar viele Staaten im Laufe von zum Teil sehr unterschiedlichen Transitionsprozessen zu liberalistisch-repräsentativen Demokratien hinentwickelt, doch steht die jüngste Demokratisierungswelle auf wackligen Beinen. Krennerich (2003: 6f.) weist hier auf die sozioökonomischen und politisch-kulturell schlechten Bedingungen hin, aus welchen der Wandel hervorgegangen ist. Innenpolitische Instabilität, subversive Tendenzen, häufige Regierungswechsel und Diskontinuitäten schwächen demnach bis heute das diplomatische Gewicht und den politischen Einfluss dieser Staaten.

Waltz zufolge sind schwächere Staaten stets bemüht, übermächtige Staaten dadurch in Schach zu halten, dass sie mit dritten, ebenfalls schwächeren Staaten ein strategisches Bündnis gegen den Hegemon schließen. Das internationale System gilt dann als stabil, sobald ein Machtgleichgewicht hergestellt ist. Waltz bezeichnet diese für ihn zugleich universelle Strategie der internationalen Politik als *Balance-of-Power*-Strategie (vgl. Waltz 1979). Zu erwarten wäre hier also in erster Linie die Organisation eines Bündnisses auf lateinamerikanischer Seite, das sich gegen die überlegenen Mächte des Nordens richtet.

Tatsächlich gestaltet sich das Verhältnis Argentiniens zu den USA bis weit in das 20. Jahrhundert hinein sehr schwierig (vgl. auch Russell 1991: 62-64). Bis in die 1980er Jahre verfolgt Argentinien einen systematischen Konfrontationskurs gegen die USA. So lehnt die Regierung in Buenos Aires eine Unterstützung der Alliierten in beiden Weltkriegen ebenso ab, wie die außenpolitischen Ziele der Monroe-Doktrin. Darüber hinaus verweigert Argentinien die Unterzeichnung diverser Abkommen, die vor allem die Einschränkung nuklearer Rüstungsvorhaben zum Ziel haben. Erst die grundlegende Neujustierung der außenpolitischen Prioritäten unter Präsident Alfonsín ab 1983 begründet schließlich auch gegenüber den USA eine neue, sehr wohlwollende Phase der politischen und diplomatischen Zusammenarbeit. Alfonsín und sein Nachfolger Menem beginnen, einen Kurs der beispiellosen Unterstützung amerikanischer Interessen zu fahren. Sowohl in der Kuba-Frage als auch in der Haiti-Frage schert Menem aus dem lateinamerikanischen Konsens aus und schlägt sich auf die Seite der USA. Während des Irak-Krieges entsendet Argentinien symbolisch ein Truppenkontingent und zwei Kriegsschiffe in die Krisenregion, um den Schulterschluss mit dem Hegemon zu demonstrieren. Im Mai 1991 stoppt Argentinien sein Raketenprogramm Condor II und eine Reihe von Verträgen über die Herstellung und Verbreitung von Massenvernichtungswaffen. Beides hatte bis dato die Beziehungen zwischen Argentinien und den USA belastet. Im Zuge eines Programms zur wirtschaftlichen Stabilisierung beschließt die argentinische Regierung 1991 die Einführung eines festen Wechselkursregimes, das den Peso an den Dollar koppelt (vgl. zur argentinischen Außenpolitik Bodemer 2002: 407ff.).

Auf den außenpolitischen Umschwung Argentiniens antworten die USA nach anfänglicher Skepsis schließlich mit der Aufhebung des Humphrey-Kennedy-Amendments, das den Waffenverkauf an Argentinien verbietet, setzen sich mit dem Brady-Plan für eine Schuldenlösung ein und geben grünes Licht für weitere Hilfen des Internationalen Währungsfonds. Bis zum Beginn der 1990er Jahre kann Argentinien tatsächlich ein von Konflikten weitgehend freies Verhältnis zu den USA vorweisen. Die unglückliche Konsequenz dieser Strategie jedoch war das politische Abseits, in welches sich Argentinien innerhalb Lateinamerikas manövrierte (vgl. Bodemer 2002: 409).

Von ähnlicher Bedeutung für die argentinische Regierung ist die positive Entwicklung der Beziehungen zu Europa. Auch wenn Kooperationsverträge etwa mit Spanien 1988 und Italien 1987 zunächst ohne Substanz bleiben, sieht Argentinien die „europäische Verbindung" als wichtiges Gegengewicht zu den USA. Während sich vor allem auf diplomatisch-politischer Ebene eine Annäherung abzeichnet, bleiben die ökonomischen Beziehungen auf niedrigem Niveau (vgl. Russel 1991: 64f.). Im Dezember 1995 schließen die Europäische Union und der

Mercosur ein Rahmenabkommen zur wirtschaftlichen Zusammenarbeit (vgl. Bodemer 2002: 422).

Entsprechend der Waltz'schen Annahme einer ständigen Bedrohung der staatlichen Sicherheit, ist das außenpolitische Handeln eines betrachteten Akteurs stets als eine Politik zu interpretieren, die auf die Sicherung der staatlichen Integrität abzielt. Baumann (1999: 257ff., 266) unterscheidet hier Formen der Abwehrpolitik von Möglichkeiten der Einflusspolitik, wobei Waltz sich im Zweifel für die Abwehrpolitik ausspricht, also etwa in Situationen, in denen ein Autonomiegewinn automatisch einen Einflussverlust bedeuten würde und umgekehrt.

Hier lässt sich eine Unzulänglichkeit der Waltz'schen Philosophie zur Erklärung des Mercosur vermuten. Tatsächlich werden Staaten eine weit reichende Zusammenarbeit zur Steigerung des gemeinsamen Wohlstandes im Waltz'schen Ansatz aufgrund der Gefahr potentieller Abhängigkeiten und der Gefahr einer Ungleichverteilung möglicher Kooperationsgewinne nicht eingehen. Entsprechend ist eine Politik der Kooperationen und Integration prinzipiell zu vermeiden, da sich hier der Einfluss auf andere Staaten unter Umständen zwar erhöhen lässt, die eigene Autonomie aber beschnitten wird (vgl. grundsätzlich Baumann et al. 1999; Waltz 1979). Zu erwarten wäre, dass Argentinien sich klar als Opposition zu den USA positioniert. Dem *Balance-of-Power*-Prinzip gemäß sind Bündnisse nur dann zu organisieren, wenn sich dadurch die Macht eines dritten, übermächtigen Staates relativieren und sich somit langfristig ein verhältnismäßig größerer Autonomieverlust verhindern lässt (vgl. Baumann et al. 1999: 258). Jegliche Form der Zusammenarbeit mit dem Hegemonen erachtet Waltz hingegen grundsätzlich als Schwäche des Staates, wohl weil sich dieser die kostspieligere Variante, das auf Opposition und Ausgleich setzende *balancing*, nicht leisten könne bzw. zu wenig Ressourcen dafür habe (vgl. Vogt 1999: 54, 62). Eine Erklärung, die die argentinische und paraguayische Kooperationsbereitschaft zur Gründung des Mercosur als ein *Balance-of-Power*-Bündnis etwa gegenüber den USA oder Europa interpretiert, muss vor diesem Hintergrund schon deshalb Schiffbruch erleiden, weil Argentinien und Paraguay damit die freundliche USA- und EU-Politik Argentiniens konterkarieren würden. Hinzu kommt, dass Argentinien ebenso wenig auf Distanz zur regional größten Macht Brasilien geht sondern sich im Gegenteil für Kooperationen und Zusammenschlüsse öffnet.

Ebenso wie Waltz geht auch John Mearsheimer (2001) zunächst davon aus, dass sich nationalstaatliches Verhalten an der Beschaffenheit des internationalen Systems ausrichtet. Jedoch stellen für Mearsheimer Staaten aggressive Akteure dar, die anders als bei Waltz *offensiv* bemüht sind, ihre Macht zu maximieren. Bei ihm werden die Machtressourcen der Staaten zu der bedeutendsten Variable im internationalen Wettstreit und Gewalt zur zentralen Überlebensstrategie der Akteure (vgl. Mearsheimer 2001: 29ff., 40f.).

Während nun die kooperative Absicht der Mercosur-Staaten vor allem davon lebt, Abhängigkeiten und Vertrauen zu schaffen, gilt wie bei Waltz auch bei Mearsheimer also eine Strategie als zielführend, die im Gegensatz dazu auf Abgrenzung, Konfrontation und Misstrauen beruht. Eine belastbare Argumentation zu finden, die auf Grundlage der Thesen Mearsheimer's versucht, die Kooperationsbereitschaft Argentinien und Paraguays im Zuge der Mercosurgründung zu erklären, scheint deshalb ebenso wenig plausibel wie der Versuch, den Mercosur als ein *Balance-of-Power* Bündnis im Sinne Waltz' zu interpretieren.

Der Mercosur aus der modifizierten Position des Stephen Walt

In enger Anlehnung an Kenneth Waltz stehen die Arbeiten von Stephen Walt (1987). Beide sind Vertreter eines defensiven Neorealismus. Kritik übt Walt allerdings am Waltz'schen Grundsatz des *balancing predominates*, da empirische Untersuchungen starke Zweifel an der Waltz'schen Aussage aufkommen lassen. Walt modifiziert den Waltz'schen Ansatz und entwickelt eine Theorie des *Balance-of-Threat*, auf dessen Ideen auch die Argumentationen von Baumann et al. (1999) zurückgreifen.

Während Staaten nun aus der Sicht Waltz' aufgrund der steten Gefahr gewalttätiger Auseinandersetzungen im internationalen System immer mit *worst-case*-Szenarien operieren, treffen Staaten ihre Verhaltensentscheidungen bei diesem Ansatz vielmehr auf der Basis der Wahrscheinlichkeit von Gewaltandrohung und -anwendung. Die Bedeutung von Autonomie für die staatliche Sicherheit und somit die Notwendigkeit einer *Balance-of-Power*-Strategie nehmen dabei umso mehr ab, je geringer die gefühlte Bedrohung eines Staates ist. Das Streben nach einem Machtgleichgewicht orientiert sich dabei nun nicht an der faktischen Verteilung der Machtressourcen, sondern vielmehr an der wahrgenommenen Bedrohung. Verschiedene technologische, geografische und ökonomische Faktoren, die die Wahrscheinlichkeit der Gewaltandrohung beeinflussen, führen letztendlich dazu, dass die Sicherheitsbedrohung im internationalen System hier eine dynamische Größe darstellt (Baumann et al. 1999: 267, 269). Im Walt'schen Ansatz (1987: 17-33) spielen dabei neben der relativen Macht eines Staates vor allem seine geographische Nähe und seine „militärische offensiv einsetzbaren Machtressourcen" (Baumann et al. 1999: 268) eine wichtige Rolle, woraus folgt, dass die subjektive Bedrohung eines objektiv mächtigen Staates geringer wird, je weiter entfernt die beiden Staaten liegen oder je freundschaftlicher das Verhältnis zueinander ist (Baumann et al. 1999: 268f.).

Nach dem Gran Chaco-Konflikt in den 1930er Jahren kam es in Lateinamerika immer wieder zu Spannungen, wie etwa zwischen Peru und Ecuador 1941 und El Salvador und Honduras 1969 (vgl. Zagorski 1992: 150). Wenn auch eine direkte Landesverteidigung vergleichbar mit der europäischen Bedrohung durch den Kalten Krieg in Lateinamerika doch sehr unwahrscheinlich anmutet, können sich die Akteure dennoch nicht unbedingt in Sicherheit wähnen. Vor allem während der Zeit der Militärherrschaft (1976-1983) verfolgt Argentinien eine Politik der Isolation und des Sicherheitsdenkens gegenüber seinen Nachbarn (vgl. Russell 1991: 66ff.).

Besonders die angespannte Beziehung zwischen Argentinien und Chile ist an dieser Stelle beispielhaft für das immer noch schwelende gegenseitige Misstrauen einiger Staaten in dieser Region, das sicherlich zu Teilen eine Erklärung für die Unwahrscheinlichkeit eines regionalen Sicherheits- und Militärbündnisses ist. So belasten vor allem territoriale Fragen die Beziehung zwischen Argentinien und Chile. Seit langem erheben beide Staaten etwa Anspruch auf die südlich vor Argentinien gelegenen Falklandinseln, die seit 1833 britische Kronkolonie sind. Zudem formulieren beide Länder territoriale Ansprüche in der Antarktis, wo sie bereits eine permanente Basis unterhalten (vgl. Zagorski 1992: 151). 1978 standen Argentinien und Chile am Rande eines Krieges (vgl. Russell 1991: 66ff.).

In einer militärischen Aktion besetzt Argentinien im April 1982 die Falklandinseln. Nach verlustreichen Kämpfen erobern britische Landetruppen das besetzte Eiland bis Mitte 1982 zurück. Nur langsam verbessern sich in den folgenden Jahren die Beziehungen zu Großbritannien, wenn auch die Frage der Souveränität der Inseln ungeklärt bleibt (vgl. Bodemer 2002: 419ff.).

Von besonderer Brisanz ist lange Zeit die Rivalität zwischen Argentinien und Brasilien um die regionale Vorherrschaft in Lateinamerika. Bis Ende der 1970er Jahre liefern sich beide Staaten einen nuklearen Wettlauf, Argentinien befasst sich gar mit der Idee einer eigenen Raketenproduktion. Im Zuge der lateinamerikanischen Demokratisierungswelle entspannt sich das Verhältnis in den 1980er Jahren (vgl. Mármora, 1991: 230). Radseck (2003: 206) schreibt: „Beide Staaten haben ihre Großmachtattitüden aufgegeben – Brasilien hat auf seine Hoheitsansprüche in der 200-Meilen-Zone vor seiner Küste verzichtet und sich der UN-Seerechtskonvention angeschlossen –, beide Staaten begreifen sich heute als Garanten eines sog. „militärischen Gleichgewichts" in der Region, beide begründen zumindest rhetorisch regelmäßig eine „strategische Allianz"." Insbesondere im Bereich der Militär- und Nuklearpolitik zeigen sich Fortschritte (Radseck 2003: 207). Im Zuge weiterer Annäherungen werden umgehende Information und wechselseitiger Beistand bei Nuklearunfällen, die Einleitung vertrauensbildender Maßnahmen, die verstärkte außenpolitische Koordinierung und die nuklearpolitische Kooperation mit anderen Ländern vereinbart. Legitimation für die verstärkte Integration war die Absicherung der noch zerbrechlichen Demokratien von beiden Seiten. Es herrscht zunehmend die Überzeugung, dass zwischen Demokratisierung, wirtschaftlicher Entwicklung und regionaler Sicherheit ein unauflöslicher Zusammenhang besteht (vgl. zu den argentinisch-brasilianischen Beziehungen Bodemer 2002: 412-417).

1986 erfolgt die Unterzeichnung des „Programms zur wirtschaftlichen Integration und Kooperation" zwischen Argentinien und Brasilien. Grundlage der raschen Ausdehnung der bilateralen Austauschbeziehungen waren die einseitige argentinische Importöffnung einerseits und eine intersektorale Arbeitsteilung andererseits, wobei sich Argentinien auf seine traditionellen Agrarexporte und Brasilien auf den Export von Industriegütern spezialisierte. Von Juli 1986 bis Ende 1988 werden insgesamt 23 weitere Protokolle unterzeichnet (vgl. Mármora 1991: 230). Zunehmend konkretisiert sich die Idee, in den kommenden Jahren einen gemeinsamen Markt einzurichten. Paraguay und Uruguay verfolgen diese Entwicklung einige Zeit, bevor sie dann Ende 1990 ihr Interesse an einer Zusammenarbeit äußern. Am 26. März 1991 unterzeichnen Argentinien, Brasilien, Uruguay und Paraguay den „Vertrag zur Schaffung eines gemeinsamen Marktes" und schaffen damit unter der Bezeichnung „Gemeinsamer Markt des Südens" (Mercosur) den – gemessen am Bruttoinlandsprodukt – nach NAFTA, EU und Japan immerhin viertgrößten Wirtschaftsraum der Welt (vgl. Porta et al. 2001: 3ff.). Vor allem das enorme wirtschaftliche Ungleichgewicht zwischen Argentinien und Brasiliens auf der einen Seite und Paraguay und Uruguay auf der anderen Seite zeigen unmissverständlich, von wem Erfolg und Misserfolg dieses Bündnisses letztendlich abhängig sind.

Entgegen der theoretisch zu erwartenden Gründung eines *Balancing*-Bündnisses zum Ausgleich der brasilianischen Vorherrschaft und zur langfristigen Wahrung der eigenen Autonomie scheinen sowohl Paraguay und Uruguay als auch Argentinien das staatliche Überleben in einem kooperativen Zusammenspiel mit dem Nachbarn Brasilien gesichert zu hoffen. Der Blick auf die historische Entwicklung Lateinamerikas im 20. Jahrhundert lässt also die Vermutung aufkeimen, tatsächlich von einer stetig abnehmenden Bedrohungslage in dieser Gegend sprechen zu können. Schließlich kann durch das Zurückdrängen militärischer Einflüsse, die Unterzeichnung verschiedener Abrüstungsabkommen und der sukzessiven Demokratisierung des Kontinents ab 1983 (Argentinien 1983, Brasilien 1985, Paraguay 1989, Uruguay 1985) eine weitere, deutliche Verbesserung der Sicherheitslage erwartet werden, untermauert durch die offensichtliche Bereitschaft einiger Staaten zur Kooperation seit den 1960er Jahren. 1984 folgt der Friedens- und Freundschaftsvertrag mit Chile. Kooperationsabkommen mit Brasilien folgen, 1986 wird der Integrationsprozess eingeleitet, die Beziehungen zu Bolivien, Chile, Paraguay und Uruguay verbessern sich. Die fortschreitende Demokratisierung verringert die Bedrohungslage (vgl. Russell 1991: 66f.).

Nun ließe sich hiermit jedoch bestenfalls argumentieren, warum ein *Balancing*-Bündnis gegenüber Brasilien unwahrscheinlicher wird, nicht aber, warum es zur aktiven Einrichtung eines Kooperationsverhältnisses kommt. Trotz aller guten Absichten ist das kooperative Klima zwischen Argentinien und Brasilien Ende der 1980er Jahre noch sehr jung. Hinzu kommt, dass die wachsenden machtpolitischen Asymmetrien im wirtschaftlichen, militärischen und technologischen Bereich zwischen den beiden Staaten dazu führen müssten, dass die verschiedenen Kooperations- und Integrationsbemühungen beider Länder von gegenseitigem Misstrauen begleitet werden. Während Brasiliens außenpolitische Prioritäten zweifelsohne auf dem lateinamerikanischen Kontinent liegen, sucht Argentinien den Anschluss an die fortschrittlichen Industrienationen des Nordens (vgl. Bodemer 2002: 414). Mit dem steten Ziel, die eigene Autonomie zu wahren, versucht Brasilien, sich den nordamerikanischen Versuchen der Herrschaftsausdehnung im südlichen Amerika zu widersetzen und eine Überführung des Mercosur in eine gesamt-hemisphärische Freihandelszone zu verhindern (vgl. Hirst 1999: 60ff.). Insbesondere missfällt Brasilien der Status eines NATO-Verbündeten, der Argentinien durch die USA für dessen Gefolgstreue zuerkannt wird. Mit der Befürchtung eines wachsenden amerikanischen Einflusses im südlichen Amerika, fordert Brasilien hierauf einen ständigen Sitz im Sicherheitsrat, worauf Argentinien mit dem Vorschlag antwortet, einen Sitz für alle lateinamerikanischen Staaten mit rotierender Besetzung einzurichten (vgl. Bodemer 2002: 416). Zwar betont Argentinien öffentlich die Langfristigkeit der wachsenden Zusammenarbeit, gleichzeitig macht sich jedoch Unbehagen über den Machtzuwachs Brasiliens breit. Angst machen der Regierung in Buenos Aires vor allem der wirtschaftliche Einfluss Brasiliens in Uruguay und Paraguay und der Einfluss mehrerer brasilianischer Siedlungen in Nordargentinien. Die Unbekümmertheit, mit der Brasilien dieser Problematik begegnet, macht die vertrauensvolle Annäherung nicht leichter (vgl. Zagorski 1992: 151).

Derartige Irritationen, die die Beziehung zwischen Argentinien und Brasilien ebenso begleiten, wie das wirtschaftliche Zusammenspiel im Rahmen des Mercosur, zeigen, dass schließlich auch die *Balance-of-Threat*-Argumentation kaum mehr als der bisher diskutierte Ansatz zu einer überzeugenden Erklärung verhelfen kann. Zusammenfassend lässt sich nun festhalten: Weder die klare und kompromisslose Strategie der *Balance-of-Power* noch der variablere Ansatz der *Balance-of-Threat* können unter den gegebenen außenpolitischen Entwicklungen als Ansatz für eine Erklärung der Entstehung des Mercosur überzeugen.

Der Mercosur aus der alternativen Position Randall Schwellers

Grundsätzlichen Widerspruch gegen die Universalität der Waltz'schen *Balance-of-Power*-Strategie erhebt Randall Schweller (1993; 1994). Auch er bemängelt die mangelnde Belastbarkeit der These Waltz'. Für ihn spielt bei der Strategie-entscheidung insbesondere das jeweilige Interesse eines Staates eine entscheidende Rolle. Eine Politik, die auf bewusste Kooperation mit einer stärkeren Koalition oder einer Hegemonialmacht abzielt, Schweller bezeichnet dies als *bandwagoning*-Strategie, versteht er als ebenso zulässige, weil zielführende Alternative zur Waltz'schen *Balance-of-Power*-Strategie. Entgegen der Einwände des defensiven Neorealismus verbinden Staaten demnach mit beiden Strategien jeweils unterschiedliche Zielvorstellungen. Während *Balancing* als Ziel die Selbsterhaltung und den Schutz der Güter verfolgt, liegt der *Bandwagoning*-Strategie die Annahme zugrunde, dass Staaten hierbei versucht sind, ihre eigene Ressourcenausstattung aktiv zu verbessern (vgl. Schweller 1994: 74). Im Fall des *Balancing* verfolgen Staaten also eine den *Status quo* sichernde, im Fall des *Bandwagoning* eine revisionistische Strategie. Entscheidend für Schweller ist also das staatliche Interesse und so gibt es durchaus Staaten, die sich in der Lage sehen, durch aktiven Eingriff in die internationale Ordnung ihre Position im internationalen System zu verbessern.

Die lange Zeit der Konfrontation vor allem gegenüber den USA endete in den 1980er Jahren. Argentinien zeigt nun sein deutliches Interesse an den Industrienationen des Nordens, wohl genährt von der Erkenntnis, dass diese Politik den größeren Nutzen stiften würde. Die Skepsis der USA lässt die Annäherungsversuche des Mercosur an die NAFTA jedoch kaum gedeihen, was Argentinien letztlich frustriert, hegte es doch den dringenden Wunsch, seine untergeordnete Rolle aufgeben und zum Club der Reichen aufsteigen zu können. Anzunehmen ist vor diesem Hintergrund also eine, im Schweller'schen Sinne revisionistische Haltung Argentiniens, das überzeugt ist, seine Sicherheit durch eine offensive Politik und das Erkämpfen zusätzlicher Gewinne erreichen zu können.

Folgt man nun der durchaus plausiblen Annahme, dass die Kooperationsstrategie Argentiniens gegenüber den USA vor allem auf der Erwartung gründet, sich dadurch auf die Seite eines Entwicklungs- und Ordnungsmodells zu schlagen, das sowohl sozial als auch politisch und ökonomisch das Modell der Zukunft repräsentiert, würde dies der These Schwellers entsprechen, wonach Staaten sich dann einem bestimmten Ordnungsmodell anschließen, wenn sie dieses als das in Zukunft leistungsfähigere System einschätzen. Schweller (1994: 96ff.) bezeichnet derartiges Verhalten als *Wave-the-future-Bandwagoning*. Die argentinische Strategie gegenüber Brasilien kann hingegen als *jackal bandwagoning* interpretiert werden, also eine Strategie, die stark am Zugewinn an Gütern interessiert ist. Die Strategie des *jackal Bandwagoning* „wird vornehmlich von schwächeren revisionistischen Staaten, d.h. Staaten, die mit ihrer momentanen Position im internationalen System nicht zufrieden sind, betrieben" (vgl. Vogt 1999: 64).

Dem Grundsatz nach bietet sich für die Politik Paraguays nun ein vergleichbares Interpretationsmuster an. Tatsächlich sind auch für Paraguay die USA als kontinentale Führungsmacht von besonderer Relevanz. In den wirtschaftlichen und kulturellen Beziehungen zu den Mitgliedstaaten der Europäischen Union sind besonders Spanien, Deutschland, Frankreich und Italien wichtige Partner (vgl. Auswärtiges Amt 2008). Doch zeigt gerade die wirtschaftliche Schwäche Paraguays die minimale Rolle, die Paraguay umgekehrt für die industrialisierten Nationen des Nordens spielt (vgl. Tabelle 1). Vielmehr vertraut Paraguay im Sinne der *wave-the-future Bandwagoning*-Strategie ähnlich wie Argentinien auf die ökonomische und militärische Potenz der USA und der EU. Die grundsätzliche Schwäche Paraguays führt im globalen Kontext zu einer relativen Bedeutungslosigkeit. Tatsächlich ließe der große Machtunterschied gegenüber den USA und Europa wohl keine eigenständige erfolgreiche Machtpolitik erwarten, würde diese doch ein erhebliches Potential an Machtressourcen voraussetzen. Vor diesem Hintergrund empfiehlt sich die Untersuchung Paraguays ausschließlich in einem regionalen Zusammenhang.

Für Paraguay sind traditionell die Beziehungen zu Brasilien und Argentinien von großer Wichtigkeit. Als größte Handelspartner, Investoren und unumgängliche Transitländer haben beide Staaten wesentlichen Einfluss auf die Entwicklung Paraguays. Mit beiden Ländern betreibt Paraguay für die Energieversorgung wichtige Wasserkraftwerke (vgl. Auswärtiges Amt 2008). Über die durch Argentinien führende Wasser- und Landverbindung zum Atlantik wickelt Paraguay gut die Hälfte seines Außenhandels ab. Die Auswirkungen einer argentinischen Wirtschaftskrise machen sich sowohl in sinkenden Exporten als auch in Forderungsrückständen für Stromlieferungen des gemeinsam betriebenen Wasserkraftwerks Yacyretá bemerkbar (vgl. Auswärtiges Amt 2008). Nach Jahrzehnten der Diktatur und anhaltender innenpolitischer Instabilität hofft Paraguay nun auf eine politische Konsolidierung und das Zurückdrängen feudaler Wirtschaftsstrukturen.

Im Sinne der eigenen Sicherheit sind Staaten auf dem internationalen Parket bemüht Einfluss auf die Entscheidungen andere Staaten zu nehmen, um Ergebnisse zu vermeiden, die die eigene Position schwächen könnten. Ein Staat werden vor allem in den Bereichen nach Einfluss streben, „in denen seine politische, ökonomische und militärstrategische begründete Machtposition und somit seine Sicherheit berührt ist" (Baumann et al. 1999: 255). Gegenüber seinen beiden großen Nachbarn nimmt Paraguay eine klar untergeordnete Rolle ein. Durch die starke Abhängigkeit wirkt sich jede Änderung der ökonomischen und politischen Rahmenbedingungen in besonderem Maße auf das kleine Partnerland aus. Die wenigen Machtressourcen bieten ihm ob der hohen zu erwartenden Kosten kaum eine Chance, aktiv und unilateral in Opposition zu Argentinien oder Brasilien zu treten. Anzunehmen ist für Paraguay vielmehr eine *Status quo*-Strategie, mit der das Land versucht, keine Nachteile aus den Entwicklungen und Veränderungen seines Umfeldes zu erleiden. Als 1990 der Aushandlungsprozess zwischen Argentinien und Brasilien weiter gedeiht, reagiert Paraguay mit der Erklärung seiner Kooperationsbereitschaft insoweit auf die Befürchtung, durch das sich abzeichnende Mercosur-Bündnis eine Einflussmöglichkeit auf Entscheidungen zu verpassen, die unmittelbar auch die paraguayische Entwicklung betreffen werden. Ohne die Entstehung des Mercosur verhindern zu können, sieht sich Paraguay somit der Notwendigkeit ausgesetzt, ebenfalls dem Bündnis beizutreten (vgl. Korthoff 2005:101). Tatsächlich ging die Initiative zur Gründung des Mercosur klar von den beiden großen Staaten aus, mit denen Paraguay stark vernetzt ist. Insofern kann von einem *domino-effect* im Sinne Schwellers gesprochen werden. Vogt (1999: 64) schreibt dazu: „Der Bandwagon wird durch eine externe Kraft in Gang gesetzt und löst eine Kettenreaktion aus. Die Domino-Theorie sieht ‚Revolutionen' als extern induzierte Vorgänge, die sich unter bestimmten Bedingungen sehr schnell in einer Region ausbreiten. Dies geschieht deshalb so schnell, weil die Länder einer Region meist relativ starke politische und ökonomische Verbindungen untereinander aufweisen."

Entsprechend der rationalen Abwägung von Kosten und Nutzen würde der drohende zusätzliche Autonomieverlust im Fall der Kooperation also vernachlässigbar erscheinen, gegenüber den zu erwartenden relativen Verlusten, die von einer Nicht-Teilnahme ausgehen könnten. Zwar würde ein Beitritt die Autonomie Paraguays beschneiden. Jedoch kann angenommen werden, dass ob der großen Abhängigkeit ein zusätzlicher Autonomieverlust weniger gravierend wirken würde, als die verspielte Möglichkeit, durch Teilnahme den Einfluss auszubauen und so unter Umständen gar gegenüber den USA und der EU an Gewicht zu gewinnen. Joseph Grieco (1996: 288) beschreibt diese Möglichkeit der Einflussnahme in seinem Konzept der *voice opportunities*. Paraguay fährt somit die optimale Strategie, wenn es sich gemäß der *bandwagoning*-Strategie den beiden großen Staaten anschließt. Schweller (1994: 101) bezeichnet Staaten mit diesem Verhaltensmuster als „lamb". *Lambs* sind meist schwache Staaten, denen die Möglichkeiten oder der Wille fehlen, hohe Kosten für den Erhalt ihrer meist geringen Ressourcen zu bezahlen (Vogt 1999: 67). Sie wählen meist die Strategie des „geringsten Verlustes".

Der Mercosur aus der ökonomischen Position Robert Gilpins

Expliziten Anschluss an die systemtheoretischen Überlegungen von Waltz findet der Ansatz von Robert Gilpin (1981). Zwar versuchen Staaten auch hier primär ihre Sicherheit zu maximieren, der Unterschied zum klassischen Neorealismus liegt jedoch in der Betonung der wirtschaftlichen gegenüber der militärischen Sicherheit. Angenommen wird eine Interdependenz von Ökonomie und Politik, die die Funktion der Ökonomie als Grundlage der Macht betont. Vergleichbar dem Merkantilismus zu Zeiten des absolutistischen Staates, ist auch heute die Wirtschaftspolitik von machtpolitischer Bedeutung (Menzel 2001: 159).

Innerhalb eines anarchischen Umfeldes reagieren Staaten nicht unmittelbar auf die Struktur und die davon ausgehenden Einflüsse des internationalen Systems (*top-down*-Ansatz). Vielmehr sind sie bemüht, auf Grundlage rationaler Kosten-Nutzen-Überlegungen ihre spezifischen Interessen und Präferenzen optimal durchzusetzen (*bottom-up*-Ansatz) (vgl. Menzel 2001: 161). Diese Überlegung ist es letztlich auch, auf der die Schweller'schen Thesen beruhen. Schweller (1994: 100) formuliert diese Idee in seiner Theorie des *Balance-of-Interest*. Das internationale System ergibt sich hierbei in erster Linie aus dem Mosaik der Staatsinteressen, wobei Interessen, die ein offensives Staatsverhalten erwarten lassen, und Interessen, die ein eher defensiver Verhalten zu Folge haben, unterschieden werden können. Dieser Annahme zweier unterschiedlicher Handlungsdispositionen liegt folglich die Frage zugrunde, inwieweit ein Staat gewillt ist, seine relative Machtposition aktiv zu verändern und Einfluss auf das internationale System zu nehmen (revisionistische Staaten) oder inwieweit er ausschließlich darauf bedacht ist, seinen *Status quo* zu verteidigen, indem er durch kostenminimalen Einsatz lediglich einen Autonomie- oder Einflussverlust zu verhindern versucht (*Status quo* Staaten) (vgl. Schweller 1993: 76). Das Staatsinteresse tritt hier an die Stelle, die in den bisherigen Ansätzen die Konzepte Macht und Bedrohung innehatten.

Vor diesem Hintergrund ist schließlich zu erwarten, dass Staaten sich dann als revisionistisch erweisen, wenn sie vom Einsatz ihrer Machtressourcen einen tatsächlichen relativen Nettogewinn erwarten werden (vgl. Menzel 2001: 161). In diesem Fall sind Staaten bemüht, die Machtverteilung im internationalen System in ihrem Sinne zu beeinflussen. Sicherlich anzunehmen ist, dass das Erfolgspotenzial zur Durchsetzung individueller Interessen eng mit der Ausstattung der dafür notwenigen Machtressourcen verbunden ist.

Gilpin (1981: 132f.) betont, dass die Kosten territorialer Expansion umso höher seien, je stärker ein Staat in die Weltwirtschaft eingebunden sei, weshalb diese Staaten stattdessen primär versuchten, politischen Einfluss auf andere Staaten und eine dominante Position im Weltwirtschaftssystem zu erreichen. Dies unterstreicht die Überlegung, wonach der Grenznutzen einer Abwehrpolitik, also einer Politik der Abgrenzung und Autonomiemaximierung, vor allem aufgrund der allgemein geringeren Bedrohungslage in Lateinamerika einerseits und der zunehmenden, ohnehin unausweichlichen außenwirtschaftlichen Vernetzung durch die Globalisierung andererseits, für Argentinien merklich geringer ist, als der einer alternativen Einflusspolitik. Zwar sind die argentinischen Machtressourcen zu gering, um direkt mit den USA ein gewinnbringendes Abkommen aushandeln zu können, die Strategie Argentiniens kann es jedoch sein, durch den Ausbau seines regionalen Einflusses mittelfristig auch global relative Gewinne gegenüber anderen Staaten zu erzielen. Entgegen den Annahmen des traditionellen Neorealismus können Staaten internationale Institutionen tatsächlich benutzen, „um Machtressourcen in Einfluss umzumünzen" (Baumann et al. 1999: 269).[1] Eine langfristige Kooperation Argentiniens würde sich demzufolge aus neorealistischer Sicht nur erklären lassen, wenn der Kooperationsgewinn den Autonomieverlust überkompensiert oder sich dadurch zumindest die relative Machtposition Argentiniens verbessert und, um die Dauerhaftigkeit der Kooperation zu gewährleisten, sich dabei kein Kooperationspartner gegenüber einem anderen relativ verschlechtert (vgl. Grieco 1988: 501). Zu untersuchen ist also die Frage, inwieweit die einzelnen Akteure von den Gewinnen des Mercosur profitieren und sich dabei ihre relative Position innerhalb des Bündnisses entwickelt.

Aus ökonomischer Sicht ergeben sich nach der Integrationstheorie bei einer Zollunion dann positive Wohlfahrtseffekte, wenn etwa die handelsschaffenden die handelsumlenkenden Effekte überkompensieren (vgl. Porta et al. 2001: 16). Handelsumlenkende Effekte treten auf, „wenn Güter, die zuvor vom Weltmarkt eingeführt wurden, zu höheren Kosten von einem anderen Mitgliedsland importiert werden, weil der Kostenunterschied durch den Wegfall der Binnenzölle und den gemeinsamen Außenzoll überkompensiert wird" (Sangmeister 1996: 4-5). Dennoch können mit der Bildung einer Zollunion vorübergehende Wohlfahrtseinbußen verbunden sein, wenn freigesetzte Ressourcen wie etwa Arbeitskräfte reallokiert werden müssen (Sangmeister 1996: 5). Der handelsschaffende Effekt führt schließlich zu effizienteren Produktionen und letztlich zu positiven Wohlfahrtseffekten (Porta et al. 2001: 22).

Maßgeblich für die Identifikation negativer Wohlfahrts- und Handelsumlenkungseffekte ist die Betrachtung der Veränderungen von regionalen Handelsströmen innerhalb des Mercosur (Binnenhandel) ebenso wie die Analyse intraregionaler Handelsströme (Außenhandel). Tatsächlich wuchs der Binnenhandel um durchschnittlich 26,4% pro Jahr von 1992-1997, wobei Argentinien dabei den größten Anteil hat (vgl. Porta et al. 2001: 21f.). Im Außenhandel, also im Handel

---

[1] vgl. zum Konzept der *voice opportunities* auch Kap. 4 und Grieco 1996: 288.

mit Drittländern, sind in den 1990er Jahren ebenfalls starke Wachstumsraten zu verzeichnen.[2]

Insbesondere die Betrachtung der Importentwicklung erlaubt zunächst den Schluss, dass die Integrationspolitik tatsächlich einen handelsschaffenden Effekt bei den Importen innerhalb des Mercosur induziert. Da auf breiter Front ein Anstieg von Importen aus Drittländern zu beobachten war, kann angenommen werden, dass etwaige handelsumlenkende Effekte hier weit überkompensiert wurden (Porta et al. 2001: 23).

Vor allem die starke Entwicklung Argentiniens, was den Bereich der Exporte in Drittländer betrifft, lässt auf die relativ starke internationale Wettbewerbsfähigkeit der argentinischen Wirtschaft schließen. Porta, Hebler und Kösters (2001) schließen daraus, dass eine Netto-Handelsumlenkung mit ihren negativen Wohlfahrtswirkungen kaum stattgefunden haben dürfte. Durch die gleichzeitige Senkung der Binnenzölle und der Zölle gegenüber dem Weltmarkt durch alle Partnerländer kann tatsächlich von einer Handelsschaffung und nicht nur einer Handelsumlenkung ausgegangen werden (vgl. Klein 1996: 194).

Aus globaler Sicht kann man unter dieser Entwicklung gewiss von einer relativen ökonomischen Verbesserung in einigen prosperierenden Bereichen der Region sprechen. Durch die politische Öffnung und die ökonomische Kooperation ist jedoch von Einflüssen auf die heimischen Volkswirtschaften auszugehen, die die nationale Souveränität über die nationale Wohlfahrt stärker einschränken als dies bislang der Fall war. Insofern muss man die Frage stellen, inwieweit der Mercosur die nationalen Ökonomien der Mitgliedstaaten tatsächlich stabilisiert und somit als Grundstein für einen nachhaltigen Machtzuwachs gesehen werden kann.

Ende der 1980er Jahre zeigen sich tatsächlich sehr große Unterschiede zwischen Brasilien und Argentinien als wirtschaftliche Riesen auf der einen Seite und Uruguay und Paraguay als ökonomische Zwerge auf der anderen Seite. Ein Großteil der kooperativen Zusammenarbeit konzentriert sich auf den Handel von Unternehmen zwischen diesen beiden Ländern. Begünstigt durch ihre Größe und Wettbewerbsfähigkeit weist vor allem die brasilianische Industrie ein beachtliches Wachstum auf. Waren 1990 noch ein Drittel aller Mercosur Binnen-Exporte brasilianisch, waren es 1994 bereits zwei Drittel (vgl. Klein 1996: 196). Die Konsequenz dieses Erfolgs zeigt sich schließlich in der stark zunehmenden Abhängigkeit aller Länder vom Regionalmarkt. Betroffen sind davon insbesondere Paraguay und Uruguay. Beide hängen sehr stark von der politischen Entwicklung der beiden großen Staaten ab, bei zugleich geringem ökonomischen Einfluss (vgl. Porta et al. 2001: 18). Im Jahr 1994 wickeln Paraguay und Uruguay bereits

---

[2] für eine detaillierte Übersicht der Handelsentwicklungen s. Taalbouch 2007: vor allem 111ff.

die Hälfte ihres Handels mit den Mercosur-Partnerstaaten ab. Der Anteil Argentiniens liegt zu dieser Zeit bei 25%, der Anteil Brasiliens gar bei nur 13% (vgl. Klein 1996: 197).

Trotz eines ansehnlichen Wachstums zu Beginn der 1990er Jahre kämpft die argentinische Wirtschaft zunehmend mit einem chronischen Leistungsbilanzdefizit. Ursache hierfür ist u.a. eine mangelhafte „intertemporale Ressourcenallokation", das heißt der dauernde Überschuss der Investitionen über die inländische Ersparnis zeugt von mangelhafter Sparmoral. Infolgedessen müssen regelmäßig ausländische Ersparnisse in Anspruch genommen werden (vgl. Sangmeister 2002: 194ff.).

Dennoch gelingt es Argentinien zunehmend, das Vertrauen ausländischer Investoren zu gewinnen, so dass die Kapitalimporte bald die aller anderen lateinamerikanischen Länder übersteigen (vg. Nohlen 2004: 85). Die positive Entwicklung der (Netto-)Kapitalzuflüsse (zwischen 1990 und 1999 im Schnitt gut 10 Mrd. US-Dollar jährlich) erlaubte es Argentinien zudem, sein Leistungsbilanzdefizit auszugleichen. Durch den Abbau diskriminierender Auflagen hat sich das Klima für ausländische Direktinvestments zunehmend verbessert (vgl. Sangmeister 2002: 197).

Die Konsequenz der enormen Zuflüsse ausländischer Investitionen ist schlussendlich jedoch eine stark anwachsende Zinsbelastung, so dass die gesamte Auslandsverschuldung Argentiniens in den 1990er Jahren von 63 Mrd. auf bis zu 150 Mrd. US-Dollar anstieg (vgl. Sangmeister 2002: 198). Die starke Abhängigkeit des argentinischen Wirtschaftswachstums von ausländischen Kapitalzuflüssen und die damit verbundene Krisenanfälligkeit werden hier deutlich. Bis heute bleiben die Stabilität und die nachhaltig positive und gesunde Entwicklung der argentinischen Wirtschaft von einer verantwortungsvollen und überlegten Investitionspolitik abhängig. Zwar hat Argentinien seit 1991 im Vergleich zu Brasilien einen radikalen wirtschaftlichen Wandel vollzogen (etwa durch die Privatisierung von Staatsbetrieben und die Reduzierung der staatlichen Subventionen), jedoch ist trotz geringerer sozialer Unterschiede als in Brasilien ein fortschreitender Verarmungsprozess deutlich erkennbar. Wenn auch das Pro-Kopf-Einkommen in Argentinien mit über 6,000 US-Dollar 1999 noch immer fast doppelt so hoch wie das der übrigen Mercosur-Staaten liegt, so ist es doch im Vergleich zu den Jahren zuvor leicht zurück gegangen (Gratius 2003: 84).

Brasilien ist heute die achtgrößte Wirtschaftsmacht der Welt. Auf Brasilien entfallen 70% des Bruttoinlandsproduktes innerhalb des Mercosur, es ist das am stärksten industrialisierte Land und aufgrund seines Gewichts maßgeblich für Integrationsverlauf, -intensität und -geschwindigkeit. Auf der anderen Seite ist Brasilien in vielerlei Hinsicht ein heterogenes Land mit sehr starken Entwicklungsunterschieden zwischen dem Nordosten und dem Süden. Das Land weist eine der weltweit höchsten Einkommenskonzentrationen auf (Gratius 2003: 83f.). Der wirtschaftlich nach wie vor schwächste Partner innerhalb des Mercosur ist Paraguay. Die ökonomisch schwache Bilanz und die weit verbreitet Armut im Land zeigen dies deutlich. Die weitere Modernisierung des Landes wird nicht zuletzt durch die hohe Analphabetenquote gebremst (Gratius 2003: 86).

Schlussendlich lässt sich jedoch trotz solcher Indizien nur unzureichend bewerten, in welchem Maße die einzelnen Länder ihre relative Position durch ihr kooperatives Engagement während der 1990er Jahre ausbauen oder festigen konnten. Wenn auch Argentinien und Paraguay durch die wirtschaftliche Integration ein höheres Wohlfahrtsniveau erreichen sollten, so ist dies stets von der Entwicklung und den Entscheidungen der anderen Partner abhängig. Unweigerlich müssen sich alle Kooperationspartner mit einer schwindenden staatlichen Autonomie arrangieren. Denkbare Schwierigkeiten treten vor allem bei genauer Abwägung von individuellen Integrationskosten einerseits und dem jeweiligen Integrationsnutzen andererseits auf. Im Rahmen einer Bewertung des Integrationserfolges gilt es zu untersuchen, inwieweit etwa die Amortisierung sämtlicher Initialisierungs- und Folgekosten zu bedenken oder die Kalkulation von Opportunitätskosten zu berücksichtigen sind. Spätestens hier zeigt sich die Schwierigkeit derartiger Analysen.

Das viel grundsätzlichere Problem des Gilpin'schen Ansatzes ist es jedoch, dass er lediglich *ex post* zu Erklärungen verhilft und *ex ante* keine Prognosekraft besitzt. Dazu greift Gilpin in seiner Argumentation auf subsystemische Faktoren zurück, die seinen Ansatz sehr in die Nähe konstruktivistischer Schulen rücken und die immer wieder Anlass für Kritik sind (vgl. Schörnig 2006: 89).

Kritische Schlussbetrachtung

Ausgangspunkt dieser Arbeit war die Frage, inwieweit sich die Gründung des Mercosur als kooperatives Zusammenspiel mehrerer Staaten aus Sicht des Neorealismus erklären lässt. Wichtig war es hierbei, beobachtetes Verhalten und artikulierte Interessen stets gemäß neorealistischer Prämissen zu interpretieren, sich mit der Erklärung also ausschließlich innerhalb neorealistischer Argumentationsmuster zu bewegen.

Die argentinische Außenpolitik verfolgt seit den frühen 1980er Jahren eine sicherheitspolitische Strategie, die bemüht ist, Konflikte zu vermeiden und sich an Abrüstungsabkommen zu beteiligen. Die USA werden zur wichtigsten außenpolitischen Bezugsgröße Argentiniens; eine Verbesserung der Beziehung zu Brasilien und Chile und die Überwindung der Verhandlungsblockade in der Falkland-Frage bilden die weiteren Schwerpunkte (vgl. Bodemer 2002: 405f.). Damit distanziert sich die Regierung deutlich vom machtpolitischen Modell des Neorealismus. Die Neuausrichtung der argentinischen Außenpolitik begründet eine Inkongruenz von theoretisch zu erwartenden und empirisch beobachteten Kooperationspartnern und -schwerpunkten, so dass sich mit dem *Balance-of-Power*-Prinzip die Entstehung des Mercosur und die dafür notwendige Kooperationsbereitschaft nicht erklären lässt.

Als nur wenig überzeugender erweist sich der *Balance-of-Threat*-Ansatz zur Erklärung des Mercosur als ein regionales Integrationsprojekt. Die Annahme einer geringeren Bedrohungslage in Lateinamerika, hervorgerufen durch das Zurückdrängen militärischer Einflüsse, die Unterzeichnung verschiedener Abrüstungsabkommen und die sukzessive Demokratisierung des Kontinents, ist mehr eine vage Schätzung denn eine belastbare und offensichtliche Tatsache. Schließlich kann auf diesem Wege bestenfalls die sinkende Notwendigkeit und somit die steigende Unwahrscheinlichkeit eines *Balancing*-Bündnisses erklärt werden, nicht aber die tatsächliche Kooperationsbereitschaft.

Der ökonomische Ansatz und der Ansatz des *Balance-of-Interest* sehen hingegen die Möglichkeit kooperativer Zusammenarbeit als abhängig von Interesse und Potential des betrachteten Staates. Demnach sind Staaten dann bereit zu kooperieren, wenn sie dadurch einen entsprechenden Kooperationsgewinn erwarten und ihre relative Machtposition im internationalen System verbessern können. Wenngleich dank des starken wirtschaftlichen Wachstums in den 1990er Jahren ausländische Investoren der argentinischen Wirtschaft zunehmend Vertrauen entgegen bringen und somit neues Kapital importieren, so muss nach neorealistischen Maßstäben aus argentinischer Sicht vor allem das überdurchschnittliche Wachstum der brasilianischen Wirtschaft Grund zur Sorge sein. Bis 1994 zeigen sich die klaren relativen Vorteile des Mercosur für die brasilianische Wirtschaft. Eine langfristige Kooperationsbereitschaft Argentiniens lässt sich vor diesem Hintergrund also nur erklären, wenn dadurch nicht nur der absolute Kooperationsgewinn den Autonomieverlust übersteigt, sondern sich auch die relative Machtposition Argentiniens dadurch verbessert.

Die Bereitschaft Paraguays, dem Mercosur beizutreten, erwächst hingegen aus der Notlage, in der sich das Land durch die stark ökonomische Abhängigkeit von Argentinien und Brasilien befindet. So sieht sich Paraguay letztlich gezwungen, dem Bündnis beizutreten, um Verluste und eine Verschlechterung seiner relativen Machtposition zu verhindern. Inwieweit nun tatsächlich der Einfluss Paraguays auf seine beiden Nachbarn zugenommen hat, darf bezweifelt werden. Der Verdacht, dass Paraguay durch die großen Länder letztlich eher übervorteilt würde, steht unweigerlich im Raum. So partizipiert Paraguay mit lediglich einem Prozent am Handelsaustausch des Mercosur (vgl. Auswärtiges Amt 2008). Sowohl für Argentinien als auch für Paraguay liefert der ökonomische Neorealismus schlussendlich ebensowenig eine befriedigende Lösung, da insbesondere ein Vergleich der Verhältnisse *ex ante* und der Situation *ex post* eine nur unscharfe Darstellung der Kooperationseffekte ermöglicht.

Die Untersuchung hat gezeigt, dass Versuche, den Mercosur mit den klassischen militär- und sicherheitszentrierten Ansätzen zu erklären, scheitern. Vor allem die Abrüstungs- und Truppenreduzierungsprogramme Argentiniens in den 1980er Jahren konterkarieren das Ziel, das der ökonomische Ansatz der Mercosur-Politik Argentiniens unterstellt, nämlich durch den Zugewinn wirtschaftlicher Stärke langfristig auch die eigene Machtposition auszubauen. Zudem bleibt die Frage offen, wie eine Erklärung des Mercosur ob der Irrelevanz innenpolitischer Entwicklungen für die neorealistische Argumentation möglich ist, wenn verwandte, zuvor geschlossene Bündnisse und Abkommen aus neorealistischer Sicht bisher erfolglos geblieben sind.

Literatur

Auswärtiges Amt (2008): Länderinformationen Paraguay. http://www.auswaertiges-amt. de/diplo/de/Laenderinformationen/Paraguay/Aussenpolitik.html#t4: 12.02.2008.

Baumann, Rainer / Rittberger, Volker / Wagner, Wolfgang (1999): Macht und Machtpolitik. Neorealistische Außenpolitiktheorie und Prognosen über die deutsche Außenpolitik nach der Wiedervereinigung. In: Zeitschrift für Internationale Beziehungen. 2: 245-286.

Bodemer, Klaus (2002): Argentinische Außenpolitik: Die schwierige internationale Positionierung einer Macht zweiter Ordnung. In: Bodemer, Klaus / Pagni, Andrea / Waldmann, Peter (Hrsg.): Argentinien heute. Politik, Wirtschaft, Kultur. Frankfurt am Main: Vervuert Verlag. 403-434.

DTV (1997a): dtv-Lexikon, Bd. 13, München: dtv.

DTV (1997b): dtv-Lexikon, Bd. 19, München: dtv.

Gilpin, Robert (1981): War and change in World Politics. Cambridge: Cambridge University Press.

Gratius, Susanne (2003): MERCOSUR – Gravitationszentrum in Südamerika? In: Bodemer, Klaus / Gratius Susanne (Hrsg.): Lateinamerika im internationalen System. Zwischen Regionalismus und Globalisierung. Herausgegeben für das Institut für Iberoamerika-Kunde. Band 1. Opladen: Leske + Budrich. 75-104.

Grieco, Joseph M. (1988): Anarchy and the limits of cooperation: a realist critique of the newest liberal institutionalism. In: International Organization. 42 (3): 485-507.

Grieco, Joseph M. (1996): State Interests and Institutional Rule Trajectories: A Neorealist Interpretation of the Maastricht Treaty and European Economic and Monetary Union. In: Frankel, Benjamin (Hrsg.): Realism: Restatements and Renewal. London/ Portland: Frank Cass. 261-305.

Hirst, Monica (1999): La compleja agenda política del Mercosur. In: Roett, Riordan (Hrsg.): Mercosur: Integración regional y mercados mundiales. Buenos Aires: Nuevohacer. Grupo Editorial Latinoamericano (GEL). 57-74.

IISS (2003): The Military Balance 2003/2004. International Institute for Strategic Studies. London: Oxford University Press.

Klein, Wolfram (1996): Der Mercosur. Wirtschaftliche Integration, Unternehmer und Gewerkschaften. Freiburg: Arnold-Bergstraesser-Institut. Zugl. Rostock: Univ. Diss. (1996).

Korthoff, Andrea (2005): Die EU und der Mercosur: Wege einer neuen Partnerschaft? Marburg: Tectum Verlag. Zugl. Osnabrück: Univ. Diss. (2004).

Krennerich, Michael (2003): Demokratie in Lateinamerika. Eine Bestandsaufnahme nach der Wiedergeburt vor 25 Jahren. In: Aus Politik und Zeitgeschichte. B38-39/2003. Bonn: Bundeszentrale für Politische Bildung. 6-13.

Mármora, Leopoldo (1991): Marginalisierung aus der Weltwirtschaft – Keine Chance für regionale Integration: Das Beispiel Brasilien – Argentinien. In: Nohlen, Dieter / Fernández, Mario / van Klaveren, Alberto (Hsrg.): Demokratie und Außenpolitik in Lateinamerika. Opladen: Leske + Budrich. 229-246.

Mearsheimer, John J. (2001): The Tragedy of Great Power Politics. New York: W.W. Norton & Co. 29-54.

Menzel, Ulrich (2001): Zwischen Idealismus und Realismus. Die Lehre von den Internationalen Beziehungen. 1. Aufl. Frankfurt am Main: Suhrkamp.

Nohlen, Dieter (2004): Argentinien. Ursachen und Folgen einer Staats- und Gesellschaftskrise. In: Nohlen, Dieter / Sangmeister, Hartmut (Hrsg.): Macht, Markt, Meinungen. Demokratie, Wirtschaft und Gesellschaft in Lateinamerika. 1. Aufl. Wiesbaden: VSVerlag. 75-91.

Porta, Elena Diaz / Hebler, Martin / Kösters, Wim (2001): Mercosur. Probleme auf dem Weg zu einer Zollunion. Arbeitshefte des Lateinamerika-Zentrums. 69. Bochum: Ruhr- Universität.

Radseck, Michael (2002): Das argentinische Militär: Vom Machtfaktor zum Sozialfall? In: Bodemer, Klaus / Pagni, Andrea / Waldmann, Peter (Hrsg.): Argentinien heute. Politik, Wirtschaft, Kultur. Frankfurt am Main: Vervuert Verlag. 83-103.

Radseck, Michael (2003): Ein neuer Rüstungswettlauf? Militär- und Rüstungstendenzen im Cono Sur. In: Brennpunkt Lateinamerika. 20. Hamburg: Institut für Iberoamerika-Kunde. 203-214.

Rittberger, Volker / Zangl, Bernhard / Staisch, Matthias (2003): Internationale Organisationen: Politik und Geschichte. Wiesbaden: VS Verlag.

Russell, Roberto (1991): Demokratie und Außenpolitik: Der Fall Argentinien. In: Nohlen, Dieter / Fernández, Mario / van Klaveren, Alberto (Hsrg.): Demokratie und Außenpolitik in Lateinamerika. Opladen: Leske + Budrich. 59-78.

Sangmeister, Hartmut (1996): Mercosur: Möglichkeiten und Grenzen der Integration. Diskussionsschriften. 53. Universität Heidelberg: Wirtschaftswissenschaftliche Fakultät.

Sangmeister, Hartmut (2002): Von der Binnenorientierung zur selektiven Weltmarktintegration: Argentiniens Außenwirtschaft im Wandel. In: Bodemer, Klaus / Pagni,

Andrea / Waldmann, Peter (Hrsg.): Argentinien heute. Politik, Wirtschaft, Kultur. Frankfurt am Main: Vervuert Verlag. 183-214.

Scheetz, Thomas (1997): La racionalidad en la toma de decisiones respecto a la seguridad externa, las adquisiciones bélicas y el desarrollo tecnológico nacional. Manuskript. Buenos Aires: Universidad Nacional de Quilmes y EURAL.

Schirm, Stefan A. (1999): Globale Märkte, nationale Politik und regionale Kooperation in Europa und den Amerikas. 1. Aufl. Baden-Baden: Nomos.

Schörnig, Niklas (2006): Neorealismus. In: Schieder, Siegfried / Spindler, Manuela (Hrsg.): Theorien der Internationalen Beziehungen. 2. Aufl. Opladen & Farmington Hills: Verlag Barbara Budrich. 65-92.

Schweller, Randall L. (1993): Tripolarity and the Second World War. In: International Studies Quarterly. 37: 73-103.

Schweller, Randall L. (1994): Bandwagoning for Profit. Bringing the Revisionist State Back In. In: International Security. 19 (1): 72-107.

Taalouch, Karim (2007): Der Außenhandel des Mercosur. Eine empirische Überprüfung aus integrationstheoretischer Perspektive. Dissertation. Heidelberg: Universität Heidelberg. http://archiv.ub.uni-heidelberg.de/volltextserver/volltexte/2007/ 7503/pdf/ Dissertation_Taalouch.pdf: 21.02.2008.

United Nations (2008): United Nations Statistics Division. http://unstats.un.org/unsd/ snaama/dnllist.asp: 12.02.2008.

Vogt, Thomas (1999): Der Neorealismus in der internationalen Politik. Eine wissenschaftstheoretische Analyse. Wiesbaden: Deutscher Universitätsverlag DUV.

Walt, Stephen (1987): The Origins of Alliances. Ithaca / London: Cornell University Press.

Waltz, Kenneth N. (1979): Theory of International Politics. Reading, Massachusetts: Addison Wesley.

Zagorski, Paul W. (1992): Democracy vs. National security: civil-military relations in Latin America. Colorado: Lynne Rienner Publishers.

Die Gründung und Entwicklung des Mercosur aus der Perspektive des Liberalismus am Beispiel Argentiniens

Peter Manuel Ludwig-Dehm

Einleitung

Warum war Argentinien eines der Gründungsmitglieder des Mercosur? Welche Interessen verfolgte das Land mit seinem Eintritt und welche Präferenzen lagen dieser Entscheidung zugrunde? Im Rahmen des folgenden Beitrags soll die Gründungsentscheidung Argentiniens aus einer liberalistischen Perspektive betrachtet werden.

Vor dem Hintergrund einer weltweiten Diskussion über die Auswirkungen einer fortschreitenden Globalisierung und unterschiedlichen Bestrebungen, eine Liberalisierung des Welthandels herbeizuführen oder zu verhindern, stehen Freihandelsabkommen immer wieder im Mittelpunkt aktueller Debatten. Die zunehmende Beteiligung gesellschaftlicher Akteure an politischen Entscheidungsprozessen und der wachsende Einfluss innerstaatlicher Interessengruppen, nicht nur bei nationalen Entscheidungen, sondern auch der Machtzuwachs in Bezug auf außenpolitische Themenfelder, zeigt deutlich den Einfluss der Gesellschaft im Kontext internationaler Politik.[1] Aus diesem Grund hat auch der Liberalismus (wieder) an Bedeutung gewonnen, da er als Grundmotiv staatlichen Handelns nicht die Machtmaximierung annimmt, sondern stattdessen staatliches Handeln als eine Funktion innerstaatlicher, politisch-administrativer und gesellschaftlicher Präferenzbildungen zu erklären versucht.

Dieser Beitrag analysiert die zugrunde liegenden Variablen staatlich organisierter Gesellschaften. Dabei werden die in Bezug auf Argentinien bestimmenden Akteure anhand der von Olson formulierten Logik des kollektiven Handelns herausgearbeitet, nach der gerade kleine, aber gut organisierte, homogene Grup-

---

[1] Vgl. hierzu Czempiel (1963) und Krippendorf (1994).

pen über großen Einfluss verfügen.[2] Verbände, Gewerkschaften und andere Gruppen befinden sich in einem Spannungsfeld von internen und externen Faktoren. Die internen Bestimmungsfaktoren wie Struktur, Organisation und politische Orientierung geben im Sinne von Olson Aufschluss über die Homogenität und den Organisationsgrad, und damit über den potentiellen Einfluss der Akteure. Im Zusammenspiel mit den internen erlauben es die externen Bestimmungsfaktoren, die wirtschaftliche Bedeutung des Mercosur für die Mitglieder, die aktuelle wirtschaftliche Lage sowie die Interessen und Präferenzordnung der Akteure nachzuvollziehen (vgl. im Detail Schieder/Spindler 2006).

Liberalistische Ansätze unterstellen insgesamt einen maßgeblichen Einfluss innerstaatlicher bzw. innergesellschaftlicher Akteure, einschließlich entsprechender Mitwirkungs- bzw. Entscheidungsverfahren, bei der Festlegung außenpolitischer Strategien bzw. für außenpolitische Verhaltensweisen. So würde man aus liberalistischer Sicht vermuten, dass ein v.a. auch wirtschaftlich fundiertes Integrationsprojekt wie die Gründung des Mercosur ganz wesentlich von den davon berührten gesellschaftlichen Kreisen, also Unternehmern und Gewerkschaften im Besonderen, beeinflusst oder gar getrieben ist. Im Folgenden wird eine derartige Analyse ansatzweise demonstriert, wenngleich mit einem aus Sicht der liberalistischen Denkschule wenig erfreulichen Ergebnis.

Der Entstehungskontext des Mercosur

Die Gründung des Mercosur fällt in eine Zeit, in der sich der weltweite Wettbewerb und der damit einhergehende Anpassungsdruck verschärften. Charakterisierend dafür waren der zunehmend internationale Handel und die fortschreitende internationale Arbeitsteilung, die auch vor den Staaten Lateinamerikas nicht Halt machte. Die sich daraus ergebende Weltmarktintegration lateinamerikanischer Länder und der Wettbewerb mit anderen Staaten forderten eine erhöhte Flexibilität, Schnelligkeit, Zuverlässigkeit und steigende Qualität von den nationalen Industrien und dem Arbeitsmarkt. Vor allem die von hoch entwickelten Industrienationen generierte internationale Konkurrenz stellte eine große Herausforderung für den noch agrarstaatlich geprägten Binnenmarkt Argentiniens dar (vgl. Herzog 2002). Diese Entwicklung führte zu einer weltweit differenzierteren und steigenden Nachfrage nach Industriegütern. Ein Indiz dafür ist die sich schon in den 1970er und 1980er Jahren rasant entwickelnde Nachfrage nach Industriegütern, die in dieser Zeit doppelt so schnell wuchs wie die nach Primär-

---

[2] Vgl. Olson (1965), für einen Überblick über *Rational Choice* und *Collectice Action* siehe Ostrom (1997).

gütern. Konsequenterweise sank damit der Stellenwert der Primärgüternachfrage und stellte insbesondere weniger entwickelte Wirtschaftsnationen vor große Herausforderungen. Einhergehend mit der sinkenden Nachfrage nach einfachen Erzeugnissen stieg die Konkurrenz in Bezug auf die Herstellung von solchen arbeitsintensiven Gütern, für die nur ein geringer Qualifikationsgrad der Mitarbeiter benötigt wird.

Der innerstaatliche Handel in Argentinien zu dieser Zeit war sehr schwach und auch der regionale Handel brach Anfang der 1980er Jahre ein, sodass trotz der teilweise übermächtigen Konkurrenz zwangsläufig eine Weltmarktorientierung vieler Industrien eintrat, die auch durch neue demokratische Regierungen in einigen Ländern Südamerikas gefördert wurde, die der vorherrschenden Praxis der wirtschaftlichen Abschottung weniger positiv gegenüber standen als die vorangegangenen Militärdiktaturen (vgl. Navarro 2000: 4). Nichtsdestotrotz gab es für große Teile der argentinischen Wirtschaft, wie etwa für die protektionierte Zuckerindustrie, wenig Anreize für eine Ausweitung des Freihandels (vgl. Herzog 2002). Die fortschreitende Öffnung nach außen in den 1980er Jahren ging aus diesem Grund einher mit einem weit reichenden Finanztransfer und Devisenabfluss in die Industrienationen, Haushaltsdefiziten und der Verarmung breiter Bevölkerungsschichten. Während der kumulierte Betrag der Auslandsschulden schon bei 44 Mrd. US-Dollar lag, wuchs er trotz Versuchen, den Haushalt zu konsolidieren auf 63 Mrd. US-Dollar im Jahr 1989 an und übte starken Druck auf die Staatsfinanzen aus. Dadurch wurde auch die Inflation angeheizt. Für den Finanztransfer ins Ausland waren dabei hauptsächlich steigende Zinszahlungen verantwortlich (vgl. Lloyd-Sherlock 1997: 23ff.).

Die Gründung des Mercosur als Freihandelsabkommen ist unter dem Aspekt der Nachahmung anderer, ähnlicher Projekte zu sehen. Gerade in den Märkten der Freihandelsabkommen EU, NAFTA und des YEN-Blocks entwickelte sich der Handel besonders stark und führte zu dem Eindruck der Überlegenheit regionaler Handelsabkommen. Als Triebfeder wurden regionale Integration und Kooperation gesehen, die u.a. dazu führten, dass insbesondere die EU als Vorbild gewählt wurde. Denn trotz des damals noch recht starken Wohlstandsgefälles zwischen den einzelnen Mitgliedern gelang es der EU, eine vertikale Vertiefung, d.h. die Entwicklung von einer Zollunion zu einer politischen Gemeinschaft, mit einer horizontalen Integration, also einer Erweiterung durch die Aufnahme neuer Mitgliedsstaaten, zu kombinieren und damit das Bündnis auszubauen.

Ein weiterer Ausgangspunkt für die Gründung des Mercosur waren die Lernerfahrungen aus vorangegangenen Integrationsversuchen. Das Modell der importsubstituierenden Industrialisierung (ISI) und der Andenpakt waren aufgrund von hohen Zöllen, oligopolistischen Strukturen und ineffizienten Staatsapparaten fehlgeschlagen oder stagnierten. Hinzu kam der zu dieser Zeit aufgrund von etatistisch-protektionistischen Maßnahmen (Prohibitivzölle etc.) wenig entwickelte Außenhandel (vgl. Kronberger 2002: 5ff.). Aufgrund dieses Umstandes konzentrierte sich die gesamte Wirtschaft fast ausschließlich auf den Binnenhandel, womit das Ziel erreicht werden sollte, geschützte Binnenmärkte frei von fremdem Einfluss zu etablieren (vgl. Kortoff 2002: 61).

Allerdings war das regionale Handelsvolumen mit den Nachbarländern schlicht überschätzt worden, weil das Stadium der industriellen Entwicklung zu wenig fortgeschritten war und Kommunikationsmöglichkeiten und Infrastruktur unterentwickelt waren. Durch lange Jahre der Diktatur mit nationaler Protektion und teilweise sogar Deindustrialisierung, wie in Argentinien vor 1989, waren die Volkswirtschaften bei weitem nicht so produktiv wie ihre Konkurrenten und dementsprechend nicht wettbewerbsfähig (vgl. Herzog 2002).

Im Zuge der fortschreitenden Demokratisierung der Region, die in Argentinien 1983 zum Ende der Diktatur führte und Präsident Alfonsín an die Macht brachte, wurden lange Zeit aufrecht erhaltene Feindschaften wie zwischen Argentinien und Brasilien zu Grabe getragen (vgl. Jost 2003: 30). Das machte Platz für wirtschaftliche, politische und kulturelle Kooperationen, die sich in verstärkter multilateraler Zusammenarbeit niederschlugen und Abstimmungen bezüglich wichtiger Themen wie Kernkraft und Korruption erleichterten (vgl. Navarro 2000: 4). Darunter fallen bilaterale Verträge, etwa zwischen den ehemaligen Feinden Argentinien und Brasilien, aber auch zwischen diesen und Paraguay bzw. Uruguay, die insbesondere im Energiesektor angesiedelt sind (vgl. Klein 1996: 18; Kaltenthaler/Mora 2002: 74).

Angestoßen durch die fortschreitende Demokratisierung der Region sowie der einhergehenden Liberalisierung entwickelten sich neue Integrationskonzepte, die im Gegensatz zu den protektionistischen Modellen der vorangegangenen Jahre darauf abzielten, den beteiligten Staaten eine möglichst sanfte Eingliederung in die Weltwirtschaft zu ermöglichen. Insofern waren Projekte wie das des Mercosur von vornherein marktwirtschaftlich ausgerichtet und exportorientiert (vgl. Korthoff 2005: 65). Allerdings war auch im Jahre 1991 die Entwicklung noch keineswegs gesichert, da insbesondere die beiden mächtigsten Staaten Argentinien und Brasilien aufgrund der unterschiedlichen wirtschaftlichen Strukturen divergierende Ansichten bezüglich der zukünftigen Öffnung der Region aufwiesen. Während Brasilien eine Annäherung an die EU und den Andenpakt favorisierte, tendierte Argentinien zu einer Kooperation mit der nordamerikanischen Freihandelsorganisation NAFTA (vgl. Alimonda/Steiger 1994: 25).

Argentinien

Neben der Informations- und Dienstleistungsfunktion sind die Willensbildungs- und Interessenvertretungs- sowie die Politikmitgestaltungs- und Legitimierungsfunktionen von Verbänden die Aspekte, auf die sich die folgende Analyse konzentrieren wird (vgl. Klein 1996: 77). Dabei sollte immer die schon in der Einleitung erwähnte argentinische und brasilianische Besonderheit berücksichtigt werden, dass dort das *öffentliche* Interesse am Mercosur relativ gering ausgeprägt war und aus diesem Grund nicht von einer breit informierten Bevölkerung ausgegangen werden kann. Zwar gab es spezialisierte Zeitungen und Magazine, die regelmäßig und auch detailliert über die Verhandlungen berichteten, Tageszeitungen nahmen unterdessen nur in geringem Maße Anteil am Integrationsprozess (vgl. Klein 1996: 109ff.). Das Vorgehen der politischen Eliten unterdrückte jede politische wie auch gesellschaftliche Diskussion des Themas, wenn man von den Debatten im uruguayischen Parlament absieht, das als einziges den Vertrag und seine möglichen Auswirkungen kritisch evaluierte (vgl. Alimonda/Steiger 1994: 24). Vor diesem Hintergrund erscheint es aus liberalistischer Sicht plausibel, gesellschaftliche Akteure, die zur Teilnahme an der politischen Willensbildung aufgrund ihrer Organisation und ihres Anspruchs auf politisch-gesellschaftliche Mitgestaltung zumindest prinzipiell fähig sind, in den Blick zu nehmen.

Als historisch belegt kann weiterhin gelten, dass Integrationsversuche, die in den 1960er und 1970er Jahren bereits vorgenommen worden waren, auch am Einfluss innerstaatlicher Akteure wie Gewerkschaften und Verbände scheiterten, da diese lieber auf den Zugang zu fremden Märkten verzichteten als die heimischen Märkte, innerhalb derer sie dank staatlicher Eingriffe eine unangefochtene Stellung besaßen, für den Wettbewerb zu öffnen (vgl. Klein 1996: 26).

Einflussmöglichkeiten gesellschaftlicher Akteure

Neben der relativen strukturellen und organisatorischen Schwäche von Gewerkschaften, Unternehmerverbänden und anderen Interessenvertretungen, die vor allem auf die Repressionen in Zeiten der Militärdiktatur zurückzuführen ist und sich in internen Unstimmigkeiten und Aufspaltungen niederschlug, hatten diese auch mit anderen, ebenfalls noch aus Zeiten der Militärdiktatur stammenden Einschränkungen zu kämpfen und mussten sich erst wieder im Land etablieren. Die Begünstigungspolitik der Regime hatte echte politische Partizipation von Verbänden, soweit deren Interessen nicht im Sinne der Regierungen waren, unterdrückt. Auch die beginnende Demokratisierung des Landes konnte nicht verhindern, dass gerade in der Anfangsphase des Mercosur der Präsident zum Teil als „savior of the nation" angesehen wurde und weitgehend unabhängig von demokratischen Kontrollmechanismen regieren konnte.[3]

Eine Vielzahl von Studien stimmt darin überein, dass diese Vormachtstellung der neuen Machthaber nicht nur traditionelle Akteure wie Parteien schwächte, sondern auch gesellschaftliche Akteure, die wie die Gewerkschaften erst nach dem erfolgreichen Kampf gegen die Diktatur neu etabliert waren, aus dem politischen System tendenziell ausschloss (vgl. Alimonda/Steiger 1994: 22).

Diese Exklusion gesellschaftlicher Akteure spiegelte sich auch im Design der institutionellen Mechanismen des Mercosur wider. Während sich schon der Rat aus Bürokraten zusammensetzt, besteht auch das exekutive Organ aus Vertretern der nationalen Ministerien und Zentralbanken (vgl. Alimonda/Steiger 1994: 28). Zusätzlich hatten es auf nationalem Level in Argentinien Gewerkschaften und Unternehmerverbände seit jeher als einträglicher angesehen, den Staat und andere Akteure mit ihren konkreten Forderungen zu konfrontieren, als sich neuen Herausforderungen zu stellen, indem sie etwa eigene Lösungsvorschläge für gesellschaftliche Probleme präsentierten (vgl. Acuña 1992: 179). Das führte zu einer Resistenz des Staates gegenüber Forderungen der Verbände und gipfelte schon vor der Demokratisierung im fast vollständigen Ausschluss der Verbände (die Unternehmerverbände hatten geringe Privilegien) von der politischen Mitwirkung in den Jahren der Diktatur zwischen 1976 und 1983 (vgl. Klein 1996: 124).

Allerdings lagen die Ursachen für noch nicht vollständig entwickelte Partizipationsstrukturen nicht nur in der traditionellen politischen Ignoranz gegenüber gesellschaftlichen Akteuren, sondern auch in verzerrten Repräsentationsstrukturen generell, die zu einer Unterrepräsentation ganzer Bevölkerungsschichten führten (vgl. Anderson 1968: 368). Diese partizipative Ungleichheit verhinderte außerdem eine angemessene Ausprägung von Politikfeldern wie Verbraucherschutz, Umweltschutz und Frauenpolitik (vgl. Klein 1996: 60f.). Bedingt durch den Sturz des diktatorischen Regimes und die Niederlage im Falklandkrieg gegen Großbritannien, war auch das Militär nicht mehr in der Lage, seine Interessen wirksam zu artikulieren, weshalb es auch im Folgenden für die Entwicklung des Mercosur nicht im Detail betrachtet wird (vgl. Hojman 1994: 215). Dennoch sollte die ablehnende Haltung des stark nationalistischen Militärs gegenüber einer Öffnung nach Außen erwähnt werden. Dies ist vor dem Hintergrund steigender ausländischer Direktinvestitionen in Sektoren wie Chemie, Stahl und Stromversorgung zu sehen, die zu Sicherheits- und Abhängigkeitsbedenken führten (vgl. Richards 1997: 142).

---

[3] Vgl. Dazu im Detail O′Donnell 1992.

Industrie- und Arbeitgeberverbände

Da viele Verbandstrukturen in Argentinien und Paraguay in zentralistischen bzw. populistischen Phasen aufgebaut worden waren, gelang es einigen Eliten, ihre angestammten Repräsentationsprivilegien innerhalb der Verbände zu bewahren, und so den Einfluss anderer gering zu halten. Die Einflussmöglichkeiten der Verbände auf nationalstaatlicher Ebene wurden sowohl durch eine starre Organisation geschwächt, als auch durch rasche und krisenhafte wirtschaftliche Veränderungen, die eine Neuorganisation entscheidend hemmten und zu Instabilität führten. Aus der Zeit der Militärregime stammen die oftmals weiterhin andauernden Feindschaften zwischen verschiedenen Gruppierungen, die auf die unterschiedlichen Einstellungen gegenüber der Diktatur zurückgehen und bis heute eine erfolgreiche Bildung von Allianzen zwischen Verbänden verhindern (vgl. Klein 1996: 61f.). Eine relativ geringe Bedeutung zur Zeit der Gründung des Mercosur hatten insbesondere die Industrieverbände, obwohl sektorübergreifende Organisationen, wie auch am Beispiel der Europäischen Union zu sehen ist, tendenziell eher lose organisiert sind, nur in sehr allgemeinen Bereichen gleiche Interessen verfolgen und daher generell nur in geringem Maße politischen Einfluss ausüben können. Auch nach Olson wäre aus diesem Grund ihr politisches Gewicht als gering einzuschätzen. Gerade die Verbände argentinischer Unternehmer waren seit jeher zu einem großen Teil heterogen und daher, im Einklang mit der Argumentation von Olson, oftmals nicht in der Lage substanzielle inhaltliche und programmatische Aspekte erfolgreich zu vertreten (vgl. Acuña 1992: 188). Bedeutendster Verband war traditionell die UIA[4], die nicht nur aufgrund ihrer Heterogenität Schwierigkeiten hatte, sich auf einheitliche Standpunkte festzulegen, und mit ihren Positionen aus diesem Grund immer sehr allgemein blieb (vgl. Acuña 1992: 188). Durch den Rückgang der Industriebetriebe zwischen 1985 und 1990 um 19% (nach offiziellen Angaben) wurde ihre Position zusätzlich geschwächt. Die Organisation wurde beherrscht von einigen wenigen Großunternehmen, die auch finanziell den Verband am Leben erhielten, während kleine und mittlere Unternehmen aufgrund der oben angesprochenen traditionellen Repräsentationsmodelle unterrepräsentiert waren. Diese waren in den beiden Verbänden CAI[5] und CGI[6] organisiert, die hinsichtlich ihrer Positionen miteinander im Konflikt lagen und aufgrund der tief greifenden wirtschaftlichen Veränderungen in einigen Branchen zur Zeit der wirtschaftlichen Krisen und Stagnation einen erheblichen Anteil an Mitgliedern verloren. Es wird geschätzt, dass

---

[4] *Unión Industrial Argentina* (1887 gegründeter Industrie-Unternehmer Dachverband).
[5] *Consejo Argentino de la Industria* (1982 gegründeter KMU-Unternehmerverband).
[6] *Confederación General de la Industria* (1951 gegründeter, 1985 neugegründeter KMU-Unternehmerverband).

insgesamt etwa ein Sechstel der argentinischen Unternehmer in Industrieverbänden und ähnlichen Interessenvertretungen organisiert ist (vgl. Klein 1996: 129ff.).

Strukturelle Vor- und Nachteile für argentinische Unternehmer

Die Position der argentinischen Unternehmer- und Industrieverbände in Bezug auf den Mercosur, auf die weiter unten detailliert eingegangen wird, kann u.a. auf länder- und branchenspezifische Voraussetzungen zurückgeführt werden. Relativ gesehen zu den anderen Gründungsmitgliedern des Mercosur, verfügte Argentinien Ende der 1980er, Anfang der 1990er Jahre bereits über einen großen Binnenmarkt und, in Bezug auf das BIP pro Kopf, Bildungsniveau und die industrielle Entwicklung, über ein hohes Entwicklungsniveau. Es war daher strukturell relativ gut auf eine Integration vorbereitet. In Bezug auf agrarische Rohstoffe und die Agrarindustrie verfügte das Land sogar über begrenzte regionale und internationale Wettbewerbsvorteile, und auch das staatliche Stabilisierungsprogramm begann zu greifen. Trotz einiger Korruptionsskandale wurde diese positive Tendenz durch die aufgrund einer soliden Mehrheit gegebenen politischen Stabilität gestützt (vgl. Klein 1996: 86f.).

Die Umstrukturierung staatlicher Förderungsinstrumente, erste Privatisierungen und Deregulierungen sowie die staatliche Außenöffnungspolitik wurden zwar nicht immer von allen Verbänden getragen, bedeuteten aber eine erste Bewährungsprobe für die teilweise wenig wettbewerbsfähigen argentinischen Unternehmen (vgl. Klein 1996: 91; 131).

Recht gute Chancen ergaben sich aufgrund des fortschreitenden Strukturwandels für die Zulieferindustrie der Autobranche, für die der Handel mit Brasilien von großer Bedeutung war, aber auch für Güter der petrochemischen Industrie und der Metall verarbeitenden Industrien (vgl. Kosacoff 1995: 39).

Aufgrund ansonsten veralteter industrieller Strukturen und hoher Lohn- und Lohnnebenkosten war demgegenüber der Konkurrenzdruck aus Drittstaaten mit niedrigeren Löhnen besonders hoch. Insbesondere wegen des landwirtschaftlichen Fokus in Argentinien bestand im Falle einer Außenöffnung die Gefahr, mit subventionierten Agrarprodukten aus der EU überschwemmt zu werden. Da viele Industriezweige noch nicht vollständig privatisiert und insoweit eher schlecht für den Wettbewerb gerüstet waren, herrschte die Befürchtung, dass sie somit auch teilweise den brasilianischen Unternehmen unterlegen sein könnten. Vor ähnlichen Herausforderungen standen viele ressourcennahe Industrien, die ebenfalls nur in geringem Maße wettbewerbsfähig waren (vgl. Klein 1996: 96). Die Zeit der Abschottung hatte zu ineffizienten Produktionsstrukturen und veralteten Prozessen gerade bei KMU geführt. Das zeigte sich z.B. an einer geringen

Interaktion mit der unmittelbaren Umgebung, schwach ausgebildeten Innovationsaktivitäten, einem reduzierten Investitionsniveau und hoher vertikaler Integration. Die Folgen davon waren eine niedrige Produktspezialisierung, geringes Ausnutzen von Größenvorteilen und einfache Geschäftsführungs- und Qualitätstechniken (vgl. Navarro 2000: 27ff.).

Die Einstellung der Unternehmer zum Integrationsprozess

Begünstigt durch die Zeit der Diktatur, war der Einfluss des Staates bzw. seiner Organe in Argentinien insgesamt groß. Mit ihrer Politik versuchte die Regierung über staatliche Eingriffe die Industrialisierung zu fördern, indem sie investitionslenkende und produktionsmengenorientierte Programme in den Schlüsselindustrien implementierte. Im Rahmen der Marktöffnung führte das dazu, dass viele Industrien aufgrund der durch staatliche Eingriffe hervorgerufenen Verzerrungen nicht mehr wettbewerbsfähig waren (vgl. Richards 1997: 146). Viele Unternehmen hatten aus diesem Grund kein ausgeprägtes Interesse an der Außenöffnung des Landes, selbst wenn sie ihr nicht prinzipiell negativ gegenüberstanden.

Am treffendsten lässt sich die Lage wohl durch eine anfängliche Irrelevanz des Themas Mercosur charakterisieren. Bezeichnend dafür war die Unkenntnis vieler Unternehmer bezüglich des genauen Sachverhalts. Die meisten von ihnen glaubten nicht an die Einhaltung der Regeln, selbst nach der Unterzeichnung des Vertrages (vgl. Klein 1996: 111f.).

Generell wurde der Mercosur als Chance gesehen, sich einen langfristigen Zugang zum Markt seiner übrigen Mitglieder zu sichern, insbesondere in Bezug auf den großen brasilianischen Markt. Auf diese Weise wollte man auch unabhängiger von der Europäischen Union werden (vgl. Navarro 2000: 6). Allerdings gab es eine Kluft zwischen Unternehmen, die Integration befürworteten, und solchen, die sich noch nicht bereit fühlten für den internationalen Wettbewerb, sowie zwischen staatlich geförderten und nicht geförderten Bereichen. Nichtsdestotrotz betonen Kaltenthaler und Mora (2002), dass auch in Argentinien der Beitrittsprozess nicht von wirtschaftlichen Akteuren getrieben wurde (vgl. Kaltenthaler/Mora 2002: 90).

Die allgemein als positiv eingeschätzte Haltung steht im Gegensatz zu der Einschätzung der eigenen Wettbewerbsfähigkeit, die von vielen im Vergleich zu den Nachbarländern als relativ schlechter empfunden wurde. Zusätzlich wurde der Integrationsprozess als Nullsummenspiel angesehen, in dem Vorteile für das eine Land zu Nachteilen für die anderen führen mussten (vgl. Klein 1996: 114ff.).

Handelskammern

Im Vergleich zu den Industrie- und Arbeitgeberverbänden ist der politische Einfluss der Handelskammern zu vernachlässigen. Dies ist auf ihre geringe Mitgliederzahl und den geringen Anteil an Industrieunternehmen zurückzuführen, da die Handelskammern in den Mercosur-Ländern traditionell zu einem großen Teil von Händlern und Ex- bzw. Importeuren getragen werden (vgl. Klein 1996: 123). Aus diesem Grund lohnt ihre Präferenzstruktur im Rahmen dieser Analyse auch nicht für eine detaillierte Betrachtung.

Gewerkschaften

Historisch gesehen gehören die argentinischen Gewerkschaften zwar zu den einflussreichsten Gruppierungen. Aufgrund der finanziellen Hürden und der Schwächung, die mit der Wirtschaftskrise in den 1980er Jahren einher ging, fielen sie aber weiter hinter die Wirtschaftlobby zurück, die ihrerseits wiederum größere finanzielle Ressourcen zur Verfügung hat, und, trotz ihrer Heterogenität zu den wichtigeren außerparlamentarischen Gesprächspartnern der Regierung gehört (vgl. Lambert/Gandolfi 1987: 460; 468ff.).

Die Hochzeit der gewerkschaftlichen Einflussnahme fiel in die Zeit der Regierungen unter Perón, ihr Einfluss schwand zur Zeit der Diktatur ab 1976 allerdings auf ein Minimum. Erst mit dem Ende des Militärregimes 1983, das zu einem großen Teil auch auf gewerkschaftliche Aktivitäten zurückzuführen ist, gewannen sie nicht nur in der peronistischen Partei wieder an Macht. Dennoch gelang es ihnen erst gegen Ende der Legislaturperiode Alfonsíns, das Verbot freier Lohnverhandlungen zwischen Gewerkschaften und Arbeitgeberverbänden, welches sie die Jahre zuvor stark eingeschränkt hatte und in dessen Zuge der Reallohn zwischen 1983 und 1988 um 25% fiel, zu beseitigen. Die damit einhergehende steigende Arbeitslosigkeit von anfänglich 4,7% 1982 auf 8,4% 1990 führte wieder zu einer weiteren Schwächung (vgl. Lloyd-Sherlock 1997: 24).

Die Arbeitnehmervertreter, die etwa 25% aller Beschäftigten vertraten (hierzu im Detail Grewe/Mols 1994), konnten sich aufgrund der Heterogenität innerhalb des Dachverbandes CGT und der Konflikte mit sektoralen Gruppierungen zwar nicht auf substanzielle inhaltliche Ziele einigen. Sie legten das Land aber zwischen 1985 und 1989 13 Mal mithilfe von Generalstreiks lahm. Aufgrund der historischen Gegebenheiten und der Wirtschaftstruktur dominieren in Argentinien die Gewerkschaften aus dem Industriebereich, während Dienstleistungsgewerkschaften eine weniger bedeutende Rolle spielen (vgl. Klein 1996: 123ff.).

Die Mitglieder der Gewerkschaften sowie deren Funktionäre sahen im Zuge des Integrationsprozesses insbesondere die Gefahr einer großen Einwanderungswelle in das Hochlohnland Argentinien, die Löhne und Gehälter negativ beeinflussen würde (vgl. Richards 1997: 146). Die im Vorfeld der Gründung des Mercosur schon begonnenen Privatisierungen von Staatsunternehmen stellten für die Gewerkschaften eine der größten Gefahren dar. Denn dieser Schritt von Seiten der Regierung führte unweigerlich zu Massenentlassungen und damit zu einem potenziellen Niedergang der Krankenkassen, die das Zentrum gewerkschaftlicher Macht darstellten.

Während die Gewerkschaften bei der Unterzeichnung bilateraler Verträge mit Brasilien noch an den Verhandlungen teilgenommen hatten, beschränkte sich ihre Beteiligung und ihr Interesse in Bezug auf die Vorbereitung des Mercosur auf die Feststellung, unter keinen Umständen Entwicklungen zu befürworten, die zu einer Lohnspirale nach unten führen könnten. Klein führt das auf die direkten positiven Auswirkungen der bilateralen Verträge zurück, die diese auf die argentinische Wirtschaft hatten (vgl. Klein 1996: 126ff.).

Nichtsdestotrotz widersetzten sich die argentinischen Gewerkschaften insbesondere zu Beginn der Regierungsperiode von Carlos Menem Liberalisierungstendenzen in der nationalen Politik, die Menem dann in den folgenden Jahren mit Verweis auf die durch die Unterzeichnung internationaler Abkommen, darunter der Vertrag von Asunción, eingegangenen Verpflichtungen erfolgreich durchsetzte (vgl. Kaltenthaler/Mora 2002: 86). Einige Autoren sehen aus diesem Grund auch strategische Erwägungen als Grund für den Beitritt Argentiniens zum Mercosur, da eine fortschreitende Integration im eigenen Land dazu genutzt werden kann, unpopuläre Maßnahmen durchzusetzen bzw. zu rechtfertigen (vgl. Kaltenthaler/Mora 2002: 90; Putnam 1988 zur Logik des *Two-Level Games*.). Im Sinne der Zwei-Ebenen-Ansätze scheint es insofern plausibel, für diese Regierungsperiode von einem Ausnutzen der internationalen Verhandlungsarena zur Durchsetzung innerstaatlicher *policies* durch Überwindung innerstaatlicher Widerstände auszugehen.

Fazit in Bezug auf Argentinien

Die Situation in den 1980er Jahren, also zur Zeit der ersten Integrationsversuche unmittelbar vor der Gründung des Mercosur, lässt Zweifel an der Handlungs- und Strategiefähigkeit der Verbände aufkommen. Die zu dieser Zeit geschwächten Gewerkschaften, die mit im Umbruch befindlichen Rahmenbedingungen, der Konkurrenz mit anderen Verbänden und internen Konflikten zu kämpfen hatten, waren mit der Situation überfordert und wenig interessiert an der Gründung des Mercosur.

Der Demokratisierungsprozess lief auch für die Unternehmerverbände nicht ohne Schwierigkeiten ab, es kam aber zu keinen größeren Zerwürfnissen. Ihre Forderungen an die Regierung beschränkten sich darauf, Privatisierungen von Staatsbetrieben und weniger staatliche Einmischung in die Wirtschaft zu fordern, während die Integrationsbemühungen von relativ geringem Interesse blieben und auch keinen eigenen Programmpunkt darstellten. Zum Teil ist dies auch auf die verbandsinterne Heterogenität zurückzuführen (vgl. Klein 1996: 165ff.). Dies trifft insbesondere auf die Arbeitgeberverbände in Argentinien, UIA, CAI und CGI, zu, die aber trotz allem mit einer, wenn auch minimalen personellen Ausstattung zur Bearbeitung der Mercosur-Angelegenheiten das Thema zumindest ernst nahmen (vgl. Klein 1996: 314).

Vielfach wurden von Seiten der Verbände auf diese Weise aber auch sich ergebende Gestaltungsmöglichkeiten nicht erkannt oder wahrgenommen, und so wurden Gewerkschaften wie auch Arbeitgeberverbände von Verhandlungen zum Mercosur praktisch ausgeschlossen (vgl. Birle/Wagner 1994: 42f.). Ebenfalls als Folge dieses nicht genutzten Gestaltungsspielraums kann die fehlende öffentliche Debatte bezüglich der Integrationsansätze in Argentinien wie auch Brasilien gesehen werden (vgl. Chudnovsky/Porta 1989: 115).

Die Integrationsbemühungen gingen daher in erster Linie von der Regierung aus und waren nur bedingt bis gar nicht von gesellschaftlichen Akteuren bestimmt und beeinflusst. Aus diesem Grund kann der Prozess durchaus als *top-down* gesteuert bezeichnet werden[7], ausgehend von den Regierungen Brasiliens und Argentiniens (vgl. Manzetti 1990: 115; Kaltenthaler/Mora 2002: 93).

Der Erklärungsgehalt liberalistischer Außenpolitik-Analyse unter besonderer Berücksichtigung des Konzepts von Olson muss daher in Bezug auf die Gründungsmitgliedschaft Argentiniens als relativ gering eingeschätzt werden, da die Entscheidung bei diesem in der Tradition von Simon Bolivar stehenden südamerikanischen Projekt mitzuwirken, als eine Entscheidung der Exekutive bezeichnet werden kann (vgl. Alimonda/Steiger 1994: 23).

Literatur

Acuña, Carlos H. (1992): Organizaciones empresariales y politicas públicas en Argentina. In: Centro de Informaciones y Estudios del Uruguay (CIESU). 159-195.
Alimonda, Hector / Steiger, Bill (1994): Mercosur, Democracy and Labor. In: Latin American Perspectives. 12 (4): 21-33.

---

[7] Vgl. dazu die Analyse von Cason 2000: 24.

Birle, Peter/ Wagner, Christoph (1994): Unternehmer und regionale Integration in Latein-amerika. In: Lateinamerika. Daten, Analysen, Dokumentation. 22. Der Mercosur und seine Akteure. Hamburg: Institut für Iberoamerika-Kunde. 41-55.

Caetano, Gerardo (1992): Partidos, estado y cámaras empresariales en el Uruguay con-temporáneo. In: Centro de Informaciones y Estudios del Uruguay (CIESU). 1992: 15-48.

Chudnovsky, Daniel / Porta, Fernando (1989): On Argentine-Brazilian Economic Inte-gration. In: CEPAL Review. 39/1989: 115-134.

Czempiel, Ernst-Otto (1994): Vergesellschaftete Außenpolitik. In: Merkur. 48 (1): 1-14.

Grewe, Hartmut / Mols, Manfred (Hrsg.) (1994): Staat und Gewerkschaften in Latein-amerika. Paderborn & München: Schöningh Verlag.

Herzog, Roman J. (2002), Politik und Ökonomie des Internet in Argentinien und Peru. Dissertation. Berlin: Freie Universität. http://www.diss.fu-berlin.de/diss/receive/ FUDISS_thesis_000000000811: 21.02.2008.

Hojman, David E. (1994): The Political Economy of Recent Conversions to Market Eco-nomics in Latin America. In: Journal of Latin American Studies. 26 (1): 191-219.

Jost, Christoph (2003): Argentinien: Umfang und Ursachen der Staatsverschuldung und Probleme der Umschuldung. In: Auslandsinformationen 11/2003. Sankt Augustin: Konrad-Adenauer-Stiftung. 29-63.

Kaltenthaler, Karl / Mora, Frank O. (2002): Explaining Latin American economic integra-tion: the case of Mercosur. In: Review of International Political Economy. 9 (1): 72-97.

Klein, Wolfram (1996): Der Mercosur. Wirtschaftliche Integration, Unternehmer und Gewerkschaften. Freiburg: Arnold-Bergstraesser-Institut. Zugl. Rostock: Univ. Diss. (1996).

Korthoff, Andrea (2005): Die EU und der Mercosur: Wege einer neuen Partnerschaft? Marburg: Tectum Verlag.

Kosacoff, Bernardo (1995): La industria argentina. Un proceso de reestructuración desarticulada. In: Boletín Techint. 01/1995: 17-49.

Krippendorf, Ekkehart (1994): Ist Außenpolitik Außenpolitik? In: Politische Viertel-jahresschrift. 4 (3): 243-266.

Kronberger, Ralf (2002): Emerging Markets. Der Fall Argentinien, in Wirtschaft & Ge-sellschaft. 39/2002: 1-27.

Lambert, Jacques / Gandolfi, Alain (1987): Le système politique de l'Amérique Latine. Paris: Presses Universitaires de France.

Lloyd-Sherlock, Peter (1997): Policy, Distribution and Poverty in Argentina since Rede-mocratization. In: Latin America Perspectives. 24 (6): 22-55.

Manzetti, Luigi (1990): Argentine-Brazilian Economic Integration: An Early Appraisal. In: Latin American Research Review. 25 (3): 109-140.

Navarro, Maria C.E. (2000): Auswirkungen des Mercosur auf die Volkswirtschaft Argen-tiniens. Dissertation. Universität Konstanz.

O'Donnell, Guillermo (1992): O dilema das transições. In: Nossa América (Sao Paulo). 5: 12-17.

Olson, Mancur (1965): The Logic of Collective Action. Cambridge: Harvard University Press.

Ostrom, Elinor (1997): A Behavioral Approach to the Rational Choice Theory of Collective Action. In: American Political Science Review. 92 (1): 1-22.

Putnam, Robert D. (1988): Diplomacy and Domestic Politics: The Logic of Two-Level Games. In: International Organization. 42 (3): 427-460.

Richards, Donald G. (1997): Dependent Development and Regional Integration: A Critical Examination of the Southern Cone Common Market. In: Latin American Perspectives. 24 (6): 133-155.

Schieder, Siegfried / Spindler, Manuela (2006): Theorien der Internationalen Beziehungen. 2. Auflage. Opladen & Farmington Hills: Verlag Barbara Budrich.

Die Gründung und Entwicklung des Mercosur aus konstruktivistischer Sicht

Sarah Költzow

Warum den Mercosur konstruktivistisch erklären?

Freier Handel und einheitliche Außenzölle, schließlich ein „gemeinsamer Markt des Südens" – im Mercosur schlossen sich 1991 zunächst die vier lateinamerikanischen Länder Argentinien, Brasilien, Paraguay und Uruguay zusammen. Es kamen über Assoziationsverträge weitere Länder hinzu; mediale Aufmerksamkeit erfuhr vor allem die Aufnahme Venezuelas als Vollmitglied im Juli 2006, die bis dato von Brasilien und Paraguay noch nicht ratifiziert wurde.

In diesem Kapitel werden aus konstruktivistischer Perspektive zwei Fragen untersucht: Warum begründet Argentinien gemeinsam mit Brasilien ein Wirtschaftsbündnis, nachdem die beiden Länder zuvor jahrzehntelang Konflikte ausgefochten haben? Warum artikuliert Paraguay nach über 10 Jahren Mitgliedschaft seit September 2005 wiederholt den Wunsch, aus dem Bündnis auszutreten[1], doch belässt es bis heute bei entsprechenden Drohungen?

Vor dem Hintergrund einer jahrzehntelangen Tradition des Scheiterns von Integrationsbestrebungen in Lateinamerika bieten reine Kosten-Nutzen-Argumentationen des rationalistischen *Mainstream* (Liberalismus und Neorealismus) für den Beitritt Argentiniens zum Mercosur keine ausreichende Erklärung. Tief wurzelnde Konflikte und gepflegte Antagonismen verhinderten lange die Kooperation der Nachbarländer im *Cono Sur*.

Erklärungen, die lediglich auf potentielle Handelsvorteile für die Mitgliedstaaten abstellen, vernachlässigen daher wichtige Fragen wie die nach dem Zusammenfinden der Integrationspartner oder den Umständen, die das Wirtschaftsbündnis erst ermöglicht haben.

---

[1] http://www.americaeconomica.com/numeros4/335/noticias/gvmercosurparaguayju.htm vom 15.09. 2005; http://www.ppn.com.py/html/noticias/noticia-ver.asp?id=15471 vom 27.06.2006; http://www.terra.com/noticias/articulo/html/act438836.htm vom 04.07.2006.

Um aus einer Perspektive der Internationalen Beziehungen zu verstehen, wie es 1991 durch zwei lange verfeindete Nachbarländer im südlichen Teil Lateinamerikas zur Begründung des Mercosur kam, bietet der Konstruktivismus Antworten an, die jenseits materieller Vorteile für einzelne Staaten zentral auf das Selbstverständnis der Akteure und ihre interaktiv geprägte Wahrnehmung von zwischenstaatlichen Bündnissen abstellen.

Auch im Falle Paraguays müssen über materielle Faktoren hinausreichende Erklärungsansätze für das Verhalten des Landes innerhalb des Mercosur entwickelt werden. Unter den Entscheidungsträgern herrschte stets Klarheit darüber, dass die Beitrittskosten für Paraguay enorm hoch waren und das Land zu keinem Zeitpunkt seit seinem Beitritt nennenswerten wirtschaftlichen Profit aus der Integration mit den Nachbarländern erzielt hat (Kaltenthaler/Mora 2002: 89). Wenn es also seit 2005 wiederholt zu Austrittsdrohungen kam, jedoch keine von ihnen je vollzogen wurde, so greift ein Abstellen auf das Motiv der Enttäuschung aufgrund mangelnder (ökonomischer) Rendite offenbar zu kurz.

Die Theorie: Konstruktivismus

Konstruktivistische Grundannahmen

Zu den wesentlichen Annahmen im konstruktivistischen Denken gehört, dass die nationale Identität eines Landes auch sein außenpolitisches Verhalten bestimmt. Die nationale Identität wird sowohl *endogen* durch gesamtgesellschaftlich geteilte Normen bestimmt, als auch von anderen Staaten *exogen* zugeschrieben. Es bildet sich nationale Identität erst in der *Interaktion* mit anderen Akteuren, in diesem Fall mit Staaten (Lateinamerikas) heraus (Wendt 1992: 402ff.; Wendt 1995: 81; Ulbert 2006: 424). Die *Normen, Ideen* und *Weltbilder*, die als „Rohmaterial" in die Identitätsbildung eingehen, beruhen auf einer historischen und kulturellen Sozialisation, in die vom Gründungsmythos eines Landes über seine Traditionen und Konventionen bis hin zur Sprache eine Vielzahl an Faktoren einfließen (Boekle et al. 1999: 3.1).

Boekle et al. unterscheiden zwischen einer sozietalen, d.h. innergesellschaftlichen Sozialisation der außenpolitischen Entscheidungsträger und einer transnationalen, d.h. im internationalen Bereich erfolgenden Identitätsbildung (Boekle et al. 1999: 4.1/4.2). Diese Unterscheidung ist wichtig, auch um die gegenseitige Konstituierung und die Rückkopplungsprozesse zwischen sozial konstruierter Realität und den Konstruktionsprozessen selbst auseinander halten und getrennt analysieren zu können.

Die durch sozietale und transnationale Sozialisation interaktiv konstruierten Identitäten erzeugen ein gewisses Maß an Vorhersagbarkeit und eine Art von Ordnung in der sozialen Struktur (Hopf 1998: 174). Indem den beteiligten Akteuren Rollen zugeschrieben werden, grenzt sich deren Handlungsspielraum auf ein Erwartbares ein: Ob eine Regierung eher integrationsfördernd agiert, sich neutral verhält oder sogar Gegenpositionen einnimmt, lässt sich demnach, wie hier gezeigt wird, mit Bezug auf die nationale Identität des Landes erklären und z.T. sogar prognostizieren.

Innerhalb der konstruktivistischen Meta-Theorie gibt es unterschiedliche Strömungen. Eine für diesen Fall wichtige Unterscheidung ist die zwischen *Sozial-* und *Staatskonstruktivismus*.

Wie der Name suggeriert, werden im Konstruktivismus vermehrt gesellschaftliche Stimmen und die daraus resultierende „öffentliche Meinung" miteingebunden. Gesellschaftliche Diskurse enthüllen den Prozess der Identitätsbildung.

Der Staatskonstruktivismus begreift ebenfalls nationale Identität als ein soziales Konstrukt, das als solches relativ stabil ist. Jedoch werden hier die nationalen Regierungen als maßgebliche Akteure betrachtet, welche die innerstaatlichen Strukturen prägen (und umgekehrt von ihnen geprägt werden).[2] Das außenpolitische Handeln der Regierungen ergibt sich aus der nationalen Identität, welche spezifische Weltbilder, Ideen und Normen als Referenzrahmen zur Verfügung stellt, innerhalb dessen die Regierung aus verschiedenen Handlungsoptionen gemäß einer *Logik der Angemessenheit* (Boekle et al. 1999: 1) wählt. Anhänger des sozietalen Konstruktivismus verweisen häufig auf die so genannte Innen-Außen-Analogie wonach Staaten in der Außenpolitik dieselben Prinzipien und Werte zugrunde legen, die sie auch in ihrer Innenpolitik verfolgen, z.B. Demokratie und Gewaltlosigkeit (Boekle et al. 1999: 4.2.4).

Im Falle Südamerikas herrscht traditionell eine starke Dominanz der politischen Eliten (vgl. Kaltenthaler/Mora 2002: 84), die es verstehen, innergesellschaftliche Identitätsfindungsprozesse weitgehend aus der politischen Entscheidungsbildung herauszuhalten. Die Zivilgesellschaft in den untersuchten Staaten ist in Folge der langjährigen Diktaturen tendenziell sehr schwach und organisierte sich Anfang der 1990er Jahre erst langsam (Kaltenthaler/Mora 2002: 84). Grugel (2005: 1071) betont, dass es für die bestehenden zivilgesellschaftlichen Gruppen extrem schwierig war, regionales *Policymaking* in Bezug auf den Mercosur zu beeinflussen, zumal die politischen Eliten dem Integrationsprozess vorausgehende Diskurse zu unterbinden wussten (Kaltenthaler/Mora 2002: 84;

---

[2] Zur Begründung weshalb aus konstruktivistischer Sicht Politiker als Hauptakteure betrachtet werden können vgl. Boekle et al. 1999: 4.

siehe auch: Fuchs 2004).[3] Daher bietet sich für das vorliegende Kapitel die Variante des Staatskonstruktivismus an.

Aufgrund bestimmter Gemeinsamkeiten und geteilter prägender Ereignisse der lateinamerikanischen Geschichte ist zu vermuten, dass die sozietale Sozialisierung der hier untersuchten außenpolitischen Entscheidungsträger vergleichsweise ähnlich verlief. Da signifikante Unterschiede nur in einer detaillierten Untersuchung zutage gefördert werden können, beschränkt sich diese Analyse auf die transnationale Sozialisierung der argentinischen und paraguayischen Entscheidungsträger.

Annahmen zur Theorieanwendung

1. Identität: Eine Veränderung im außenpolitischen Verhalten eines Landes geschieht in Folge eines nationalen Identitätswandels. Auffällig ist, dass ein solcher Wandel meist durch das Auftreten sog. *scope conditions* forciert wird. In Anlehnung an Fabbri (2005: 9) werden *scope conditions* verstanden als Momente, die dazu beitragen, dass gewisse Ideen im politischen Prozess verworfen werden und andere an politischer Signifikanz gewinnen. Dies kann konkret erfolgen durch Schocks (wie politische oder ökonomische Krisen), durch massive Unzufriedenheit oder Enttäuschung über den *Status quo* oder infolge einer starken Divergenz zwischen herrschenden Ideen und Umständen. Einer der Vordenker des Konstruktivismus in den Internationalen Beziehungen, Alexander Wendt (1992: 30) formuliert diesen Zusammenhang als: „There must be a reason to think of oneself in novel terms".

Kann im außenpolitischen Verhalten eines Landes ein Identitätswandel desselbigen erkannt werden, müsste der Bruch also mit einem antezedierenden Schock i.S. Fabbris einhergehen. Es ist daher notwendig, zu untersuchen, ob sich derartige und wenn ja welche *scope conditions* in der Geschichte Argentiniens und Paraguays kurz vor ihrem jeweiligen „Gesinnungswandel" identifizieren lassen: Weshalb entschied sich Argentinien für die Kooperation und weshalb zieht Paraguay den Austritt in Betracht? Sind die identifizierten *scope conditions* einleuchtend?

---

[3] Hierbei ist interessant, dass die mangelnde Beteiligung zivilgesellschaftlicher Akteure einerseits anerkannt und gut geheißen, andererseits aber geleugnet wird: Remmer (1998: 34) behauptet, der Erfolg der Integration sei den schwachen „institutional constraints and limited popular participation" zu verdanken während Bompadre (2003: 9) diese Beobachtung als „casual observation" ablehnt und behauptet, in Wirklichkeit würde die Identität des Integrationsbündnisses maßgeblich durch Gruppen wie „Majors of Mercosur" oder „Women of the Mercosur" geprägt, die der abstrakten Integrationsidee durch diese Namensgebungen erst Bedeutung verliehen.

2. Interaktion: Nationale Identitäten bilden sich in der Interaktion mit anderen Nationen heraus. Es lässt sich vermuten, dass Staaten, die intensiv mit anderen Staaten interagieren, mit höherer Wahrscheinlichkeit internationalen Zusammenschlüssen und Organisationen[4] beitreten, da sich die Logik der Zusammenarbeit in diesem Falle in ihrer Identität niedergeschlagen hat. Fabbri (2005: 6) weist auf die Bedeutungszuschreibung durch Interaktion in internationalen Kontexten hin: „The meanings in terms of which action is organized arise out of interaction". Wendt (1992: 13) geht einen Schritt weiter und unterstellt, dass Akteure vor der Interaktion mit anderen Akteuren gar kein „Selbst", also keine Identität besitzen. Er beschreibt den Prozess, in welchem Interaktion dazu führt, dass die Akteure gewisse Ideen über „die Anderen" (und sich selbst) entwickeln, als „reciprocal typification" (Wendt 1992: 16).

Die aus dieser Typifizierung heraus entstehenden zugewiesenen Identitäten sind für die konstruktivistische Betrachtung von maßgeblicher Bedeutung: „Identitäten sind historische, kontingente und ‚eingebildete' Konstrukte mit realen Auswirkungen auf das tägliche Leben" (Jelin 1999: 47, eig. Übersetzung). Eine kooperative Identität resultiert mit hoher Wahrscheinlichkeit aus einer regen Interaktion mit anderen Staaten. Daher ist die Interaktionsdichte als Indikator der Gelegenheiten zur Identitätsformung der beiden untersuchten Staaten in Verbindung mit ihrem Engagement innerhalb des Mercosur zu analysieren.

3. Normen & Werte: Der Konstruktivismus betrachtet Akteure, hier Staaten, als Rollenerfüller, die sich an von ihnen als legitim erachteten Normen und Werten orientieren und sich dementsprechend verhalten. Es ist anzunehmen, dass die Stärke der (Orientierung an) gemeinsamen Normen den Grad der Kooperation bestimmt. Klotz bezeichnet derartige Normen als „motives", die den Mitgliedstaaten zeigen, nach welchen Zielen sie streben sollen (1995: 26). Explizit für das Mercosur-Bündnis festgeschriebene Normen sind z.B. Demokratie(konsolidierung), Wirtschaftsliberalisierung und das Bekenntnis zu Armutsbekämpfung, nachhaltiger Entwicklung und Umweltschutz sowie die Achtung der Menschenrechte und Stärkung der Rechtssicherheit. Durch ihre Formulierung im Gründungsvertrag von Asunción 1991 oder in Zusatzprotokollen wie dem von Ushuaia 1992 wurden diese Normen festgeschrieben und legitimiert.

Anhand des Grades der Befolgung, Einhaltung und ggf. Promotion dieser Normen und Werte durch die einzelnen Mitgliedstaaten, wird in den Interaktionen innerhalb des Bündnisses eine gegenseitige Typifizierung vorgenommen, die zur Herausbildung gewisser *Rollen* der einzelnen Staaten führt (Wendt 1992: 419). Diese Rolle wird durch die anderen Staaten zugeschrieben, aber erst in der

---

[4] Verstanden hier als Systeme von „Wertegemeinschaften" gemäß Boekle et al. 1999: 3.3.1.

dynamischen Interaktion angenommen und weiterentwickelt. Je stärker ein Staat mit den anderen Bündnismitgliedern verbunden ist, umso mehr versucht er, seine an die gemeinsamen Normen und Werte geknüpfte, sozial konstruierte Rolle zu erfüllen. Dem wird mehr Bedeutung beigemessen als ggf. materiellen Vorteilen. Können Abweichungen der untersuchten Staaten vom für sie vermuteten Rollenverhalten festgestellt werden, so sind sie umgekehrt als Distanzierung vom Bündnis zu werten.

Methodik und Fallauswahl

Als Quellen für konstruktivistische Arbeiten werden i.d.R. (nationale) Diskurse analysiert und Experteninterviews und Originalschriftstücke herangezogen. Für diesen Fall konnte lediglich Sekundärliteratur verwendet werden. Die in diesem Beitrag herausgestellten Ergebnisse sind demnach insofern kritisch einzuordnen, als die beobachteten Prozesse und Umstände der Interpretation der Autoren unterworfen waren und für diese Arbeit ein weiteres Mal interpretiert wurden. Der Konstruktivismus beginnt insofern schon bei der Wahrnehmung durch den Forscher.

Für die Analyse wurden zwei Gründungsmitglieder des Mercosur ausgewählt: Argentinien als einer der beiden gewichtigeren Partner des Bündnisses und Paraguay als weitgehend unauffälliges Mitglied, das ebenso wie Uruguay nach eigenen Angaben bis dato kaum vom Bündnis profitiert hat.[5]

Während Argentinien durch seine Annäherung an Brasilien maßgeblich zur Gründung des Bündnisses beigetragen hat, drückte Paraguay in den Jahren 2005-2006 mittels wiederholter Austrittsdrohungen zunehmenden Unmut über seine marginale Position aus. Durch diese Fallauswahl werden also zwei gegenläufige Interessen und Tendenzen widergespiegelt: Begründung und Austrittswunsch.

Die Anwendung

Das Phänomen „Mercosur"

Zahlreiche Quellen bescheinigen dem Mercosur, der im Gegensatz zu vielen fehlgeschlagenen Integrationsversuchen in der Region über Jahrzehnte hinweg angedauert und sich gefestigt hat, den „bis heute ambitioniertesten Versuch regi-

---

[5] http://www.spiegel.de/politik/ausland/0,1518,414364,00.html vom 04.05.2006.

onaler ökonomischer Integration in Lateinamerika" (Fabbri 2005: 5, eig. Übersetzung).

Regionale Integration kann ganz unterschiedlich definiert werden, z.B. als geologische Region (z.B. Küstenlage), geografische (z.B. gleicher Breitengrad), politische (geteilte Werte, z.B. Sozialismus), linguistische – oder wie im vorliegenden Fall: ökonomische Region. Aus konstruktivistischer Sicht ist es wichtig, darauf hinzuweisen, dass die „Region Mercosur" nicht als „natürlich" gegeben (also etwa eine natürlich gewachsene Handelspartnerschaft der Nachbarländer im *Cono Sur*), sondern als in einem kumulativen Prozess sozial konstruiert verstanden wird (Fabbri 2005: 4).

Diese konstruierte gemeinsame, regionale Identität wurde auch durch Forscher sowie im öffentlichen Diskurs und offiziellen Erklärungen wiederholt bekräftigt: In diesen Quellen herrscht „constant reference to a ‚regional' identity that emphasizes and reaffirms historical unity, the eternal and ‚essential' brotherhood between the different peoples, integration and the common ‚destiny' of member countries" (Jelin 1999: 39).

Die Prozesse, die zur Gründung des Mercosur führten, können nicht mit anderen Integrationsprozessen verglichen werden, auch wenn sie auf den ersten Blick ähnlich erscheinen: Grugel (2005: 1063, eig. Übersetzung) räumt ein, dass das europäische Integrationsmodell „zweifellos eine Quelle der Inspiration" für die Architekten des Bündnisses in Südamerika war. Er ist jedoch, ebenso wie Richards (1997: 137), der Auffassung, dass die Unterschiede der Rollen von EU und Mercosur Berücksichtigung finden müssen: Während die EU von Industriestaaten gegründet wurde, weisen die Mitgliedstaaten des Mercosur untereinander große Unterschiede im Entwicklungsgrad auf und stehen z.T. noch immer in einem Abhängigkeitsverhältnis zu den Industrienationen. Der Mercosur ist vor allem auch vor dem Hintergrund der zeitgleich und in den Jahrzehnten zuvor auflebenden Regionalisierungstendenzen und Gründungen von Freihandelszonen zu verstehen (Korthoff 2005: 118). Insofern kann keine geschlossene Übertragung der Motive und Verhaltensweisen der EU-Gründungsmitglieder auf die des Mercosur erfolgen; es ist eine gesonderte Herangehensweise erforderlich.

Theorie und Praxis

Argentinien

Mit 39,7 Mio. Einwohnern ist Argentinien das zweitgrößte Mitgliedsland des Mercosur. Gemeinsam mit Brasilien hat Argentinien den Mercosur gegründet und ist Befürworter einer tiefer gehenden Integration. Politische Stabilität konnte sich seit der Demokratisierung im Jahre 1983 nur zögerlich wieder etablieren; mehrere Finanzkrisen haben das Land im Laufe der letzten Dekaden erschüttert, die Wirtschaft erholt sich nach der Krise von 2002 nur langsam.

Das Land leidet stark unter seiner massiven Auslandsverschuldung. Obwohl der Kredit beim Internationalen Währungsfonds (IWF) 2006 vorzeitig zurückgezahlt werden konnte, beträgt sie noch immer 169,6 Mrd. US-Dollar, was rund der Hälfte des Bruttoinlandsprodukts entspricht[6]. Das Land ist von einem hohen Grad an Selbstorganisation und Fragmentierung der korporatistischen Akteure sowie von einem demokratischen Legitimationsdefizit geprägt.

Warum hat Argentinien den Mercosur mitbegründet?
Rationalistische Ansätze der Internationalen Beziehungen (vgl. den Beitrag von Risopp-Nickelson) bieten finanzielle Vorteile und erhöhte Sicherheit in der Region als Erklärungen dafür an, dass Argentinien den Mercosur mitbegründet hat. Eine staatskonstruktivistische Erklärung lässt diese Faktoren weitgehend außer Acht und untersucht stattdessen, inwieweit nationale Identitäten und (gewandelte) Interessen des Landes ein solches Verhalten ausgelöst haben.

Die erste Annahme der konstruktivistischen Perspektive versteht verändertes außenpolitisches Verhalten nicht als Ergebnis geänderter Bedingungen, die zu einem gewissen Kalkül aufgrund rationaler Entscheidungsfindung führen, sondern als Folge eines Identitätswandels, der wiederum auf bestimmte *scope conditions* zurückzuführen ist. Der Umschwung von vormals feindlichen Politiken Argentiniens gegenüber seinen Nachbarländern hin zu Kooperationsbestrebungen deutet auf einen solchen Identitätswandel hin: Im Laufe der 1980er Jahre entwickelte sich das südöstlichste Land des Kontinents von einem Staat, der ständig seine Position bedroht sah und sich in der Region behaupten wollte, zu einem weitgehend verlässlichen Kooperationspartner für die Nachbarländer. Ob, und wenn ja, welche *scope conditions* diesen Wandel auslösten, gilt es demnach als erstes zu untersuchen.

Die Ablösung des autoritären Regimes in Argentinien 1983 kann zweifellos als ein solches Ereignis mit weit reichenden Konsequenzen und der Erfordernis einer Neudefinition der Identität des Landes identifiziert werden. Obwohl die Argentinier nicht unmittelbar nach der Wahl Raúl Alfonsíns in Frieden und Wohlstand lebten, sondern schwere finanzielle Krisen und soziale Unruhen das Land erschütterten (Pozzi 2000: 64ff.), die auch Carlos Menem nach 1989 nicht beenden konnte, brachte dieser Übergang zur Demokratie die von außen zumeist als aggressiv wahrgenommene Identität Argentiniens ins Wanken. Andere Län-

---

[6] CIA World Factbook https://www.cia.gov/library/publications/the-world-factbook/geos/ar.html# Econ: 30.03.2009.

der hatten Argentinien bis dahin als volatil und konfrontativ wahrgenommen; ausländische Investoren betrachteten Argentinien aber als „unfreundlich" und „feindlich gesinnt" gegenüber fremdem Kapital (Richards 1997: 142). Mit dem Regimewechsel und neuen Staatschef hatte Argentinien „reason to think of [it]self in novel terms" (Wendt 1992: 30), d.h. Gelegenheit und Anlass, sich als demokratische Nation zum einen selbst, als auch im Umgang mit seinen Nachbarstaaten neu zu denken.

Die Demokratisierung weckte sowohl bei der Bevölkerung als auch bei der politischen Elite den allgemeinen Wunsch nach neuen *sets of beliefs* (Fabbri 2005: 9) und wurde als Chance wahrgenommen, die alten Spannungen und die Isolation abzulegen und dem Land zu langfristiger Stabilität und Entwicklung zu verhelfen. Eine weitere *scope condition* bildeten zudem die schweren finanziellen Krisen und damit einhergehenden sozialen Unruhen und Aufstände ab dem Jahr 1998 (Pozzi 2000: 64ff.). Nachdem sich Argentinien in den 1990er Jahren schon in der „Ersten Welt" gewähnt hatte (vgl. BTI 2003: 5.6; BTI 2008: 3f.) waren die Entscheidungsträger nunmehr bestrebt, ihre Entwicklungsziele schnellstmöglich zu verwirklichen, um weiteren sozioökonomischen Unruhen im Land vorzubeugen und (wieder) auf Augenhöhe mit den Industrienationen verhandeln zu können.

Nach Fuchs (2004: 19) verfolgte Argentinien die Integration als reine Schutzmaßnahme vor der Dominanz Brasiliens im südamerikanischen Raum, also eine Form des *containment* durch Bündnisintegration. Eine derart simple Erklärung ist jedoch nicht plausibel, denn die Feindschaft mit Brasilien lässt sich bis zur Kolonialzeit zurückverfolgen. Die beiden Staaten kämpften beständig um die Vorherrschaft auf dem Kontinent und viele Streitschlichtungs- und Integrationsversuche über die Jahre hinweg sind regelmäßig fehlgeschlagen (vgl. Resende-Santos 2002). Wie lässt es sich also erklären, dass sich ausgerechnet 1991 eine von Fabbri als *integrationist worldview* bezeichnete Weltanschauung etablieren konnte, in deren Rahmen der regionale Bezug an Bedeutung gewann, als „rechtmäßiger Raum, um Politik zu organisieren und gemeinsamen Herausforderungen zu begegnen" (Fabbri 2005: 12, eig. Übersetzung)?

Nachdem Argentinien sich lange Zeit selbst als Stärkerer der beiden Rivalen wahrgenommen und auch im Rüstungswettrennen vorne gelegen hatte, schwand dieses Gefühl der Sicherheit, als Brasilien nach seiner Demokratisierung im Jahr 1985 ökonomisch und militärisch aufholte.

Während sich Argentinien also über die Maßen durch Brasilien als aufstrebende militärische, wirtschaftliche und demographische Macht bedroht fühlte (vgl. Fabbri 2005: 12), waren die Beziehungen zum westlichen Nachbarn Chile in dieser Zeit ebenfalls sehr angespannt (Resende-Santos 2002: 94). Die Argentinier lebten allzeit in ängstlicher Erwartung einer Koalition der beiden gegnerischen Mächte und nahmen sich selbst dadurch als unerträglich schwach und verwundbar wahr, was sich nicht mit ihrem Selbstbild als potente regionale Kraft vereinbaren ließ.

Die innerstaatlichen sozialen Unruhen und die zunehmende internationale Isolierung v.a. innerhalb des Kontinents führten zu einer wachsenden Unzufriedenheit unter den politischen Eliten bezüglich der gefühlten Divergenz zwischen dem Wunsch nach regionaler Stärke und der Realität. Diese Unzufriedenheit mit dem *Status quo* und nicht etwa das Bedrohungs- und Unsicherheitsgefühl selbst, kann ebenfalls als *scope condition* verstanden werden, die die Grundlage für Integrationsbemühungen schuf. Sie konnte Ende der 1970er Jahre durch die Unterzeichnung zweier Abkommen im Energiebereich bereits ein Stück weit und 1983 durch die Ablösung des autoritären Regimes in Argentinien und die damit einhergehende Chance für einen Neuanfang entkräftet werden (vgl. Resende-Santos 2002: 97).

Zunächst wurde in den damaligen Kernbereichen staatlichen Handelns agiert und bilaterale Abkommen mit Brasilien in den Bereichen der Energieversorgung und Nukleartechnologie geschlossen. Diese Abkommen stellten den Anfang der gemeinsamen Integrationsgeschichte dar (Kaltenthaler/Mora 2002: 74). Mehr noch – sie legten den Grundstein für ein gemeinsames Problemverständnis: beide Länder nahmen sich nun nicht mehr in erster Linie als Konkurrenten wahr, sondern suchten nach weiteren Kooperationsfeldern.

Am deutlichsten wird der Identitätswandel Argentiniens in Form des aktiven Bestrebens des 1989 neu gewählten Präsidenten Carlos Menem, die jahrzehntelange Rivalität mit Brasilien beizulegen und in eine dauerhafte Kooperation zu überführen (Kaltenthaler/Mora 2002: 75). Menem initiierte eine Politik der Annäherung an Brasilien, auf die dessen Präsident Fernando Collor de Mello auch einging.[7] Endlich wandten sich die beiden Staaten von einem jahrzehntelang von Isolation und Rivalität geprägten Wettbewerbsdenken ab.

So kam es, dass beide Parteien im Zuge eines Jahre währenden Prozesses wieder aufgenommener und intensivierter diplomatischer Beziehungen 1991 gewillt waren, „eine lange Geschichte bisweilen schmerzlichen Wettbewerbs beiseite zu legen" (Richards 1997: 139, eig. Übersetzung).

Die zweite Annahme baut auf dem Postulat auf, dass nationale Identität über Interaktionen konstruiert wird. Wie eben gezeigt wurde, war die erstmalige Annäherung und Interaktion über bilaterale Verträge der Ausgangspunkt für weitere Interaktion in anderen Bereichen. Der Konstruktivismus bietet jedoch im Vergleich zu den hier ansetzenden Integrationstheorien eine profundere Erklä-

---

[7] Für eine umfassende Analyse wäre hier nun auch zu untersuchen, ob entsprechende *scope conditions* auch für Brasilien vorlagen.

rung, und zwar indem er argumentiert, dass sich die Kooperationserfahrungen wiederum auf die nationalen Identitäten der beiden Staaten auswirkten: Sie sahen sich nach zahlreichen Treffen nicht mehr als Konkurrenten um die lateinamerikanische Vorherrschaft, sondern akzeptierten ihre jeweilige Position und suchten davon ausgehend Ansätze zur Kooperation. Auch wenn die Zusammenarbeit in der Folge freilich nicht immer unstrittig und harmonisch ablief, so nahmen sich die Staaten doch zumindest sowohl selbst als auch gegenseitig als grundsätzlich friedfertig und kooperationsbereit wahr.

Im Folgenden wird die Interaktionsdichte Argentiniens im Zusammenhang mit dem Mercosur untersucht. Es wird vermutet, dass die höhere Kooperationsbereitschaft, die schließlich zur Mitbegründung des Mercosur führte, aus einem wachsenden Integrationskontext resultierte.

Durch die hohe Staatsverschuldung in den 1980er Jahren machte der IWF Argentinien wie auch anderen Ländern Lateinamerikas gewisse Auflagen, um an den Kreditprogrammen teilnehmen zu können. Im Rahmen dieser Bedingungen musste Argentinien u.a. Maßnahmen zur Liberalisierung seines Marktes treffen (Richards 1997: 134); auch der Nachbar Brasilien stand vor diesen Aufgaben. Dies führte in beiden Ländern zu einer Wahrnehmung eines kollektiven Schicksals, das als Basis gemeinsamer Treffen und Verhandlungen zur Handelsliberalisierung diente. Die Eliten beider Länder verstanden sich nunmehr als Leidensgefährten, die neben den auferlegten Konditionalitäten in erster Linie ihre noch jungen Demokratien zu festigen hatten und sozialen Unruhen innerhalb des Landes vorbeugen mussten. Die durch äußere Bedeutungszuschreibung *de facto* aufgezwungene Wahrnehmung der gemeinsamen Gruppenzugehörigkeit, hat die Selbstsicht der Entscheidungseliten in beiden Ländern also in ähnlicher Weise geprägt.

Hier wird der Rückkopplungsprozess zwischen Interaktion und konstruiertem kooperativem Selbstbild deutlich, der weitere Interaktion erst ermöglichte; denn aus der perzipierten Ähnlichkeit resultierte wiederum verstärkte Interaktion, nicht zuletzt zur Bewältigung der realen Herausforderungen des IWF-Kreditregimes.

Die externen Anreize und impliziten Zwänge zur Kooperation wurden seitens Argentiniens durch die oben geschilderten Motive der politischen Eliten begleitet, der ungewissen Situation des Landes durch bessere Verankerung in der Region mehr Stabilität zu verleihen.

Die Einsicht, dass eine Koordinierung der Wirtschaftspolitiken in Form der Gründung eines Integrationsbündnisses von Vorteil wäre, ist insofern nur mittelbar und teilweise ökonomischen Rationalitäten (Bewältigung der Herausforderungen durch das IWF-Kreditregime) geschuldet und vor allem dem gestiegenen Interaktionskontext zu verdanken, der die Arena bot für „*regelmäßige* Interaktion, Sozialisierung und Lernen, die alle entscheidend sind für die Herausbildung ähnlicher Visionen der Welt." (Fabbri 2005: 18, eig. Übersetzung und Hervorhebung).

Denn auch wenn in der Zeit zwischen den ersten Abkommen und der Gründung der Freihandelszone mehrere Unregelmäßigkeiten, Meinungsverschiedenheiten und Dispute auftraten, so wurden doch stets – wenn auch z.T. heimlich – diplomatische Beziehungen der höchsten (und für diesen Integrationsprozess maßgeblichen) Ebenen aufrechterhalten. Dieses durch Interaktion generierte Vertrauen fußt nach konstruktivistischer Lesart nicht primär in der Wiederholung erfolgreicher Kooperation, sondern in der gegenseitigen Prägung von Akteuren durch die Interaktion selbst. Die gemeinsame Identität als „dem IWF-Kreditregime Unterworfene" wirkte durch eine veränderte Selbst- und Fremddefinition.

Anders ausgedrückt: Dieser regelmäßige und an Intensität zunehmende Kontakt führte zu einem hohen Grad an gemeinsamen Normen und intersubjektiv geteilten Wahrnehmungen, wie in den Worten des ehemaligen Präsidenten Argentiniens, Eduardo Duhalde, im Jahre 2004 deutlich wird: „We are in the midst of an integration process that has become irreversible […] the confrontation idea has been replaced by a concerted effort of our peoples to develop […] a better future" (zitiert n. Fabbri 2005: 11).

Diese interaktiv konstruierten Wahrnehmungen resultierten in einer veränderten Identität Argentiniens insgesamt. Es verstand sich fortan als kooperativer, demokratischer Staat, der mit wirtschaftlichen Liberalisierungsmaßnahmen um Fortschritte in der Entwicklung kämpfte – ebenso wie Brasilien.

Durch Interaktions-, Sozialisations- und Lernprozesse kreierten die maßgeblichen Akteure in Argentinien und Brasilien neue Bilder voneinander und nahmen sich nicht länger als aufstrebende Großmächte wahr, „but rather as developing countries in crisis, declining, weak, and vulnerable." (Fabbri 2005: 16).

Die **dritte Annahme** soll Aufschluss über das Verhalten Argentiniens nach seinem Beitritt zum Mercosur geben. Waren die gemeinsamen Normen und Werte der Bündnismitglieder eine nachhaltige Gründungsmotivation? In den zwischenstaatlichen Interaktionen werden gewissen Zielen und Konzepten gemeinsame Bedeutungen zugeschrieben und Rollen zugewiesen. Über eine *reciprocal typification*, also gegenseitige Rollenzuschreibung, wurde Brasilien vielfach als stärkerer der beiden Partner und Argentinien als Kooperationstreiber charakterisiert (vgl. Korthoff 2005: 85). Es ist also zu fragen, inwieweit sich Argentinien seit der Gründung des Mercosur an seine Rolle und die daran geknüpften Erwartungen gebunden sieht oder von den im Bündnis festgeschriebenen Werten und *motives* abweicht.

In Anbetracht dieser Rolle sowie der Position Argentiniens als Mitbegründer des Mercosur ist zu erwarten, dass Argentinien stets regelkonform handelt und somit für einen konsequenten Abbau von Handelshemmnissen einsteht. Es ist weiters damit zu rechnen, dass Argentinien die demokratischen Verfahren innerhalb des Mercosur respektiert, befolgt und danach trachtet, weitere gemeinsame Werte der Bündnispartner zu formulieren. Denn je stärker alle Mitglieder die Normen und Werte befolgen, umso besser kann die Kooperation und Integration einvernehmlich vorangetrieben werden.

Im Gegensatz hierzu steht jedoch die Tatsache, dass Argentinien in der Vergangenheit unilaterale Maßnahmen zum Schutz der eigenen Wirtschaft ergriffen und als Reaktion auf die Abwertung des brasilianischen Real 1999 und der schweren Finanzkrise 2002 wieder Zölle auf Konsumgüter erhoben hat (vgl. Auswärtiges Amt; Sangmeister/Fuentes 2002).

In der Literatur über das Verhältnis beider Partner wird das Bild gezeichnet, dass die beiden zwar prinzipiell gleichberechtigt sind, Brasilien jedoch einen größeren Handlungsspielraum für sich in Anspruch nimmt (vgl. Korthoff 2005: 86). Brasilien hat im Rahmen der Abwertung des Real 1999 bereits vor Argentinien unilaterale Schutzmaßnahmen ergriffen und somit Argentiniens ggf. bestehende Hemmungen, 2002 bei der schweren Finanzkrise ebenso zu handeln, heruntergeschraubt.

Von Argentinien als Gründungsmitglied des Mercosur könnte man ein Verbleiben im Verbund, das Fördern der Integrationsbemühungen und das Einhalten von vertraglich festgelegten Rahmenbedingungen erwarten. Insofern sind die unilateralen Schutzmaßnahmen wider die Vereinbarungen als Abweichen vom rollenkonformen Verhalten zu verstehen; allerdings wird deren Stellenwert durch die gleichartigen Maßnahmen Brasiliens zuvor abgeschwächt. Hier scheint eher der traditionelle Wettbewerbsgedanke zwischen den politischen Eliten Argentiniens und Brasiliens erneut aufzubrechen: Ein Staat erlaubt sich selbst das, was sich der andere schon längst heraus genommen hat.

Ungeachtet der tatsächlichen Motive Argentiniens für diesen Schritt gilt: Die konstruktivistische Konzeption der Akteure als Rollenerfüller ist im Falle Argentiniens nach seinem Beitritt nicht bestätigt. Dies könnte darauf hindeuten, dass die Mitgliedschaft im Mercosur für Argentinien zwar wichtig war und ist, jedoch nicht stärker wiegt als die nationalen Souveränitätsvorbehalte und somit bestehende Abkommen v.a. in Krisenzeiten nicht als bindend begriffen werden.

Dieser Zusammenhang wird, auch für die anderen Mitgliedstaaten, vielfach in der Literatur erwähnt (vgl. Korthoff 2005; Kaltenthaler/Mora 2002: 92) und auch dadurch belegt, dass es bis heute keine supranationalen Gremien gibt und lange Zeit auch keine Streitschlichtungsorgane existierten, wie sie bei der EU von Beginn an Gang und Gäbe waren (Fuchs 2004: 14ff.). Dies wird als Indiz dafür ausgelegt, dass sich die Staaten Südamerikas nach wie vor scheuen, ihre hoheitlichen Kompetenzen aus der Hand zu geben (vgl. Grugel 2005).

In der konstruktivistischen Lesart sind diese Souveränitätsaspekte Teil der nationalen Identität und für deren Herausbildung und Aufrechterhaltung unerlässlich. Kooperation muss trotz der Teilung gemeinsamer Werte, Ziele, Interessen und Ideen nicht bis zur Selbstaufgabe getrieben werden. Vielmehr sind unterschiedliche Auffassungen vorhanden, inwieweit sich ein Staat aus Souveränitätsgründen von der gemeinsamen Politik in Einzelfällen zurückziehen kann. Dies mindert jedoch nicht die Erklärungskraft des Konstruktivismus, sondern lädt dazu ein, die zugrunde liegenden Ursachen für diese unterschiedlichen Auffassungen zu untersuchen. In diesem Fall müsste geklärt werden, ob eine Dominanz der sozietalen gegenüber der transnationalen Sozialisation vorliegt und wenn ja, warum.

Zusammenfassend ist festzustellen, dass die Identitäten Argentiniens und Brasiliens als Hauptbegründer des Mercosur einem Wandel unterlagen, aus dem eine neue, gemeinsame, „regionale" Identität gewachsen ist, die auch die beiden kleinen Mitgliedstaaten Paraguay und Uruguay umfasst (vgl. Jelin 1999: 39). Vor allem die Demokratisierung der beiden Länder Mitte der 1980er Jahre, die neuen Präsidenten und das gespaltene Kräfteverhältnis innerhalb Lateinamerikas bei gleichzeitiger „Ähnlichkeitszuschreibung" durch das IWF-Kreditregime erwiesen sich als fruchtbare Rahmenbedingungen, die den Wandel von Rivalen zu Partnern ermöglichten. Es gilt dabei insbesondere den Grad an dynamischer Interaktion auf dem Weg zum Bündnis zu berücksichtigen, denn erst im Lauf dieses Prozesses konnten die beiden Länder ihr „gemeinsames Schicksal" identifizieren und gemeinschaftlich Lösungsansätze entwickeln.

Wie die Überprüfung der dritten Annahme zeigt, ist die „regionale Identität" jedoch zu einem großen Teil rhetorischer Natur. Die dem Bündnis bei seiner Errichtung zugrunde gelegten Normen und Werte konnten in Krisenfällen keine ausreichend große Bindungskraft entfalten. Das nahezu ausschließlich *top-down* von politischen Eliten betriebene Integrationsprojekt scheiterte bei Krisen in der Vergangenheit häufig am Ausscheren der Mitgliedstaaten aus ihren Rollen als Bündnisunterstützer sowie am Nichtvorhandensein supranationaler Instanzen; so wurden Vereinbarungen der Willkür unterworfen, da die Mitgliedstaaten nicht bereit waren, im Krisenfall die entsprechenden Kompetenzen tatsächlich abzugeben. Aktuell werden mehr und mehr solcher Instanzen und Streitschlichtungsverfahren eingeführt und versprechen einvernehmliche Lösungen für die Zukunft.

Paraguay

Mit nur 6,6 Mio. Einwohnern eines der kleinsten und ethnisch homogensten Länder Lateinamerikas, ist Paraguay von einer großen Kontinuität seiner Führungseliten geprägt. 1989 endeten 35 Jahre Diktatur; Alfredo Stroessners Colo-rado-Partei wurde jedoch erstmals im April 2008 abgewählt und behielt somit auch nach dem Ende der Diktatur noch jahrzehntelang die Regierungsgewalt. Das Land gilt bis heute als politisch instabil und wird von massiven sozialen und wirtschaftlichen Problemen gebeutelt. Ein ausgeprägter öffentlicher und ein großer informeller Sektor charakterisieren die von Landwirtschaft und Rohstoff-exporten abhängige Wirtschaft. Obwohl seit dem Jahr 2003 leichtes wirtschaftli-ches Wachstum zu verzeichnen ist, besteht eine große Abhängigkeit von den Handelspartnern; die korrupte politische Elite vermag es bisher nur unzurei-chend, ein Gefühl demokratischer Legitimation bei der Bevölkerung zu erzeu-gen. Nach Angaben der Befragung von *Latinobarómetro* 2006 unterstützen nur 49% der Bevölkerung Paraguays die Demokratie und halten sie für die beste Regierungsform. Somit ist Paraguay eines der drei Länder mit der geringsten Demokratiezufriedenheit in Lateinamerika (Latinobarómetro 2006: 82).

Im Jahre 1991 auf Drängen Uruguays beigetreten, bekleidete Paraguay in den Verhandlungen zum Mercosur eine recht passive Rolle. Kaltenthaler und Mora (2002: 88) führen das sowohl auf fehlenden politischen Willen als auch die mangelnde Kapazität des Staates zurück, seine Rolle innerhalb des Integrations-bündnisses zu verhandeln. Uruguay, das es sich Kaltenthaler und Mora (2002: 88) zufolge nicht „leisten" konnte, von einem derart wichtigen Handelsbündnis zwischen seinen beiden Haupt-Handelspartnern Argentinien und Brasilien aus-geschlossen zu sein, vertrat maßgeblich auch Paraguays Interessen im Prozess, obwohl die Ziele und Vorstellungen der beiden Länder *de facto* nicht (immer) übereinstimmten.

Uruguay hatte bereits wiederholt von der Möglichkeit eines Austritts ge-sprochen, da drohte Paraguay im September 2005 erstmalig und massiver im Juli 2006 mit seinem Austritt aus dem Bündnis. Die beiden kleinen Mitgliedstaaten fühlen sich von Argentinien und Brasilien benachteiligt und in ihrem Handlungs-spielraum eingeschränkt[8].

Untersucht wird nun der Erklärungsgehalt einer konstruktivistischen Per-spektive im Hinblick auf die Frage, weshalb Paraguay zunächst dem Bündnis beitrat, dann aber mit dem Austritt aus dem Mercosur drohte – ohne ihn zu voll-ziehen.

Das außenpolitische Auftreten Paraguays hat sich im Laufe seiner Mitglied-schaft im Mercosur verändert. Das Land erhebt neuerdings innerhalb des Bünd-nisses selbst die Stimme und macht seine Unzufriedenheit deutlich. Es ist gemäß der **ersten Annahme** zu vermuten, dass ein Wandel der nationalen Identität für

---

[8] http://www.zeit.de/2006/20/EU-Lateinamerika-Konferenz_xml vom 11.05.2006; http://www.taz.de/index.php?id=archivseite&dig=2006/07/19/a0150 vom 19.07.2006.

diesen Politikwechsel verantwortlich ist. Gibt es *scope conditions*, die diesen Wandel erklären können?

Vor seinem Beitritt zum Mercosur galt Paraguay aufgrund seiner ungefestigten Demokratie und wirtschaftlicher Probleme als fragiles und instabiles Land mit begrenztem Handlungsspielraum. Auf internationaler Ebene spielte Paraguay daher keine bedeutende Rolle, obgleich es über den intraregionalen Handel stets überwiegend friedlich mit seinen Nachbarländern verbunden war (vgl. Bompadre 2003; Jelin 1999; Remmer 1998). Brasilien und Argentinien griffen ab und an sogar in nationale Angelegenheiten Paraguays ein, wenn es galt, Krisen, Putschdrohungen oder ähnliche Gefährdungen der jungen Demokratie diplomatisch zu bewältigen (Kaltenthaler/Mora 2002: 91).

Paraguay ist nach konstruktivistischer Lesart nicht zuletzt dem Mercosur beigetreten, um nach der lange währenden Diktatur wieder als Mitglied der internationalen Gemeinschaft demokratischer Staaten anerkannt zu werden (Fuchs 2004: 13). Seine Erwartungen, durch die Mitgliedschaft über mögliche Entwicklungsfortschritte hinaus auch mit einer stärkeren Position gegenüber den USA, Europa und Japan ausgestattet zu sein (Teubal 1997: 60), sah Paraguay nicht bestätigt, sondern nahm sich im Gegenteil zunehmend als durch die Vertragspartner marginalisiert wahr.

Dieser *Identitätswandel* hin zur eigenen und selbstbewussten Meinungsäußerung mit Drohcharakter hat in Form eines komplexen *Lern- und Sozialisierungsprozesses* in Anbetracht der perzipierten Enttäuschungen über den *Status quo* stattgefunden (Fabbri 2005: 16), der dazu führte, dass die Regierung Paraguays sich nicht an die veränderten Bedingungen anpasste oder sie in gewohnt passiver Manier akzeptierte, sondern ihre Überzeugungen re-evaluierte (Fabbri 2005: 10) und entsprechende, zunächst diskursive, Maßnahmen in Form der erstmals im September 2005 geäußerten Austrittsdrohung daraus ableitete.

Inzwischen ist diese Drohung wieder abgeschwächt, niemand geht mehr davon aus, dass Paraguay sich tatsächlich langfristig aus dem Bündnis verabschieden möchte, zumal auch Uruguay sein Verbleiben im Bündnis wiederholt betont und bestätigt hat[9] und mittlerweile gemeinsame Bekenntnisse zu neu gebildeten Mercosur-Institutionen wie bspw. dem 2007 gegründeten Parlament bestehen. Dennoch konnte Paraguay diese Unmutsbekundungen nutzen, um die eigene, veränderte, Position den Bündnispartnern gegenüber deutlich zu machen.

Der *Identitätswandel* manifestiert sich in einer Form der Emanzipation von der *de facto* Vertretung durch Uruguay. Paraguay beharrt nun auf autonomen Rechten und verweist auf die Normen der internationalen Staatengemeinschaft, welcher es sich als souveränes Mitglied zugehörig fühlt (Haas/Neumair 2006:

---

[9] http://news.bbc.co.uk/2/hi/americas/4966536.stm vom 02.05.2006.

292). Für eine Untersuchung, weshalb sich dieser Wandel gerade zum September 2005 vollzog und die Austrittsdrohung im Juli 2006 wiederholt wurde, müsste eine genauere Analyse des Diskurses der Mitgliedstaaten in diesen Zeiträumen durchgeführt werden, um insbesondere Paraguays Vorwürfe der zunehmenden Marginalisierung genau einordnen und erklären zu können.

Die **zweite Annahme** betrifft die Interaktionsdichte der beteiligten Mitgliedstaaten. In Bezug auf das Verhalten von Paraguay legt die Theorie nahe, dass erhöhte Interaktion des Landes mit seinen Nachbarn zum Beitritt in den Mercosur geführt hat, sie jedoch im Laufe der Zeit aus bestimmten Gründen wieder abnahm und daher die Identifikation mit dem Bündnis nicht mehr für einen weiteren Verbleib ausreicht.

Der erste Teil dieser Vermutung kann in Bezug auf den Beitritt Paraguays zum Mercosur bestätigt werden: aufgrund langjähriger Handelstraditionen in der Nachbarschaft und aufgrund von Migrationsströmen, die ganze Familiennetzwerke über die Ländergrenzen der Region hinweg zum Entstehen brachten (Bompadre 2003: 16; Jelin 1999: 39), war Paraguay stets in einen dichten Interaktionskontext mit seinen Nachbarländern eingebunden: „[G]eteilte Grenzen, Flusssysteme und Transportverflechtungen haben eine erweiterte Geschichte subregionaler Kooperation geschaffen, die von militärischen Spannungen und Rivalitäten unterbrochen wurde" (Remmer 1998: 32, eig. Übersetzung). Die Interaktionsdichte Paraguays mit seinen Nachbarländern stieg also nicht kurz vor dem Beitritt in den Mercosur an, sondern nahm sich gleich bleibend hoch aus; Paraguays Bereitschaft zum Anschluss wäre also ggf. auch schon vor 1991 gegeben gewesen.

Der Beitritt zum Mercosur, zumal er durch Uruguay forciert wurde, kam insofern nicht überraschend sondern stellte einen weiteren, konsequenten wenngleich recht passiven Schritt der Vertiefungen der Handelsverflechtungen in der Region dar. Die von den Nachbarstaaten im Rahmen des mit den Demokratisierungsprozessen einhergegangenen Paradigmenwechsels neu angenommenen Werte weiteten sich in der Folge auch auf Paraguay aus und schufen so eine gemeinsame Basis an intersubjektiv geteilten Werten als Grundlage für eine stärkere Integration.

Lässt sich anhand dieser Annahmen bezüglich der Interaktionsdichte auch die Austrittsdrohung Paraguays erklären?

Eine Umkehrung der o.g. Vermutung bietet Aufschluss: die offensichtlich schwindende Bereitschaft Paraguays, sich im Integrationsbündnis zu engagieren, geschweige denn zu verbleiben, lässt vermuten, dass die Interaktionen der Mitgliedsländer untereinander abgenommen haben. Dies ist auch tatsächlich der Fall: nachdem sich der intraregionale Handel von 1991 bis 1998 zunächst auf 20

Mrd. US-Dollar verfünffacht hatte, ging der Handel ab Ende der 1990er Jahre um etwa die Hälfte zurück[10]. 2001 sanken die Exporte zwischen den Mitgliedsländern um 46% und 2002 noch einmal um 37% (Fritz/Nolte 2004: 290). Bedingt durch Finanzkrisen und andere wirtschaftliche Krisensituationen griffen Brasilien und Argentinien mehrfach zu unilateralen Schutzmaßnahmen. Diese ließen neben der wirtschaftlichen auch die politische Interaktionsdichte gegenüber Paraguay sinken und führten darüber hinaus zu Spannungen und einer Krise der langfristigen Glaubwürdigkeit des Integrationsbündnisses (Fabbri 2005: 11).

Paraguay reagierte auf diese Situation mit Unsicherheit und einem Vertrauensentzug, was wiederum sein Gefühl der Verpflichtung schmälerte, die durch Eintreten in das Bündnis akzeptierte Rolle des Integrationsunterstützers erfüllen zu müssen. An die von Argentinien und Brasilien durch diese Praktiken entwerteten Normen fühlte sich nun auch Paraguay nicht mehr gebunden. Mit der Praxis, die eigene Souveränität und wirtschaftliche „Sicherheit" den vertraglich festgelegten Bestimmungen vorzuziehen, konnte sich Paraguay nicht identifizieren, zumal es selbst jahrelang darunter gelitten hatte, gemäß den Vereinbarungen des Bündnisses keine bilateralen Handelsverträge abschließen zu dürfen. Paraguay verlor in der Folge das Interesse am Engagement im Mercosur und drohte mit seinem Austritt.

Zur Überprüfung der **dritten Annahme** wird untersucht, inwieweit Paraguay selbst vom vermuteten Rollenverhalten abweicht, mit gemeinsamen Normen bricht und worin die Gründe dafür ggf. liegen können. Führt man sich die Beitrittsmotivation vor Augen, ist ein Verbleib und ggf. aktiveres Mitwirken im Bündnis zu erwarten, um weiter an Relevanz im internationalen System zu gewinnen. Hinter der Austrittsdrohung könnte sich jedoch eine weitgehende Distanzierung von den gemeinsamen Normen verbergen.

Wie eben dargestellt, herrschte innerhalb der Führung Paraguays zunehmend Unzufriedenheit mit den Beziehungen und der Zusammenarbeit mit Argentinien und Brasilien. Paraguays Idee des gleichberechtigten Profitierens von einem einheitlichen Markt unterschied sich drastisch von der Wirklichkeit und sorgte für ein Gefühl der Nichtbeachtung und somit Unzufriedenheit: „Für den Mercosur ist die EU der wichtigste Handelspartner – Paraguay partizipiert am Handelsaustausch aber nur mit 1%." (Auswärtiges Amt, Länderinformationen Paraguay).

---

[10] http://www.bfai.de/fdb-SE,MKT20070306110308,Google.html vom 07.03.2007; Neben diesem Indikator der wirtschaftlichen Verflechtung müssten der Vollständigkeit halber auch weitere Indikatoren wie die tatsächliche Anzahl der Treffen, Versammlungen und anderweitigen Abstimmungen untersucht werden.

Neben der gefühlten Marginalisierung durch die beiden großen Bündnispartner Argentinien und Brasilien werden oftmals wirtschaftliche Nachteile von Paraguay geltend gemacht, daher wird dieses Argument hier aufgegriffen.

Einem *Kosten-Nutzen-Kalkül*[11] folgend, müsste Paraguay, so die Argumentation, aus dem Bündnis austreten, da das Land *de facto* stärkere Kosten und Nachteile durch das Bündnis erfahren hat, als sich durch Vorteile ausgleichen ließ, so jedenfalls die Beurteilung einheimischer Wirtschaftsverbände.[12]

Folgt man dieser Argumentation, hätte Paraguay dem Mercosur gar nicht erst beitreten dürfen. Es ist jedoch insbesondere geschehen, um Paraguay wieder in den Kreis der demokratischen Nationen aufzunehmen und mittels internationaler Unterstützung aus seiner Isolierung zu befreien (vgl. Kaltenthaler/Mora 2002: 89). Laut Aussage des paraguayischen Diplomaten und Botschafters Hugo Saguier Caballero war sich Paraguay der Kosten durch den Beitritt vollauf bewusst: „There was no other alternative than to jump right into the process. We were willing to absorb some of the economic costs of integration for the political and international benefits Paraguay was to obtain." (zitiert n. Kaltenthaler/Mora 2002: 89).

Da nach konstruktivistischer Lesart jedoch nicht die Kosten an sich maßgeblich sind, sondern die Bedeutung, die diesen durch die Akteure zugeschrieben wird (Wendt 1994: 386), gilt es nun zu prüfen, ob sich Paraguays Wahrnehmung der Kosten-Nutzen-Relation bezüglich der Mitgliedschaft im Bündnis geändert hat. Haben sich die handlungsleitenden Prioritäten geändert? Was veranlasste Paraguay, aus seiner passiven Mitgliedsrolle auszubrechen und Austrittsabsichten zu äußern?

Durch das Vorliegen von *scope conditions* und die wachsende Unzufriedenheit mit dem Verhalten der beiden großen Mitgliedsländer des Mercosur könnte seitens der paraguayischen Regierung durch Identitätswandel ein Überdenken und eine Re-Evaluation der Präferenzen stattgefunden haben. Die Kosten, derer man sich bewusst war und die man (Annahme 1) gerne zur Erfüllung der nationalen Ziele auf sich zu nehmen bereit war, schienen angesichts der veränderten Situation als nicht mehr angemessen.

Berücksichtigt man die fallende Interaktionsquote der kleinen mit den großen Vertragspartnern, ist die Annahme 2 – im Umkehrschluss – bestätigt: Paraguay fühlt sich nicht mehr an bestehende Rollenerwartungen gebunden und zieht

---

[11] Boekle et al. (1999: 4.1.1) weisen zurecht darauf hin, dass es fraglich ist, ob eine angemessene Kosten-Nutzen-Kalkulation der Alternativen überhaupt erstellbar ist. Es besteht die Frage, wie sich bspw. der Reputationsgewinn und die Aufwertung der nationalen Identität durch das Erscheinen in internationalen Verträgen monetär bewerten lassen, vgl. auch Jelin 1999: 43.

[12] Vgl. http://www.nrw-export.de/export/5373.asp.

sich ein wenig aus dem Bündnis zurück. Die Wertschätzung für die nicht-materiellen Vorteile der Mitgliedschaft im Mercosur hat abgenommen.

An dieser Stelle muss darauf hingewiesen werden, dass es sich bei der Austrittsbekundung Paraguays lediglich um eine *Drohung* handelte. Gemäß Fabbri (2005: 7) müssen Worte, Sprache und Äußerungen durchaus als wichtiger Bestandteil sozialen Verhaltens betrachtet werden (vgl. Ulbert 2006: 427; Onuf 1998: 59). Demnach ist die wiederholte und folgenlose Austrittsbekundung in erster Linie als kommunikativer Drohakt zu verstehen, der weniger auf einen tatsächlichen Austritt abzielt[13], sondern stattdessen mit stärkeren als den diskursiven Mitteln der Verhandlungsführung Reformen des Vertragswerkes und vor allem der Einhaltung desselbigen zu erreichen sucht.

Paraguay versuchte 1991, angesichts der Bedrohung seines Regimes, externe Unterstützung gegen inländische antidemokratische Kräfte zu gewinnen (Kaltenthaler/Mora 2002: 81) und trat daher dem Mercosur bei. Zusammenfassend ist zu sagen, dass sich erstens seine hohen Erwartungen in den 15 Jahren von der Gründung des Bündnisses bis zur Austrittsdrohung nicht bestätigt haben: Zwar griffen die beiden großen Partner bei politischen Krisen ab und an stabilisierend ein; wirtschaftlich oder in Bezug auf Entwicklungsfortschritte, Armutsbekämpfung und andere festgeschriebene Ziele, hat das Land hingegen kaum von dem Bündnis profitiert. Darüber hinaus fühlt es sich von Argentinien und Brasilien benachteiligt bzw. majorisiert. Paraguay fühlt sich nun nicht mehr an seine Rolle gebunden und den festgeschriebenen Normen verpflichtet sondern zieht sich sukzessive aus den Interaktionen mit den anderen Mitgliedstaaten zurück. Es ist damit zu rechnen, dass Paraguay in naher Zukunft seine Austrittsdrohung wohl nicht verwirklichen, jedoch bestimmter und glaubhafter als bisher umfassende Reformen einfordern wird.

Schlussfolgerungen und Kritik

Das Bündnis Mercosur kann gemäß Wendt als *soziale Struktur* verstanden werden (1995: 76). Die Praktiken der Staaten untereinander beeinflussen diese soziale Struktur, in die sie eingebettet sind. Dadurch kann sie sich, wie im Falle der Gründung des Mercosur, von einer Sicherheitsdilemma- hin zu einer Sicherheitsgemeinschaft wandeln (Wendt 1995: 77). Soziale Strukturen werden also durch soziale Beziehungen geschaffen, die wiederum auf intersubjektiv geteiltem Wissen und den im Prozess ausgeführten *practices* (Wendt 1995: 74) wie z.B.

---

[13] Im Gegensatz zu den europäischen Verträgen beinhaltet der *Tratado de Asunción* explizit eine Austrittsklausel.

Normbefolgung, Ausweitung der Integration oder aber auch unilateralen Schutzmaßnahmen beruhen. Bündnissen werden allgemein ganz unterschiedliche Bedeutungen und Funktionen zugeschrieben; sie reichen im Falle des Mercosur von der Freihandelszone über die Solidaritätsgemeinschaft bis zur Suche nach einem Macht-Gegengewicht. Diese Analyse zeigt, dass die hier betrachteten Staaten durchaus unterschiedliche Zuschreibungen und Gewichtungen vorgenommen haben.

Annahme eins konnte in beiden untersuchten Fällen sowohl bei der Gründungsentscheidung Argentiniens als auch der Austrittsdrohung Paraguays bestätigt werden: In beiden Fällen lagen mehrere gewichtige *scope conditions* vor. Daraus lässt sich zwar nicht schließen, dass der entstandene Identitätswandel nicht auch durch andere oder sogar ohne jegliche *scope conditions* hätte erfolgen können (es ist also nicht klar, ob das Vorliegen eine notwendige oder eine hinreichende Bedingung ist), aber es kann davon ausgegangen werden, dass in den untersuchten Fällen die identifizierten Auslöser zu veränderten Interessen der Regierungen führten und die Integrationsbereitschaft bzw. -skepsis dadurch beeinflusst wurde. Insbesondere der Demokratisierungsprozess in der Region ist hierbei maßgeblich an der Gestaltung der sozialen Struktur des Bündnisses beteiligt. Die Zusammenarbeit von neu gewählten demokratischen Präsidenten macht regionale Integration wesentlich wahrscheinlicher, als das gelegentliche Aufeinandertreffen zweier rivalisierender autoritärer Herrscher. Sowohl für Argentinien als auch für Paraguay bestand ein wesentliches Beitrittsmoment im Wunsch nach Teilhabe an der *Democratic Community*, welcher als angemessen und kohärent mit dem Selbstbild als friedfertiger, international angesehener Staat empfunden wurde.

Es bleibt fraglich und lässt sich innerhalb des konstruktivistischen Analyserahmens nicht befriedigend beantworten, inwieweit sich nicht stets Geschehnisse und Faktoren finden lassen, die, als *scope conditions* „aufgewertet", als Erklärung jeglicher erfolgten Handlung herangezogen werden können. Ein Stück weit „immunisiert" sich diese konstruktivistische Perspektive also gegen Widerlegung: Es lassen sich zwar kontingente Handlungsoptionen für die Akteure aufzeigen, nicht aber verlässliche Prognosen ableiten.

Es konnte anhand der **zweiten Annahme** gezeigt werden, dass ein Zusammenhang besteht zwischen der Häufigkeit und Qualität der Interaktion der Akteure untereinander und ihrer Bereitschaft, in internationalen Zusammenschlüssen Zugeständnisse zu machen.

Es konnte festgestellt werden, dass steigende bzw. häufige Interaktion mit größerer Kooperation und sinkende Interaktion mit einer größeren Entfernung der einzelnen Mitgliedstaaten voneinander korrelieren. Ein Kausalzusammenhang ist hier jedoch nicht eindeutig feststellbar. Zudem lässt die Beurteilung von Interaktionsgraden etc. große Spielräume für subjektive Wertungen zu, zumal in diesem Falle keine ausführlichen Dokument- und Sitzungsanalysen erstellt werden konnten.

Dies lässt eine weitere Grenze der konstruktivistischen Ansätze deutlich werden – denn die Theorie selbst ist im epistemologischen Sinne nicht davor gefeit, durch unterschiedliche Interpretationen und Wertzuschreibungen von „Fakten" und Geschehnissen ganz unterschiedliche Schlüsse zu ziehen, die jedoch als gleich plausibel und erklärungsmächtig erachtet werden. So könnte z.B. eine verstärkte feindlich motivierte Interaktion je nach Kontext und Interpretation durch den Betrachter sowohl als Bedingung und notwendigen Vorlauf für späteren Frieden als auch als Zuspitzung des Antagonismus gedeutet werden.

Die Überprüfung der **dritten Annahme** bietet ein durchwachsenes Bild und lässt Zweifel an der Anwendbarkeit der hinter der Hypothese stehenden konstruktivistischen Grundannahme aufkommen: Im Falle Argentiniens wurden die Rollenerwartungen nicht bestätigt; das Land hat protektionistische Maßnahmen ergriffen und sich von den Normen des Bündnisses entfernt, obwohl seine grundsätzlichen Erwartungen an das Bündnis erfüllt wurden.

Im Falle Paraguays hingegen ist das Beitreten erwartbar und rollenkonform und auch die spätere Verhaltensänderung durch Enttäuschung der Erwartungen aus konstruktivistischer Sicht nachvollziehbar; sie kann jedoch nicht eindeutig der *Rolle* Paraguays im Bündnis zugeschrieben werden. Rollenkonzepte sind vielerlei subjektiven Beobachtungen ausgesetzt sowie unklaren zeitlichen und inhaltlichen Grenzen. Die Interdependenz von Identität und Rolle stellt sowohl den Charme als auch eine Schwachstelle des konstruktivistischen Ansatzes dar.

Dante Caputo, der damalige Außenminister von Argentinien, sagte bereits 1986 über die noch in der Entstehung begriffenen Beziehungen der heutigen Mercosur-Mitgliedstaaten:

> „What we discuss are merely the mechanisms, the ways in which we can do things. We do not discuss the fundamental ideas, given we already share a similar vision of the world, similar positions with respect to the major world problems. This gives us an exceptional basis to address not only economic themes but also political ones." (zitiert in Fabbri 2005: 16).

Unser oft idealisiertes Bild der harmonischen Integration, das nur selten durch kleinere Missverständnisse getrübt wird, wird durch die zahlreichen unilateralen Maßnahmen sowie die Austrittsdrohungen der beiden kleinen Mitgliedstaaten auf die Probe gestellt. Mittels konstruktivistischer Argumentation kann erklärt werden, weshalb der Mercosur trotz beeindruckender Performanz hinter den Erwartungen der meisten Beobachter zurück bleibt: die Länder sind nicht bereit, weitgehende Befugnisse an supranationale Organe abzugeben, sondern beharren auf ihrer Selbstbestimmung aufgrund ihrer speziellen politischen Kulturen, die den Supranationalismus gegenüber nationaler Autonomie (immer noch) ablehnen (Grugel 2005: 1072). Manche Erklärungsansätze beziehen auch den durch die aktuellen, hauptsächlich linksgerichteten, Regierungen gepflegten Nationalismus mit ein.

Dieser Argumentation zufolge sind die lateinamerikanischen Länder zwar prinzipiell zur Kooperation und Befolgung von Normen bereit, jedoch nur solange sie nicht zu viel an nationaler Autonomie dafür abgeben müssen. Die Grenzen liegen bei jedem Land anders: Uruguay war zu beträchtlichen Autonomieeinbußen bereit, als es um den Beitritt zum Bündnis ging; Argentinien griff recht schnell zu unilateralen Schutzmaßnahmen im Angesicht der bevorstehenden Rezession 2002.

Berücksichtigt man, dass „jede Nation [...] den anderen Nationen mit einem Rucksack [baggage] an kulturellen Werten, Traditionen, Vorstellungen, traditionellen Verbindungen und Images begegnet und dieser Rucksack den Weg beeinflusst, auf dem sich der Integrationsprozess entwickelt" (Jelin 1999: 40, eig. Übersetzung), so kann erklärt werden, wie tief sitzende Ängste um Autonomie und Souveränität der Staaten deren Identität und somit auch das Verhalten auf Ebenen jenseits des nationalen Bezugsrahmens formen.

Die schweren Wirtschaftskrisen, v.a. jene in Argentinien 2002, haben gezeigt, dass die neoliberalen Maßnahmen denen das Bündnis sich verschrieben hat, nicht den Erfolg mit sich brachten, den sie versprochen hatten. Die Regierungschefs korrigieren nun entsprechend ihre *Policies* und betonen die dem IWF durch Rückzahlung des Kredites mühsam abgerungene Souveränität. Dies äußert sich wiederum in den Beziehungen der Mercosur-Staaten untereinander und wird wohl noch eine Weile so fortbestehen, es sei denn, die Aufnahme Venezuelas und Chávez' Ambitionen stellen einen ausreichend großen Schock für das Bündnis dar und leiten einen Prozess der erneuten Re-Definitionen nationalstaatlicher Interessen und Identitäten ein.

Literatur

Auswärtiges Amt (nn.): Länderinformationen Argentinien. http://www.auswaertiges-amt.de/diplo/de/Laenderinformationen/01-Laender/Argentinien.html: 16.04.2007.
Bertelsmann Transformation Index (BTI) (2003): Ländergutachten über Argentinien und Paraguay. http://bti2003.bertelsmann-transformationindex.de/46.0.html: 16.04.2007.
Bertelsmann Transformation Index (BTI) (2008): Argentina Country Report. http://www.bertelsmann-transformation-index.de/fileadmin/pdf/Gutachten_BTI_2008/LAC/ Argentina.pdf: 30.03.2009.

Boekle, Henning / Rittberger, Volker / Wagner, Wolfgang (1999): Normen und Außenpolitik: Konstruktivistische Außenpolitiktheorie. http://www.uni-tuebingen.de/pol/taps/tap34.htm: 16.04.2007.

Bompadre, Viviana (2003): The Making of Mercosur: Local vs center communities. http://www.allacademic.com/meta/p107150_index.html: 16.04.2007.

Fabbri, Claudia (2005): The Constructivist Promise and Regional Integration: An Answer to 'Old' and 'New' Puzzles. The South American Case. http://www2.warwick.ac.uk/fac/soc/csgr/research/workingpapers/2005/wp18205.pdf: 16.04.2007.

Fritz, Barbara / Nolte, Detlef (2004): Ökonomische Erschütterungen und Politische Stabilisierungstendenzen im Südlichen Lateinamerika. In: Jahrbuch Internationale Politik 2001/2002. München: Deutsche Gesellschaft für Internationale Politik. 287-294.

Fuchs, Doris (2004): Stand und kritische Analyse der regionalen Integrationssabkommen: NAFTA, MERCOSUR. http://www.unistuttgart. de/soz/ib/mitarbeiter/arbeits papiere.regionale.integrationsabkommen.pdf: 16.04.2007.

Grugel, Jean (2005): Citizenship and Governance in Mercosur: arguments for a social agenda. In: Third World Quarterly. 26 (7): 1061-1076.

Haas, Hans-Dieter / Neumair, Simon-Martin (2006): Formen der regionalen Blockbildung. In: Internationale Wirtschaft – Rahmenbedingungen, Akteure, räumliche Prozesse. München & Wien: R.Oldenbourg Verlag. 265-320.

Hopf, Ted (1998): The Promise of Constructivism in International Relations Theory. In: International Security. 23 (1): 171-200.

Jelin, Elizabeth (1999): Dialogues, understandings and misunderstandings: social movements in MERCOSUR. In: International Social Science Journal. 51(159): 37-48.

Kaltenthaler, Karl / Mora, Frank (2002): Explaining Latin American economic integration: the case of Mercosur. In: Review of International Political Economy. 9 (1): 72-97.

Klotz, Audie (1995): Norms in International Relations: The Struggle Against Apartheid. Ithaca / London: Cornell University Press.

Korthoff, Andrea (2005). Die EU und der Mercosur: Wege einer neuen Partnerschaft? Marburg: Tectum.

Latinobarómetro (2006): Jahresbericht. http://www.latinobarometro.org: 16.04.2007.

Onuf, Nicholas (1998): Constructivism: A User's Manual. In: Kubálková, Vendulka / Onuf, Nicholas / Kowert, Paul (Hrsg.): International Relations in a Constructed World. New York: M. E. Sharpe. 58-78.

Pozzi, Pablo (2000): Popular Upheaval and Capitalist Transformation in Argentina. In: Latin American Perspectives. 27 (5): 63-87.

Remmer, Karen (1998): Does Democracy Promote Interstate Cooperation? Lessons from the Mercosur Region. In: International Studies Quarterly. 42 (1): 25-51.

Resende-Santos, João (2002): The Origins of Security Cooperation in the Southern Cone. In: Latin American Politics and Society. 44 (4): 89-126.

Richards, Donald (1997): Dependent Development and Regional Integration: A Critical Examination of the Southern Cone Common Market. In: Latin American Perspectives. 24 (6): 133-155.

Sangmeister, Hartmut / Fuentes, Raquel (2002): Gemeinsam sind wir stärker!? – Stand und Perspektiven lateinamerikanischer Integrationspolitik. In: E+Z Entwicklung und Zusammenarbeit. 43 (5): 143-145.

Teubal, Miguel (1997): MERCOSUR, Argentina, and Regional Integration Processes. In: International Journal of Political Economy. 26 (4): 56-70.

Ulbert, Cornelia (2006): Sozialkonstruktivismus. In: Schieder, Siegfried / Spindler, Manuela (Hrsg.): Theorien der Internationalen Beziehungen. 2. Aufl. Opladen & Farmington Hills: Verlag Barbara Budrich. 391-420.

Wendt, Alexander (1992): Anarchy is what states make of it: the social construction of power politics. In: International Organization. 46 (2): 391-425.

Wendt, Alexander (1994): Collective Identity Formation. In: American Political Science Review. 88 (2): 384-394.

Wendt, Alexander (1995): Constructing international politics. In: International Security. 20 (1): 71-81.

Schlussbetrachtungen

Synthese: Theorieanwendung in den IB – Ein Plädoyer für klugen Pluralismus und konstruktive Interdisziplinarität

Fabian Strauch

„IR is today, if anything, over-supplied with theories of every conceivable variety. While this has made for some confusion, it has ensured that the level of theoretical sophistication within IR is much higher than it was four decades ago. There are now sustained conversations on a broad range of topics, from epistemology to ontology, methodology, and, not least, the realities of world politics." (Snidal/Wendt 2009: 4)

Auch wenn der vorliegende Band naturgemäß nur einen gewissen Teil der vorhandenen Theoriebreite abdecken kann, so legt er doch vor allem Zeugnis ab von der positiven Wirkung einer überreichlichen Versorgung mit theoretischen Zugängen zur Erklärung von drei ausgesuchten Fällen der *realities of world politics*. Die Autoren beleuchten jeweils unterschiedliche Aspekte des Irak-Konflikts, des Entstehungsprozesses des Mercosur und der Verhandlungen über das Kyoto-Protokoll, tragen der theorieinternen Ausdifferenzierung von Konstruktivismus, Liberalismus und Neorealismus Rechnung und sind sich zudem stets der Grenzen der einzelnen Ansätze sowie der von Snidal/Wendt erwähnten Konfusion bewusst.

Dieses Kapitel will im Folgenden erkunden, welche übergreifenden Implikationen diese extensive Angebotsseite sowohl für den Wettbewerb zwischen den einzelnen besprochenen und angewandten Theorien und ihre Beziehungen untereinander als auch für die altbekannte epistemologische Debatte zwischen Rationalismus und Konstruktivismus mit sich bringt. Außerdem sollen die jüngsten Anstrengungen der Forschungsgemeinschaft hin zu einer explizit integrativ, lebendig-pluralistisch und interaktiv-interdisziplinär konzipierten „International Theory" dargelegt und als produktiver Impuls für die Zukunft der Theorieanwendung in den Internationalen Beziehungen unterbreitet werden.

Intertheoretische Schnittmengen und Komplementaritäten

Der doppelt gewobene rote Faden, der sich überaus sichtbar durch die Beiträge zieht und gleichzeitig das essenzielle übergeordnete Ergebnis dieses Kapitels markiert, betrifft erstens die Trennschärfe der zum Einsatz kommenden Ansätze und die lange Zeit emsig genährte Lagerbildung in die Kategorien Konstruktivismus, Liberalismus und Neorealismus: Obwohl sich diese Klassifizierungen nach wie vor ihren Sinn bewahrt haben und zur Orientierung innerhalb des theoretischen Diskurses unerlässlich sind, besteht in den meisten, wenn nicht gar in allen Fällen beträchtlicher Raum für Überlappungen: Die Übergänge zwischen den Denkschulen erweisen sich als in hohem Grade fließend und es sind substanzielle Grauzonen auszumachen, welche die Trennlinien erheblich verwischen und undeutlich werden lassen. Mithin kristallisiert sich heraus, dass die einzelnen Theoriestränge nicht in unüberwindbaren 0-1-Beziehungen zueinander stehen und Synthesen vielmehr nicht nur möglich, sondern wünschenswert und/oder sogar vonnöten sind. Zweitens kommt der aufmerksame Leser an der damit verbundenen Tatsache nicht vorbei, dass sich die Theoriestränge mitunter komplementär zueinander verhalten und die Defizite des einen durch die Stärken eines anderen ausgeglichen und aufgefangen werden können.

Diese Befunde entlarven außerdem die teils mit Verve und sturer Überzeugung in der Vergangenheit und zum Teil bis heute ausgetragenen Fehden zwischen den Lagern als pure Scheingefechte. Sie finden in Wahrheit auf Nebenkriegsschauplätzen statt, verstellen den Blick auf das große Ganze und stehen einer fruchtbaren und gewinnbringenden Auseinandersetzung zugunsten einer umfassenden Erklärung und Analyse der betrachteten Fälle mehr im Weg, als dass sie aussagekräftige Resultate zu zeitigen vermögen.

Besonders deutlich werden diese allgemeinen Überlegungen, wenn man die drei in diesem Band verwendeten Denkschulen in einem ersten Schritt einander paarweise gegenüberstellt und zueinander in Beziehung setzt, zunächst Konstruktivismus und Liberalismus. Die in der neoliberalistischen Analyse des Irak-Konflikts (Palm/Schulz) untersuchte These der Wahllogik, die darin implizierten Eliten- und Massendiskurse und ihr Charakter vor und nach anstehenden Wahlen können als logischer Ausgangspunkt für eine Verknüpfung mit diskurstheoretischen Varianten des Konstruktivismus fungieren, etwa der von epistemologischer Provenienz, die im Kontext der konstruktivistischen Untersuchung des Kyoto-Prozesses (Tilly a) Verwendung findet.[1] Des Weiteren öffnet das in der

---

[1] Dabei darf nicht übersehen werden, dass der epistemologische Konstruktivismus wie auch konstruktivistische Spielarten allgemein wiederum ihre eigenen Probleme aufwerfen, siehe dazu weiter unten.

Kyoto-Analyse aus neoliberalistischer Sicht (Tilly b) applizierte *Two Level-Game* Türen zu konstruktivistischen Betrachtungsweisen, um deren zu Recht bemängelter Schwäche in der Erklärung der Herausbildung nationaler Interessen Herr zu werden. Abhilfe kann hier womöglich eine Ergänzung um das in der konstruktivistischen Irak-Konflikt-Untersuchung (Friedrich/Schulz) herausgearbeitete Modell schaffen, welches auf „differente Ideen, Weltbilder und Normen" abhebt, „auf deren Grundlage sich nationale Identitäten herausbilden. Diese wiederum sind die Basis für Interessen, welche im Prozess der Definierung von Situationen gebildet werden" und schlussendlich in nationale strategische Kulturen münden. Ebenso tun Palm/Schulz recht daran, den präferenzorientierten bzw. ideationalen Strang des Liberalismus, wenngleich er in der Analyse außen vor bleibt, als weiteren Bestandteil mit unübersehbar konstruktivistischem Potential zu präsentieren, was die bisweilen mehr als nur partielle Nähe der beiden Theoriefamilien einmal mehr hervorhebt.

Ein ähnliches Bild lässt sich für Konstruktivismus und Neorealismus zeichnen. In dieser Paarung findet sich zunächst eine Beobachtung, die einer profunden Ironie nicht entbehrt und beinahe an einen Treppenwitz grenzt: Denn ein wesentliches Ergebnis der auf dem Neorealismus basierenden Abhandlung des Irak-Konflikts (Schneider/von Trott) besteht darin, dass „Verhalten und Reaktionen der Staaten auch von unterschiedlichen Einschätzungen der Bedrohungslage [...] und ihrem Rollenverständnis abhängen", wobei sich die Autoren auf Stephen M. Walts *balance of threat*-Ansatz, postklassische Versionen des Neorealismus und den Dualismus aus Einfluss- und Abwehrpolitik von Baumann/Rittberger/Wagner beziehen. Jedoch muss der Neorealismus passen, wenn es um die Herkunft und Entstehung der genannten Beurteilungen der Bedrohungssituation und vor allem des Rollenverständnisses geht. Und genau an dieser Stelle ist es denn auch lohnenswert, konstruktivistische Ansätze zu befragen; Sarah Költzow etwa gibt in der theoretischen Grundierung ihrer Mercosur-Fallstudie wertvolle Hinweise in Bezug auf Identität (und deren interdependentes Verhältnis zu Rollenkonzepten und Erwartungen), Interaktionen, sowie Normen und Werte, die für eine plausible theoretische Fundierung der Kategorien „Einschätzung der Bedrohungslage" und „Rollenverständnis" von maßgeblichem Nutzen sein können. Somit ist man geneigt, etwas provokant festzustellen, dass gewisse neorealistische Grundannahmen theoretisch besehen auf ein konstruktivistisches Fundament gestellt werden können oder sogar müssen, um die Glaubwürdigkeit und Stringenz der Analyse zu gewährleisten.

Zudem ist der Konstruktivismus in der Lage, den Fokus des Neorealismus, abgesehen von der Anarchie der Staatenwelt, auf weitere Ergebnisse aus der Konfiguration des internationalen Systems auszuweiten, indem er u.a. interpretative Zugänge und Bewertungen einschließt und Ereignisse bewusst kontextualisiert, um so auf die Konstruktion von Interessen und Identität zu schließen. Dies gilt auch und vor allem, wenn es um situative und kontingente Einflussfaktoren, Entwicklungen und Veränderungen geht, welche beim Neorealismus aufgrund einer Betonung von Kontinuität und langfristigen Faktoren nicht ausreichend berücksichtigt werden. Daneben können konstruktivistische Ansätze die empirisch belegte Wirkung von Normen und Regeln als Plus verbuchen, was es ihnen in Kombination mit den bereits genannten Punkten ermöglicht, wichtige der erwähnten und durchaus nicht leicht von der Hand zu weisenden Vorbehalte gegen den Neorealismus – kognitiver Dogmatismus, selektive Wahrnehmung und inflexibel-struktureller Determinismus – gewinnbringend zu entkräften. Voraussetzung dafür ist freilich entweder ein komplementärer Einbezug des Konstruktivismus in neorealistische Analysen oder aber die Hinwendung zu und Generierung von möglichen hybriden Ansätzen, welche Stärken und Schwächen beider Seiten theoretisch schlüssig und konzeptionell brauchbar austarieren.

In Hinsicht auf das Verhältnis zwischen Liberalismus und Neorealismus sollte ebenfalls nicht notwendigerweise von einer Schwarz-Weiß-Dichotomie bzw. einer reinen Entweder-oder-Beziehung ausgegangen werden: Grundsätzlich nämlich ergänzen sich beide Theoriegebäude gegenseitig und beleuchten zwei Seiten derselben Medaille, nämlich des außenpolitischen Verhaltens von Staaten. Ein geeignetes Beispiel stellt erneut das *Two Level-Game* (Tilly b) dar, das selbst bereits als Ausdruck eines Brückenschlags zwischen Liberalismus und Neorealismus verstanden werden kann, obschon der Schwerpunkt eindeutig auf der liberalistischen Seite liegt. Doch im Prinzip sind Elemente beider Theorien auffindbar, die simultan miteinander interagieren und auf diese Weise staatliche Handlungen produzieren, wie Tillys Einführung in das Modell zeigt.

Darüber hinaus öffnet sich der Liberalismus auch, ähnlich dem Konstruktivismus, kurzfristigeren und situationsbezogenen Einflussgrößen auf substaatlicher Ebene, die beim Neorealismus schlicht nicht berücksichtigt werden (können), und erhöht damit das Maß an Komplexität der Betrachtung erheblich, was der Wirklichkeit näher kommt als es der vergleichsweise grobe und holzschnittartige Neorealismus alleine vermag. Damit liefert liberalistische Theoriebildung einen Ausgleich für die Schematik und Vereinfachungen des Neorealismus, indem sie die *black box* Staat für umfangreiche Analyse öffnet. Dieser Aspekt gestaltet sich insbesondere hilfreich und relevant bei *low politics* wie (noch) Umwelt- und Klimafragen, welche für das Radar des Neorealismus zu tief fliegen, um erfasst werden zu können. Zudem sind gerade hier, aber auch auf allgemeinerer Ebene ebenso dreifache Überlappungen mit dem Konstruktivismus vorstellbar, wenn es um die Genese innergesellschaftlicher Faktoren, d.h. hauptsächlich Interessen und Präferenzen, geht. Alles in allem verdeutlichen diese Ausführungen zugleich einen wesentlichen Nachteil einer verhältnismäßig schlanken Theorie, ungeachtet der Tatsache, dass diese Eigenschaft von Vertretern des Neorealismus als einer seiner grundlegenden Vorzüge gepriesen wird. Umgekehrt vermag sich jedoch auch der Neorealismus zweifelsohne eine genuine Existenzberechtigung zu erhalten und ein unzweifelhaft ertragreiches Feld zu umzäunen: Es schließt einen ausdrücklichen Systembezug – d.h. die Sensibilität für zwischenstaatliche Konkurrenz und die sich daraus ergebenden Zwänge im Rahmen des internationalen Systems (Ditzel/Hoegerle) –, die Beschäftigung mit den allgegenwärtigen und gewichtigen Kategorien Sicherheit und Macht (Ditzel) und, damit zusammenhängend, die Erfassung von längerfristigen und strategischen Überlegungen und ihrem Einfluss auf staatliches Verhalten (Schneider/von Trott) ein. Diese Faktoren sind deshalb von wichtigem Belang, weil die anderen Theoriezweige sie ihrerseits wiederum zu wenig oder gar nicht einbeziehen.

Eine Rückschau auf die Beiträge des Bandes legt folglich beträchtliches Potential für einen konstruktiven Dialog zwischen den behandelten theoretischen Blickwinkeln frei, weshalb Konstruktivismus, Liberalismus und Neorealismus sehr wohl als jeweils distinkte und kohärente Gebilde, jedoch nicht als unabhängig voneinander und sich wechselseitig völlig ausschließend gelesen werden sollten. So muss man etwa den Neorealismus verstehen, will man Zugang zu später entwickelten Denkschulen erhalten, da sich diese zumeist in Abgrenzung zu ihm definieren. Ebenso hält die übergeordnete Ebene des epistemologischen Gehalts von IB-Theorien instruktive Lehren für den praktischen Umgang mit ihnen bereit, wie im nächsten Abschnitt aufgezeigt werden soll.

Wider die Tautologie-Gefahr und unausgewogene Analyse – Rationalismus und Konstruktivismus in der epistemologischen Debatte

Der Wert der seit langem und teils erbittert geführten Diskussion um die epistemologischen Vorzüge und Fallstricke von Rationalismus und Konstruktivismus[2] ergibt sich im Kontext dieses Bandes aus zwei markanten problematischen Wesenszügen beider Herangehensweisen, die immer wieder zum Vorschein kommen und durch Hinzuziehen der anderen Seite behoben werden können: Für den Konstruktivismus ist dies ein unleugbarer *ex post*-Charakter sowie eine damit einhergehende Anfälligkeit für tautologische Erklärungsmuster; für rationalistisch basierte Studien ist es abermals die bereits weiter oben angeklungene Ge-

---

[2] Liberalismus und Neorealismus gehören dabei zur rationalistischen Denkweise, während der Konstruktivismus sowohl allgemein-epistemologisch als auch spezifisch-substanziell, i.e. als die hier verwandte Theorie der IB verstanden werden soll.

fahr der Einseitigkeit und Unvollständigkeit ihrer Analysen, werden konstruktivistische Gesichtspunkte übergangen. Beide Aspekte sollen mit Rückbezug auf die vorausgegangenen Beiträge konkretisiert werden.

Zunächst zur Problematik tautologischer Erklärungen, die in den konstruktivistischen Betrachtungen der Autoren, aber auch im liberalistischen *Two Level-Game*[3] immer wieder aufleuchtet und thematisiert wird: Sie benennt die Schwierigkeit von *ex post*-Ansätzen, zu objektiver Verifizierung zu gelangen bzw. empirisch überprüft werden zu können. Manifest wird diese in einer ungenügenden Fähigkeit, ultimative Erklärungen zu liefern, und einer nur sehr eingeschränkten Prognosefähigkeit. Das liegt am fehlenden Rekurs und an der Unzugänglichkeit für kausale Mechanismen[4] wie auch der Schwierigkeit, konstruktivistische Variablen und Kategorien geeignet zu operationalisieren (Friedrich/Költzow/Tilly, Friedrich/Schulz, Költzow). Aus diesem Grunde bewegen sich konstruktivistische Untersuchungen überwiegend auf dem Gebiet einer deskriptiven und nicht falsifizierbaren Unverbindlichkeit und sind bisweilen stark subjektiven Interpretationen des Forschers ausgesetzt. Hinzu kommt, dass infolge dieser Rahmenbedingungen das Risiko besteht, im Nachhinein „durch unterschiedliche Interpretationen und Wertzuschreibungen von „Fakten" und Geschehnissen ganz unterschiedliche Schlüsse zu ziehen, die jedoch als gleich plausibel und erklärungsmächtig erachtet werden (können, d.A.)" (Költzow), was letztlich einer drohenden Selbstimmunisierung gegen Einwände aus anderen Theorien Vorschub leisten kann. Dies wiederum wirft die Frage auf, inwieweit der Konstruktivismus überhaupt Anspruch auf substanzielle Erklärungskraft erheben kann, da er im Extremfall dann bereits erheblich zu einer *a posteriori*-Beliebigkeit tendiert.

Gleichwohl machen konstruktivistische Perspektiven insgesamt trotz ihrer nicht zu übersehenden Schwächen einen nutzbringenden und unabdingbaren Bestandteil der Theorielandschaft der Internationalen Beziehungen aus, welche die Grobschlächtigkeit z.B. des Neorealismus zweifellos auszugleichen und die Analyseraster liberalistischer Theorien weiter zu verfeinern vermag. Ihre Stärken finden sich zusätzlich zu den bereits weiter oben angeführten Kennzeichen im klaren Fokus auf die soziale Konstruktion von Wirklichkeit sowie auf die Bedeutung von immateriellen Faktoren und Strukturen. All dies ermöglicht eine genauere, erschöpfendere und flexiblere, weil prozessorientierte Annäherung an das

---

[3] Dies mag *prima facie* überraschend anmuten, kann aber wegen der offensichtlichen Neigung des *Two Level-Games* zum Konstruktivismus, um seine Schwäche (mangelnde Fähigkeit, die Genese nationaler Interessen zu erklären) zu beheben, gut erklärt werden. Weiterhin ist zu gewärtigen, dass es ebenfalls einen *ex post*-Ansatz darstellt und *ergo* die Tautologie-Anfälligkeit mit dem Konstruktivismus teilt (vgl. Tilly und s.u.).

[4] „Die erklärenden Variablen, z.B. Normen- und Wertverständnisse, lassen sich häufig nur *via* der zu erklärenden Variable, d.h. dem konkreten politischen Handeln, beobachten." (Friedrich/Költzow/ Tilly).

Geschehen und seine Bedeutung für die beteiligten Akteure (Friedrich/Költzow Tilly, Friedrich/Schulz), und damit tiefergehende Erkenntnisgewinne in Bezug auf die Forschungsfrage. So kann bspw. auch Akteursverhalten unter Unsicherheit über die Beschaffenheit der Welt erfasst sowie die Bedeutung und Auswirkung der Häufigkeit und Qualität von Interaktionen in die Untersuchung miteinbezogen werden (Költzow). Konstruktivistischen Schwächen ist *vice versa* durch die im Vergleich handfestere, die Forschungsergebnisse wirkungsvoller absichernde empirische Erdung von Liberalismus und Neorealismus beizukommen, was sich aus den kritischen Anmerkungen zu den Grenzen des Konstruktivismus ergibt. Und so fassen denn auch Snidal/Wendt (2009: 5; ebenfalls wegweisend: Fearon/Wendt 2002) mit Blick auf jüngere Entwicklungen des Diskurses zusammen: „Constructivists have incorporated some of the strategic logics of rationalism while rationalists have enriched their understanding of beliefs to capture some constructivist concerns."

Eine mögliche und potenziell provokative Schlussfolgerung, die sich im Lichte dieser Bewertung konstruktivistischer Analyse ziehen lässt, und die auch bereits in den Beiträgen durchscheint, lautet, dass sich der Konstruktivismus eher als eine häufig komplementäre Theorie[5] herausstellt und schwerpunktmäßig als vertiefende Ergänzung zu rationalistischen Erklärungen operieren sollte. Anders ausgedrückt: Rationalistisch orientierte Betrachtungsweisen wie Liberalismus und/oder Neorealismus bilden zwei der als erforderlich einzusetzenden Denkschulen und liefern den (empirischen) Rohbau im Zuge der Errichtung einer zufriedenstellenden, umfassenden und so weit wie möglich vollständigen Erklärung internationaler Phänomene. Dafür benötigt es jedoch in jedem Falle mehr als lediglich die Erfüllung einer notwendigen Bedingung, denn noch fehlt es an Malerarbeiten, Fenstern, Inneneinrichtung, etc., um dem Analyse-Gebäude in einem nächsten Schritt auch einen wohnlichen Charakter angedeihen zu lassen. Und genau hier kommt mit dem Konstruktivismus die hinreichende Bedingung ins Spiel, welche theoriegeleitete Analysen im Rahmen der Internationalen Beziehungen komplettiert und ihnen weitere, tiefgründigere Erklärungsdimensionen hinzufügt, ohne welche das Bauwerk unvollständig und ohne allzu großen weiterführenden Nutzen bliebe.

Um nun sogleich möglichen Missverständnissen vorzubeugen: Damit soll ganz und gar nicht dahingehend argumentiert werden, dass konstruktivistischen Denkweisen weniger Wert oder Ansehen zukommt als ihren rationalistischen Pendants. Vielmehr begegnen sich beide Strömungen auf gleicher Augenhöhe,

---

[5] Folgt man den Ausführungen von Friedrich/Költzow/Tilly, dass der Konstruktivismus vielmehr gar „nicht als substanzielle Theorie der Internationalen Beziehungen verstanden werden kann, die mittels eines festen Analyserasters eindeutige Erklärungen verschafft", müsste man wohl eher von „konstruktivistischer Strömung" oder „konstruktivistischen Herangehensweisen" etc. sprechen.

sie sind aufeinander angewiesen und müssen zugunsten einer Untersuchung, die angemessen und so umfangreich wie nötig und möglich auszufallen beabsichtigt, Hand in Hand gehen. Ebenso ist ein umgekehrtes Vorgehen von den Wohn-Details zum Rohbau keineswegs ausgeschlossen und abhängig vom Forschungs-interesse mancherorts sogar zweckmäßiger. Hingegen führen die Resultate der Fallstudien dieses Bandes ziemlich unzweideutig vor Augen, dass eine simple, ausschließlich rationalistische *oder* konstruktivistische Pfade verfolgende Analy-se keinen Sinn macht, weil sie zwangsläufig nur begrenzte Ergebnisse hervorzu-bringen imstande ist, deren Verallgemeinerung in Verzerrungen resultiert. Die Grenzen der beiden epistemologischen Pole sollten nicht als Hindernis, sondern als Chance aufgefasst werden und als Ausgangspunkt für Interaktion und Dialog dienen.

Fazit und Ausblick: Kluger Pluralismus und interdisziplinäre „International Theory" als wirkungsvolle Impulse für die künftige Theorieanwendung

Snidal/Wendt (2009: 5) treffen einmal mehr den Nagel des übergreifenden Argu-ments dieser Synthese auf den Kopf, wenn sie festhalten:

„[E]ngagement can eliminate false differences and encourage cross-fertilization that strengthens both. Even where epistemological or ontological differences are too great, a better appreciation of the horizon and limits of their own arguments – and the possible virtues of others' arguments – is a valuable step forward for each com-munity." Und weiter: „In some cases, the differences can be attenuated, even if not overcome. At a minimum, challenges can be used to spur better theory in the other."

Das gemeinsame Ziel, welches bei diesem Unternehmen nicht aus den Augen zu verlieren ist, ist neben der von Snidal/Wendt angestrebten Theoriediskussion in den Formen Annäherung, Ausdifferenzierung und Weiterentwicklung im Falle der Anwendung dieser Theorien auf internationale Phänomene eine gründliche Erklärung und Analyse der betrachteten Phänomene, die so erschöpfend wie möglich ausfällt. Wie im Laufe dieses Kapitels deutlich geworden ist, bedarf es hierzu eines gemeinschaftlichen Unterfangens unter Einbezug mehrerer Denk-schulen und beider epistemologischer Richtungen. Äußerst wichtig hierbei ist jedoch, dass damit kein Freibrief für einen eher schrankenlosen und willkürli-chen Theoriemix ausgestellt werden soll, der je nach Gusto verschiedene Ele-mente unterschiedlicher Theorien kombiniert und auf diese Weise der Rosinen-pickerei verfällt. Damit würde man zweifelsohne das Kind mit dem Bade ausschütten, und das gilt nicht nur für die Denkschulen *per se*, sondern ebenso für die theorieinternen Ausdifferenzierungen, von denen die hier versammelten Beiträge beredtes Zeugnis ablegen.

Im Gegenteil, Wissenschaftler sollten mit Blick auf den zu untersuchenden Gegenstand und die interessierende Forschungsfrage die verwendeten Theorien klug und begründet selektieren, indem sie sich die spezifischen Grundannahmen und Stärken jeder Theorie zunutze machen, ihre Schwächen offen benennen und diese mithilfe anderer Betrachtungsweisen bewusst auszugleichen suchen. Das kann im Einzelfall sehr wohl adäquat hergeleitete und fundierte hybride Theorieformen mit sich bringen, ist aber alles andere als zwingend, und kann auch die zusätzliche Anwendung eines anderen Theoriestranges auf den Fall oder geringstenfalls die bewusste Anerkennung seines Potentials in dieser Hinsicht bedeuten, wenn sich die ursprünglich angesetzte theoretische Stoßrichtung als zu wenig ergiebig präsentiert. Auf dieser Basis ist mithin insgesamt für einen bewusst multidimensionalen theoretischen Zugang zur Erklärung von Phänomenen im Bereich der IB zu plädieren, um keine untauglichen Zerrbilder zu zeichnen und dem Einzelfall stattdessen in wenn schon nicht vollem, so doch zumindest angemessenem Umfang gerecht werden zu können.

Die Gründung einer neuen Zeitschrift mit dem Titel „International Theory. A Journal of International Politics, Law and Philosophy"[6] stellt zudem unter Beweis, dass die Tendenz zu einer pluralistischen Perspektive auf die Leistungen und Grenzen von Theorien nicht nur in Bezug auf IB-Theorien per se, sondern auch auf die übergeordneten (theoretischen) Subdisziplinen des Feldes der IB breite Zustimmung findet und planvoll, bestimmt und mit Verve vorangetrieben wird. Snidal/Wendt (2009: 2ff.) unterscheiden drei *intellectual communities*: Erstens „International Political Theory (IPT)", die sich mit der theoretischen Erschließung der Rolle von Normen und Werten für die internationale Ebene befasst.[7] Dazu gehört auch die Auseinandersetzung mit und die Transformation von Konzepten wie Gerechtigkeit, Rechte und Pflichten etc., die ursprünglich ausschließlich für die nationale Ebene vorgesehen waren und nicht auf das internationale System übertragen wurden. Sodann „theory from International Relati-

---

[6] Sie erscheint ab März 2009 dreimal jährlich bei Cambridge University Press und formuliert ihr „Statement of Aims" wie folgt: *„International Theory (IT)* promotes theoretical scholarship about the positive, legal, and normative aspects of world politics respectively. IT is open to theory of all varieties and from all disciplines, provided it addresses problems of politics, broadly defined and pertains to the international. IT welcomes scholarship that uses evidence from the real world to advance theoretical arguments. However, IT is intended as a forum where scholars can develop theoretical arguments in depth without an expectation of extensive empirical analysis."

[7] Wegweisend für die Anfänge dieser Diskussion waren in den USA in erster Linie Michael Walzers „Just and Unjust Wars" (1977) und Charles Beitzs „Political Theory and International Relations" (1979).

ons (IR) scholars", der vorliegende Band fällt in diese Kategorie. Ihm ist es in Abgrenzung zur ausdrücklich normativ geprägten IPT um eine positivistische Perspektive im Dienste von Erklären und Verstehen zu tun. Und schließlich „a third wave of theory coming out of International Law (IL)" oder auch „international legal theory" – ein Bereich, der für Snidal/Wendt insbesondere seit dem Ende des Kalten Krieges spürbar auf dem Vormarsch ist, weil sich die Aussichten auf eine ernsthafte Beschäftigung mit und dann mittelbar auch Befolgung von IL durch die Staatenwelt mit der Zeit deutlich aufgehellt haben.

In diesem bedeutend weiter gefassten Rahmen identifizieren Snidal/Wendt (2009: 5) interessanterweise, aber zugleich nicht sonderlich überraschend dasselbe Problem, das dem IR-Bereich in der zweiten Hälfte des 20. Jahrhunderts zu schaffen gemacht hat:

> „[S]erious engagement across disciplines is almost non-existent. Thus, instead of one set of conversations around an international issue among normative, positive, and legal theorists, there are three separate sets of conversations going on, each within its own, relatively self-contained, disciplinary 'silo'."

Diese vergleichsweise isolierten Silos abzubauen und an ihrer Stelle eine ehrliche, interdisziplinäre Auseinandersetzung in Form von Dialog und Interaktion zwischen verschiedenen Theorieformen in Gang zu bringen, auf deren Grundlage die jeweiligen Grenzen und Anknüpfungspunkte, Stärken und Schwächen ausgelotet werden können, darin sehen die Autoren die Daseinsberechtigung, Aufgabe und das Ziel von IT.

Und sie bringen überzeugende Argumente vor, warum dies ein lohnenswertes Unterfangen markiert (vgl. Snidal/Wendt 2009: 6f.): Zum Einen zeigen sich die Grenzen zwischen normativer, positivistischer und rechtswissenschaftlicher IT nicht klar abgesteckt, sie sind vielmehr trotz unanfechtbarer zentraler Differenzen in der Theoriebildung „necessarily fuzzy", weshalb ein Dialog neue Einsichten in mögliche Beziehungen und Interdependenzen zum Vorschein bringen kann, die dann wiederum helfen, Grenzen neu zu justieren, abzustecken oder gar aufzulösen. Zum Anderen beinhalten Phänomene, Ereignisse und Problemstellungen, die für IT-Studenten von Relevanz sind, zumeist sowohl normative als auch empirische und rechtswissenschaftliche Aspekte, die in den Blick zu nehmen sich nicht nur lohnt, sondern vielmehr im Sinne einer umfassenden Analyse sogar geboten ist.

Zwar steht im Zusammenhang mit IT eindeutig die Beschäftigung mit und die Entwicklung von neuen theoretischen Ansätzen im Vordergrund, wobei Empirie sehr wohl willkommen geheißen, nicht aber *a priori* erwartet oder gar vorausgesetzt wird. Der gordische Knoten eines fehlenden inter-theoretischen Diskurses scheint darüber hinaus innerhalb der hier behandelten Subdisziplin der

IR-Theorien und ihrer praktischen Anwendung mittlerweile in Ansätzen zerschlagen, wie Snidal/Wendt selbst konzedieren. Es besteht jedoch fraglos noch Verbesserungspotential, das nicht zuletzt dieser Band in der Summe hat sichtbar werden lassen.

Ein derartiger und bewusst interdisziplinär angelegter Diskurs ist abgesehen von seinem gesteigerten theoretischen Input auf hervorragende Weise dazu geeignet, neue Pfade in der theoretischen Analyse internationaler Praxis zu erschließen. Denn wenn die wesentliche Lehre dieses Sammelbandes darin besteht, die Qualität des Strebens nach einer so weit wie möglich erschöpfenden Erklärung des Forschungsgegenstandes *qua* eines explizit gelebten Pluralismus der dazu eingesetzten Theorien zu unterstreichen, kann eine Erweiterung dieses Pluralismus über die Grenzen der IR-Theorielandschaft hinaus nur die logische Konsequenz sein. Ihre besten Fürsprecher finden sich in den beiden von Snidal/Wendt vorgebrachten Argumenten: Der unbestreitbaren Komplexität internationaler Phänomene ist am effektivsten zu begegnen mit Hilfe einer Theorienlandschaft, die die Fülle ihrer *ex aequo* vielschichtig-mannigfaltigen und sich oftmals überschneidenden Ressourcen gleich welcher Herkunft und Prägung gezielt bündelt und in gemeinschaftlicher Anstrengung zur vollen Entfaltung für die Praxis bringt.

Sehen und Verstehen: Theorien der Internationalen Beziehungen und ihre praktische Anwendung in Forschung und Lehre

Imke Risopp-Nickelson

Einleitung

Für viele Studierende, die sich erstmals für einen Kurs, oder gar einen ganzen Studiengang der Internationalen Beziehungen entscheiden, liegt das Hauptinteresse normalerweise darin, die Welt um sie herum besser zu verstehen. Warum scheinen wir es nicht zu schaffen, den globalen und erwiesenerweise oft schädlichen Klimaveränderungen erfolgreich entgegenzuwirken? Warum leiden so viele Menschen in der Welt an Hunger, wenn theoretisch doch genug Nahrung für die ganze Menschheit produziert werden kann? Warum führen Menschen Krieg? Warum sind manche Länder arm und andere unvorstellbar reich? Die Liste der möglichen Fragen ist endlos, u.a. auch aus dem einfachen Grund, dass das Untersuchungsfeld der Internationalen Beziehungen so weitreichend und komplex ist. Was einmal ursprünglich als „Kriseninterpretations – und Krisenbewältigungswissenschaft" (Meyers 2006: 460) im Anschluss an den ersten Weltkrieg entstand, umfasst heute eine Vielfalt von Themen und Sachbereichen, einschließlich der Ökonomie, des Völkerrechts und der Diplomatie.

Obwohl in vielen Fällen das primäre Erkenntnisinteresse der Studierenden von praktischer Natur ist, gibt es in der Fachliteratur erstaunlich wenige Aufarbeitungen, in denen die praktische Theorieanwendung in einem auch für den Anfänger verständlichen Format im Vordergrund steht. Der Anspruch des hier vorliegenden Bandes ist es, diese Lücke ein Stück weit zu schließen, einzelne Theoriestränge in ihrer Komplexität verständlich zu beschreiben und den Studierenden die praktische Anwendbarkeit einzelner Theorien nahezubringen[1]. Die in diesem Band bearbeiteten Fallstudien betrachten drei historische Ereignisse durch jeweils drei verschiedene Theorie-Linsen. Dabei wird deutlich, dass in fast jedem Fall, jede der angewendeten Theorien zumindest einen Teil der Ereignisse

---

[1] Für einen ähnlichen Ansatz in der Nordamerikanischen Literatur siehe Sterling-Folker 2006.

beleuchten und erklären kann. Wie ich im Folgenden argumentieren werde, ist dies kein ungewöhnlicher Befund. Einzelne IB-Theorien können in der Tat als zunehmend *komplementäre* Linsen verschiedener Größe und Struktur betrachtet werden, durch die der Gegenstand der Internationalen Beziehungen beleuchtet und *Ausschnitte* einer komplexen Wirklichkeit in ihren wiederkehrenden Mustern erfasst werden können. Die Frage, welche Theorie einen Sachzusammenhang nun am besten erklären kann, verliert insoweit an Gewicht, als unterschiedliche Theorien in unterschiedlichem Maße geeignet sind, verschiedene Aspekte internationaler Geschehnisse und Strukturen zu beleuchten. Die variierende empirische und analytische Reichweite verschiedener Theorien hängt u.a. von den ihnen zugrunde liegenden Weltbildern und ihren ontologischen und epistemologischen Grundannahmen ab.

Weltbilder stellen das Rahmenverständnis dar, mit Hilfe dessen wir die Welt um uns herum interpretieren und bestehende Strukturen und Aktivitäten bewerten. Der Formulierung von Philips und Brown folgend, kann man sagen, dass ein Weltbild nicht nur unser Bild *von* der Welt, sondern auch unser Bild *für* die Welt repräsentiert (Griffiths 2007: 1). Für Studierende der Internationalen Beziehungen ist es hilfreich, einzelne Theorien gemäß ihren Weltbildern einzuordnen, da eine derartige Zuordnung nicht nur das Verständnis des jeweiligen analytischen Blickwinkels einzelner Theorien erleichtert, sondern auch den Blick für die theoretischen Grundannahmen, die doch jeder praktischen Politikentscheidung und Empfehlung – bewusst oder unbewusst – unterlegen sind, schärft. Ohne in die andauernde Theorie-Debatte über das genaue Verhältnis von Ontologie, Epistemologie und Methodik in den Internationalen Beziehungen eingehen zu wollen, werden im Folgenden kurz die ontologischen, epistemologischen und methodischen Grundannahmen der in diesem Band diskutierten und angewendeten Theoriestränge mit dem Ziel erläutert, den die Theorien anwendenden Studierenden ein besseres Verständnis für Möglichkeiten und Grenzen in der Anwendung einzelner Theorien zu vermitteln[2]. Im Anschluss an die Diskussion einzelner Theoriestränge und die ihnen zugrunde liegenden Weltbilder, wird, unter Bezugnahme auf die in diesem Band vorliegenden Beiträge, die Anwendbarkeit einzelner Theorien als Linsen zur Betrachtung und Analyse der Internationalen Beziehungen verdeutlicht.

---

[2] Für die Debatte über das Verhältnis von Ontologie und Epistemologie siehe z.B. Wight 2006 und Farrell/Finnemore 2009.

Weltbilder als Grundlage Internationaler Theoriebildung

Obwohl nicht immer explizit diskutiert, basiert doch jede Theorie und jeder Theoriestrang in den Internationalen Beziehungen auf ontologischen Grundannahmen. Ontologie bezeichnet im Allgemeinen unsere Annahmen darüber, wie die Welt *ist*. In diesem Sinne ist die Ontologie eine Lehre des Seins. Ontologie beantwortet die Frage: *Wie sieht die Welt aus und woraus besteht sie?* Unterschiedliche Theorien und Theoriestränge der Internationalen Beziehungen basieren zumeist auf unterschiedlichen Ontologien. White argumentiert sogar, dass jede Theorie auf einer Ontologie basieren muss, um als solche zu gelten: „All theories presuppose a basic ontology from which all other considerations follow. No ontology, no theory" (White 2006: 2)[3]. Gemäß White können Spannungslinien zwischen verschiedenen theoretischen Ansätze am besten auf Grund ihrer jeweiligen ontologischen Grundannahmen verstanden werden: „We all seek to explain the phenomena that interest us. Where we differ is in how we define our basic units of analysis and what we think the most important causal processes are" (White 2006: 4).

Epistemologie ist eng mit ontologischen Prämissen verknüpft, aber nicht identisch. Während ontologische Annahmen ein Bild der Welt zeichnen, wie sie unabhängig von unserer eigenen Wahrnehmung existiert, liefert die Epistemolgie Aussagen darüber, welche Teile und Aspekte von dieser Welt wir in der Lage sind zu erfahren, und wie wir sie ausmachen können. Epistemologie ist die Lehre vom Wissen. Das heißt, epistemologische Grundannahmen sind Annahmen darüber, woher wir wissen, dass eine Proposition über den Stand der Welt in der Tat richtig und nicht falsch ist. Eine wichtige Unterscheidung in diesem Zusammenhang ist zwischen *Empirismus* und *Rationalismus*. Während der Empirismus annimmt, dass wir nur das tatsächlich wissen, was wir empirisch erfahren oder beobachten können, argumentiert der Rationalismus, dass Wissen ebenso auf der Basis von Intuition oder logischer Deduktion generiert werden kann (Markie 2008). Ein sehr vereinfachtes Beispiel, das den Zusammenhang zwischen Ontologie und Epistemologie vielleicht etwas verständlicher machen kann, ist die Frage nach der Existenz von Gott. Fragt man etwa einen nichtgläubigen Menschen, woraus die Welt besteht, so wird er uns wahrscheinlich sagen, dass sie aus all denjenigen Elementen – Pflanzen, Tieren, Materien – besteht, die es auf der Erde, und möglicherweise um die Erde herum, gibt. Fragt man jedoch einen gläubigen oder spirituellen Menschen, so wird dieser wahrscheinlich sagen, dass unsere Welt aus all den weltlichen Elementen besteht, aber darüber hinaus auch spirituelle Aspekte hat, die wir nicht unbedingt sehen können, die aber trotzdem

---

[3] Für eine gegenteilige Betrachtungsweise vgl. Michel 2009.

da sind. Der epistemologische Unterschied dieser beiden Ontologien bezieht sich darauf, woher die beiden Befragten glauben, zu wissen, dass ihre Vorstellung von der Welt die richtige ist. Der erste Befragte wird wahrscheinlich antworten, dass er nur das wahrnehmen kann und somit als real betrachten, was er auch tatsächlich sehen und erfahren kann. Er würde somit sein Weltbild auf einer empirischen Epistemologie aufbauen. Der andere Befragte würde wohl antworten, dass manche Dinge existieren, selbst wenn wir sie nicht unmittelbar erfahren, das heißt beobachten oder fühlen, können. Unser Verständnis des Nichtgreifbaren basiert entweder auf Intuition oder rationaler und logischer Deduktion. Der letztere Befragte wäre somit, auch wenn das paradox klingen mag, eher ein Rationalist.

Epistemologie wird oft gleichgesetzt mit Methodik, obwohl sie nicht identisch sind. Methodik kommt *nach* der Epistemologie. Hier ist die Frage, welche *praktischen* Schritte angewendet werden können, um mehr über die Welt zu erfahren, die wir auf Grund unser ontologischen und epistemologischen Grundannahmen postuliert haben. In der Lehre von den Internationalen Beziehungen werden Kontroversen über angemessene Epistemologie und Methodik oft unter der *Positivismus/Post-Positivismus-Debatte* zusammengefasst. Der Positivismus bezieht dabei eine Position, die dem Empirismus und einer naturwissenschaftlichen Methodik verpflichtet ist. Es wird dabei postuliert, dass die Haltbarkeit einer theoretischen Aussage oder Proposition nur durch einen Prozess beobachtungsgestützter Verifikation oder Falsifikation erwiesen werden kann. Der Positivismus basiert auf dem Glauben an reguläres, prozessmusterhaftes Verhalten von Akteuren und Strukturen und auf der strikten Trennung zwischen Tatsachenbehauptungen und Werturteilen (Smith 1996: 16; Meyers 2006: 469). Besonders in der amerikanischen Debatte in den Internationalen Beziehungen ist der Positivismus klar dominierend, obwohl die Debatte zwischen Positivismus und Post-Positivismus auch dort nach wie vor anhält. Der Post-Positivismus, oft auch als Naturalismus oder Traditionalismus bezeichnet, kritisiert die zentralen Prämissen des Positivismus (Wendt 1999: 39; Meyers 2006: 460). Post-Postivisten glauben nicht, dass „gesellschaftliche Tatbestände quasi von außen zum Objekt wissenschaftlicher Erkenntnisse gemacht werden können" und „dass gesellschaftlichen Entwicklungen eine quasi-naturgesetzliche Regelmäßigkeit übergestülpt werden kann", oder dass „Tatsachenbehauptungen und Werturteile voneinander zu trennen sind" (Meyers 2006: 460). Wie Meyers schreibt, ist in dieser Perspektive,

„Wissenschaft ein *Teil* jenes gesellschaftlichen Zusammenhanges, den sie untersucht; was sie leisten kann, ist, das Handeln der Akteure internationaler Beziehungen, ihre Motive, Interessen, Beweggründe, Zielsetzungen vor dem Hintergrund der eigenen lebenspraktischen Erfahrung des Wissenschaftlers – d.h. gleichsam perspektivistisch ‚von Innen' verstehend nachzuvollziehen" (Meyers 2006: 460).

Der Unterschied zwischen den beiden methodischen Ansätzen kann, wiederum sehr vereinfacht, an einem Beispiel dargestellt werden: Insbesondere für den deutschen Reisenden, der zum ersten Mal in die USA reist, können die Umgangsformen der Amerikaner unter Umständen recht verwunderlich sein. So wird der Auslandsreisende z.b. beobachten können, dass die Amerikaner, wenn sie einer ihnen bisher unbekannten Person vorgestellt werden, die Konversation zumeist mit einem „Nice to meet you" beginnen oder beenden. Möchte der Auslandsreisende nun wissen, warum diese, im Deutschen nicht gerade übliche, Floskel im Amerikanischen so breite Anwendung findet, könnte er verschiedene Methoden anwenden, um dem Rätsel auf die Spur zu kommen. Gemäß eines post-positivistischen Ansatzes, könnte der Reisende sich für ein paar Monate oder gar Jahre in den USA niederlassen und am eigenen Leibe erfahren, wie die relativ banale Floskel über die Monate und Jahre seines USA-Aufenthaltes hinweg langsam aber sicher ebenso zum Teil seines eigenen Vokabulars und, darüber hinaus, normativ und kulturell geprägten Umgangstons wird, wie der der meisten Amerikaner. Je länger unser Reisende in den USA verbleibt, und je mehr er Teil der amerikanischen Gesellschaft wird, desto mehr wird er erkennen, wie er sich graduell den örtlichen Gebräuchen anpasst, möglicherweise sogar bis zu dem Punkt, an dem er kaum mehr in der Lage sein wird, zu unterscheiden, welche seiner Gebräuche und Handlungen „typisch amerikanisch" und welche „typisch deutsch" sind. Während des Prozesses des „Eintauchens" in die fremde Kultur, beginnt unser Reisende somit nicht nur, seine eigene Identität zu transformieren, sondern auf Grund seiner eigenen Erfahrung und gleichsam „von Innen" die Motive, Interessen und Beweggründe zu *verstehen*, die auch die meisten Amerikaner dazu veranlassen, den Ausdruck „nice to meet you" zu gebrauchen. Im Gegensatz zu der *Immersionsmethode*, die mit dem Anspruch des *Verstehens* verbunden ist, könnte ein Auslandsreisender der Frage nach den Gründen für die Anwendung o.g. Floskel natürlich auch anders nachgehen. Gemäß einer stärker positivistischen Herangehensweise könnte er z.B. eine Reihe von Hypothesen darüber aufstellen, wann und unter welchen Bedingungen die Amerikaner die „Nice to meet you" Floskel zur Anwendung bringen. Eine mögliche Hypothese könnte sein, dass die Nichtanwendung der Redensart in bestimmten sozialen Situationen mit sozialen oder gar materiellen Sanktionen verbunden ist. Sind die Hypothesen erst einmal aufgestellt, würde unser Reisender dann daran gehen, diese mit Hilfe unterschiedlicher Forschungsinstrumentarien, wie z.B. dem Interview, oder der Beobachtung, zu testen. Der große Unterschied dieser Vorangehensweise, im Vergleich zu der eher post-positivistischen Immersionsmethode, ist, dass der zweite Reisende nicht versucht, den Sachverhalt quasi von innen, sondern von außen zu verstehen, nämlich durch objektive, nicht-involvierte Beobachtung. Das Ziel ist es, Regelmäßigkeiten zu entdecken, die kausale oder bedingende Zusammenhänge offenlegen[4].

In der Zuordung verschiedener IB-Theorien gemäß der ihnen zugrunde liegenden Weltbilder, eignet sich die Methodik wahrscheinlich am allerwenigsten dazu, klar zwischen einzelnen Theorien zu unterscheiden. In der Tat sind viele Vertreter aller drei der hier besprochenen Theoriestränge dem Positivismus verpflichtet[5]. Ein weitaus geeigneteres Unterscheidungskriterium finden wir in den verschiedenen ontologischen und epistemologischen Grundannahmen und unterschiedlichen *Erkenntnisinteressen* einzelner Theoriestränge. Sie werden im folgenden Abschnitt näher beleuchtet.

Reflektion einzelner Weltbilder in den Theoriesträngen der Internationalen Beziehungen

Der Neorealismus

Wie bereits im Beitrag von Ditzel/Hoegerle in diesem Band angedeutet, handelt es sich beim Neorealismus kaum mehr um eine einzelne kohärente Theorie, sondern eher um einen Theoriestrang, unter dem sich vielfältige, oft einander kritisch gegenüberstehende, Variationen verbinden. Trotz der Vielfalt der neorealistischen Ansätze, teilen fast alle Neorealisten einige ontologische Grundannahmen über den Charakter des internationalen Milieus, die in diesem Milieu interagierenden Akteure und deren Ziele, sowie die zur Zielfindung angewandten Mittel. Neorealisten gehen im Allgemeinen davon aus, dass der Kern der Internationalen Beziehungen aus der jeweiligen Anordnung und den Interaktionen zwischen Staaten besteht. Während die Existenz nicht-staatlicher Akteure zwar registriert wird, wird sie nicht problematisiert oder gar als bestimmende Variable erfasst (Wohlforth 2008). Staaten werden zumeist als rational handelnde Akteure konzipiert, deren Hauptinteresse die Erhaltung nationaler Sicherheit ist. Mit anderen Worten, es wird angenommen, dass Staaten ein unveränderbares Verständnis von der Welt um sie herum als ein konstant unsicheres und anarchisches Umfeld haben. Ihr unveränderbares Hauptinteresse liegt dementsprechend in der Maximierung von Macht (Farrell/Finnemore 2009: 59). In ihrer ursprünglichen

---

[4] Im Endeffekt können die Erkenntnisse der beiden Reisenden natürlich durchaus identisch sein.
[5] Am stärksten ausgeprägt ist die Positivismus/Post-Positivismus-Debatte innerhalb von Vertretern des konstruktivistischen Theoriestranges.

Theorieformulierung arbeiten Neorealisten somit weitgehend auf der Basis einer rationalistischen Epistemologie, die mit Hilfe von analytischen Konstrukten ein Bild von der internationalen Umwelt als ein anarchisches System bestehend aus Sicherheit suchenden, machthungrigen Staaten zeichnet. Analytische Einheiten – wie z.b. die des internationales Systems, Sicherheit oder Anarchie – sind nicht wirklich beobachtbar, sondern werden postuliert (Wendt 1999: 47).

Methodologisch lehnt sich der Neorealismus vielfach an Konzepte und Modelle aus der Mikroökonomie an. Der Staat wird als einheitlicher (*unitary*) Akteur konzipiert, der unter Bedingungen konstanter Unsicherheit und unvollständiger Information rationalen Entscheidungsmodellen folgt (Buzan 1996: 54). Gemäß der konzeptuellen Anlehnung an die Mikroökonomie, findet sich auch im Neorealismus eine starke Tendenz zum methodischen Positivismus (Buzan 1996: 54). Das bedeutet, dass Neorealisten im Allgemeinen davon ausgehen, dass historische Entwicklungen in den Internationalen Beziehungen „quasi-naturgesetzlichen Regelmäßigkeiten" (Meyers 2006: 460) unterliegen und dass diese Regelmäßigkeiten objektiver, wertefreier Beobachtung unterworfen werden können (Buzan 1996: 16).

Von einem normativen Standpunkt aus kann man sagen, dass das realistische Weltbild ein eher pessimistisches Bild von den Internationalen Beziehungen zeichnet. Realisten erwarten kaum, dass sich die Welt in signifikanter Weise zum Positiven entwickeln wird. Voraussagen und politische Handlungsanweisungen sind daher eingebettet in die Einsicht, dass im internationalen Milieu ständig die Gefahr der gewalttätigen Auseinandersetzung besteht und dass umsichtige Politik stets darauf bedacht ist, eventuellen Sicherheitsbedrohungen effektiv begegnen zu können (Elman 2007: 11).

Liberalismus

Im Vergleich zum Neorealismus erweitert der Liberalismus die analytische Erfahrungswelt, indem er die *black box* des Staates öffnet und außenpolitische Politikformulierung als Resultat der Teilnahme innerstaatlicher, von der Globalisierung betroffener und im Rahmen innerstaatlicher Strukturen handelnder Akteure, konzipiert. Anders als der Neorealismus, der staatliches (Sicherheits-) Interesse als gegeben annimmt, problematisiert der Liberalismus die staatliche Präferenzbildung – jedenfalls zum Teil. Der Liberalismus postuliert, dass einzelne Akteure oder Akteursgruppen sich in dem Maße, in dem sie sich positiv oder negativ von der Außenwelt betroffen sehen, versuchen, den Politikformulierungsprozess so zu beeinflussen, dass ihren Einzelinteressen Rechnung getragen wird. Das Resultat der Einflußnahme hängt nicht zuletzt auch davon ab, welche

Gruppen in welchem Maße von der Außenwelt betroffen sind und in welchem Maße die innerstaatliche Politikstruktur unterschiedliche Gruppen und Individuen Einfluss auf den Entscheidungsprozeß nehmen läßt. Während der Liberalismus in diesem Sinne die Formulierung staatlicher Interessen zwar durchaus problematisiert und zu erklären sucht, vermeidet er es jedoch weitgehend, die *Ursprünge* der einzelnen Präferenzen innerstaatlicher Akteure selbst zu analysieren (Simpson 2008: 257). Der im Anschluss an diese Diskussion erläuterte Theoriestrang des Konstruktivismus versucht u.a. diese Lücke zu schließen.

Im Gegensatz zu seinen klassischen Vorgängern, ist der (Neue) Liberalismus u.a. dadurch gekennzeichnet, dass er weitgehend versucht, normative Vorgaben oder Annahmen auszuschließen und den Ansatz auf eine rein rationale, positivistische Fundierung zu setzen. In seiner rationalistischen und methodischen Fundierung gleicht der (Neue) Liberalismus daher vielmehr dem Neorealismus oder dem Rationalen Institutionalismus, als dem klassischen Liberalismus. Insbesondere Moravcsik's Ansatz zeichnet ein Bild von politischen Akteuren als rational-maximierend, und politische Interaktion als ein strategisches Spiel zwischen Interessenmaximierern (Reus-Smit 2001: 538). Das Ziel des Ansatzes ist es, empirisch testbare Propositionen zu generieren (Simpson 2008: 256).

Eine stärker normative Formulierung hat der Liberalismus u.a. in der Arbeit von Anne-Marie Slaughter gefunden. Auf der Basis neuer liberalistischer Prämissen, wie z.B. der des disaggregierten Staates, formuliert Slaughter eine normative Theorie des Völkerrechts, in der nichtstaatliche Akteure in liberalistisch-demokratischen Staaten die Hauptprotagonisten im Aufbau einer neuen, weniger konfliktreichen Weltordnung sind (Slaughter 2004).

Konstruktivismus

Ebenso wie Neorealismus und Liberalismus ist der Konstruktivismus in den Internationalen Beziehungen kaum ein einheitliches Theoriekonstrukt, sondern vereint eine Anzahl unterschiedlicher Ansätze, die jedoch trotz interner Differenzen und Kontroversen einige einheitliche Charakterzüge aufweisen. Der Konstruktivismus unterscheidet sich von den anderen zwei hier vorgestellten Theoriezügen vor allem in seinen ontologischen Grundannahmen über die Natur der Akteure in den Internationalen Beziehungen. Während der Neorealismus und der Liberalismus davon ausgehen, dass internationale Akteure, seien es Staaten, Organisationen oder Individuen, durch feste Präferenzen ausgezeichnet sind und eine analytische Unterscheidung zwischen Akteuren und (internationalen) Strukturen gemacht werden kann, geht der Konstruktivismus von einem sich gegenseitig konstituierenden und transformierenden Verhältnis zwischen Akteuren und Strukturen aus. Während internationale Akteure sich auf der einen Seite aktiv an der Gestaltung internationaler Realitäten beteiligen, wirken auf der anderen Seite internationale soziale Strukturen und Realitäten ebenfalls auf die Akteure ein und prägen oder verändern deren Identitäten und Interessen. Ein oft zitiertes Beispiel in den Internationalen Beziehungen für das sich gegenseitig konstituierende Verhältnis zwischen Akteuren und sozialer Struktur sind die internationalen Menschenrechte. Während existierende internationale Normen und Institutionen zum Schutz von Menschenrechten zu einem Großteil zwar von Staaten im Rahmen internationaler Verhandlungsprozesse ausgehandelt werden, ist es doch zu beobachten, dass das daraus entstandene normative und institutionelle Geflecht erheblichen Einfluß auf staatliche und sogar nicht-staatliche Akteure und die Formierung und Transformation ihrer Identitäten und Interessen hat, welche sich dann wiederum rückwirkend konstituierend auf das internationale Umfeld auswirken[6]. Während der Neorealismus ein Bild von den Internationalen Beziehungen zeichnet, das aus einem weitgehend unveränderlichen und konfliktreichen Wettbewerb um Macht und Einfluss besteht, und der Liberalismus davon ausgeht, dass Akteure, zumindest im Rahmen ihrer politischen Möglichkeiten, die Welt um sie herum gemäß ihren Einzelinteressen gestalten, spielt im konstruktivistischen Weltbild die internationale soziale Umwelt eine konstitutive Rolle, das heißt, sie bestimmt die Natur, Identitäten und Interessen ihrer Akteure zumindest in dem gleichen Maße, wie internationale Akteure einen Anteil an ihrer Gestaltung haben.

Innerhalb des Konstruktivismus gibt es nach wie vor erhebliche Unterschiede und Debatten im Hinblick auf Epistemologie und Methodik. Die Trennungslinie verläuft dabei hauptsächlich zwischen positivistischen und post-positivistischen Lagern. Die in diesem Band besprochenen Vertreter sind dabei zumeist dem Positivismus verpflichtet.

Zusammenfassend kann man sagen, dass ontologische und epistemologische Grundannahmen das jeweilige „Blickfeld" einzelner IB-Theorien bestimmen. Nach Meyers stellen unterschiedliche theoretische Weltbilder die „gedanklich-sprachlichen Konstrukt(e)" dar, mit Hilfe derer Analytiker die „Fakten" der internationalen Beziehungen auswählen und interpretieren sowie darüber entscheiden, was überhaupt als „Fakt" gelten darf (Meyers 2006: 458). Die Auswirkung unterschiedlicher weltbildlicher Orientierungen einzelner Theorien auf deren Erfassung internationaler Handlungsvorgänge wird im nächsten Abschnitt unter Bezugnahme auf einige der hier vorliegenden Beiträge diskutiert.

---

[6] Siehe z.B. Clark 2001; Risse, Ropp, Sikkink 1999.

IB-Theorien als Linsen zur Wirklichkeit

Gemäß ihrer ontologischen und epistemologischen Differenzierung haben unterschiedliche Theoriestränge verschiedene, selektive, Blickwinkel. Buzan und Sterling-Folker folgend, kann man sagen, dass jeder Theoriestrang in den Internationalen Beziehungen einer Linse in einem Fotoapparat gleichkommt. Mit verschiedenen Linsen können unterschiedliche Aspekte der Wirklichkeit hervorgehoben und betrachtet werden. „Each Paradigm is a kind of composite lens, giving a selective view of international relations. Like any lens, looking through it makes some features stand out more strongly while pushing others into the background" (Buzan 1996: 56). Jennifer Sterling-Folker schlägt die Analogie zu einem Fotografen vor, der versucht, mit einem 35 Millimeter Objektiv ein akkurates Bild von einem Elefanten in der Savanne zu schießen. Verschiedene Kameralinsen liefern dabei unterschiedliche Ansichten. Die Grundlinse liefert eine Direktansicht des Elefanten und seiner unmittelbaren Umgebung. Eine Panoramalinse lässt den Elefanten jedoch im Vergleich zu seiner Umgebung kleiner erscheinen, was die relative Signifikanz der Umgebungsfaktoren gegenüber dem Elefanten natürlich vergrößert. Eine Reihe von Nahfotografien, die sich auf einzelne Körperteile des Elefanten konzentrieren, blenden die Umgebung des Elefanten zunehmend bis vollständig aus und konzentrieren das Auge stattdessen auf Körperdetails, die bisher verborgen blieben (Sterling-Folker 2006: 5). Ebenso wie ein Elefant mit verschiedenen Linsen betrachtet werden kann, so können auch die Internationalen Beziehungen verschiedenen Ansichten unterworfen werden. Abhängig von der theoretischen Betrachtungsweise, werden dem Betrachter unterschiedliche Perspektiven und Aspekte der Wirklichkeit enthüllt.

„Just as camera lenses are developed, produced, and prepackaged for use, so too are IR theoretical perspectives (…). Each IR perspective consists of various assumptive building blocks, some of which are shared across perspectives but which are put together by each in specific ways in order to identify and highlight particular patterns in IR. Each perspective thereby illuminates slightly different elements of a given topic or event and hence patterns relevant to it, revealing aspects and details that were not obvious or particularly pertinent in other perspectives" (Sterling-Folker 2006: 5).

Die vorliegenden Fallstudien in diesem Band sind ein gutes Beispiel dafür, wie unterschiedliche IB-Theorien quasi als variierende Betrachtungslinsen angewendet werden und als solche unterschiedliche Aspekte derselben historischen Ereignisse hervorheben und beleuchten können.

Im Blickwinkel des Neorealismus: Machtpolitik und Selbstinteresse

Basierend auf seinen ontologischen Prämissen, die die Internationalen Beziehungen als einen konstanten Wettbewerb von egoistischen (zumeist staatlichen) Akteuren um Macht und Sicherheit konzipiert, liegt das Augenmerk des Neorealismus auch in der Analyse der Internationalen Beziehungen vor allem auf dem Einfluß von Macht und Stellung im internationalen System und auf dem Verhalten von Staaten. Während der Neorealismus vor allem in seinen frühen Formulierungen, und insbesondere in der Formulierung von Waltz, explizit als nicht für die Analyse von staatlicher Außenpolitik geeignet gesehen wurde, versuchen vor allem neuere Anwendungen des Realismus ihn besonders auch für die Analyse außenpolitischer Entscheidungsprozesse anzuwenden (Wohlforth 2008). Fragen, die dabei im Mittelpunkt stehen, und die der Realismus zu beantworten sucht, beziehen sich speziell auf Zwänge und Gelegenheiten, die sich für Staaten aus bestehenden machtpolitischen Verhältnissen ergeben: *To what degree is state X's policy a response to external pressures and incentives as opposed to internally generated?* (Wohlforth 2008: 141). Die Frage nach der Signifikanz externer Mächtekonstellationen und deren Einfluss auf außenpolitische Entscheidungsprozesse leiten auch die Fall-Anwendungen des Neorealismus in diesem Band. So untersucht Philipp Hoegerle in seinem Beitrag zum Mercosur, inwieweit internationale Machtkonstellationen zu der Gründung des Mercosur Handelsabkommens beigetragen haben. Schneider und von Trott sehen die unterschiedliche Politik Deutschlands und Großbritanniens gegenüber dem Irak-Krieg als Beweis für die Relevanz machtpolitischer Dynamiken im internationalen System. In seiner Diskussion internationaler Klimapolitik führt Philipp Ditzel aus, wie insbesondere die Entscheidung der USA, sich nicht am Kyoto-Abkommen zu beteiligen, auf machtpolitische Interessen, insbesondere gegenüber aufkommenden ökonomischen Rivalen wie China, zurückgeführt werden können.

Wie die hier vorliegenden Fallstudien aufzeigen, ist es kaum zu bestreiten, dass Macht und machtpolitische Interessen in vielen staatlichen Entscheidungsprozessen eine, wenn auch variierende, Rolle spielen. Die vorliegenden Analysen bestätigen daher auch Buzan's Einschätzung *„there is still a very long way to go before power politics is expunged from human affairs"* (Buzan 1996: 62). In dem Sinne, dass Machtpolitik nach wie vor eine unabdingbare Realität in den Internationalen Beziehungen darstellt, ist es daher auch angebracht, einer jeglichen Analyse von staatlichem Verhalten in den Internationalen Beziehungen eine Untersuchung machtpolitischer Interessen und Gegebenheiten voranzustellen. Selten jedoch liefert eine derartige Analyse ein vollständiges Bild komplexer historischer Zusammenhänge. Wie u.a. die vorliegenden Studien in diesem Band zeigen, ist es nämlich eher selten der Fall, dass heutzutage außenpolitische Entscheidungen hauptsächlich oder gar ausschließlich aufgrund externer machtpolitischer Zwänge getroffen werden. Innenpolitische Strukturen und Entscheidungsprozesse z.B. spielen oft eine ebenso wichtige, wenn nicht sogar wichtigere Rolle. Zudem haben neuere Strömungen auch innerhalb des Neorealismus klar aufgezeigt, dass selbst machtpolitische Konstellationen kaum Handlungszwänge produzieren, die unabhängig von der jeweiligen Identität staatlicher Akteure sowie deren Einbettung in soziale internationale Gruppierungen sind[7]. In seiner Analyse der Anwendbarkeit realistischer Theorien auf die Internationalen Beziehungen, macht Wohlforth daher auch klar, dass Fragen nach dem Einfluss externer materieller Bedingungen nur der Anfang einer jeden Analyse sein können, und, selbst wenn es klar erscheint, dass machtpolitische und materielle Bedingungen wichtige Variablen sind, sollte die Frage nach den *Bedingungen* für die Signifikanz materieller Variablen sofort in der Analyse folgen. „If a new party were to come to power, how much would the policy change? Would state X respond more favorably to incentives or threats?" (Wohlforth 2008: 141). Im Hinblick auf die Klimapolitik der USA, diskutiert in diesem Band von Tilly, ist es z.B. kaum zu bestreiten, dass innenpolitische Interessenkonstellationen eine wichtige Rolle in der Interessenformulierung der USA spielen. Wie Andrew Moravcsik ausführt, sind es oft diejenigen Interessengruppen, deren Interessen durch Globalisierung und internationale Institutionalisierung vermeintlich gefährdet sind, die sich am besten organisieren und internationaler Kooperation entgegenstehen. „Losers tend to be better identified and organized than beneficiaries" (Moravcsik 2008: 243). Im Falle der Klimaverhandlungen waren insbesondere die einflussreichen Automobil- und Ölindustrien darum besorgt, dass feste Emissionsrichtlinien und entsprechende Zeitpläne ihre Wettbewerbsfähigkeit auf dem internationalen Markt reduzieren könnten. Auch scheint in der Klimadebatte die Regierungskonstellation eine erhebliche Rolle zu spielen. Wie Tilly ausführt, machte der Regierungswechsel in den USA von der Clinton- zur Bush-Administration eine Einigung in der Klimafrage geradezu unmöglich. Der Wechsel zur Obama-Administration hat dementsprechend große Hoffnungen unter den Befürwortern eines internationalen Klimaschutzabkommens innerhalb und außerhalb der USA ausgelöst.

Abschließend kann man daher sagen, dass vielleicht der größte Beitrag des (Neo-)Realismus in der Analyse moderner internationaler Beziehungen darin liegt, dass er das Augenmerk des Betrachters auf die nach wie vor hohe Bedeutung von Macht und Selbstinteresse richtet. Seine Schwäche liegt allerdings in der mangelnden Analyse der *Bedingungen*, unter denen die Verteilung von

---

[7] Vergleiche hier z.B. den Ansatz von Stephen Walt diskutiert in diesem Band von Ditzel und Hoegerle.

Macht und Ressourcen im internationalen System in der Formulierung von Außenpolitik eine Rolle spielt. Balancieren Staaten nur, wie Walt argumentiert, gegen Staaten, die sie selbst als potentielle Bedrohung empfinden? Unter welchen Bedingungen werden andere Staaten als bedrohlich angesehen? Welche Rolle spielt eine anarchische Umgebung in der Bedrohungsperzeption individueller Staaten? Reagieren Staaten unterschiedlich aufeinander, wenn sie in einem weniger oder mehr anarchischen System interagieren?[8]

Fragen nach der relativen Signifkanz internationaler, im Vergleich etwa zu innenpolitischen, Zwänge, kann der Neorealismus ebensowenig beantworten, wie er nicht dazu geeignet ist, normative und andere nicht-materielle Handlungszwänge zu identifizieren und zu bewerten. Zurückgreifend auf die oben beschriebene Analogie zur Fotografie, könnte man somit sagen, dass der Neoralismus dem Betrachter eine relativ weite Linse bietet, mit der die groben Züge internationaler Beziehungen, nämlich Macht und Selbsterhaltungsinteresse, ausgemacht werden können. Wollen wir jedoch tiefer in die tatsächlichen Dynamiken Internationaler Beziehungen eintauchen und die Bedingungen verstehen, unter welchen die Erhaltung relativer Übermacht eine Rolle spielt oder wann Staaten anderen – normativen oder materiellen – Interessen Vorzug gewähren, oder wie Machtinteressen und andere Präferenzen sowie Sach- und normative Zwänge einander konditionieren, dann müssen wir auf andere Theoriestränge zurückgreifen.

Im Blickwinkel des Liberalismus: Nationale Interessen und Institutionen

Der rational-positivistische Ansatz des Liberalismus fokussiert das Augenmerk des Betrachters auf die innenpolitischen Konstellationen eines Landes. Die wissenschaftliche Untersuchung wird von Fragen nach Interessenkonstellationen verschiedener innerstaatlicher Akteursgruppen und deren Vermittlung im Rahmen der durch den institutionellen Aufbau eines Staates gegebenen Zwänge und Möglichkeiten geleitet. Außenpolitik, so die Annahme des Liberalismus, ist das Resultat innenpolitischer Interessenformulierung und ihrer strategischen Durchsetzung in einem institutionalisierten globalen Umfeld.

Die liberalistische Analyse staatlicher Außenpolitik richtet das Augenmerk auf den innenpolitischen Aufbau und bestehende Interessen und Prozesse eines Landes. Die liberalistische Analyse beginnt mit Fragen wie: *Welche Institutionen und Akteure sind in welchem Maße an dem außenpolitischen Entscheidungspro-*

---

[8] So argumentiert z.B. Hoegerle in seiner Analyse des Mercosur Bündnisses in diesem Band, dass es eher unwahrscheinlich ist, dass in einem Klima generellen Vertrauens das Bündnisverhalten Argentiniens oder Brasiliens als *Balancing* verstanden werden kann.

zess beteiligt? Welche Interessen werden von den am Entscheidungsprozess beteiligten Spielern vertreten? Die Synthese beider Fragen erlaubt es dem Betrachter, ein Bild von existierenden Interessenkonstellationen innerhalb eines Staates zu zeichnen und die Übertragung einzelner sozialer und politischer Positionen in die staatliche Politikformulierung zu verstehen. Eine dem Liberalismus verpflichtete Analyse setzt daher beim Betrachter nicht nur ein solides Grundwissen im Hinblick auf die Dynamiken internationaler Politik, sondern auch ein Verständnis innerstaatlicher Institutionen und Dynamiken voraus. In diesem Sinne ist die liberalistische IB-Analyse eng verbunden mit der Disziplin der vergleichenden Politikwissenschaft.

Die analytische Linse des Liberalismus wird z.B. von Palm und Schulz in ihrer Diskussion der deutschen und britischen Politikformulierung gegenüber der amerikanischen Irakpolitik nach den Terroranschlägen auf die USA im September 2001 angewendet. In vergleichender Analyse innerstaatlicher Entscheidungsstrukturen finden die Autoren, dass trotz institutioneller Variation, „in der für diesen Fall entscheidenden Frage", die beiden politischen Systeme relativ „ähnliche Entscheidungsmechanismen" aufweisen. Trotz ähnlicher Entscheidungsmechanismen und breiter Übereinstimmung innerhalb beider Bevölkerungen im Hinblick auf die klare Ablehnung einer Beteiligung am Irak-Krieg, bestand ein gravierender Unterschied in der staatlichen Politikformulierung. Während Großbritannien sich mit den USA solidarisch erklärte und sogar Truppen in den Irak entsandte, lehnte die deutsche Regierung eine militärische Beteiligung rigoros ab.

Existierende Variation in der Politikformulierung trotz entscheidungstechnischer Ähnlichkeiten werden von den Autoren mit Hilfe unterschiedlicher Interessenkonstellationen und deren Vermittlung in variierenden politischen Kontexten erklärt. In Deutschland standen die Interessen einzelner Entscheidungsträger in weitaus größerer Harmonie als in Großbritannien. Bundestagsmehrheit und Bevölkerung waren sich in ihrer Ablehnung einer Beteiligung an einer vom UN-Sicherheitsrat nicht sanktionierten Militäroperation weitgehend einig. In Großbritannien hingegen dominierten klare Interessenunterschiede innerhalb der Regierungspartei und zwischen Regierungschef und der Mehrheit der Bevölkerung. Regierungschef Tony Blair konnte seine Entscheidung, die USA in ihrem Angriff gegen den Irak zu unterstützen, letztendlich nur mit Hilfe von Stimmen aus der Opposition durchsetzen. Ein entscheidender Faktor für den überwiegenden Einfluss des Regierungschefs auf die letztendliche Politikformulierung selbst im Angesicht scharfer Opposition aus der Bevölkerung und der eigenen Regierungspartei, so Palm/Schulz, war der Zeitpunkt des Wahlkampfes in Großbritannien. Gewappnet mit den Stimmen der Opposition und somit in der Lage, eine Mehrheit im Parlament für die Truppenentsendung auch ohne ein Mandat des UN Sicherheitsrates zu mobilisieren, brauchte sich der britische Regierungschef um die Unterstützung der Bevölkerung kaum Sorgen zu machen, zumal er sich in seiner zweiten Legislaturperiode befand und erst vor kurzer Zeit von der Bevölkerung in seinem Amt bestätigt worden war. Somit war Blair, im Gegensatz zu dem deutschen Bundeskanzler Gerhard Schröder, nicht gezwungen, seine Kriegsentscheidung wahltaktischen Überlegungen zu unterwerfen. Die Analyse zeigt somit, dass fallspezifische innenpolitische Umstände eine entscheidende Rolle in der Politikformulierung spielen können.

Das Augenmerk auf innenpolitische Strukturen und Interessenkonstellationen als Explananten staatlicher Interessen gerichtet, wächst der Liberalismus über den Realismus – mit dessen sehr vereinfachter Annahme, dass das Hauptinteresse eines jeden Staates die Erhaltung nationaler Sicherheit ist – hinaus. Die Analyse von Außenpolitik und Internationalen Beziehungen kann jedoch kaum mit der Erklärung innenpolitischer Interessenformulierung enden. Will man darüber hinaus verstehen, wie sich staatliche Präferenzen innerhalb des internationalen Systems umsetzen lassen und außenpolitische Ergebnisse erzielt werden, so muss man gezwungenermaßen das Augenmerk auf die Interaktion *zwischen* Staaten werfen. Die liberalistische Analyse konzipiert interstaatliche Prozesse als Interaktion zwischen *Gesellschaften*. Mögliche außenpolitische Strategien werden dementsprechend durch innergesellschaftliche Kosten-Nutzen-Analyse unter Bedingungen komplexer, asymmetrischer, Interdependenz ausgearbeitet[9].

> „Where policy alignment can generate mutual gains with low distributive consequences, there is an incentive for international policy coordination or convergence. The lower the net gains, and the greater the distributional conflict whereby the realization of interests by a dominant social group in one country *necessarily* imposes costs on dominant social groups in other countries, the greater the potential for interstate tension and conflict (Morvcsik 2008: 239)“.

In seiner liberalistischen Analyse der Deutsch-Amerikanischen Klimapolitik, fokussiert Tilly seine „analytische Linse" dann genau auch auf die potentiellen Kosten eines Klimavertrages für die jeweils stärksten sozialen und innenpolitischen Gruppierungen. Im Gegensatz zu Deutschland, wo allgemein davon ausgegangen wurde, dass ein internationales Klimaabkommen kaum zusätzliche Kosten für Industrie und Politik verursachen würde, herrschte in den USA genau die gegenteilige Meinung vor. Tilly argumentiert, dass von dem Blickwinkel der Zwei-Ebenen-Analyse zu fragen sei, warum Deutschland, mit einem relativ großen *Win-Set*, und die USA, mit einem relativ kleinen *Win-Set*, in den internationalen Klimaverhandlungen nicht näher an eine für die USA akzeptable Haltung

---

[9] Für Formulierung und Diskussion des Prinzips der Asymmetrischen Interdependenz zwischen Staaten, siehe Keohane und Nye 2001: 14ff.

heran kamen. Ein vertiefter Blick durch die neoliberale Linse auf die *Intensität* der im innenpolitischen Raum vorherrschenden Präferenzen könnte hier eine plausible Hypothese für das Verhalten beider Staaten liefern. Moravcsik erklärt die Verbindung von Interessenintensität und relativer Verhandlungsmacht wie folgt: Wo nationale Interessen sehr stark sind, können selbst relativ schwache Verhandlungspartner zu starken Kontrahenten werden.

> „By drawing on the relative intensity or „asymmetrical interdependence" among state preferences, liberalism highlights a distinctive conception of inter-state power. In this view, the willingness of states to expend resources or make concessions in bargaining is a function of preferences, not (as in realism) linkage to an independent set of 'political' power resources" (Moravcsik 2008: 239).

Obwohl die USA aufgrund vorherrschender innenpolitischer Konstellationen eine weitaus bessere Verhandlungspositition gegenüber Deutschland und Europa hatten, zeigten sich die Europäer in ihrem Bestehen auf ein wirksames Klimaabkommen unnachgiebig. Diese Haltung könnte in der Tat die Intensität der nationalen Preferenzen für eine effektive Reduzierung von Treibhausgasemissionen widerspiegeln.

Natürlich mag eine derartige Interpretation dahingehend kritisert werden, dass sie den durch die „liberalistische Linse" betrachteten innenpolitischen Interessen eine normative Interpretation überstülpt, die allein mit Hilfe des liberalistischen Theoriegebildes kaum erklärt werden kann. Fragen, die hierdurch aufgeworfen werden, richten sich an die *Natur* und *Ursprünge* vorhandener innenpolitischer Interessen: *Warum scheint im Falle der Klimaverhandlungen, insbesondere in Deutschland, das Streben nach wirksamen Standards bedeutender und wirkungsmächtiger zu sein, als der Wunsch nach einem Abkommen mit den USA?* Um die Frage nach den Ursprüngen von Interessen einzelner staatlicher Akteure zu beantworten, muss die liberalistische Linse daher um einen Schritt erweitert werden. Der im Folgenden diskutierte konstruktivistische Theorieansatz kann sich hierbei als hilfreich erweisen.

Im Blickwinkel des Konstruktivismus: Normativer Diskurs und Intersubjektive Bedeutung

Die konstruktivistische Linse erlaubt es dem Betrachter nun gerade die Ursprünge und variierende Intensität bestehender gesellschaftlicher Interessen zu analysieren und zu verstehen. Beim Vergleich deutscher und amerikanischer Interessenformulierung in der Klimadebatte z.B., richtet Tilly die analytische Linse auf die soziologischen und rhetorische Bedingungen für die Entwicklung eines gesellschaftsübergreifenden Konsens in Deutschland und dessen Absenz in den USA. Dabei wird das Augenmerk insbesondere darauf gerichtet, wie staatliche und nicht-staatliche Akteure versuchen, mittels Argumentation und Überzeugungskraft, andere Akteursgruppen dazu zu bringen, deren Verständnis nicht nur zu akzeptieren, sondern es gleichsam zu *internalisieren*. Der Prozess der Verbreitung und eventuellen Internalisierung von Wissen, Werten oder Normen ist nie eindimensional und meistens komplex. Verschiedene Akteure und Akteursgruppen sind am Diskurs beteiligt. Dabei ist es für die Überzeugungskraft einzelner Argumente nicht unwichtig, welche *gesellschaftliche Legitimation* denjenigen zugesprochen wird, die versuchen, ein bestimmtes Argument zu verbreiten[10]. Im Beispiel der deutschen Klimadebatte genoss die Klima-Enquête Kommission einen hohen Grad an Glaubwürdigkeit, der es ihr erlaubte, quasi als *honest broker* aufzutreten und den wissenschaftlichen Konsens gesellschaftsübergreifend zu verbreiten. In den USA hingegen, wo weder die Wissenschaft noch die Politik ein erhebliches Maß an Glaubwürdigkeit in der breiten Gesellschaft genießen, fand sich kein ähnlicher einzelner Akteur in der Lage, den international wachsenden wissenschaftlichen Konsens in einen innergesellschaftlich einheitlichen Diskurs zu übersetzen.

Die von der konstruktivistischen Linse ins Auge gefassten sprachlichen und diskursiven Prozesse stehen somit *hinter* der Formulierung gesellschaftlicher Interessen und bilden die Grundlage aller Interessenidentifizierung. Im Falle der konstruktivistischen Analyse der Klimapolitik vermittelt der Fokus auf die mediale rhetorische Vermittlung der Klimaproblematik als Katastrophenszenario dem Betrachter nun ein klareres Bild von den möglichen Gründen für die o.g. Intensität deutscher Präferenzen für wirksame Standards im internationalen Klimaschutz.

Die konstruktivistische Linse lenkt den Blick des Betrachters somit quasi auf die Mikrofundierungen gesellschaftlicher Interessenformulierung, die als Resultat diskursiver Sprachakte innerhalb von und über staatliche Grenzen hinweg verstanden wird (vgl. auch die Beiträge von Költzow und Friedrich/Schulz in diesem Band). In ihrem Buch „Activists Beyond Borders" wenden Keck und Sikkink die konstruktivistische Diskursanalyse an, um zu verstehen, wie Menschenrechtsaktivisten staatliche und gesellschaftliche Interessen im Falle zweier historischer Kampagnen gegen das Fußbinden in China und weibliche Genitalbeschneidung in Kenya während des 19. Jahrhunderts beeinflusst haben. In beiden Fällen versuchten ursprünglich westliche *Norm Entrepreneurs* die Praktiken zu

---

[10] Für eine Diskussion der Bedeutung von Legitimät in den Internationalen Beziehungen siehe Hurd 1999.

unterbinden. Die jeweiligen Kampagnen trafen allerdings auf gänzlich unterschiedliche Bedingungen in China und Kenya, was wiederum dazu führte, dass die Versuche, bestehende kulturelle Praktiken und Interessen zu transformieren, mit unterschiedlichem Erfolg versehen waren. Im Falle der Kampagne zur Ausrottung des Fußbindens in China, gelang es den transnationalen Aktivisten den Diskurs dahingehend zu steuern, dass der ursprünglich westlichen Kampagne das Stigma des Imperialismus abgesprochen und Fußbinden stattdessen gesellschaftsübergreifend als konträr zur fortschrittlichen Entwicklung Chinas interpretiert wurde (Keck/Sikkink 1998: 65). Im Gegensatz dazu steuerten die Gegner der Kampagne gegen die weibliche Genitalbeschneidung in Kenya den nationalen Diskurs dahingehend, dass Versuche, die Praxis zu unterbinden als Auswüchse westlichen Imperialismus interpretiert wurden und somit gesellschaftsübergreifende Ablehnung fanden (Keck/Sikkink 1998: 71f.). In der Formulierung gesellschaftlicher Interessen spielt somit die „Realitätskonstruktion durch Sprache" (Harnisch 2002: 32)[11] eine bedeutsame Rolle, die von der Linse insbesondere des linguistischen Konstruktivismus erfasst werden kann.

Legitimierung und De-Legitimierung von Handlungsoptionen sowie Interessentransformation mittels transnationalem Diskurs stehen auch im Mittelpunkt der sogenannten *Transnational Legal Process Theorie (TLPT)*, urspünglich formuliert von Harold Hongju Koh und eng verbunden mit den konstruktivistischen Ansätzen diskutiert in diesem Band. In diesem Ansatz fokussiert sich das Augenmerk des Betrachters auf transnationale, hauptsächlich juristische, Prozesse, mit deren Hilfe völkerrechtliche Normen und Regeln in die rechtlichen und politischen Strukturen eines Landes einfließen und schließlich gänzlich internalisiert werden. Ein *Transnational Legal Process* (TLP) ist demnach, „the transubstantive process whereby states and other transnational private actors use the blend of domestic and international legal processes to internalize international legal norms into domestic law" (Koh 2007: 67). Diese Linse von TLP fügt somit anderen konstruktivistischen Linsen, die ihr Augenmerk vornehmlich auf politische Prozesse der Sozialisierung und Legitimierung richten, eine juristische Dimension hinzu. Diese zusätzliche Dimension hat sich als besonders hilfreich erwiesen, wenn es darum geht, interessentransformierende Effekte internationaler Normen zu untersuchen, da es doch oft juristische Akteure und Vorgänge sind, durch die internationale Normen erstmals den Weg in die innerstaatliche Gesetzgebung finden.

Weder die linguistische noch die juristische Diskursanalyse kann jedoch alleine stehen. Innerstaatliche Strukturen und bestehende, oft materielle, Interessen sowie internationale strukturelle Gegebenheiten bilden das Umfeld in dem nor-

---

[11] Zitiert von Friedrich/Schulz in diesem Band.

mativer Diskurs stattfindet. Interessen und Strategien können selten klar von normativen Überzeugungsprozessen getrennt werden (Keohane 1998). So kann man dann auch sagen, dass die konstruktivistische Betrachtungslinse als Ergänzung insbesondere des liberalistischen Ansatzes, aber auch des realistischen Ansatzes, geeignet ist und durch Analyse insbesondere diskursiver Interaktion gerade diejenigen Interessen zu beleuchten vermag, die von anderen Ansätzen oft in der *post-hoc* Analyse als gegeben angenommen werden.

Zusammenfassung: Weltbilder, Internationale Theorie und Komplementarität verschiedener Betrachtungslinsen

Für den Studierenden der Internationalen Beziehungen mag die Vielfalt an Theoriegebilden und theoretischen Diskussionen oft eine eher verwirrende und entmutigende Wirkung haben. Der hier vorliegende Sammelband und dieser Beitrag haben versucht, dem Studierenden zumindest die hier besprochenen Theorien verständlich nahezubringen und ihre Anwendbarkeit in der Analyse heutiger politischer Fragen zu verdeutlichen. Unterschiedliche Theorien reflektieren unterschiedliche Weltbilder und richten somit ihr Augenmerk auf unterschiedliche Prozesse, Akteure und Strukturen in den Internationalen Beziehungen. Sie können somit als Betrachtungslinsen verstanden werden, die es erlauben, eine komplexe Wirklichkeit von verschiedenen Winkeln her zu betrachten und zu analysieren. Obwohl die Fachliteratur manchmal den Eindruck erwecken mag, dass sich insbesondere die hier beschriebenen Großtheorien – Liberalismus, Neorealismus und Konstruktivismus – gegensätzlich zueinander verhalten, wird es in den hier vorliegenden Fallstudien und theoretischen Kapiteln doch klar, dass der mitunter produktivste Ansatz darin bestehen mag, unterschiedliche Theorien als *komplementäre* Instrumentarien in der Analyse der Internationalen Beziehungen einzusetzen.

Literatur

Buzan, Barry (1996): The timeless wisdom of realism? In: Smith, Steve / Booth, Ken / Zalewski, Marysia (Hrsg.): International theory: positivism and beyond. Cambridge: Cambridge University Press. 47-66.
Clark, Ann M. (2001): Diplomacy of Conscience. Princeton, N.J.: Princeton University Press.
Elman, Colin (2007): Realism. In: Griffiths, Martin (Hrsg.): International Relations Theory for the Twenty-First Century. London: Routledge. 11-20.

Farrell, Henry / Finnemore, Martha (2009): Ontology, methodology, and causation in the American school of international political economy. In: Review of International Political Economy. 16 (1): 58-71.

Griffiths, Martin (2007): Worldviews and IR theory: Conquest or coexistence? In: Griffiths, Martin (Hrsg.): International Relations Theory for the Twenty-First Century. London & New York: Routledge. 1-10.

Hurd, Ian (1999): Legitimacy and Authority in International Politics. In: International Organization. 53: 379-408.

Keck, Margaret E. / Sikkink, Kathryn (1998): Activists Beyond Borders. Ithaca / London: Cornell University Press.

Keohane, Robert O. (1998): When does International Law Come Home? In: Houston Law Review. 35(3): 699-714.

Keohane, Robert O. / Nye, Joseph S. (2001): Power and Interdependence. 3. Aufl. New York et al.: Longman.

Koh, Harold H. (2007): Filartiga v. Peña-Irala: Judicial Internalization into Domestic Law of the Customary International Norm Against Torture. In: Nozes, John E. / Dickinson, Laura A. / Janis, Mark W. (Hrsg): International Law Stories. New York: Foundation Press. 45-76.

Markie, Peter (2008): Rationalism vs. Empiricism. The Stanford Encyclopedia of Philosophy (Fall 2008 Edition). http://plato.stanford.edu/archives/fall2008/entries/rationalism-empiricism:16.08.2009.

Meyers, Reinhard (2006): Theorien der Internationalen Beziehungen. In: Woyke, Wichard (Hrsg.): Handwörterbuch Internationale Politik. 10. Aufl. Opladen & Farmington Hills: Verlag Barbara Budrich.

Michel, Torsten (2009): Pigs can't fly or can they? Ontology, scientific realism and the metaphysics of presence in international relations. In: Review of International Studies. 35(2): 397-419.

Moravscik, Andrew (2008): The New Liberalism. In: Reus-Smit, Christian / Snidal, Duncan (Hrsg.): The Oxford Handbook of International Relations. Oxford: Oxford University Press. 234-254.

Reus-Smit, Christian (2001): The Strange Death of Liberal International Theory. In: European Journal of International Law. 12(3): 573-593.

Risse, Thomas / Ropp, Stephen / Sikkink, Kathryn (1999): The Power of Human Rights. Cambridge: Cambridge University Press.

Simpson, Gerry (2008): The Ethics of New Liberalism. In: Reus-Smit, Christian / Snidal, Duncan (Hrsg.): The Oxford Handbook of International Relations. Oxford: Oxford University Press. 255-266.

Slaughter, Anne-Marie (2004): A New World Order. Princeton, N.J: Princeton University Press.

Smith, Steve (1996): Positivism and Beyond. In: Smith, Steve / Booth, Ken / Zalewski, Marysia (Hrsg.): International theory: positivism and beyond. Cambridge: Cambridge University Press. 11-47.

Sterling-Folker, Jennifer (2006): Liberal Approaches. In: Sterling-Folker, Jennifer (Hrsg.): Making Sense of International Relations Theory. Colorado: Lynne Rienner Publishers. 1-12; 55- 61.

Wendt, Alexander (1999): Social Theory of International Politics. Cambridge: Cambridge University Press.

Wight, Colin (2006): Agents, Structures and International Relations. Politics as Ontology. Cambridge: Cambridge University Press.

Wohlforth, William C. (2008): Realism. In: Reus-Smit, Christian / Snidal, Duncan (Hrsg.): The Oxford Handbook of International Relations. Oxford: Oxford University Press. 131-149.

Autorenverzeichnis

Philipp C. Ditzel, MA, Dipl.-Ing. (FH), geboren 1981 in Heidelberg, Studium der Umwelttechnik an der Fachhochschule Münster sowie der Politik- und Verwaltungswissenschaften (PMG) an der Zeppelin University, Friedrichshafen, seit 2009 Berater im Bereich Umweltconsulting.

Christin Friedrich, BA, geboren 1984 in Rathenow, Studium der Politik- und Verwaltungswissenschaften (PMG) an der Zeppelin University Friedrichshafen, seit 2009 als Public Sector Analyst in Hamburg tätig.

Philipp D. Hoegerle, BA, geboren 1982 in Tübingen, Studium der Wirtschaftswissenschaften (CME) an der Zeppelin University, Friedrichshafen, seit 2009 Postgraduate Studium an der London School of Economics and Political Science.

Sarah Thekla Költzow, BA, geboren 1985 in Sindelfingen, Studium der Politik- und Verwaltungswissenschaften (PMG) an der Zeppelin University, Friedrichshafen, seit 2008 tätig im Bereich Internationale Beziehungen, Verwaltungsreform und Entwicklungszusammenarbeit in Genf, Deutschland und Lateinamerika.

Peter Manuel Ludwig-Dehm, BA, geboren 1985 in Barcelona (Spanien), Studium der Wirtschaftswissenschaften (CME) und Politik- und Verwaltungswissenschaften (PMG) an der Zeppelin University, Friedrichshafen, seit 2009 Studium der Volkswirtschaftslehre (Economics) an der Stockholm School of Economics, Schweden.

Dr. Markus M. Müller, geboren 1969 in Stuttgart, Studium der Politikwissenschaft an der Universität Tübingen sowie der Brown University, Providence (USA). Seit 2009 Honorarprofessor an der Zeppelin University, Friedrichshafen.

Philip M. Palm, BA, geboren 1984 in Böblingen, Studium der Politik- und Verwaltungswissenschaften (PMG) an der Zeppelin University, Friedrichshafen, seit 2009 als Public Sector Analyst in Hamburg tätig.

Dr. Imke Risopp-Nickelson, geboren 1967 in Hamburg. Studium der Politikwissenschaft und der Internationalen Beziehungen an der Duke University, Durham (USA) und der University of Denver (USA). Seit 2002 Visiting Assistant Professor an der Duke University, Durham (USA).

Sebastian Schneider, BA, geboren 1986 in Reutlingen, Studium der Politik- und Verwaltungswissenschaften (PMG) an der Zeppelin University, Friedrichshafen, seit 2008 in der Rechtsabteilung eines mittelständischen Kommunikationsdienstleisters beschäftigt.

Daniel F. Schulz, BA, geboren 1984 in Henstedt-Ulzburg, Studium der Politik- und Verwaltungswissenschaften (PMG) an der Zeppelin University, Friedrichshafen, seit 2008 als Public Sector Consultant in Berlin tätig.

Fabian Strauch, geboren 1985 in Böblingen, derzeit Studium der Politikwissenschaft und der Allgemeinen Rhetorik (M.A.) an der Universität Tübingen sowie der Brown University, Providence (USA), freier Mitarbeiter bei der Sindelfinger Zeitung, stud. Hilfskraft am Seminar für Allgemeine Rhetorik, Tübingen.

Jan Tilly, BA, geboren 1986 in Rheine, Studium der Wirtschaftswissenschaften (CME) an der Zeppelin University, Friedrichshafen und Mathematik an der Universität Würzburg. Seit 2009 Studium der Volkswirtschaftslehre an der Tilburg University in den Niederlanden.

Friedrich Wilhelm von Trott, BA, geboren 1982 in Rotenburg an der Fulda, Studium der Politik- und Verwaltungswissenschaften (PMG) sowie Kommunikationsmanagement (CCM) an der Zeppelin University, Friedrichshafen, seit Dezember 2008 Persönlicher Referent im Europäischen Parlament.

Neu im Programm
Politikwissenschaft

Gerhard Bäcker / Gerhard Naegele /
Reinhard Bispinck / Klaus Hofemann /
Jennifer Neubauer

Sozialpolitik und soziale Lage
in Deutschland

Band 1: Grundlagen, Arbeit, Einkommen
und Finanzierung
5., durchges. Aufl. 2010. 622 S. Geb.
EUR 34,95
ISBN 978-3-531-17477-8

Band 2: Gesundheit, Familie, Alter
und Soziale Dienste
5., durchges. Aufl. 2010. 616 S. Geb.
EUR 34,95
ISBN 978-3-531-17478-5

Das zweibändige Hand- und Lehrbuch
bietet einen breiten empirischen Überblick
über die Arbeits- und Lebensverhältnisse
in Deutschland und die zentralen sozialen
Problemlagen. Im Mittelpunkt der Darstellung stehen Arbeitsmarkt, Arbeitslosigkeit
und Arbeitsbedingungen, Einkommensver-
teilung und Armut, Krankheit und Pflege-
bedürftigkeit sowie die Lebenslagen von
Familien und von älteren Menschen.
Das Buch gibt nicht nur den aktuellen Stand
der Gesetzeslage wieder, sondern greift
auch in die gegenwärtige theoretische und
politische Diskussion um die Zukunft des
Sozialstaates in Deutschland ein. Es wendet sich an Studierende und Lehrende an
Hochschulen, Schulen, Bildungseinrichtun-
gen sowie an Experten in Verwaltungen,
Verbänden und Gewerkschaften.

Schmidt, Manfred G.

Demokratietheorien
Eine Einführung
5. Aufl. 2010. 571 S. Br. EUR 19,95
ISBN 978-3-531-17310-8

Dieses Buch führt in klassische und moderne Demokratietheorien ein. Es schlägt
einen Bogen von der Staatsformenlehre
des Aristoteles bis zu den Demokratietheorien der Gegenwart und erörtert
dabei auch den neuesten Stand der international vergleichenden Demokratiefor-
schung. Der Band stellt zudem die wichtigsten Demokratietypen und die leis-
tungsfähigsten Demokratiemessungen
vor. Ferner erkundet er die Funktionsvor-
aussetzungen der Demokratie, klärt die
Bedingungen für erfolgreiche und erfolglose Demokratisierungsvorgänge und
geht der Frage nach, ob die Europäische
Union an einem strukturellen Demokratie-
defizit laboriert. Überdies handelt das
Werk sowohl von den Stärken der Demokratie wie auch von ihren Schwächen.
Außerdem prüft es die Leistungskraft der
Demokratie im Vergleich mit Nichtdemo-
kratien. Auf diesen Grundlagen wird
abschließend die Zukunft der Demokratie
prognostiziert. Das vorliegende Werk ist
die fünfte – mittlerweile mehrfach erweiterte – Auflage des erstmals 1995 erschie-
nenen Buches.

Erhältlich im Buchhandel oder beim Verlag.
Änderungen vorbehalten. Stand: Juli 2010.

www.vs-verlag.de

VS VERLAG

Abraham-Lincoln-Straße 46
65189 Wiesbaden
Tel. 0611. 78 78 - 722
Fax 0611. 78 78 - 400

Elemente der Politik

Hrsg. von Bernhard Frevel / Klaus Schubert / Suzanne S. Schüttemeyer / Hans-Georg Ehrhart

Aden, Umweltpolitik
2011. ca. 120 S. Br. ca. EUR 12,95
ISBN 978-3-531-14765-9

Blum / Schubert, Politikfeldanalyse
2., akt. Aufl. 2011. 195 S. Br. ca. EUR 16,95
ISBN 978-3-531-17276-7

Dehling / Schubert,
Ökonomische Theorien der Politik
2011. ca. 120 S. Br. ca. EUR 12,95
ISBN 978-3-531-17113-5

Dittberner, Liberalismus
2011. ca. 120 S. Br. ca. EUR 14,95
ISBN 978-3-531-14771-0

Dobner, Neue Soziale Frage und Sozialpolitik
2007. 158 S. Br. EUR 12,90
ISBN 978-3-531-15241-7

Frantz / Martens, Nichtregierungsorganisationen (NGOs)
2006. 159 S. Br. EUR 14,90
ISBN 978-3-531-15191-5

Frevel, Demokratie
Entwicklung - Gestaltung - Problematisierung
2., überarb. Aufl. 2009. 177 S. Br. EUR 12,90
ISBN 978-3-531-16402-1

Fuchs, Kulturpolitik
2007. 133 S. Br. EUR 14,90
ISBN 978-3-531-15448-0

Gareis, Internationaler Menschenrechtsschutz
2011. ca. 150 S. Br. ca. EUR 13,95
ISBN 978-3-531-15474-9

Gawrich, Das politische System der BRD
2011. ca. 120 S. Br. ca. EUR 12,95
ISBN 978-3-531-16407-6

Holtmann / Reiser, Kommunalpolitik
2011. ca. 120 S. Br. ca. EUR 12,95
ISBN 978-3-531-14799-4

Jahn, Vergleichende Politikwissenschaft
2011. ca. 120 S. Br. ca. EUR 12,95
ISBN 978-3-531-15209-7

Jahn, Frieden und Konflikt
2011. ca. 120 S. Br. ca. EUR 14,95
ISBN 978-3-531-16490-8

Jaschke, Politischer Extremismus
2006. 147 S. Br. EUR 14,95
ISBN 978-3-531-14747-5

Johannsen, Der Nahost-Konflikt
2., akt. Aufl. 2009. 167 S. Br. EUR 16,95
ISBN 978-3-531-16690-2

Kevenhörster / v.d. Boom, Entwicklungspolitik
2009. 112 S. Br. EUR 12,90
ISBN 978-3-531-15239-4

Kost, Direkte Demokratie
2008. 116 S. Br. EUR 12,90
ISBN 978-3-531-15190-8

Meyer, Sozialismus
2008. 153 S. Br. EUR 12,90
ISBN 978-3-531-15445-9

Piazolo, Die Europäische Union
2011. ca. 120 S. Br. ca. EUR 12,95
ISBN 978-3-531-15446-6

Schmitz, Konservativismus
2009. 170 S. Br. EUR 16,90
ISBN 978-3-531-15303-2

Schröter, Verwaltung
2011. ca. 120 S. Br. ca. EUR 14,95
ISBN 978-3-531-16474-8

Erhältlich im Buchhandel oder beim Verlag.
Änderungen vorbehalten. Stand: Juli 2010.

www.vs-verlag.de

VS VERLAG

Abraham-Lincoln-Straße 46
65189 Wiesbaden
Tel. 0611.7878-722
Fax 0611.7878-400